福建师范大学省重点学科建设项目

马克思主义哲学研究专辑

专辑主编 王岗峰

马克思主义理论与现实研究文库

MARXISM

主编⊙李建平

林可济/著

哲学：智慧与境界

The Philosophy: Wisdom and State

社会科学文献出版社

SSAP

SOCIAL SCIENCES ACADEMIC PRESS（CHINA）

马克思主义理论与现实研究文库
总序

　　神州大地风雷激荡，海峡西岸春潮澎湃。福建师范大学省重点高校建设项目《马克思主义理论与现实研究文库》与大家见面了。

　　本文库以坚持、发展和弘扬马克思主义为宗旨。这既是神圣的使命，又是历史的责任。马克思主义问世已经一个半世纪了，尽管她遭遇到各种各样的围攻、谩骂、禁锢、歪曲……但仍顽强地成长、广泛地传播、蓬勃地发展；尽管也有成百上千种理论、学说来与之较量，企图取而代之，但都无法得逞。"苏东剧变"虽然使世界社会主义遭受严重挫折，但无损马克思主义真理的光辉。马克思主义者在认真总结"苏东剧变"的教训后，将使马克思主义理论变得更纯洁、更成熟，朝着更健康的方向发展。

　　当20世纪即将结束的时候，英国广播公司在全球范围内举行过一次"千年风云人物"网上评选。结果，马克思被评为千年思想家，得票高居榜首。中国共产党人80多年来，坚持以马克思主义为指导，取得了革命和建设一个又一个的胜利，开创了中国特色社会主义道路，把一个贫困落后的中国，变成一个初步繁荣昌盛、欣欣向荣的中国。在进入21世纪后，中国共产党人再次庄严宣告，马克思主义是我们立党立国的根本指导思想，是全党全国人民团结奋斗的共同思想基础，并且以极大的决心和气魄，在全国实施马克思主义理论研究和建设的宏大工程，在马克思主义发展史上留下光辉的篇章。

　　马克思主义之所以具有如此强大的生命力和竞争力，在于她具有以下五个突出的品格。

　　一是科学性。一种理论、观点能称为科学，它必须满足两个条件：一是合理地解释历史的发展，特别是其中的一些难题、怪象；二是有效地预见未来，并为尔后的实践所证实。列宁在评价马克思一生中的两大发现之一唯物史观时这样写道："马克思的历史唯物主义是科学思想中的最大成果。过去在历史观和政治观方面占支配地位的那种混乱和随意性，被一种极其完整严密的科学理论所代替。这种科学理论说明，由于生产力的发展，从一种社会生活结构中发展出另一种更高级的结构，如何从农奴制度中生长出资本主义。"① 中国改革开放20多年的实践已向世人有力地证明中国所选择的建设中国特色社会主义道路及其指导思想马克思主义是完全正确的，而西方一些别有用心的人士所鼓吹的"中国崩溃论"等论调则是完全错误的。

马克思主义是科学，这就要求我们以科学的态度对待马克思主义。针对林彪、"四人帮"肆意割裂、歪曲毛泽东思想，邓小平提出要完整、准确地理解毛泽东思想，这是十分正确的。同样，我们对马克思主义的主要创始人马克思的学说也要完整、准确地理解。在这方面，由于种种原因，我们还做得不够理想。例如，对马克思主义哲学，我们主要通过恩格斯、列宁，甚至斯大林的著作来了解，而对马克思在《资本论》中所应用的十分丰富的辩证法思想，则研究得不多。《资本论》虽然主要是研究资本主义的这一特殊的市场经济，但同任何特殊事物中都包含着一般一样，透过资本主义市场经济这一"特殊"，马克思也揭示了市场经济的"一般"，这个"一般"对社会主义市场经济也是同样适用的。因此，我认为要从现时代的观点重新解读《资本论》，发掘那些有益于建设社会主义市场经济的东西。学术界有人提出要"回到马克思"、"走近马克思"、"与马克思同行"，但最重要的是要完整、准确地理解马克思。恩格斯在《资本论》第二卷序言中写道："只要列举一下马克思为第二卷留下的亲笔材料，就可以证明，马克思在公布他的经济学方面的伟大发现以前，是以多么无比认真的态度，以多么严格的自我批评精神，力求使这些发现达到最完善的程度。"② 因此，我们对待马克思的著作，对待马克思的一系列"伟大发现"，也要采取"无比认真的态度"和"严格的自我批评精神"。只有以科学的精神和科学的态度才能产生科学的结论。

二是人民性。列宁指出："马克思学说中的主要的一点，就是阐明了无产阶级作为社会主义社会创造者的世界历史作用。"③ 马克思主义从来没有

① 《列宁选集》第2卷，人民出版社，1995，第311页。
② 《马克思恩格斯全集》第24卷，人民出版社，1972，第4页。
③ 《列宁选集》第2卷，人民出版社，1995，第305页。

隐讳，她是为无产阶级服务的，是无产阶级认识世界和改造世界的思想武器。但是，无产阶级又是人民群众的一部分——当然是核心部分。无产阶级的利益和广大人民群众的利益是相一致的，而且，无产阶级只有解放全人类，才能最后解放自己。可以说，马克思主义不仅是反映无产阶级利益的学说，同时也是反映最广大人民群众利益的学说。阶级性和人民性本质上是相一致的，只不过在不同的时期强调的侧重点有所不同罢了。在革命战争年代，强调马克思主义的阶级性，是完全必要的，也是十分正确的；在社会主义建设时期，随着社会主要矛盾的转换，在坚持马克思主义阶级性的同时，应该强调她的人民性，强调马克思主义反映最广大人民群众的根本利益要求。"三个代表"重要思想以及科学发展观、"执政为民"、"以人为本"、构建和谐社会、开展荣辱观教育等理论，一经问世就广为流行，受到了人民群众的热烈拥护，就是因为它们具有鲜明的人民性。过去很长一段时间中，由于受"左"的思潮的影响，我们把人权看成是资产阶级的观点，采取回避、批判的态度，结果在国际政治斗争中经常处于被动境地。这一情况在20世纪90年代发生了根本变化。1991年11月1日中国正式公布了《中国的人权状况》（又称《中国人权白皮书》），高度评价人权是一个"伟大的名词"、"崇高的目标"，是"长期以来人类追求的理想"。以此为开端，中国掀起了研究人权、关心人权、维护人权的热潮，人权理论成了马克思主义理论体系的一个重要组成部分。从人权理论在我国所发生的变化，说明人民性的确应该成为马克思主义的一个重要特征。

三是实践性。"强调理论对于实践的依赖关系，理论的基础是实践，又转过来为实践服务。判定认识或理论之是否真理，不是依主观上觉得如何而定，而是依客观上社会实践的结果而定。真理的标准只能是社会的实践。"①毛泽东同志在将近70年前讲的这段话，至今仍十分正确。马克思主义是放之四海而皆准的普遍真理，因为她揭示了人类社会发展的客观规律，为人类进步、社会发展，为全人类的最后解放指明了正确方向；但在实际运用马克思主义的理论时，又要同各国的具体实践相结合，不能生搬硬套，不能搞教条主义。实践在发展，马克思主义本身也要随着实践的发展而发展。马克思主义虽然诞生于19世纪，但她没有停留在19世纪。作为一个开放的理论体系，150多年来，她始终与时代同行，与实践同步。党的十六大把"与时俱

---

① 《毛泽东选集》第1卷，人民出版社，1991，第284页。

进"作为中国共产党新时期思想路线的重要内容，把能否始终做到实践基础上的理论创新当做我们必须长期坚持的治党治国之道，正是对马克思主义实践性的高度重视和深刻体现。

社会实践是检验科学与非科学、真理与谬误的巨大试金石。当苏联解体、东欧剧变时，西方一些人兴高采烈，并且迫不及待地兜售所谓的"华盛顿共识"，把它当成是解决各国社会经济危机、走向繁荣富强的灵丹妙药。但实践表明，推行"华盛顿共识"的国家非但没有摆脱危机，反而陷入了更深重的灾难，"华盛顿共识"不得不宣告失败。与之形成鲜明对照的是，中国坚持和发展马克思主义，走中国特色社会主义道路，取得了令世人瞩目的伟大成绩。中国的成功实践已在国际上逐步形成了"北京共识"，这既是中国20多年来改革开放实践的胜利，也是中国化的马克思主义的胜利。

四是战斗性。马克思在《资本论》第一卷的序言中写道："在政治经济学领域内，自由的科学研究遇到的敌人，不只是它在一切其他领域内遇到的敌人。政治经济学所研究的材料的特殊性，把人们心中最激烈、最卑鄙、最恶劣的感情，把代表私人利益的复仇女神召唤到战场上来反对自由的科学研究。"[1] 由于马克思主义公然申明是为无产阶级和广大人民群众谋利益的，所以从她一问世，就受到了敌人的百般攻击，在其生命的途程中每走一步都得经过战斗。马克思一生中的主要著作大多是和资产阶级思想家进行论战的记录，就连《资本论》的副标题也是资产阶级"政治经济学批判"。"正因为这样，所以马克思是当代最遭嫉恨和最受诬蔑的人。"[2] 可是，当马克思逝世的时候，在整个欧洲和美洲，从西伯利亚矿井到加利福尼亚，千百万战友无不对他表示尊敬、爱戴和悼念。恩格斯十分公正地说："他可能有过许多敌人，但未必有一个私敌。"[3]

在我国，马克思主义已经处于意识形态的指导地位，在马克思主义的指引下，全党全国人民正在为实现第三步战略目标、推进现代化建设而努力。但是，也要清醒地看到，在新的历史条件下，巩固马克思主义在意识形态领域的指导地位面临的形势是严峻的。从国际看，西方敌对势力把中国作为意识形态的主要对手，对我国实施西化、分化的图谋不会改变。从国内看，随

---

① 《马克思恩格斯全集》第23卷，人民出版社，1972，第12页。
② 《马克思恩格斯选集》第3卷，人民出版社，1995，第777页。
③ 《马克思恩格斯选集》第3卷，人民出版社，1995，第778页。

着社会主义市场经济的发展和对外开放的扩大，社会经济成分、组织形式、就业方式、利益关系和分配方式日益多样化，人们思想活动的独立性、选择性、多变性和差异性进一步增强。在这种情况下，出现非马克思主义甚至反马克思主义的思想倾向，也就不可避免了。面对这种挑战，我们不能回避，不能沉默，不能妥协，更不能随声附和、同流合污。苏联、东欧的前车之鉴，我们记忆犹新。我们应该表明态度，应该奋起反击，进行有理有据有说服力的批判，以捍卫马克思主义的科学尊严。例如，有人肆意贬低、歪曲、否定马克思的劳动价值论，企图动摇马克思主义政治经济学大厦的基石，难道我们能听之任之吗？有人千方百计地要把"华盛顿共识"推销到中国来，妄图使中国重蹈拉美、俄罗斯、东欧和东南亚一些国家的覆辙，我们能袖手旁观吗？当然不能！这不仅是党性立场所致，也是科学良知使然！在这一点上，我们应该向德国工人运动的老战士、杰出的马克思主义理论家弗朗茨·梅林学习，他在一个世纪前写的批判各种反马克思主义思潮的论文（已收入《保卫马克思主义》一书中，苏联 1927 年版，中文版为人民出版社 1982 年版），今天读来仍然感到新鲜和亲切。

五是国际性。1848 年，当马克思、恩格斯出版《共产党宣言》，发出"全世界无产者，联合起来"的号召时，就注定了马克思主义是一种超越地域、肤色、文化局限的国际性的思想理论体系。当今，方兴未艾的经济全球化浪潮正深刻地影响着世界各国的经济社会进程，尽管这种影响有其积极的一面，但也会给许多发展中国家造成消极的甚至是严重的后果。这已为许多事实所证明。如何在经济全球化进程中趋利避害，扬善去恶，除了以马克思主义作指导外，别无其他更好的主义。因此，马克思主义的国际化，现在比以往任何时候都显得重要和迫切。西方垄断资本出于维护其根本利益的考虑，竭力反对马克思主义的国际化，也就不足为奇了。

中国共产党人把马克思主义普遍真理与中国具体实践相结合，产生了中国化的马克思主义，指引中国的革命与建设不断取得新的胜利。随着中国改革开放的不断深入、综合国力不断强大、人民生活不断改善、国际地位不断提高，世界各国对中国的兴趣日益浓厚。因此，"北京共识"、"中国模式"逐渐成为国际论坛的重要议题。看来，中国化的马克思主义正在走向世界，这不仅是马克思主义在中国 85 年发展的必然，也是当今世界经济社会形势发展的必然。作为中国的马克思主义者，应该感到自豪，因为对马克思主义的发展作出了自己的贡献；应该要有广阔的国际视野，不仅要关注世界的风云变幻，也要了解和研究国外马克思主义研究的动态。要积极推进国际的学术交流与合作，让中国化的马克思主义为世界各国朋友所了解，并与他们一道，共同推进马克思主义的发展。

以上所述马克思主义的五大品格，也是本文库所遵循的指导思想。福建师范大学历来重视马克思主义理论的教学与研究，20多年来在本科生、研究生中坚持开设《资本论》和其他马克思主义原著课程，出版、发表了许多用马克思主义立场、观点和方法分析问题、解决问题的论著。学校把马克思主义理论研究和学科建设紧密结合起来，迄今已获得理论经济学、历史学、中国语言文学等一级学科博士点、博士后科研流动站和马克思主义原理、马克思主义中国化、思想政治教育等二级学科博士点，培养了一大批有志于马克思主义理论教学和研究的学术骨干。2006年初，学校整合相关院系师资，成立了马克思主义研究院。本文库是学校学习、研究、宣传马克思主义理论的重要阵地，也是开展对外学术交流的重要平台。

本文库初步安排10辑。大体是：马克思主义哲学研究；《资本论》与马克思主义经济理论研究；中国社会主义市场经济研究；马克思主义中国化研究；思想政治教育研究；马克思主义发展史研究；社会主义经济发展史研究；国外马克思主义研究；西方经济学与当代资本主义研究；建设海峡西岸经济区研究等。每辑出若干本著作，计划用10年左右的时间，出版100本著作。本文库的出版得到福建省重点高校建设项目的特别资助和社会科学文献出版社的大力支持，在此表示衷心感谢！

胡锦涛同志十分重视实施马克思主义理论研究和建设工程，勉励参与这一工程的学者要进一步增强责任感和使命感，满腔热忱地投身这一工程，始终坚持解放思想、实事求是、与时俱进，大力弘扬理论联系实际的马克思主义学风，深入研究马克思主义基本原理，深入研究邓小平理论和"三个代表"重要思想，深入研究重大的理论和实际问题，为马克思主义在中国的发展，为全面建设小康社会、开创中国特色社会主义新局面作出新的更大的贡献。这段语重心长的话，也是本文库所追求的终极目标。

是为序。

李建平
2006年3月31日

序

      ·

    老朋友、哲学家林可济教授的《哲学：智慧与境界》一书邀我作序。我近年来患慢性病，精力不济，但毫未犹豫，仍愿从命。

    原因有二：一是，我近二十余年来提出的许多哲学思想和观点，在林可济先生的一些论著（包括当前的这本书）中找到了知音，欣然有吾道不孤之感。二是，粗略翻阅他的这本大作之后，深感这是一本视野开阔、功底深厚、颇多新见的学术专著。书中所言，皆作者自己独立思考的产物，突出了个人的风格与特点，而非沿袭某些中国传统"述而不作"或"以述为作"的作品，具有一定的理论前沿性。那种片面宣传国际某些旧传统的学风，正是我中华文化走向世界的阻力，需要我国当今学界加以克服。

    学界不少人正大谈文化要"走出去"。大家一般谈的就是把中国传统的东西介绍到国际舞台上去，其所要介绍的内容大多是文学艺术方面的东西，首先谈到的是京剧、昆曲之类，更深一层次的，就是把中国传统的思维方式和价值观念如天人合一、厚德载物、仁者爱人、民胞物与等观念介绍出去，仿佛只要把中国的"文化古董""国宝"搬到国际展览会上，由讲解员们做些讲解，就算是文化"走出去"了。

    一般说来，西方文化在国际上处于强势地位，所以当前的西方人对中国文化的了解远不及我们中国人对西方文化的了解，在这种形势下，我们强调把中国的传统文化介绍出去，让西方人更多地了解我们，这是很有必要的，也是文化"走出去"的应有之义。但我以为，这只是"走出去"的一个方面。

    中华文化如果只停留在传统的水平上，而不重创新，那是无法在国际上争取到领先地位的，尽管中国传统文化不乏可供西方人欣赏和汲取之处。当前，我们的自然科学，特别是理论方面，比西方落后，这是大家都不否认的事实。但即使是狭义的文化，或者说人文社会科学方面的东西，包括伦理道德观念和审美意识方面的东西（人们一般对文化作狭义的理解，把科学排斥在外；我倾向于广义的理解：文化也应包括科学乃至更深层次的思维方式在内），也离不开科学而独立存在，更离不开思维方式而独立存在。大家都明确肯定，科学有先进与落后之分，其实，思维方式也有先进与落后之分。狭义的文化，受科学水平和思维方式的影响，在许多方面也有先进与落后之分；当然不是所有方面，例如古希腊艺术就有永恒的魅力，而且某些狭义文化的先进与落后之分，也不及自然科学的区分那么明确。但无论如何，和中国的科学水平及其深层的思维方式相联系，狭义的中国文化在许多方面至今还处于落后状态。例如，当前我们在哲学、伦理学、美学、经济学、社会学等方面，还拿不出堪称独创性和系统性的重大的理论学说展示在国际学界（我倒并不以获得诺贝尔经济学奖之类为唯一标准），以之与国际上某些著名的经济学理论、社会学理论、美学理论、伦理学理论、哲学学说相抗衡，或者说对话。这是我们在人文学科的文化方面落后的明显例证。

中国传统文化太重实用、重直觉、重原始的（轻视区分天人的）"合一"，重"成人之道"，而不重理论分析和理性思维，不重天人"二分"，不重"成一家之言"，这首先阻碍了自然科学特别是理论方面的发展，而与此相联系，也大大影响了人文社会科学领域的文化创新。中国传统的伦理文化和审美文化，大多建立在上述"原始的天人合一"的思维方式基础之上，其中虽也不乏具有永恒魅力的东西，可供现代西方人赞赏和借鉴，但总体说来，中国传统文化之混沌的、朴素的原始性，毕竟不能使之居于当今世界文化的前列。例如"独立型的自我"意识，无论在伦理领域还是在审美领域，都还落后于西方，中国人的"自我"观念至今还未脱离依赖他人的"互依型"（见朱滢《文化与自我》），从而缺乏平等、自由的观念，而"自我"观念是一个民族文化水平高低的重要标志。

把文化"走出去"片面地理解为对外展示、讲解传统的东西既然不可取，我们今天提倡"文化走出去"，就应该突破这种旧观念，除了提倡对外展示、解说传统的东西之外，更应该改进和提高我们传统的思维方式，着重创造出能在当今国际舞台上处于前列乃至领先地位的新的文化成果，让世人瞩目。单纯介绍过去的文化传统，不能代替当前的文化创新。这样的文化创新，又非脱离中国传统的基础凭空制造出来的，而是以现代人的姿态，结合国际上先进的东西，对中国某些旧有传统的改造与提高。它是民族的，又是超民族的。

林可济教授比我年轻十余岁，希望他再接再厉，更上一层楼，为中华文化以崭新姿态走向世界作出更大贡献。

张世英

2013 年 4 月 15 日于北京北郊静林湾

自序：追询时代，思考人生

——六十载哲学沉思的一得之见

记得我在初中读书时，语文老师有时会要求我们用文言文来写作文。那时，我常常用"光阴似箭，日月如梭"这一句作为开头，说明时间过得飞快。其实，当时年纪还小，对此话所蕴含的意思并没有深切的体会，只是把它当作现成的"套话"来写罢了。现在，我已进入耄耋之年，对此话的含义，倒是有了非常真切的感受。从1954年夏天考入北京大学哲学系读本科算起，我在哲学这个领域已经不知不觉地学习、讲授、研究了60个年头了，这回才真的体会到"光阴似箭，日月如梭"这句话的分量！

在这60年中，我对哲学的不同分支学科着重关注之点，有过几次的转移。如果以此作为划分的依据，大体可以分为三个阶段：最初的20多年，从1954年到1978年（包括1954~1958年四年的读书时间，毕业后在高校从事教学工作，其间还经历了所谓"文化大革命"的10年动乱），主要是讲授马克思主义哲学的基本原理以及相关的经典著作。接下来的20年，即1978年党的十一届三中全会以后，到1998年退休，主要是从事"自然辩证法"（科学技术哲学）的教学，并培养相关专业的硕士研究生。1998年至今，主要是做一些关于"中西哲学比较"方面的教学与研究。促使这个转变的重要原因，当然是因为我接受了为博士和硕士研究生讲授这方面课程的任务，以教学的需要，带动、促进了与此相关的科学研究。

自问不是弱智之辈，更不是偷懒之人，又搞了60年的哲学研究，理应对哲学中的一些基础的问题、重要的问题有了透彻的理解与掌握。其实并不然，对于许多问题，我还需要重新学习，认真求索，不断反思，才能有所进步。而本书写作之目的与缘起是为了梳理过去的哲学信仰和现在的哲学认识，弄清一些问题，以求教于同道。

我今年已经 80 岁了，这把年纪了才来做这些事，显然是太晚了一点。但这也是无奈之举，谁也不愿意在年轻的时候，不得不在数不清的政治运动之中，把将近 20 年的大好时光，白白地耽误掉啊！这种人生经历，现在的年轻学子是无法理解的。

本书的主题是论述哲学的本性，不言而喻，书中各章都要围绕这个中心。而要讲清楚这个问题，当然可以从"正面"来讲，直接回答：哲学是什么，同时，还可以从"反面"来回答：哲学不是什么，前者是"正的方法"，后者是"负的方法"。冯友兰先生在他的"贞元六书"，特别是《新知言》中，对这两种方法做出精辟的论述，还举了一个很生动、通俗的例子："烘云托月"。画家画月，可以有两种方法，一种方法是用线条描绘一个"月"，或用颜色涂抹一个"月"，这是正的方法；另一种方法是先在纸上烘云，于所烘的云中，留出一个圆形或半圆形的空白，这个"空白"就是月，这叫"烘云托月"，是负的方法。

论述哲学的本性，也可以同时用这两种方法，第一章（哲学是什么）、第二、三章（哲学与哲学史）、第四章（哲学中真善美的统一）、第七章（哲学与人生境界），就是用"正的方法"。第五章（哲学与科学）和第六章（哲学与宗教），是讲哲学既不等同于科学，也不是宗教，用的则是"负的方法"。

现在，不妨更具体地分别说明如下。

本书开宗明义的第一章，讲的就是"哲学是什么"与"马克思主义哲学是什么"这两个不同的问题。对于"马克思主义哲学是什么"这个问题，马克思主义的创立者已经有过明确的解答，人们早已耳熟能详。对于"哲学是什么"这个问题，有的人也许认为不成问题而不屑于回答。老实说，我在开始时似乎也"明白"，但是，这并不是真正地明白，其实是糊涂，直到最近这些年，才逐步有所领悟，明白了一些，至今还很难说已经完全弄得清楚明白了。

为什么说"开始似乎明白"呢？前面说过，我是在 1954 年报考北京大学哲学系的，如果连这个问题都不知道，又怎么填写志愿的呢？因为我在中学阶段对于文科和理科都有点兴趣。那时，国家开始第一个五年计划，读理科、工科是多数人报考大学时选择志愿的首选。但是，新中国成立后不久，我高中还没有毕业，就在家乡（福州）"投笔从戎"了！怎么敢报考理工科呢？于是，在填报志愿时就向部队里的一位老同志请教。他说，既然如此，你就报"哲学系"吧！因为哲学是"自然知识和社会知识的概括和总结"，这个来自当时最高权威的提法，当然是毋庸置疑的！这个提法的关键在于：如何理解"概括和总结"的含义。属于自然科学和社会科学的所有具体的学科，它们都是以研究各自领域的规律为己任。如果哲学研究的也仅限于规律，那么，哲学与其他科学的区别就只是"一般"与"特殊"之别，但在研究"规律"这一点上则是相同的了，只是哲学所研究的是最抽象、最一般的规律罢了。当时，所有流行的教科书也都是这么写的，人们是不可能有什么疑议的。

直到1978年党的十一届三中全会提出拨乱反正、解放思想之后，有的学者对此提出商榷意见，认为哲学不能仅限于研究规律，这才能在一定程度上引起人们的注意和思考。再后来，许多知名哲学家在20世纪三四十年代写的书，陆续得以重新出版，这时，我已经退休，有了较充裕的时间来阅读。读了之后，我才发现，许多学者对于"哲学是什么"这个问题，早就有了不同于教科书的见解。

与"哲学是什么"相关联的问题还有：什么是哲学的基本问题？哲学是否就是认识论？对于前者，即什么是哲学的基本问题，恩格斯早有论述，而且前苏联的日丹诺夫还发出了"训令"；把哲学说成就是认识论，这是毛泽东曾经提出的说法，权威报刊在一定时段又大加发挥。人们似乎以为哲学真的就只是"认识论"了。其实，这些问题并不是不可以讨论的。党的十一届三中全会以后，在"解放思想"的精神要求下，理论界空前活跃。对于哲学是否就是认识论的问题，当时我还写了质疑的文章投寄《人民日报》，该报理论版编辑告诉我，他们准备发表，还寄了文章的清样，让我校对。后来一直没能发表，此中缘由，不言自知。上述这些问题，还有其他一些问题，我在本书第一章都进行了探讨。有的问题至今仍有争议，我所写的仅是一家之管见。我认为，哲学不仅仅是知识，它应该是智慧，或爱智慧，它是世界观与方法论的统一，好的哲学当然可以起着指导实践的功能，但它还应当担负着提高人生境界之重任。由此之故，我在最后一章，即第七章，还专门讲了"哲学与人生境界"，以便与第一章的内容相呼应。

第二、三两章是讲哲学与哲学史的关系。哲学当然不等于哲学史，一个是理论，一个是历史。但是，两者的关系非常密切。哲学史是在时间中发展的哲学，而哲学则是在逻辑体系中的哲学史。哲学与哲学史相统一的思想，体现了逻辑与历史的辩证统一。从这个意义上也可以说，哲学就是哲学史。

哲学与其他学科不一样，要掌握与理解哲学的理论，就要通过学习哲学史来实现。这个问题，恩格斯讲得十分清楚。他说，哲学既是理论思维，又是历史学科。要把握这种理论思维，不能靠天赋，要有后天的训练，这除了学习哲学史，别无其他办法。当然，在本书中，不可能、也不必要详细地、全面地讲哲学史，只能简单扼要地讲，选择重要的观点、代表性的人物来讲，尽可能地从中体现哲学思想发展的主要脉络与线索。由于篇幅很多，所以分上、下两章，先讲西方，后讲中国。之所以这样，是因为"中国哲学史"这个学科是以西方哲学史的理论框架建立起来的。讲历史，这是纵向关系，但还有一些横向的关系也要讲，于是就形成纵横交错的写法。在以往"左"的思想指导下，我国哲学界相当长的时期内，对待西方哲学史上古代的苏格拉底、柏拉图、亚里士多德，以及近代以来的笛卡尔、莱布尼兹、康德、黑格尔等，皆因其被列入唯心主义者的阵营，而不能客观地、公允地对待。黑格尔的辩证法是马克思哲学的来源之一，对他的《逻辑学》还是比较重视的，在对之展开批判的前提下，还进行着一定程度的研究。但对被马克思称之为"黑格尔哲学的真正起源和秘密"的《精神现象学》，以及黑格尔自己认为是"最高的学问"的《精神哲学》，虽然它们更能反映黑格尔哲学的实质，但却受到了不应当的冷遇。在中国哲学史的研究领域内，相当一段时间，民族虚无主义的倾向也影响着对古代哲学遗产的继承与弘扬。现在我们回顾、梳理中西哲学史时，当然要加以纠正。对于中、西哲学各自的特点，我曾经写了题为《"天人合一"与"主客二分"——中西哲学比较的重要视角》的专著（社会科学文献出版社 2010 年版）。现在，这本书在阐述哲学史时，也尽力揭示中西哲学的不同之处，并在第三章的最后一节对中西哲学进行一些简要的比较。

第四章是阐述哲学中真、善、美的统一。当然，不同时代持不同哲学本体论倾向的哲学家对于真善美的见解是不同的，但认真严肃的哲学家们关于真善美的思想理论，无疑是各自哲学体系中的基本内容。所以，从一定意义上说，揭示哲学中的真善美，对于回答哲学的本性，也是一种"正的方法"。本书没有逐一设置专门的篇章来阐述哲学领域的各个部分的内容，因而本章对真善美的内容及其相互关系的阐述，在一定程度上弥补了这个不足。此外，本章对当前人们关注的"道德黄金律""生态中心主义"等问题，也作了必要的阐述与探讨。

第五、六两章，都是用"负的方法"来回答"哲学是什么"的问题。

我试图从哲学不等于科学、也不同于宗教这两个侧面来说明问题。

第五章讲"哲学与科学"。20世纪初的"五四"运动高举民主、科学两面大旗，一百年来，无论是当时为了救亡图存，或是为了开发民智启蒙思想，还是为了振兴中华，建设屹立于世界的民主富强的国家，尊重科学、发展科学都是必需的。因而，"科学"深入人心了，而唯科学主义的思潮也随之出现。在这个大背景下，人们乐于把哲学与科学联系起来，甚至捆绑在一起。但是，哲学无论在研究的内容、方法，还是社会功能，毕竟不能等同于科学。那么，两者为什么不能等同，特别在社会功能、研究方法和思维方式上的差异在哪里？此外，两者之间的相互作用是什么，又在什么意义上具有相通之处？这些都是要加以辨析的。本书的第五章就是试图回答这些问题，同时还对西方当代著名科学家（普利戈金、玻尔、哈肯、卡普拉等人）如何汲取东方哲学智慧的问题做了探讨，对于著名的"李约瑟问题"进行了再思考，在对20世纪二三十年代出现的"科玄论战"的历史回顾中，说明了科学精神与人文精神的辩证统一的必要性和重大现实意义。

第六章讲"哲学与宗教"。宗教问题是当前人们关注的问题之一，却又是一个相当复杂的问题。在过去一个相当长的时期内，人们对它或者完全忽视，或者简单排斥，研究得很不够。本人在大学读书和以后的一个时期内，也持此种态度，认为自己是无神论者，尊重科学就是了，无需对宗教进行研究。讲哲学时，只要把它与科学对立起来，与唯心主义捆绑在一起，批判一通就可以了。须知："相信宗教"与"研究宗教"是两回事。搞哲学的人不必相信宗教，这是正常的，但不等于说就不能或者无需研究宗教。中国社会科学院下属有个"世界宗教研究所"，北京大学哲学系同时又挂了个"宗教学系"的牌子，就是专门研究宗教的。因为哲学与宗教虽然不同，但又有其相通之处。讲哲学的本性，不能回避哲学与宗教的关系。在这一章里，一方面通过对世界三大宗教和中国道教进行简要的阐述，从中揭示宗教与哲学的关系；另一方面，对自然科学家为何相信宗教、美育是否可以代替宗教、有没有无神论的宗教等几个问题，也进行了探讨。这些探讨将有助于认识哲学的本性，并以正确的态度来对待宗教问题。

第七章即最后一章，讲"哲学与人生境界"，以与开头提出的"哲学是提高人生境界之学"的命题相呼应。中国哲学讲人生境界，这是人所共知的，所以，这里简要地介绍了几位中国哲学家（王国维、冯友兰、张世英）关于人生境界的学说。西方哲学家很少讲人生境界，但是，到了现代哲学家也有谈此问题的，例如海德格尔。冯友兰先生讲"天地境界"，涉及"有我""无我""物我合一"，张世英先生强调当前要着重向西方学习，涉及"自我"独立、"个性"解放。无论从"天人合一"，还是从"主客二分"来说，"思想自由"都是至关重要的，这是繁荣学术、推动社会进步的必由之路。这一章的内容，不仅仅是理论上的探讨，更是历史的经验与教训的总结与反思。

本书除了正文之外，还有三个附录：

一是"海德格尔何以赞赏老庄哲学？"作为西方现代著名哲学家的海德格尔，竟然赞赏老庄哲学，实在意味深长。本文意在说明中西哲学之间的相通，以及西方现代哲学与中国古代哲学之间的某种关联。

二是"庄子美学精神与古代山水画"，说明中国古代哲学对艺术创作的影响。之所以选择山水画来阐述，是因为我自幼酷爱书法，书画同源，十多年前开始学习国画，这篇文章显然带有个人爱好的因素。

三是"坚守独立思考的学术争鸣之道"，这是对1957年中国哲学史座谈会的回顾与反思。这是我做学生时期有幸参加的仅有的一次学术盛会。半个世纪过去了，往事如烟，许多事情早已淡忘，唯独此事，恍如昨天，印象深刻，感慨良多。

这三个附录都在有关的刊物或报纸上发表过。今收入本书，以作为正文之补充。

本书的写作是笔者在我国进入改革开放后进行反思、沉思的实录，这里既有对现实生活的体悟，也有对前贤理论观点的吸收。我的老师冯友兰先生许多写于20世纪30年代到40年代的书，我是在20世纪80年代和90年代才读到的，对我理解哲学的本性，认识中国哲学丰富多彩的内容，帮助极大。进入21世纪以来，我得到了与张世英先生进行学术交流的机遇，我从他那里受益良多。他的关于"天人合一"与"主客二分"的思路，和新的"天人合一"（万物一体）的哲学观，以及关于中西哲学比较的深刻见解，使我对许多问题的认识，从纠结到开朗、从模糊到清晰。——这就是我为什么在书中多处援引、转述他们观点的原因。

本书是学术性专著，它是我个人对某些哲学问题进行思考的产物，具有个人的风格与特点，而不是遵循某个既定的框架来写的。写什么，不写什么，也许没有一定之规；整个书的篇章安排，也未必系统、完整；各个章节写多、写少也不一定均衡；不刻意追求逻辑上的严谨、周密，而是有感而发，基本上是根据"有话则长、无话则短"的原则行文。至于书中的观点，仅是个人管见，难登大雅之堂。也因为只是一己之见，未必正确，是耶？非耶？由历史检验，让读者评说，我只能抱着抛砖引玉的愿望，把我所思、所悟的一得之见，如实地写出来，供广大同仁讨论与批评。

哲学是"爱智"之学，是提高人生境界之学。几千年的中西哲学发展的历史，凝聚着人类对"形而上"问题的深邃沉思，也反映不同时期人类精神之时代精华。以笔者愚钝之生性，面对奥秘之哲学殿堂，实难领悟深意，遑论登堂入室！但历史的机遇让我走上了这条路，风风雨雨到如今，忽忽已六十载矣！只能一如既往地走下去。生命不息，求索不已，一生能通过哲学的深思不断地闻道增智，吾愿足矣，夫复何求？

是为序。

林可济
于福建师范大学华庐心远斋
2013 年 4 月 3 日

目　录

第一章
哲学是什么

哲学是什么？这是一个看似简单实为复杂的古老问题。持不同哲学观点的哲学家对该问题会有很不一样的回答，甚至会大相径庭。在这里，我们试图就以下几个问题进行探讨，以期对"哲学是什么"的问题，做出尽可能令人满意或大体上能够接受的回答。

第一节　哲学的定义
——知识、智慧、爱智慧三者的区别

中国古典文献中原来没有"哲学"这个词，只有分开来使用的"哲"或"学"这两个词。"哲"通常是指聪明、智慧之意，有"哲人""大哲""圣哲"等说法，《尚书》记载大禹语："知人则哲，能官人，安民则惠，黎民怀之。"《孔氏传》中说："哲，智也。无所不知，故能官人、惠爱也。爱则民归之。""学"的使用就非常广泛了，用来称呼某种学科的有："儒学""道学""玄学""理学""心学""义理之学"，等等。但并未曾把"哲"和"学"这两个字连接在一起使用，更没有把"哲学"作为学科的名称。

首创"哲学"这个名称的是日本近代著名哲学家西周（1829～1897），他借用汉字"哲"与"学"的指称，并与古希腊罗马的哲学学说的内容相比较，在1874年出版的《百一新论》中，把"philosophy"译为"哲学"。晚清中国学者黄遵宪（1818～1905）首先把它介绍到中国，20世纪初为中国学术界普遍接受。"哲学"这个词虽然是从古代希腊开始使用的，但中国学者经过自觉的努力，使之从"经学""子学"中分离出来，从而成为一门独立的学科。从此，作为现代知识体系重要内容之一的"哲学"学科，进入中国的学术语境。

　　"哲学"译自希腊文 Philo-sophia，其中 Philo 是"爱"，Sophia 是"智"或"智慧"。所以，"哲学"最初的词义就是"爱智"或"爱智慧"。因此，哲学并非仅仅为"智慧之学"，而是"爱智慧之学"。在古代希腊人那里，人与神是被严格地区分的。他们认为，人是无知的，只有神才有智慧，因为正如亚里士多德所说的"神是宇宙万物各种原因的始点"。

　　现在英语中，哲学一词就是大家都在使用着的 Philosophy。据有的学者考证，在希腊人那里，最先使用"爱智慧"一词的是毕达哥拉斯。现代德国著名哲学家海德格尔曾经对此问题进行了研究，他在《什么是哲学？》一书中指出，古希腊早期的思想家赫拉克利特更早地创造并且使用过形容词 Philosophis，这个形容词的意思是"爱智慧的"，而前面所说的 Philo-sophia 则来源于 Philosophis。海德格尔指出，赫拉克利特在 Philosophis 这个形容词"爱智慧的"中的这个"爱"，是指与"智慧"相适应、相协调的意思。这样一来，热爱智慧的意思，实际上就是要具有这样一种意识：一切存在的东西都在存在中得到集合而成为整体、和谐一致。有的学者指出，这种意识不是有点像中国古人所说的"天人合一"或"万物一体"吗？人们说，哲学来源于惊奇、惊讶。对于这样的意识（即认为：一切存在的东西都在存在中得到集合而成为整体、和谐一致），希腊人怎能不感到惊奇、惊讶呢？这些产生着惊奇的人，不仅自己追求"智慧"，而且还唤醒其他人对"智慧"的思慕和追求。于是，对"智慧"的"爱"就不仅是协调、和谐，而转化为思慕和追求了。其实，"爱智慧"中的那个"爱""追求"，也体现了一种反思的精神。表示人对自己智慧的考察与有限性的认定。海德格尔说："由于热爱不再是一种与 siphon（智慧）的原始协调，而是一种对 siphon 的特别的欲求，所以，热爱 siphon 就成了'philosophia'。"① 从"热爱"智慧到"追求"智慧，就意味着从"思想"转变为"哲学"。这样的转变是由苏格拉底、柏拉图完成的。但在苏格拉底那个时候，"智者"成了具有讽刺意味的概念，"智者派"中的许多人，其实并没有多少智慧。苏格拉底则以"自知其无知"自称，因为"智慧"应归于神，"智慧"绝对不是一般意义上的知识和技术，是属于最高层次的，是神的专利，因此，上帝禁止亚当、夏娃吃智慧树上的果实；人类，即使像苏格拉底这样的人，也只不过是个"爱智慧者"。

---

　　① 《海德格尔选集》（上），上海三联书店，1996，第596页。

可见，智慧并不等同于知识而高于知识。智慧也不宜与才能、学问等人们常用的概念相混淆。知识自见闻而来，才能自禀赋而来，学问自条理而来。智慧虽以知识、才能、学问为辅助，但包含知识、才能、学问三者，而圆满周全，属于不同层次，是从自身的体认、觉解而来。这就是智慧与知识的区别之所在。

亚里士多德把哲学看作是关于第一原理和原因的认识。他说：

> 哲学并不是一门生产知识。……人们是由于诧异才开始研究哲学；……一个人感到诧异，感到困惑，是觉得自己无知；所以，在某种意义上，爱神话的人就是爱智慧的人，因为神话也是由奇异的事情构成的。既然人们研究哲学是为了摆脱无知，那就很明显，人们追求智慧是为了求知，并不是为了实用。……有一门学问，专门研究"有"（存在）本身，以及"有"（存在）凭本性具有的各种属性。这门学问与所谓特殊科学不同，因为那些科学没有一个是一般地讨论"有"（存在）本身的。它们各自割取"有"（存在）的一部分，研究这个部分的属性。……哲学就必须掌握各种实体的各种本原和原因。[①]

亚里士多德对哲学的这个界定，成了西方哲学史几千年来所说的主要的和传统的含义。这种传统意义上的哲学，又叫做"形而上学"。"形而上学"一词是对 metaphysics 的汉译，它的本意为"物理学之后"。亚里士多德著作中的关于"第一哲学"的有关篇章，虽然被放在物理学之后，但由于它的内容讲的都是些全局性、整体性的抽象理论，因而超越了讲究具体的物质运动的学问。严复根据《周易·系辞》中"形而上者谓之道，形而下者谓之器"的说法，把 metaphysics 译为"形而上学"，其根据正是在此。

在苏格拉底、柏拉图和亚里士多德之后，近代西方哲学中，理性思维对于推动自然科学和社会的发展起着非常重大的作用。从笛卡尔，一直到近代哲学的集大成者的黑格尔，这种传统哲学由于充分肯定、强调理性的作用，特别是在黑格尔那里，对抽象概念的研究，成为哲学研究的最重要的事情。思维与存在、主观与客观的对立与分离，成为这种哲学的主要特征，认识论

[①]　北京大学哲学系外国哲学史教研室编译《西方哲学原著选读》上卷，商务印书馆，1981，第 119、122、124 页。

成为哲学研究的重点。所以，传统哲学又被称之为"理性主义哲学"或"概念哲学"。整个哲学发展的历史，被看作是理性概念的发展史。正如黑格尔所说：

> 哲学史所昭示给我们的，是一系列的高尚的心灵，是许多理性思维的英雄们的展览，他们凭借理性的力量深入事物、自然和心灵的本质——深入上帝的本质，并且为我们赢得最高的珍宝，理性知识的珍宝。
>
> 哲学可以定义为对于事物的思维着的考察。如果说"人之所以异于禽兽在于他能思维"这话是对的（这话当然是对的），则人之所以为人，全凭他的思维在起作用。不过哲学乃是一种特殊的思维方式，——在这种方式中，思维成为认识，成为把握对象的概念式的认识。[①]
>
> 每个人都是他那时代的产儿。哲学也是这样，它是被把握在思想中的它的时代。妄想一种哲学可以超出它那个时代，这与妄想个人可以跳出他的时代，跳出罗陀斯岛，是同样愚蠢的。[②]

现代以来，西方哲学发展中实现了思维范式的转型，哲学研究的重点转向了研究人的自身、人和现实世界的关系。

西方现代哲学家们对哲学的意义与功能等问题，进行了多维度的探索。这时的哲学家们对于哲学、科学与宗教的关系，也有了比较合理的界定。例如，罗素就曾经这样说：

> 哲学是介于神学与科学之间的东西。它与神学的共同之处在于，都包含着人类对未知事物的思考；它与科学也有共同之处，那就是理性地看待事物，而不是一切都遵循权威，无论是哪种权威。我认为，凡是能够得到确切认识的知识都属于科学；凡是不能得到确切认识的知识都属于神学。但是还有一片领域，它既不属于科学范畴，也不属于神学范畴，双方都不承认它，并且还攻击它，这片领域便是哲学。哲学家们最

---

① 北京大学哲学系外国哲学史教研室编译《西方哲学原著选读》下卷，商务印书馆，1981，第 374 页。
② 黑格尔：《法哲学原理》"序言"，商务印书馆，1961，第 12 页。

热衷的那些问题，科学根本给不出一个答案；神学家们给出的答案越来越不能让人信服。①

中国现代哲学家对哲学的看法，一开始就具有中西哲学结合的特点，他们既接受西方哲学的影响，又有着中国传统文化、传统哲学的底色。

例如，胡适曾经给哲学下了这样的定义："凡研究人生切要的问题，从根本上着想，要寻一个根本的解决，这种学问，叫做哲学。"②

冯友兰先生在他的一些著作中，就有不少关于哲学性质的阐述。他认为，哲学是对人生的系统反思。冯先生这里的所谓"反思"就是要以思想自身作为对象反过来而思之，它把关于世界、关于人生的思想作为思考的对象，而不是直接的以世界本身为对象。诸如"宇宙"的概念、"生命"的概念、"人生"的概念，等等，都是人们反思的产物。因此，哲学，特别是形而上学的功能，并不只是为了掌握客观事物发展的一般规律，单纯地增进人们的知识；更重要的是为了给人智慧，陶冶人的心灵，改善人的生存状态，提高人生的精神境界。在哲学的思维中，思想作为前提而被重新审视和判定，也只有在以思想批判为前提的意义上，才能构成真正的哲学思维活动。

宗教与人的生存状态也有紧密的关联，因此，宗教的核心部分必然含有哲学成分；每一种宗教就是某种哲学再加上一定的教义、礼仪和体制，其中还掺杂着幻想与迷信。人们通过哲学来达到人生的高远境界，与通过宗教相比较，不需要绕圈子，不必经过祈祷和仪式。冯友兰先生早就断言："将来的世界里，哲学将取代宗教的地位，这是合乎中国哲学传统的。"从这个意义上可以说，"人不需要宗教化，但人必须哲学化。"③冯先生的这个说法极有见地。

贺麟先生认为，哲学是关于人生精神境界之学。他说："哲学是一种学养。哲学的探究是以一种学术培养品格，以真理指导行为的努力。哲学之真与艺术之美、道德之善同是一种文化，一种价值，一种精神活动，一种使人生高清而有意义所不可缺的要素。"④

① 罗素：《西方哲学简史》，陕西师范大学出版社，2009，第1页。
② 胡适：《中国哲学史大纲》，上海古籍出版社，1997，第1页。
③ 冯友兰：《中国哲学简史》，天津社会科学院出版社，2005，第6页。
④ 贺麟：《哲学与哲学史论文集》，商务印书馆，1990，第120页。

在 1949 年以后的半个多世纪中，高等学校使用的哲学教材中，普遍地认为，专门的科学所研究的是世界某个部分的特殊规律，而哲学所研究的是整个世界的联系、运动和发展的普遍规律。哲学与各个具体领域的科学的区别，仅仅在于"普遍"与"特殊"之分，在"研究规律"这一点上是一致的。这种看法的实质是，把哲学看作是一种比其他具体的科学更有普遍性的"关于普遍性的知识"或知识体系。它看似抬高了哲学，实际上混淆了哲学与科学、智慧与知识的界限，忽视了哲学所具有的其他科学无法替代的作用，缩小了哲学的社会功能和它对人生所具有的指导意义。

这种观点的根据是来自当时的一种权威说法，认为哲学是"关于自然知识与社会知识的概括和总结"。这种说法究竟对不对呢？关键在于，应当怎样来理解所谓的"概括和总结"。如果仅仅认为，具体的科学研究的是特殊规律，哲学研究的是一般规律，那就是从实证的意义上来理解哲学这门学问的性质。这种把哲学理解为"科学知识的总汇"的看法，是倒退到 19 世纪以前旧哲学那里去了。如果我们能够从"反思"的意义上来理解这个"概括和总结"，不是把哲学理解为关于外部世界的直接的认识，而是关于这种认识的"再认识"，是对人的存在方式和生存意义的反思，那就可以更深入地回答真、善、美及其相互关系的问题。我们只有这样来理解"概括和总结"，上述哲学是"关于自然知识与社会知识的概括和总结"的说法，才有可能是正确的。

近 30 多年来，随着拨乱反正、思想解放的新变化，哲学界的一些学者又重新认定哲学作为培育人的精神世界、提高人生境界的功能。例如，张世英先生在他的一系列论著中，一再认为，哲学是提高人的精神境界之学。他说，"哲学应是以进入人与世界融为一体的高远境界为目标之学"，"是一种教人以经得起痛苦和磨炼的人生态度之学"。①

第二节 哲学起源于惊异

前面曾经说过，哲学开始于惊奇、惊讶。当然，从事哲学研究还需要有闲暇，最重要的是要有思考和表达的自由。

苏格拉底的伟大的精神之一，就是他提倡并实践着批判、怀疑、好

---

① 张世英：《哲学导论》，北京大学出版社，2002，第 9、10 页。

奇的精神。苏格拉底的教育方法与我国古代思想家孔子的教育方法有着根本区别。孔子是灌输一些基本观点、基本信条，什么问题应该有什么结论，他都讲明了，虽然也讲"举一反三"，但整部《论语》就是格言和信条的汇集。苏格拉底却不同，从柏拉图记录下来的谈话记录可以看到，苏格拉底是教人怀疑，教人辩论，不断提出问题，让你思考。这就是中西文化的根本不同，也就是苏格拉底伟大的精神所在。"苹果"创始人乔布斯说过的一句话，也许对我们会有很大的启示。乔布斯说，他愿意将他全部的科技，换取跟苏格拉底一个下午的交谈。乔布斯还谈到，他在研究工作的时候，对一千个事情说不，然后从这一千个说"不"的当中，找到最好的一个答案和方案。这就是怀疑，批判，不要一下就有个结论。这是一种来源于苏格拉底的思维方法。苏格拉底的精神孕育了整个西方文化，使西方文化、特别是自然科学的成就，远远超过了东方，它的源头在于批判与怀疑。为什么疑问号"？"像个钩子？有人说，如果对一切事情没有疑问的话，在知识的大海中就钩不到东西了，只有疑问才能得到知识。所以，惊奇、惊讶不仅仅是哲学的来源，它也是治学的重要起点。

惊奇或者好奇是与承认自己的"无知"相联系的。苏格拉底的一个著名论断就是"自知其无知"。如果认为自己什么都懂得，那还会惊奇或者好奇吗？当时希腊雅典德尔斐神谕曾经有"苏格拉底是最有智慧的人"之说，但苏格拉底本人并不认同，在现存的柏拉图的著作中，我们可看到他所作的如下解释："真正的智慧是神的财产，而我个人的智慧是很少的或是没有价值的，那个神谕无非是他用来告诉我们这个真理的一种方式。在我看来，神并不是真的在说苏格拉底，而只是在以我的名字为例，他就好像对我们说，你们人中最聪明的是像苏格拉底一样明白自己的智慧实际上毫无价值的人。"[①]

亚里士多德曾经被尊为古希腊最博学的人。正是他说过这样的话："一个感到疑难和好奇的人，便觉得自己无知（所以，在某种意义上，一个爱智慧的人也就是爱奥秘的人，奥秘由奇异构成）。"[②] 西方现代哲学家叔本华认为，探索哲学的两个首要条件其一是具备勇气坦白承认自己心中的疑问，

① 《柏拉图全集》第 1 卷，人民出版社，2002，第 9 页。
② 《亚里士多德全集》第 7 卷，中国人民大学出版社，1993，第 31 页。

其二是把一切不言自明的事情引入清晰的意识之中，把这些事情作为问题加以探索了解。叔本华的看法与亚里士多德的见解是相类似的。其实，哲学探讨是为探求宇宙与人生的奥秘，而不应该只是以某种功利性的实用为目的。惊奇或者好奇是一个民族或一个人生命力的体现。一个民族也好，一个人也好，最大的敌人不是无知，而是不知道或者不承认自己的无知，甚至把无知当做"真知"。哲学家不必是世界上知识最丰富之人，而是深切地酷爱智慧、追求真知之人。

哲学起源于惊奇或者好奇，但哲学思考与研究要能持续下去，还要有闲暇与自由。古希腊时期的那些哲学家都是些出身显赫、生活富裕的有闲之士。在那个时期，无论是希腊本土，还是本土以外的小亚细亚、南意大利和西西里，都是经济发达、文化繁荣之地，雅典还是希腊民主制的发源地。这里的人们养成了崇尚自由、寻求创新、包容异己的精神气质。正是这些精神成为孕育西方哲学的沃土，西方哲学开始于希腊并非偶然。

第三节　哲学的基本问题
——对恩格斯有关论断的辨析

在探讨了哲学的本性之后，我们可以进而讨论哲学的基本问题。众所周知，恩格斯在他的经典著作《费尔巴哈和德国古典哲学的终结》一书中，对哲学基本问题做出了明确的概括。恩格斯说：

> 全部哲学，特别是近代哲学的重大的基本问题，是思维和存在的关系问题。……哲学家依照他们如何回答这个问题而分成了两大阵营。凡是断定精神对自然界来说是本原的，从而归根到底以某种方式承认创世说的人，组成唯心主义阵营。凡是认为自然界是本原的，则属于唯物主义的各种学派。①

恩格斯还对哲学基本问题的发展作了具体分析，他说，这个问题是"根源于蒙昧时代的狭隘而愚昧的观念"，在中世纪时，"这个问题以尖锐的形式针对教会提了出来：世界是神创造的呢，还是从来就有的？""这个问

---

① 《马克思恩格斯选集》第4卷，人民出版社，1972，第220页。

题，只是在欧洲人从基督教中世纪的长期冬眠中觉醒以后，才被十分清楚地提了出来，才获得了它的完全的意义。"

从恩格斯的上述论述中我们至少应当注意如下三个问题：

其一，恩格斯在论述这个问题时，用语十分谨慎，并有分寸感。他指出在古代、中世纪、近代这些不同的时代里，这个问题有着不同的具体表现形式。因此，哲学的基本问题是可以用不同的名词：神和自然界、精神和物质、思维和存在等来表达的。

其二，在思维和存在的关系问题的第一方面，即思维和存在何者为第一性的方面，是划分唯物主义与唯心主义的标准。也只有在这个范围内，思维和存在两者的对立，才具有绝对的意义；超出了这个认识论的范围，两者的对立只有相对的意义了。由于西方近代哲学有两个互相联系的特点：一是以"主体客体二分"作为主要的思维模式；二是以"认识论"为中心。因此，把"思维和存在的关系问题"作为以"主体客体二分"为特征，以认识论为中心的西方近代哲学的基本问题，是最恰当不过的。恩格斯主要根据这个阶段的实际情况，把"思维和存在的关系问题"作为哲学的基本问题。

其三，恩格斯在他对哲学基本问题所做出的明确概括中，只是对唯物主义与唯心主义的划分标准做出规定，并没有判定两者的政治态度与阶级属性。但前苏联的某些权威人士把恩格斯的思想向"左"的方面推进，加以严重的歪曲。唯心主义成为"反动"的代名词。这样就把哲学问题与政治问题捆绑在一起了。

前苏共中央政治局委员日丹诺夫，在他亲自主持召开的对《西欧哲学史》（亚历山大洛夫著）讨论会（1947 年 6 月 24 日）上，做了批判性的总结发言。他根据恩格斯关于哲学基本问题和列宁关于哲学的党性原则的观点，给哲学史下了一个定义，说"科学的哲学史，是科学的唯物主义世界观及其规律的胚胎、发生与发展的历史。唯物主义既然是从唯心主义派别斗争中生长和发展起来的，那么，哲学史也就是唯物主义与唯心主义斗争并战胜唯心主义的历史。"① 他还认为，唯物主义是与进步、革命相联系，唯心主义一般地总是与落后、反动脱不了干系的。20 世纪 50 年代，笔者正在北

① 日丹诺夫：《在关于亚历山大洛夫著〈西欧哲学史〉讨论会上的发言》，人民出版社，1954，第 4~5 页。

京大学哲学系读书，他上述发言的中文译本，师生们几乎人手一册。

此公的高论一出，前苏联的哲学界以及中国哲学界，都奉为经典、坚决照办。当时，在北京大学哲学系工作的苏联专家，以及有些苏联哲学家写的哲学史著作中，曾经根据斯大林的"经典名言"，把康德、黑格尔看作是"代表德国封建贵族的反动哲学家"，说什么德国古典唯心主义是对"十八世纪法国革命和法国唯物主义的德国贵族的反动"。

既然恩格斯在《费尔巴哈与德国古典哲学的终结》中，对哲学基本问题所作的论述，是从西方哲学史，特别是西方近代哲学发展的实际出发的。那么，把哲学的基本问题概括为"思维与存在的关系问题"，这是否能完全覆盖中国、西方哲学发展的整个过程和全部内容？如果简单地用"唯物主义与唯心主义两军对战"的模式，是否能够概括中国哲学史的丰富内容呢？这个问题早在1957年1月22～26日北京大学哲学系所举行的"中国哲学史座谈会"上，已经明确地提出来了。与会者包括中国哲学、西方哲学和马克思主义哲学三方面的专家、教授，共100多人。笔者作为高年级的学生，旁听了这个会议。在与会者的发言中，就有人认为，如果完全按照恩格斯关于哲学基本问题的论述和日丹诺夫关于哲学史的定义来处理中国哲学史，生硬地、不加分析地往中国古代哲学家头上贴唯物主义和唯心主义的斗争的标签。这样不仅使丰富多彩的中国哲学史变得越来越贫乏了，而且许多被列入唯心主义的重要哲学家，不管他们在哲学的发展中曾经有过什么样重大的影响与作用，都要与反动或落后挂钩，从而备受批判。毫无疑义，这种"削足适履"的简单化的做法，难以反映哲学史发展和哲学家思想的全貌。但是，在那种学术问题政治化的背景下，想对中国哲学的基本问题进行客观的探讨，自然是无法做到的。

20世纪80年代以后，随着客观形势的变化，从事中国哲学史教学与研究的专家们，重新提出并着手研究中国古代哲学发展的基本问题。这个问题我们在后面论述中国哲学的有关章节中再做阐明。

总之，对于恩格斯关于哲学基本问题的论述，因其是对西方哲学、特别是对近代哲学的概括，是划分唯物、唯心的唯一标准，是不能轻易地加以否定的。但是，正因为它毕竟是对西方哲学特别是以认识论为中心的近代哲学的概括，考虑到哲学发展的阶段性和民族差异，恩格斯关于哲学基本问题的论述是可以，而且应该加以丰富与发展的。这才是我们对待马克思主义理论应有的正确态度。

第四节　哲学研究的主要领域
——"哲学就是认识论"吗？

哲学的基本问题既然是人与世界的关系，并不局限于思维与存在的关系，那么，就不能把哲学归结为"认识论"。哲学应该包括本体论、伦理观、审美观、历史观等诸多领域。为了说明这个问题，我们先了解一下哲学的研究领域包括哪些内容。

在西方哲学史上，有一个与"哲学"相当的重要词语："形而上学"。前面已经提到，它原来的外文是"metaphysics"，它来源于亚里士多德的同名著作《Metaphysics》。这本书不是亚里士多德自己命名的，是来自他的著作的整理者安得洛尼柯。当时，他在编辑亚氏的物理学著作之后，发现还有一些文章，从内容上看，是讲我们今天所谓的"哲学"的，就把它们汇集在一起，一时找不到恰当的名称，姑且题为"物理学之后"（ta meta ta physika）。后来拉丁文的编者又把其中希腊义冠词省略了，于是，"物理学之后"就成了 Metaphysics。其实，亚里士多德本人并没有使用"形而上学"这个词，他讲的是"第一哲学"（prote philosophia），以之与"第二哲学"的"物理学"（相当于今日的自然科学）相区别。在亚里士多德那时，做学问有三个从低到高的层次：先是数学，其次是物理学，最后才是"第一哲学"。可见他对这部分内容的重视，他还把"第一哲学"称之为"神学"。后来在西方哲学历史发展中，"形而上学"就作为一个学科的名称流行起来了。

"形而上学"作为哲学的基础性的学科，在当时欧洲知识体系中处于核心的地位。曾被法国哲学家笛卡尔比喻为"树根"，"物理学"是"树干"，其他学科就成为"树枝"。根据德国哲学家沃尔夫和康德的理解，"形而上学"包括四大部分：存在论、心理学、宇宙论、神学，是一个包括"本体论"在内的内容相当广泛的学科名称。在中文的语境中，既然"形而上者谓之道，形而下者谓之器"，这就表示："道"是表征抽象的、精神性的，而"器"则表征具体性的、物质性的。

按照西方哲学史上普遍流行的说法，哲学的研究领域大体上可以分为三大部分：

第一部分是"本体论"（ontology）或"形而上学"。"本体"一词来自拉丁文：on（是、存在、有）和 ontos（存在者）。在西方哲学史上，"本体论"一词指关于存在本身（being as such）的理论或研究，主要探讨这个世界上存在的一切是不是在背后都有一个抽象的、不依赖于现实世界的本质基础。它有两种用法：一种是包括"宇宙论"（cosmology，关于宇宙的起源、结构、发生与发展）在内，另一种则不包括"宇宙论"，专门探讨"作为存在的存在"。16 世纪末 17 世纪初德国学者郭克兰纽（Rudolphus Goclenius，1547～1628）第一次使用"本体论"一词，并把它解释为"形而上学"的同义语。18 世纪理性主义哲学家沃尔夫也使用"本体论"一词来表示关于"存在者"（beings）的本质的研究。到了 20 世纪，现象学和存在主义的哲学家非常重视对"本体论"的研究，而英美分析哲学则反对形而上学和"本体论"。这个部分的基本范畴有：心与身、实体与偶性、时间与空间、同一与变易、共相与殊相、原因与结果、必然与可能，等等。20 世纪 20 年代兴起的逻辑实证主义对传统的形而上学发起了猛烈的攻击，认为形而上学无法接受经验的证实，因而是没有意义的。他们提出了"拒绝形而上学"的主张。

第二部分是"认识论"或"知识论"（epistemology），它来源于希腊文（episteme，知识）和（logos，理论、学科），它是研究人类认识的来源、能力、范围、限度以及真伪的标准等。西方古代哲学的重点是本体论，近代以来实现了所谓"认识论转向"（epistemology turn），把对主体及其认识能力的研究视为本体论研究的前提，从而认识论的研究成为哲学研究的重点。西方近代哲学在认识论中所出现的"经验论"（emiricism）与"唯理论"（rationalism）之争，就是围绕着认识的来源与真理的标准等问题而展开的。其基本范畴有：感性与理性、经验与先验、真理与谬误、独断与怀疑，等等。

第三部分是"价值论"（axiology）或"伦理学"（ethics）。"价值论"它来源于希腊文 adios（有价值的）和 logos（理论、学科）。"价值"一词原来是指商品交换价值，后来逐步扩大其使用范围，不仅指经济现象，而且还包括伦理道德、美学，甚至逻辑的现象之中。这样，就形成了一种综合性的专门的学问，即"价值论"。它最早是由法国哲学家拉皮埃（Paul Lapie，1869～1927）所使用。"价值论"是关于事物对满足人的需要、兴趣和目的的意义的研究。"伦理学"的本意为风俗、习惯或性格等。亚里士多德最早赋予它以伦理、德行的含义。近代以来，伦理学也称道德哲学（moral philosophy)，黑格尔从精神发展的不同阶段，明确区别了"道德"与"伦理"，认为"道德"是主观意志的法，侧重于个人；"伦理"则是客观意志的法，侧重于社会。其基本范畴有：善与恶、正确与错误、正义与非正义、责任与义务、利己与利他，等等。①

在不同的历史时期，哲学探讨、研究的重点会随之变化。西方古代哲学研究的重点是本体论，有前苏格拉底时期的自然哲学和从苏格拉底之后重点转到对人的研究。近代则把哲学研究的重点转移到认识论，形成思维与存在、意识与物质二元对立的思维方式。人被对象化了，人的丰富多彩的意识内容被片面地归结为抽象的理性精神。这是与西方近代自然科学的发展密切相关。到了现代，出现向人回归的趋向，不仅要通过理性，而且通过内心体验，来理解把握人的存在、价值和意义。哲学研究的重点是人自身以及人和现实世界的关系，认为只有与人相关联的世界对人才有价值、有意义，因而才是现实的；没有与人相关联的世界，对人来说，是没有价值、没有意义的，是非现实的对象，本体论问题又重新受到了重视。

中国古代哲学是探讨"天道"与"人道"的关系，讲"天道"与性、命方面的内容比较多。中国传统哲学中所说的"天"，既是指自然之"天"，也具有道德的属性；中国传统哲学中所说的"人"，包括社会和个人；人和自然之间的关系就是中国传统哲学中所说的"天人之际"。人类的生活，无论是精神的或物质的，都是和"天人之际"有关系的。中国哲学所讲的"天道"约略相当于西方哲学史上的"本体论"（包括"宇宙论"）；"人道"的范围很广泛，个人与社会的关系、个人与个人的关系、人的性与命、道德伦理关系等，约略相当于西方哲学史上的"价值论"。通常人们所说的伦理观、历史观、审美观，涉及"天人之际"，都与"价值论"有关。中国传统哲学中虽然也讲知行关系，但与西方相对应的"认识论"的内容，相对而言比较少。即使如此，在 20 世纪的后半叶，"认识论"却大行其道，甚至出现了以认识论取代哲学的奇怪现象，"哲学就是认识论"的说法，曾经盛行一时。

这种将哲学归结为认识论的思潮并不新鲜。20 世纪初当实证主义成为西方哲学的主流时，就曾经提出"哲学就是认识论"的口号，要把"形而上学"（本体论）排斥在哲学之外。他们主张取消哲学基本问题，把哲学研

---

① 张世英：《哲学导论》，北京大学出版社，2002，第 12～13 页。

究局限于认识论范围之内，拒绝讨论宇宙本源、人生价值等与人们精神生活关系密切的问题。针对西方哲学的这个误区，熊十力曾经反其道而行之，提出了"哲学就是本体论"的主张。当然，本体论也不能涵盖全部哲学，但是，本体论问题的解决方式，对于一个哲学体系具有决定性的意义。从一定的意义来说，没有本体论的理论，就没有哲学。尽管世界是人的世界，人无法撇开自身，撇开人作为主体来谈论世界的客观性，谈论世界与人的关系，但不能以此来否定本体论问题的重要性，更不能将本体论转化为认识论。不料到了 20 世纪的后半叶，"哲学就是认识论"的说法，在社会主义国家里，竟然重新被提倡。

这种说法来自政治上的最高权威，上面有所倡导，下面自然有人附和。有的知名学者甚至撰文明确提出了哲学就是所谓"最广义的认识论"的理论主张。例如，吴江先生在《着重宣传辩证唯物主义认识论——对于改进干部哲学教学的意见》① 一文中说，什么是哲学？可以简洁地回答："哲学就是最广义的认识论。"诚然，哲学的研究领域包括认识论，哲学也具有认识方法、认识工具的意义与功能，但并不能由此得出结论说，哲学就是认识论，甚至说"哲学就是最广义的认识论"。"广义"之外再加个"最"字，这究竟是什么意思呢？

该文写道："长期以来，我们讲哲学大体分四块：唯物论、辩证法、认识论、历史唯物论。这是从三十年代的苏联传进来的，久而久之，也就成为一种框框了。认识论实际上是被狭义地理解了。"因而，他认为，"唯物论、辩证法、历史唯物论都要作为方法，作为认识论来掌握，使之成为认识世界和改造世界的伟大工具。"换句话说，把哲学分为四大块，认识论只是其中之一，这是"狭义地理解了认识论"；而要广义地理解，就要把其他三大块（唯物论、辩证法、历史唯物论）统统归到认识论之下，只剩下认识论这一大块，难道这就是"最广义的认识论"的含义吗？

这种说法的理论根据之一，就是列宁关于逻辑、辩证法、认识论三者是"同一个东西"的论断。但是，列宁说逻辑、辩证法、认识论是"同一个东西"，绝不能理解为这三个东西完全是一样的。逻辑、辩证法、认识论有其相对独立性，有自己的研究对象和自己特定的内容。不然的话，又何必要用

---

① 吴江：《着重宣传辩证唯物主义认识论——对于改进干部哲学教学的意见》，《哲学研究》1980 年第 8 期，《人民日报》1980 年 9 月 5 日第 5 版摘要转载。

三个不同的名词来称呼它们呢？如果说，因为它们三者是"同一个东西"，可以将它们都说成认识论；那么，根据同样的理由，我们是不是可以将它们说成都是辩证法呢？恩格斯在总结哲学发展的历史之后说："于是，在以往的全部哲学中还仍旧独立存在的，就只有关于思维及其规律的学说——形式逻辑和辩证法。"① 列宁也讲过："辩证法，按照马克思的理解，……其本身包括现时所谓的认识论，这种认识论同样应当历史地观察自己的对象，研究并概括认识的起源和发展即不知到知的转化。"② 可是，并没有人因此作出"哲学就是最广义的辩证法"这样的概括。"哲学就是认识论"的说法完全排斥了本体论，讲哲学而根本不讲伦理观与审美观，特别是把历史观也归结为认识论，更是匪夷所思。提倡"哲学就是认识论"者，无一不是以"马克思主义者"而自诩，但他们这样做，实际上等于否定了历史唯物论作为一门科学的相对独立的意义。

恩格斯曾经说过，马克思毕生在理论上作出了两大贡献：一个是剩余价值学说的发现，一个是唯物史观的创立。社会主义能够从空想发展到科学，正是由于这两大贡献的结果。可见，唯物史观的创立，不仅对于形成科学的实践观点，克服旧唯物主义的直观性有重大的意义，而且对于整个马克思主义的建立，也是重要的基石。当有人要把历史唯物论也放进认识论里面去的时候，难道不担心这样做会导致对历史唯物论的忽视和贬低吗？这可是对马克思主义的大不敬啊！

当"哲学就是认识论"的说法大为流行之时，正是我们国家经济、政治、文化方面遭到重大失误之时，强调"哲学就是认识论"说法的目的据说是为了要让哲学接近实际。而"哲学接近实际，唯一的途径是真正把哲学作为认识论，作为认识方法来掌握"。这种看法并不符合实际状况。回顾1949年以来哲学战线走过的路程，我们可以看到：正是在一再强调"哲学就是认识论"，着力要分清唯物、唯心的那些时候，却屡屡出现了：离开唯物主义基础而片面地强调发挥主观能动性；离开历史唯物论的基本观点，片面夸大第二性东西对第一性东西的反作用。遥想当年，在加强马克思主义认识论教育的总题目下，把哲学当作认识方法、认识工具的意义被夸大到极不适当的地步之日，正是哲学的简单化、庸俗化达到了极点，唯心主义横行，

---

① 《马克思恩格斯选集》第3卷，人民出版社，1972，第65页。
② 《列宁选集》第2卷，人民出版社，1972，第584页。

形而上学猖獗，现代迷信登峰造极之时。把我们国家经济、政治、文化方面之所以遭受重大挫折仅仅归结为认识论上"经验不足""要交学费"等原因，而拒绝承认其深刻的社会根源与历史渊源，更不想从经济、政治的体制方面进行深刻的、坦诚的反思，这正是提倡"哲学就是认识论"者的良苦用心。

事实上"存在论"（本体论）问题，是哲学理论的基本构成内容之一。它从古代希腊以来的西方哲学史上，经历了漫长的演变过程；而直接继承西方哲学优秀成果的马克思主义哲学，却没有"存在论"的一席之地，这岂非咄咄怪事？把哲学仅仅归结为认识论的教训之一，可举我国在 20 世纪五六十年代，曾经发生过的那一场关于"美的本质是什么"的大讨论为例。在参加这场讨论的学者中，无论主张美是主观的，或是客观的，或是主客观的统一，或是强调美的社会性，看法虽然各不相同，但都是把美的问题归结为认识论问题。这样，作为价值论的人文学科的美学，作为哲学中的分支学科的美学，被看作是属于认识论领域中的一门学科，把审美意识放在"主客二分"关系的框架中来讨论。但是，审美意识根本就不单纯是一种认识。美学不能仅从认识论上来把握，而要从存在论（本体论）上来把握。这一点在张世英先生的《哲学导论》等论著中多有阐述，美学研究者中的一些有识之士在其所写的反思的文章中，也作出了类似的阐发。①

长期以来，我们强调实践的观点是马克思主义认识论的"第一"和"基本"的观点，并以马克思实践观点的创立，作为马克思主义哲学实现变革的标志，这固然是正确的。但是，我们对"实践"的理解是不全面的。由于我们轻视从"存在论"的角度看待人的实践活动，实践仅限于对具体实践形式的简单认同，而没有认识到它对于我们自身及其生活世界的"根据"意义：实践既是人的最基本的活动方式，也是人的存在方式。这样，对实践方式、实践观念的过分物化、短期化的理解，以及由此而来的实用性的弊病，就难以避免了。在这种思想框架的指引下，我们虽然在"改变外部世界"的向度上来讲实践，而对开发人的潜能、发展人的天性、和谐人与人以及人与自然的关系等方面，却处于失语的状态。至于人生意义、伦理道德，特别是关于审美意识和审美教育之类的内容，更是把它们视为哲学以外的内容，被排除在视野之外了。

---

① 徐碧辉：《对五六十年代美学大讨论的哲学反思》，《中国社会科学》1999 年第 6 期。

第五节 哲学之"无用"而有大用

—— 世界观与方法论的统一

哲学有用吗？有人说，哲学一无所用；有人说，哲学无所不能。其实，哲学既非无所不能，也不是一无所用。关键在于，从什么意义上、在那个层面上来判定其用处。

如上所述，哲学不等于知识，不是具体的技术，学了哲学并不能直接懂得种地、裁衣、驾车。从这个意义上，在知识、技术的层面上，哲学不如任何一门技术，说它"无用"并不是没有道理。恩格斯在《反杜林论》中，在论证否定之否定规律的客观性、普遍性时，曾经举了许多实例，说植物学中大麦的生长，数学上的微积分运算，都蕴含着"否定之否定"的道理。但是，数学的微积分运算也好，植物中大麦的种植也好，都是一门专门的学问、专门的技术。"这一点和其他一切一样，是应该学习的"。

> 仅仅知道大麦植株和微积分属于否定的否定，既不能把大麦种好，也不能进行微分和积分，正如仅仅知道靠弦的长短粗细来定音的规律还不能演奏提琴一样。[①]

当然，我们也不应该根据这一点就说哲学"一无所用"。哲学毕竟是智慧之学，境界之学，是世界观、人生观和方法论的统一，它虽然不能直接解决某个具体的技术性问题，但却能提供方法论的指导，有助于解决所要解决的具体问题。更重要的是，它能够解决人生的重大问题、根本性的问题。因此，可以说是："无用之用，是为大用"。

马克思曾经说过，任何真正的哲学都是自己时代的精神的精华，它既有批判的作用，在批判中弃旧图新，又有建构的功能，它的理论观点对于当时的社会产生重大的影响，并对未来起着超越时代的引导作用。哲学理论所思索的是一些宏观的，具有普遍意义的问题，它立足于当下，着眼于未来，超越有限，追求无限，思考宇宙，安顿人生，有安身立命之功效。

张世英先生说得好：

---

① 《马克思恩格斯全集》第 20 卷，人民出版社，1971，第 155 页。

哲学者，玄远之学也，总令人觉得不切实际。一些人称哲学为无用之学，不是没有道理。可是人除了实际的一面之外，又确有不切实际的一面。这就是为什么人们在专心于孜孜以求的日常事业和事物之余，又总感到缺乏心灵上的自由、安宁与安顿的缘故。以我为中心，把他人、他物都当做是自我所利用和征服的对象，此种事业心并不能为我们提供人生的家园。人若能从自我中心主义返回到人所植根于其中的"万物一体"之中，这似乎是忘掉了自我，实乃回到真我。也许正是在这里，人能找到自己的家园，找到人生的意义和价值之所在；也许正是在这里，哲学能展示它的无用之用。处当今竞争激烈、人们热衷于自我征逐之际，若能让哲学从寂寞冷宫中下凡到人间世俗，相信一定会给熙熙攘攘、沉沦于世者增添几分清凉幽香之气，以提高人们的品位。①

有人认为，哲学对于变革社会，指导社会科学或人文科学的研究也许有所作用，但对于自然科学的学习与研究不见得有什么作用。诚然，如果仅仅从事一些技术性的工作，进行重复性的劳动，未必能看出哲学的作用，不需要懂得哲学。但是，如果想在自然科学的重大理论研究方面有所发现、有所突破，就离不开哲学思维了。

美国现代科学哲学家、物理学史家托马斯·库恩有两本书，曾经为我国读者所推崇：一本是《科学革命的结构》，另一本是《必要的张力——科学的传统和变革论文选》。前者提出了科学知识增长的模式，后者论述了科学研究中收敛式思维与发散式思维及其相互关系。他提出了一个重要的概念："范式"（Paradigm），所谓"范式"通常是指那些公认的科学成就，它们在一段时间里为科学共同体提供典型的问题和解答，提供共同的理论框架与研究方法。他认为，科学知识增长的一般进程是：前科学阶段（这时科学共同体没有形成，缺乏共同的"范式"）→常规科学时期（这时形成了共同的"范式"，也有了科学共同体）→出现"反常"，多次反常事例出现而且无法消除→"危机"，意味着科学思想根本变革的"科学革命"的到来，意味着新理论突现的前奏→新的常规科学时期（这时旧的"范式"被新的"范式"所取代）……

---

① 张世英：《学术文化随笔》，中国青年出版社，2002，第307页。

库恩认为，在"常规科学时期"，人们只要依据已经建立起来的"范式"，按部就班地工作就行了，这时运用的主要是"收敛式思维"。这种思维的特点是带有保守的性质，学习前人，而不需要太多的创新。当然，也不需要什么新的哲学思想的参与，用他的话来说，这时的"科学家通常不需要当哲学家，也不想当哲学家"。但是，在出现"反常""危机"，并酝酿着"科学思想革命"时，就需要"发散式思维"了。而"发散式思维"的特点是创新，没有一定之规，没有可供借鉴的经验。这时，"科学家常常转向哲学分析，以作为解开他们领域中的谜的工具"。这时，"范式"将要随之改变，要有新的"范式"取代旧的"范式"。而"范式一改变，这世界本身也随之改变了"，科学家所面对的世界图像发生了重大的变化，"革命之前科学家世界中的'鸭子'到革命之后就成了'兔子'"，这就需要新的哲学思想的帮助了。当科学思想发生根本变革的时代，那些固守旧范式的人，将会被淘汰；只有那些选择新范式、并对新范式"有信心"的，具有创新思想的人，才能推进科学的向前发展。[①]

库恩的"科学革命论"我们在后面还会阐述，仅从库恩上述的论述可以看出，一般地讨论，或泛泛而谈地评价哲学对自然科学的发展是否有用，是没有意义的，需要的是具体地分析。从科学史上看，越是在科学史上作出重大贡献的科学家，越是具有里程碑意义的重大科学发现，其背后所蕴含的哲学思想就越是明显，越是不可被忽视。

这里仅以人们公认的，相对熟悉的物理学家爱因斯坦为例。众所周知，爱因斯坦在 1905 年和 1916 年相继提出"狭义相对论"与"广义相对论"。这个新理论以"相对"与"绝对"统一的物理世界图像，代替了牛顿以"绝对空间"与"绝对时间"为特征的、机械论的物理世界图像。这不仅是量变，更是观念上的质变，是物理学思想的一场革命。实现这场物理学的革命当然需要哲学思想的支持。1928 年他在柏林曾经说过，如果他没有读过休谟的著作，他或许不敢推翻牛顿的基本假设。休谟是英国近代著名的哲学家，他提倡一种怀疑的精神。正是这种怀疑精神支持、鼓励着爱因斯坦摒弃牛顿的机械论的时空观。尽管牛顿的机械论曾经统治物理学界和整个自然科学界长达两三百年之久，牛顿本人的科学权威在当时仍然是无与伦比，无人

---

① 托马斯·库恩：《科学革命的结构》，金吾伦等译，北京大学出版社，2003，第 81、101、142 页。

可以替代的。

这里，我们引述他的一些话，就可看出，作为伟大物理学家，爱因斯坦是怎样理解哲学的作用的。他说：

> 哲学是其他一切科学之母，她生育并抚养了其他学科。因此人们不应该因为哲学的赤身露体和贫困而对她进行嘲弄，而应该希望她那种堂吉诃德式的理想会有一部分遗传给她的子孙，这样他们就不至于流于庸俗了。

他说，"单靠知识和技术不能使人类走上幸福而高尚的生活"，因此，他非常推崇"古代希腊人"和"古代东方贤哲们"的思想与道德，认为哲学思想家与道德价值的传播者对人类的贡献，"置于客观真理的发现者之上"。他明确指出：

> 在我看来，人类应该更加地感谢释迦牟尼、摩西和耶稣那样的人物，而不是有创造性的、好奇的头脑的成就。如果人类要保持自己的尊严，要维护生存的安全以及生活的乐趣，那就应该竭尽全力地保卫这些圣人所给予我们的一切，并使之发扬光大。①

这番话出自爱因斯坦这样的自然科学家之口，对于说明哲学的功用，是非常具有说服力的。

爱因斯坦是自然科学家，其他行业的学者也有这样的类似的体会。例如，英国有位才子型的作家阿兰·德波顿（Alain de Botton）写了一本哲学方面的畅销书，书名为《哲学的慰藉》（*The Consolations of Philosophy*）。该书选择西方哲学史上六位哲学家，他从不同角度阐述了哲学对于人生的"慰藉"作用。苏格拉底以通过理性思辨的方式掌握真理的自信，直面具有压倒性优势的世俗偏见，从容赴死而不悔。伊壁鸠鲁认为人生以追求快乐为目的，他摈弃奢华，布衣蔬食，以良朋为伴侣，作林下泉边之游。塞内加由于参透了人生的无常，对命运做了最坏的设想，所以，他面对任何飞来横祸都能处变不惊。蒙田厌恶上流社会的矫揉造作，痛恨学界引经据典之风，提

---

① 转引自李醒民《爱因斯坦》，商务印书馆，2005，第91、96、396页。

倡原始，崇尚本真，让因能力、知识不足者可以由此而免除自卑感。叔本华的极端悲观主义实际上等于：劝导天下伤心之人，放弃此生的一切期待，以便免除烦恼。尼采以超人的意志和绝对自信，激励与帮助人们在艰难险阻前，永不放弃。

阿兰·德波顿不是专业的哲学史家，他对六位哲学家的分析是否准确、是否到位，另当别论。他主张通过哲学求得智慧，而且认为，用哲学智慧可以让人们在人生悲苦、困顿和欲望引起的烦恼中得到慰藉。这种意向是值得嘉许的。他说：

> 哲学家的共同点就是忠于"哲学"一词希腊文的原意——"爱智慧"。人以群分，把这一小群人归在一起的共同爱好在于就人生最大的痛苦的根源向我们说一些宽慰而切合实际的话。我愿从斯人游！①

阿兰·德波顿说的是"慰藉"，按照通常的理解，是重在调整心态，起着心理治疗的功效，它与洞察世界和人生的"智慧"，两者虽然可以相容，但并不等同。哲学不只是慰藉，而更应该是智慧。如果仍然要使用"慰藉"一词的话，那可以说，哲学是一种最高级的、最深刻的慰藉。

哲学应该是通过理性来提高人的精神境界，它在引导人们超越物质享受与功利追求回归精神家园时，必然会给人们带来理智的快乐与心灵的愉悦，而这种快乐和愉悦是恬静的、持续的、无限的。这正如亚里士多德所说："哲学以其纯洁和经久而具有惊人的快乐。"② 也许，这就是哲学对于人的"大用"吧！

哲学有用吗？说它无用，并非毫无道理。因为从表面上看，哲学虽然可以从方法论上对具体的科学技术的学习与研究以指导，但是，它不可能直接解决某一个具体的技术性的问题。如果说，它有大用，或虽无实用而有大用，那也是无可置疑的事实，而且为几千年来，包括科学发展史在内的整个人类文明的历史所证明了的。

从历史上看，每一种哲学体系都具有自身的"一贯之道"，它是哲学家殚精竭虑、慎思明辨地对世界所作的不同旨趣的深度洞察、高超直觉和

---

① 阿兰·德波顿：《哲学的慰藉》，上海译文出版社，2009，第 8 页。
② 《亚里士多德全集》第 8 卷，中国人民大学出版社，1993，第 227 页。

美妙体悟。虽然每一种哲学都不可能是最终性的，但我们总能在一种深度的洞察中获得智慧，安顿心灵。进入哲学，我们就进入了自由之地，进入到了无限的精神之旅中，它令人冥想，令人深刻，令人多智，令人明辨，令人安详，令人达观，从而提高人生境界，找到安顿自己心灵的精神家园。

对此，我们在本书的最后（第七章）还要作专门的论述。

第二章
哲学与哲学史（上）

哲学与哲学史当然是两个不同的概念，不能完全加以等同。但是，从一定的意义上，我们又可以说，哲学就是哲学史，或者说，我们要了解和学习哲学，就必须了解和学习哲学史。为了具体地掌握这个观点，我们有必要回顾哲学史。这里，我们先从西方哲学史说起。

第一节　哲学就是哲学史

哲学的许多问题从表面上看，似乎极为艰深抽象，其实都是对人类所面临的一些基本问题的高度提炼与抽象。一方面，它有着稳定的核心内容与基本框架；另一方面，它又要在人类生存的不同历史语境下深化、发展和变型。从这个意义上说，哲学问题的回答，又不能不是历史的，哲学就是哲学史。哲学的反思，实质上是对时代的批判，哲学史上的大师们，无一不是对不同时代的人类生存问题有着深切的了解与关怀，他们既是时代的产儿，又揭示了时代的本质。先前的哲学家的思想往往蕴含、孕育乃至开启着后来哲学家的哲学思想。哲学的这种理论性与历史性的统一，恒常性与变动性的统一，决定了人们要学习哲学，就要学习哲学史，从而了解历史上不同时代的哲学家们，是怎样思考并回答哲学的基本问题的。在相当长的一段时期内，人们热衷于划分哲学上的唯物主义与唯心主义，其实，我们考察哲学历史上唯物、唯心这两个派别的目的，是为了从中把握哲学思维在历史上发展的脉络，进而领悟其规律性，而不是为了给哲学家贴标签。汤一介先生说得好：

对历史上的哲学体系固然可以去分析什么是唯物主义与唯心主义、

23

唯理论与经验论、一元论与二元论等等，但哲学史的研究如果只是为了说出某种哲学体系是唯物主义或唯心主义，或者只是把判定某种哲学体系的哲学是唯物主义与唯心主义为目标，我想这是很不够的，也许可以说这对哲学"只是登堂，还未入室"。我认为，更重要的应该是能经过层层分析揭示其哲学体系所存在的内在矛盾，以便认识人类理论思维发展的曲折性和复杂性。①

恩格斯在讲到哲学作为一种理论思维所具有的性质时，曾经明确指出："每一时代的理论思维，从而我们时代的理论思维，都是一种历史的产物，它在不同的时代具有非常不同的内容。"这就指明了哲学与哲学史的关系。同时，他又明确地强调了学习哲学史所具有的重要意义，他说，为了发展和训练哲学的思维能力，"除了学习以往的哲学，直到现在还没有别的手段"。②

在西方哲学史家中，把哲学与哲学史的关系说得最为透彻的首推黑格尔，他在《哲学史讲演录》中明确地指出，"哲学史的学习即是哲学本身"，通过哲学史的研究，可以"引导我们了解哲学的本身"。为什么呢？他解释说：

　　哲学史上所表现的种种不同的体系，一方面我们可以说，只是一个哲学体系，在发展过程中的不同阶段罢了。另一方面我们也可以说，那些作为各个哲学体系的基础的特殊原则，只不过是同一思想整体的一些分支罢了。那在时间上最晚出的哲学体系，乃是前此一切体系的成果，因而必定包括前此各体系的原则在内；所以一个真正名副其实的哲学体系，必定是最渊博、最丰富和最具体的哲学体系。

　　哲学的每一部分都是一个哲学全体，一个自身完整的圆圈。但哲学的理念在每一部分里只表达出一个特殊的规定性或因素。每个单一的圆圈，因它自身也是整体，就要打破它的特殊因素所给它的限制，从而建立一个较大的圆圈。因此全体便有如许多圆圈所构成的大圆圈。③

---

① 汤一介：《郭象与魏晋玄学》，北京大学出版社，2009，第 106 页。
② 恩格斯：《自然辩证法》，于光远等译编，人民出版社，1984，第 45～46 页。
③ 北京大学哲学系外国哲学史教研室编译《西方哲学原著选读》下卷，商务印书馆，1981，第 376 页。

在他看来，历史上的各种哲学体系的不断变化发展过程，不过是绝对精神自我认识的不同阶段。哲学史是在时间中发展的哲学，而哲学则是在逻辑体系中的哲学史。哲学与哲学史相统一的思想，体现了逻辑与历史的辩证统一。

存在主义的主要代表，20世纪德国最伟大的哲学家之一的雅斯贝尔斯（Karl Jaspers，1883~1969）也持与黑格尔类似的观点，他认为，"当代的思想可以在它的过去中获知，由它与过去的关系，可以勾勒出其思想的本质"，因此，"哲学是需要其历史的"，这是问题的一个方面；另一方面，哲学史也需要哲学，"探究哲学史意义之前提乃哲学作为引导"，因此，"哲学史是不可能没有自己的哲学思考而独立存在的"。[①]

综上所述，我们可以这样认为，在一定意义上，哲学就是哲学史，或者反过来说，哲学史也就是哲学本身。这样说，大概是不会错的。

第二节　"轴心时代"理论的提出及其基本内涵

从世界范围来看，哲学思想的发展，出现了三个基本的派别：中国哲学、印度哲学和以古代希腊为诞生地的西方哲学。

雅斯贝尔斯在《历史的起源与目标》中提出："在公元前800年到公元前200年间所发生的精神过程，似乎建立了这样一个轴心。"在"轴心时代"里，特别是在公元前600年到公元前300年，中国、印度、希腊这三个互不知晓、毫无联系、独立发展起来的文明，几乎同时出现在世界舞台之上。这些民族的伟大的先知，有印度的释迦牟尼，中国的孔子、老子，古希腊的苏格拉底、柏拉图，以及犹太人中的耶稣等。他们以非凡的人格力量与深邃智慧，实现了"哲学的突破"，从而把人类基本的价值观念与文化的早期积累，凝结为系统的文献形式，从而取得了经典的意义，并且对后来的历史发展产生了长远的影响。雅斯贝尔斯在《哲学概论：智慧之路》中，又重申了这个理论。

怎样说明这个看似偶然实则必然的世界性的文化现象？雅斯贝尔斯用"轴心时代"（Axial Period）理论来解释；与之相对应的还有由马克斯·韦伯（Max Weber）提出，并且经过帕森斯（Talcatt Parsons）发挥的"哲学的突破"的观念。这些理论说明，人类的几个民族，不约而同的，在差不多

---

①　雅斯贝尔斯：《大哲学家》，社会科学文献出版社，2005，第6~7页。

相近的时间里，开始了理性的觉醒，关心起自身存在的处境，以及自身存在的意义了。而且，在这个"轴心时代"里，构成以后各种哲学传统的基本问题，大体上都已经被提出来了。

雅斯贝尔斯说，他有一条信念，就是"人类具有唯一本源的共同目标"，面对着大致相同的外部世界，因而，上述历史事实即"轴心期全貌未必仅仅是历史巧合所造成的幻觉。相反，它似乎是某种深刻的共同因素，即人性的唯一本源的表现。"①

雅斯贝尔斯把人类的历史分为四个时期：史前时期（大约公元前5000年以前，他称之为"普罗米修斯时代"），古代文明时期（从公元前5000年～公元前3000年，包括在埃及、美索不达米亚、印度河和黄河流域产生的文明），"轴心时代"（大约在公元前800年到公元前200年）和科学技术时代（中世纪结束以后，1500年前后是个重要的分界线）。现在我们感兴趣的是他所说的"轴心时代"。

雅斯贝尔斯非常强调哲学在世界范围内的普遍交流。他认为，对"世界哲学史"的考察，以及这种考察的现实化，可以作为普遍交流之框架。在他的"世界哲学"的概念中，所谓"世界"，首先表示的就是"统摄"（das Umgreifende）之意。由于我们认识的对象物都是在"主体与客体二分"的前提下被构成的，只有在这种情况中人们的认识才能实现。换句话说，作为认识的对象，都属于存在物（Seiende）的领域；而作为超越了所有存在物的"存在"（Sein），却既非主体亦非客体，是主体、客体未分的统一状态。正是在这个意义上，雅斯贝尔斯提出了"存在就是统摄"这个著名论断。这样，对"统摄"所进行的哲学思考，实际上意味着他的思考的视野，已经进入了"存在"本身之中。

雅斯贝尔斯认为，对于这种超越者的"存在"，虽然不能像认识存在物那样去认识它，却是可以"澄明"它。而要做到这一点，只能间接地进行，即必须借助于对"对象物"的思维，来获得对"存在"的"统摄"或提示。为此，他拟定了关于"哲学世界史"的宏大构想与写作计划。全书共有五部分，不仅包括哲学的发展史，还涉及哲学与语言、宗教、科学、艺术等众多内容。遗憾的是，这个计划刚刚付诸实践，他便与世长辞了，留下的是大量的未完成稿。值得庆幸的是有些内容已经出版了。

---

① 雅斯贝尔斯：《历史的起源与目标》，华夏出版社，1989，第20页。

正是在这些已经出版的著作中，雅斯贝尔斯提出并用哲学史的丰富材料，具体地论证了关于"轴心时代"的理论。他指出，在这个时代里，人类开始意识到在整体中的"存在"，自我以及自身的极限。在这个时代里，人类为自己确立了最崇高的目标，产生了我们今天依然要借助于此来思考问题的基本范畴。从此之后，"人类一直靠轴心时代所产生的思考和创造的一切而生存。每一次新的飞跃都回顾这一时期，并被它重新燃起火焰。自那以后，情况就是这样。轴心时代潜力的苏醒和对轴心时代潜力的回忆，或曰复兴，总是提供了精神动力。这一开端的复归是中国、印度和西方不断发生的事情。"[①]

雅斯贝尔斯不满意黑格尔以耶稣的出现作为世界历史的轴心的做法，主张跳出以欧洲为中心的存在主义哲学框架。他采取西方人、亚洲人乃至全人类都信服的、统一的尺度，来审视整个世界哲学史，以哲学家著作的独创性和相似的思维方式为取向，将世界上取得卓越成就的哲学家划分为三种类型：

一、思想范式的创造者，包括苏格拉底、佛陀、孔子、耶稣；

二、思辨的集大成者，包括柏拉图、奥古斯丁、康德；

三、原创性形而上学家，包括阿那克西曼德、赫拉克利特、巴门尼德、柏罗丁、安瑟尔谟、斯宾诺莎、老子、龙树。

这是一个宏大的精神王国的整体画卷。数千年来，"这些哲学大师已经走上了通往最深刻的理性之路"，"他们的思想成为先于我们存在的各种形式的可能性"，他们是"最具根源性的哲学家"。因此，"对于我们这些后来者来讲，其使命是让这些大师们带领我们进入已被澄明了的地方，在那里我们会清楚地知道我们的自我会如何发展。"[②]

雅斯贝尔斯的上述理论对于我们进行中西哲学的比较研究，无疑的是富有启发意义的。中国哲学与西方哲学之间，由于其起源和演化的诸多社会因素的不同，当然会有发展形态和思维方式等方面的明显区别。但无论是中国哲学，还是西方哲学，又都面临着人类所要思考的共同的课题，因此可见，不同的民族之间，除了民族特点的差异之外，又有其共同性与普遍性。

---

① 雅斯贝尔斯：《历史的起源与目标》，华夏出版社，1989，第14页。
② 雅斯贝尔斯：《大哲学家》，社会科学文献出版社，2005，第6~7页。

下面我们先来考察西方哲学的发展史，看看从中我们能够通过哲学史的考察，学习到哪些哲学理论？

第三节　西方哲学发展的基本线索与主要特点

西方哲学发源于古希腊而后又盛行于整个欧洲和西方诸地区。古代希腊历来被认为是欧洲文明的摇篮，也是欧洲乃至整个西方哲学的故乡。

西方哲学的发展可以分为以下四个时期：一、古希腊罗马哲学；二、中世纪哲学；三、近代哲学；四、现当代哲学。这四个时期又可以合并为三个阶段，呈现出"否定之否定"的发展趋势。

一　古希腊罗马哲学

古希腊罗马哲学，也可简称为古希腊哲学。时间从公元前 6 世纪算起，直到公元 5 世纪，约 1100 年左右。早在公元前 6 世纪，希腊奴隶社会的经济就已经比较发达，这时，又受到东方埃及和巴比伦的影响，希腊的文化得到了迅速的发展，开始了西方哲学发展史的第一个时期。这个时期又可分为三个阶段：自然哲学阶段，人本主义和系统哲学阶段，希腊化和罗马哲学阶段。

（一）自然哲学阶段

公元前 6 世纪，在东方伊奥尼亚地方的一些哲学家开始提出世界的本原问题，这些哲学家被称为伊奥尼亚学派。他们最早用自然本身的某种物质形态来解释世界的本原与生成。其中最著名的代表有米利都的三位哲学家：泰利士（始基是水）、阿那克西曼德（无定形）、阿那克西米尼（空气）。

泰利士之所以是西方古代的第一位哲学家，并不是因为水作为万物的始基有什么特别重要的价值，而是因为他是第一个尝试基于现象的观察，用理性思辨的抽象方法提出宇宙起源的问题并给予解答的人。古代希腊人本来就有着对海洋的崇拜，再通过观察万物都是从潮湿的地方生长出来的，如果没有水，万物就不能生长。但是他的这个命题的得到，并非仅仅基于经验的观察，因为这个命题中所说的"水"，已经达到了普遍性的形式。这种普遍性既已摆脱了神话和比喻的方式，也不是停留在感性的形式，而是思辨的普遍性，正如黑格尔所说，"思辨的水是按照精神方式建立起来的，不是作为感觉的实在性而被揭示出来的"。① 所以，尼采认为，泰利士之所以被尊为西方"哲学之父"，是因为他的论断中蕴含着"一切是一"的直观。② 这里的"一切"，就是"多"，而"一切是一"就包含着"一"与"多"的统一。

阿那克西曼德是泰利士的学生，泰利士以"水"为始基，而水是无定形的，可以说，"无定形"是水的本质，而且比水更为抽象。"无定形"是一种混沌，万物由之而生，万物又复归于它，它既是不生的，也是不灭的。

阿那克西米尼是阿那克西曼德的学生。泰利士以"水"为始基，而水是单一的东西，阿那克西曼德的"无定形"作为一种混沌，是多样的统一，但它不是一个东西，难以统一万物。所以，阿那克西米尼以"气"作为万物的始基，这样，就使得"无定形"的多样性之物具体化了。这样，规定的多样性就是具体的规定性了。因为"气"是最不定型的，有聚集、有扩散，是吸引与排斥的体现。如果说泰利士的"水"是正题，阿那克西曼德的"无定形"是反题，那么，阿那克西米尼的"气"就是"合题"，否定之否定。

与此同时，在意大利出现了以毕达哥拉斯为代表的毕达哥拉斯学派，认为一切事物的始基是"数"，与上述的水、火、气等可感知的有形物不同，数是抽象的。它分为奇数与偶数，由于它们的对立与比例而形成万物，并蕴含着其中的某种规律。这对后世哲学与科学的发展都产生了不可估量的影响。人类的认识总是先从"质"的规定性开始，随着认识的不断地深入，必然地进入了对"量"的规定性的把握。有了数就有了"点"，从"点"产生了"线"，从"线"产生了"面"，从"面"产生了"体"，从各种"体"产生出四大元素（水、火、土、气）以及宇宙万物。万物都是由数所构成，天体运行都是按照距离远近和质量大小奏响着一种和谐的音乐，而音调的高低取决于弦的长度与粗细。他们还用数来解释精神现象，例如，一代表理性和善，二代表意见和恶，三代表全体，四（2×2）和九（3×3）代表正义，五代表婚姻，六代表生命，十代表完满，等等。数本身是静止的、有定形的，而世界万物是运动的、无定形的，两者如何统一，实现由此及彼的转化？这就引出赫拉克利特的"火"。

爱非斯的赫拉克利特认为，无论是水、气等无定形之物，何以能运动？

---

① 黑格尔：《哲学史讲演录》第 1 卷，商务印书馆，1959，第 184 页。
② 尼采：《希腊悲剧时代的哲学》，周国平译，商务印书馆，1996，第 27 页。

这是毕氏没有解决的。而把"火"作为万物始基的说法的优越之处在于，火是最为生动活泼的，是自我定型的，是定型与不定型的统一。整个宇宙就是一场"永恒的活火"，它"按照一定的尺度燃烧，按照一定的尺度熄灭"。他由此提出了"逻各斯"的概念。"逻各斯"（logos）就是"尺度"，而"尺度"意味着规律，不仅关于量，更关于质。火本身是能动的，不存在外力的推动问题，"一切皆流，无物常驻"。他说："人不能两次踏入同一条河流，我们走下而又不走下同一条河，我们存在而又不存在。"火本身是能动的，自己运动的，而运动就是"在"与"不在"的统一。"逻各斯"把不同质的"在"与"不在"都统一起来了。他还认为，不能把万物的产生理解为对立面的分离，而是对立面的结合。这是一个有极大启发性的猜测，怪不得赫拉克利特被公认为古希腊辩证法思维的创始人。

要考察"量"，首先碰到的是"一"与"多"的关系。而对"一"与"多"两者如何统一的追究，引起了爱利亚学派巴门尼德关于"存在"与"非存在"问题的最初反思。这是哲学世界观发展中的又一个巨大进步，它是哲学要从自然哲学中分化出来，走向独立的标志。万物的本质是不变的，不生不灭的"存在"，而对"存在"这个整体性概念的反思，又引发了"一般"与"个别"关系问题的提出，爱利亚学派也就应运而生了。

爱利亚学派以巴门尼德为代表，在巴门尼德之前有克塞诺芬尼，巴门尼德之后有他的学生芝诺。该学派的基本主张是，以繁多与变动为特征的感觉世界虽然是现实的存在，但绝非实在的"存在"；而万物的本质是不变的，不生不灭的"存在"。克塞诺芬尼提出了"一"这个重要概念，"一"就是整体，而整体就是"神"，所以，"神"就是"一"。

巴门尼德从理性逻辑的层面深化了赫拉克利特关于"存在"与"非存在"统一的论述，论证了"存在"与"非存在"的对立统一，以之代替克塞诺芬尼关于"神"的观念，认为"存在"不是个别而具体的"存在者"，而是"存在自身"，是万物本性的恰当说明，是思维的对象而不是感觉的对象。"非存在"并不存在，且不能被思考。感觉虽然能显示生灭变化、繁复多样的"存在者"的感受，但只能产生虚幻与谬误的"意见"，而不能产生"真理"。只有思维才能产生真理。巴门尼德认为，思维就是能够说出来，能够被思维的，就是合乎"逻各斯"的，就是"存在"的。所以，思维与存在是同一的。这样，就有了两个不同的世界：真实的、本质不变、可以被思想的世界与虚幻的、变动不居的、只能被感觉的世界。西方哲学史上关于两个世界的种种说法，由此开始。

为了证明"存在"是宇宙的最高原理，他的学生芝诺用矛盾法（归谬法）来说明。由于"存在"是"一"，是"静止"，芝诺不仅证明了"多"是不可能的，而且用"二分法""阿基里斯追不上乌龟""飞矢不动""一半的时间等于一倍的时间"等四个论断来证明"运动"是不可能的。芝诺的贡献在于，他实际上从反面论证了运动的本性就在于矛盾。

后来的自然哲学家承认了万物的运动变化，并企图找出它们背后的永恒不变的因素：恩培多克勒认为是水、火、土、气四种元素；阿那克萨戈拉认为万物是由各种不同性质的"种子"，以不同的比例结合而成；而留基伯、德谟克利特则认为万物是由"原子"组合而成。

恩培多克勒用四种元素按不同比例混合而组成万物，每个有形之物都不是纯粹的，只是其中包含的四根有多有少、比例不同而已。具体的万物虽然有生有灭，但由四根形成的自然整体是不生不灭的。具体之物的运动是由爱与恨这两种精神力量所造成的：爱使事物凝聚，恨使事物排斥。

阿那克萨戈拉认为万物是由各种不同性质的"种子"，以不同的比例结合而成。种子不只是四种，而是有无限多。种子构成之物是可以被感觉，但种子是无限小，只能靠理性思维来认识。种子与种子、物与物之间的运动来自"努斯"（nous），即心灵、灵魂。"努斯"代表着自由、超越，它不受感性束缚，无限、能动地超然于宇宙之外，而"神"就是最高的"努斯"。

德谟克利特继承了留基伯的思想并加以发展，他是古希腊"原子论"的集大成者。他提出"充实"（pleon, plenum）与"虚空"（kenos, empty）的概念，认为"原子"是"存在"，"虚空"是"非存在"，但是，无论是"存在"，还是"非存在"，两者一样是实在的。因为原子要在虚空中作直线运动，没有虚空是不行的。这就从正面论证了赫拉克利特关于"存在"与"非存在"相统一的论述。他用"原子"（atomos, atom）的概念来说明充实性，而"原子"其数无限，其小至极，以至于"不可分"（atoma）。它是同质的，没有性质上的差异，只有大小、形状、排列的次序和位置的不同；它们在"虚空"中急剧而零乱地作直线运动，彼此碰撞而结合成世界上万物。德谟克利特的"原子论"的特点是它的"结构"学说，和以前的"始基说""存在说"相比较，它能更好地解释宇宙的复杂性，显然是一个大的进步，它是"始基说"与"存在说"在一定程度上的统一。由于这种原子运动是被动的、机械的，缺乏主体性与能动性，有待于超越"自然哲学"

向"精神哲学"的方向提升。但它对以后西方文明的发展，还是产生了巨大的影响：从科学发展的视角来看，为后来近代道尔顿的"化学原子论"的建立提供了思想来源；从哲学思维的视角而言，则是为以后的机械论的自然观的形成开辟了方向。

（二）人本主义和系统哲学阶段

公元前 5 世纪，雅典成为古希腊世界的经济、政治和文化的中心。由于当时民主政治的需要，出现了一批以教授"论辩术"为业，被称为"智者"的思想家。他们把"人"作为研究的中心课题，着重研究的是人类政治伦理方面的问题，从而宣告了早期自然哲学的终结，开辟了本体论和道德哲学的新时代。在哲学思想上，他们往往带有相对主义和怀疑主义的倾向，著名的代表有普罗泰戈拉和高尔吉亚。

普罗泰戈拉是第一位自称为"智者"的人。他把语言主体化，把"逻各斯"归入到人的主体，"一"变成了"多"，每一个人都有自己的逻各斯。他提出"人是万物的尺度，是存在者如何存在的尺度，是非存在者如何非存在的尺度。"从而把逻各斯从天上降到了人间，同时也陷入了相对主义。

高尔吉亚对修辞学有很高的造诣，揭示了语言本身所具有的否定性。他提出三个层层递进的命题：一、无物存在（本体论）；二、即使有某物存在，也不可认识（认识论）；三、即使被人们认识了，也无法告诉别人（语言学）。这表现出他哲学中的怀疑论与不可知论。

苏格拉底、柏拉图、亚里士多德三位被称为"古希腊三杰"的哲学家造就了古希腊哲学发展中的鼎盛时期。可以毫不夸张地说，西方哲学乃至西方文明的基本走向，是由他们确立的。

苏格拉底与前面已经提到的阿那克萨戈拉不同，他不是把"努斯"（nous，即心灵、灵魂）看作是无限、能动地超然于宇宙之外的推动力，而是把它看作是宇宙运动变化和否定性的内在力量的源泉，"努斯"通过"逻各斯"使整个宇宙变成了一个合"目的"的系统。从他以及当时的许多智者开始，古希腊哲学从注重对自然界本身的研究，转变到注重对社会伦理和对人的研究，实现了"伦理学的转向"。他把知识与道德统一起来，建立了一种"知识即道德"（"美德即知识"）的伦理思想体系，认为，一个人要有道德，就必须有道德的知识，只有获得概念的知识，才会有智慧，才能具有勇敢、节制、正义等美德。

苏格拉底把供奉"阿波罗神"的德尔菲神庙上的一句著名箴言："认识

你自己"作为认识论的原则，"自知其无知"是他的名言。认为，认识是一种不断地运用"逻各斯"进行对话、谈话、辨析，以进到更高阶段的追求的过程，这就是"辩证法"。在希腊文里，辩证法是 Dialektic，前面的"Dia"就是"通过……之间"或"借助于……"的意思，lek（leg）就是逻各斯（logos）的词根，就是"说话"的意思。所以，辩证法最初的意思，就是在两个人之间的谈话。知识是每个人原来就已经具有的，就像早已怀胎了一样。他自称是"助产婆"，任务在于帮助别人产生（回忆）起原先就存在于心中的先天知识。他致力于归纳法，寻求事物的普遍定义是他的哲学的中心问题。他提出了一套以"善"的概念为标志的方法，他的问答法使"一般"与"个别"关系问题明确了起来。并且，他相信通过属于主体的、内心的"善"，就可以达到"存在"的本质。在他那里，"逻各斯"的普遍客观性已经不是以前那种自然的客观性，而是在语言层面上所建立的、所发现的精神的客观性。

在欧洲文化史上，苏格拉底一直被看作是为追求真理与正义而死的圣人，几乎与孔子在中国历史上所占的地位相同，有"西方孔子"之称。对他的审讯发生于公元前 399 年，起诉他的三人分别是：代表诗人的美勒托、代表职业家和政治家的阿尼图斯和代表演说家的吕孔，罪名有两条："腐蚀青年"和"不相信国家认可的诸神"。"五百人议会"（作为最高权力机构公民大会的常设机构）第一次表决以 280∶220 票通过判其死刑，而在经过他申辩之后的第二次表决中，有 80 人从原来认为他是无罪的，反而赞成对他的判决，最后，竟以 360∶140 票维持原来的判决。苏格拉底拒绝了所有可以免于处死的各种选择（如：认罪、交纳罚金、从狱中逃脱，等等），泰然自若，从容赴难。他明知判决是错的，但还是甘愿服从，以身殉道。

柏拉图是苏格拉底的学生，他在公元前 387 年也创办了自己的学园（Academy）并以刻有"不懂几何学者勿入"的石碑立于门口。亚里士多德是他的众多学生中的一位。

在西方哲学史上，他把早期自然哲学家所提出的"始基"与具体事物加以分离，继承了巴门尼德的"存在论"中关于存在是不动的、永恒的说法和赫拉克利特关于具体事物不断变动的学说并加以结合。在他提出的"理念论"中，"理念"永恒而不变的，具体的现象世界是变化的、可见的。具体事物之所以存在，因为它"分有"或"模仿"了"理念"的结果。

"理念"是可感事物追求的目的。

柏拉图把苏格拉底的"善"的概念作为他的"理念世界"中的最高的"理念"；此外，还有一个由无数代表着实在对象的"理念"所组成的"理念世界"。"善"的概念是最高的理念，是其他理念存在的根据，其次是精神性的东西，如正义、勇敢、知识等，再次是那些普遍的范畴，如存在与非存在、动与静、质与量等，然后是数学的概念，如圆、三角形、直线等，最后才是那些感性的东西，如，人、马、石头以及人工制品等。"理念"是真正独立的本体，是绝对的实在；而变动不居的现象世界，则是相对的、不实在的。他曾以"洞穴比喻"来说明来解释关于"二重世界"的原则。他认为，现象世界中的一切具体的事物，与理念世界中的理念是一一对应的，具体的事物都是理念的"摹本"或"影子"；一切具体的东西，由于"分有"了所对应的"理念"，才能够成为这个事物。影子世界是我们通过感官看到的世界，而真实世界只能通过理智为心灵所把握。由他所确立的"二重世界"的原则，成为西方哲学发展的基本格局。这样，关于世界本原问题的讨论，经过了对"存在"的反思，变成了本体问题。

柏拉图的认识论是著名的"回忆说"，他认为，人的灵魂在人未生出来之前，已经认识了"理念"，后来由于肉体的遮蔽而忘记，当他来到人世间之后，受外部世界具体事物的触发又恢复了原有的记忆，因此"一切知识和学习，无非是回忆而已"。他把在感觉范围内得来的知识称为"意见"（包括：想象与信念），认为它们是不真实的、不可靠的。只有经过回忆得来的知识才是真实的、可靠的，才能称为"真理"（包括：理智与理性）。"理智"虽然是确定的，也是真理，但它所认识的是数学的对象，必须通过假设才能认识它们，还不够高级。只有以理念作为认识的对象的理性知识，才是最高级的。他把最高一级的知识叫做"辩证法"。从想象、信念到理智、理性，是一个不断上升的艰苦的过程，也是追求自由的过程。这个过程的实现，是具有"绝对的自动性"的"努斯"的作用所致。所以，"辩证逻辑"是和人的自由、人的能动性、人的生存方式紧密地结合在一起的。他把城邦里的人分为：统治的等级、守卫的等级和劳役的等级三种。相应的，人的灵魂也有理性、意志和情欲三个方面。其中理性是最高的，统治者是智慧的化身，他们应该是"哲学王"。

柏拉图关于"理念论"和"回忆说"的哲学理论，使得世界分裂为二，一个是"现象世界"，一个是"理念世界"，后者是灵魂和神所居住的地方，活着的人无法达到，只有死后的灵魂才能返回。由此，他开启了西方哲学"主客二分"思维模式的先河，代表了一切主张超时空抽象对象实在性的哲学学说，对整个西方哲学的发展有着极为重大的影响。以至于当代英国哲学家怀特海曾经这样说过："西方两千年来的哲学，都在替柏拉图哲学作批注"。此话虽然有些夸张，却也不无道理。

亚里士多德是柏拉图的学生，他的名言"吾爱吾师，吾更爱真理"是他和柏拉图关系的经典表达。拉斐尔的油画《雅典学园》描绘了他与柏拉图争论的场面：柏拉图手指着天，亚里士多德手指着地，要把天上的东西拉到地上来。和柏拉图相比较，他更趋向于现实主义。他批判地继承并发展了柏拉图的"理念论"，把理论知识分为物理学、数学、第一哲学三个部分。第一哲学即"形而上学"，要研究"作为存在的存在"，这就是本原和最初的原因。他认为，"理念"高高在上，它如何造就了现实事物？柏拉图割裂了一般与个别，把两者看作是独立的东西，又说现实的事物是"理念"的"摹本"，这个说法，只是一种"诗意的比喻"，无法真正说明可感事物何以运动变化的原因。而重要的是，要把现实事物的原因找出来。

在亚里士多德那里，"存在"是最高的范畴，属于它的范畴有 10 个，其中"实体"是一切存在的核心，其他如处所、时间、主动、被动等，都依附它。"实体"的希腊文"ousia"，它与"存在"（on）属于同一个词根。"实体"本来的意思就是"存在着的东西"，即"存在者"。"实体"是由"形式"与"质料"构成的。从静态来看，"形式"是普遍的，"质料"是个别的；但从动态来看，恰恰相反，"形式"是个别的，而"质料"则是普遍的。"形式"是使"质料"聚集起来成为这一个对象的东西。他更重视的是"形式"，它体现出"努斯"精神，能动精神。

亚里士多德以"形式"与"质料"相统一的世界，消除了"理念论"所描述的"理念世界"与"现象世界"的二元对立。在他的由"质料因""形式因""动力因""目的因"组成的形而上学体系中，"质料"是潜在的，"形式"才是现实的，是把"质料"实现出来的一种活动、过程。"质料"是潜能状态的"形式"，而"形式"是实现出来的潜能。"形式因"兼具"动力因"和"目的因"。至于不包含丝毫质料的"纯形式"，则是最高的"第一推动者"。他认为，研究"作为存在的存在"的"第一哲学"，应该是最高的一门学问。他虽然批评了柏拉图把"一般"与"个别"关系加以割裂的错误，但他自己也并没有正确地解决这个问题，甚至倾向于把

"一般"当作"个别"来理解。在亚里士多德那里，"纯形式"的"第一推动者"其实就是"上帝"。

亚里士多德的认识论是和他关于灵魂的学说相联系的。他认为，人理性灵魂包括两个部分：一是受动的或被动的理性，一是能动的或创造的理性。前者是以外界事物为对象在感觉知觉记忆的基础上发展起来，并随着身体的死亡而消逝；后者不涉及任何外界事物，不依附于肉体，因而是永恒的、不朽的。在他看来，有德性的人其灵魂的各个部分是协调一致的，从而产生善行和美德。人的快乐是德性活动的自然结果，幸福是合乎理性的活动，是善德的实现。在他所构成的神学目的论的宇宙体系中，神是至善的。如果说，宇宙是个生命体，那么，神就是这个生命体的灵魂。

亚里士多德十分重视逻辑学，是形式逻辑的创始人。他确定了形式逻辑的基本内容，提出了形式逻辑的三大基本规律，即同一律、矛盾律和排中律，研究了概念、判断、推理等逻辑形式，首创了三段论推理的"格"和规则的学说。他所提出的范畴学说也有重大的意义。这些都为自然科学的发展提供了强大的认识工具。

亚里士多德哲学集古代希腊哲学思想之大成，对以后西方哲学发生了重大的影响，是古代希腊哲学家中"最博学的人物"。他的哲学思想中的有价值的部分，为以后的许多进步的学者所继承和发展，其中的错误和糟粕也为中世纪的僧侣主义所利用，成为中世纪经院哲学的理论依据。

（三）希腊化和罗马哲学阶段

公元前 336 年，马其顿王亚历山大即位。他所建立的跨越欧、亚、非三洲的大帝国虽然很快就瓦解了，但以亚历山大里亚城为中心，希腊文化得到了广泛的传播，古代哲学进入"希腊化和古罗马时期"。这个时期哲学是以伦理学和社会理论为基本内容，主要派别是：伊壁鸠鲁派、斯多葛派、怀疑论派和新柏拉图主义。

伊壁鸠鲁派哲学的特点是坚持自然界和人的感性原则，并由此强调幸福主义与享乐主义。伊壁鸠鲁发展了德谟克利特的"原子论"，认为原子不仅有形状、大小的区别，还有重量上的区别。这就找到了运动的动力源，把运动的原因归于原子内部的本性。他的关于原子"自动偏斜"运动的学说，揭示了原子个别性、自发性的能动作用，防止了德谟克利特由于只主张必然性，从而导致的决定论、宿命论，为偶然性的存在、人的自由意志提供了理论根据。马克思在他的博士论文《德谟克利特的自然哲学和伊壁鸠鲁的自然哲学的差别》中，称他为"古代最伟大的启蒙思想家"。

如果说，伊壁鸠鲁的哲学体现了亚里士多德哲学中的个别性的原则，强调个别性自我意识；那么，斯多葛主义则体现了亚里士多德哲学中的普遍性的原则。他们把真理标准从感性转向理性，重视逻辑，把它推广到整个宇宙体系，认为宇宙中发生的任何事情都可以按照逻辑规律推出来。这种"泛逻辑主义"在斯多葛派那里，是返回到了赫拉克利特的"逻各斯"，陷入了命定论。他们还强调要把自我意识融入到普遍理性中去，实行禁欲主义与苦行主义，提倡人格平等、灵魂平等，它成为基督教教义的来源之一。

皮浪、塞克斯都·恩披里柯等人提出的"怀疑论"与上述伊壁鸠鲁学派、斯多葛学派都不同，他们既否定感性，也否定理性，认为一切知识都值得怀疑，甚至还反对形式逻辑。他们认为，坚持不作任何判断，这就是最高的善，因为它能够带来灵魂的安宁。此岸世界的一切都被否定，但还要追求，彼岸世界又追求不到，当然会导致一种"苦恼意识"。于是，他们回到柏拉图的两个世界的对立，并为基督教的"否定神学"奠定了思想基础。怀疑论既否定了个别性自我意识，又否定了普遍性自我意识，这也就否定了自我意识本身，导致自我意识的异化——上帝，这就是新柏拉图主义。

新柏拉图主义学派的重要代表有斐洛、普罗提诺等。普罗提诺提出了关于"太一"的思想和"流溢说"（emanation）。他认为，"太一"无所不包，太完满了，于是，就流溢出来了，努斯、理念、灵魂，这整个世界都是流溢出来的。从人的灵魂又流溢出质料，包括肉体等感性之物。这个"太一"就是神，因而它就成为中世纪"上帝"的前身，为基督教的教义提供了理论基础。

古罗马哲学时期重要的哲学家还有：卢克莱修、琉善、西塞罗等人。其中卢克莱修为"原子论"的通俗化做了许多有益的工作。

整个古代希腊哲学是西方哲学发展的源头，是人类早期智慧的展现。这个时期各种哲学观点不断出现，丰富多彩，发人深省。正如恩格斯所说："在希腊哲学的多种多样的形式中，差不多可以找到以后各种观点的胚胎、萌芽。"[1]

---

① 恩格斯：《自然辩证法》，人民出版社，1984，第49页。

二 中世纪哲学

中世纪哲学是指欧洲公元 5 世纪到 15 世纪期间的哲学。5 世纪后，西罗马帝国逐渐瓦解，欧洲向封建社会过渡。在日耳曼人征服罗马的过程中，基督教得到了保全，并成为中世纪占统治地位的意识形态。而哲学和科学却成为神学的"婢女"。这个时期哲学探讨的中心是围绕着神与人、天国与世俗、信仰与理性的关系等问题展开，并力图调和"信仰"与"知识"之间的冲突。

这个时期的哲学按照内容的特征，可分为"教父时代"（Patristic Period）和"经院时代"（Scholastic Period），从时间上又可分为三个阶段：早期中世纪哲学（400～1000），中期中世纪哲学（1000～1300），晚期中世纪哲学（1300～1500）。

（一）早期中世纪哲学

这个阶段以奥古斯丁为代表的"教父哲学"占着统治地位。奥古斯丁在新柏拉图主义学派的影响下，把哲学与神学结合起来，以神为核心，信仰为前提，系统地论证了基督教的基本教义。他以"神"替代了柏拉图的"善"的理念，神是一切存在的根源与归宿，也是一切知识的来源，把他的认识论建立在信仰的基础之上。他认为，"神"是无限的、永恒不变的超越存在，人们只能通过内心思辨神秘地加以领悟，而无法用语言来表述。他以"光照"与"追求"这两个概念来表达他的认识论思想。"光照"是由神到人的"启示"，是神性的向下之道；"追求"是从人到神的"认识"，是人性的向上之道。两者交会在人的"知性"处。他的那句名言"若我错误，我亦存在"（Si fallor, sum）则成为笛卡尔"我思故我在"（Cogito, ergo sum）之先河。

继他之后，罗马哲学家波爱修翻译注释亚里士多德著作，并对普遍与个别的关系做了一些探讨。此后的 300 年间，古典文化没落，直到 9 世纪，爱尔兰哲学家爱留根纳才再次探索哲学问题，并用新柏拉图学派的哲学阐述基督教信仰。

（二）中期中世纪哲学

这个阶段是经院哲学的全盛时期。经院哲学的特征是以抽象思辨和烦琐论证的形式，为基督教的教义作出各种证明和解释。在经院哲学内部的"唯名论"和"唯实论"的斗争，实际上是近代唯物论和唯心论的斗争在当时的一种表现。早期的唯名论者有法国神学家贝伦加尔、神甫罗瑟林和神学家阿贝拉尔。唯实论的著名代表是英格兰大主教安瑟尔谟。安瑟尔谟被人们称为是"最后一名教父和第一个经院哲学家"，他提出了对上帝的"本体论证明"，认为神不仅存在于人们的思想中，也必须存在于现实之中。唯名论与唯实论的斗争促进了理性思辨的发展，为其后哲学从神学中分离出来作了准备。

13 世纪欧洲的经院哲学达到了全盛时期，集大成者是意大利的神学家托马斯·阿奎那。在中世纪的哲学家中，在才学、著作量、知名度以及哲学体系的建构上，很难找到第二人与之相比。为论证神的存在，他反对安瑟尔谟关于上帝存在的本体论的证明，提出了关于上帝存在的五个证明：

（1）从事物的运动方面论证。凡事物运动总是受其他事物推动，依此类推，必有一个不受其他事物推动的第一推动者，这就是神。

（2）从动力因来论证。事物的因果系列中，有果必有因，依此类推，必有一个最初的动力因，这就是神。

（3）从可能性与必然性来论证。每一必然的事物，其必然性有的是由其他事物所引起，然而，不能不承认有某一物，它本身就是具有自己存在的必然性，并使其他事物得到它的必然性，这就是神。

（4）从事物的真实性的等级来论证。一切事物的真、善、高贵都有不同的等级，在最高处必定有一至真、至善、至高贵的存在，对此，人们称之为神。

（5）从世界的秩序（即目的因）来论证。任何生物都在为某一目的而活动，必然有一个智慧在指使所有生物谋求自己的目的，这个智慧就是神。

在托马斯·阿奎那的整个学科体系中，神学的地位高于哲学，上帝是一切事物的根源，是自然理性认识与信仰真理的共同根源。理性可以说明信仰，但当理性违背信仰，或是不能解释信仰时，理性需要服从信仰。上帝根据自己的肖像所造出来的人，凭借理性能力固然可以获得自然界的哲学知识，哲学在这个领域中有其自主性，但是，有些理性超出了理智能力的范围了，这就需要借助于启示的"光照"才能达到超自然的认识。

13 世纪出现的"经院哲学"繁荣的盛况，与当时各地"大学"的创立是密切相关的。在"大学"里，分设"人文学院"（主要教人"认识自己"，与人的"知""情""意"三者相对应，有哲学、文学、历史三个系）、"社会学院"（主题是"人际关系"）和"自然学院"（教人"知物"

并进而"用物"），后来又增加"神学院"和"医学院"。

（三）晚期中世纪哲学

这个阶段经院哲学走向衰落。这时出现了反对托马斯的派别与思潮。其中有与自然科学密切联系的唯名论者，如罗吉尔·培根、邓斯·司各脱、威廉·奥卡姆等人，邓斯·司各脱反对以上帝为主要认识对象，认为人的理智的首要对象是"存在之为存在"；威廉·奥卡姆则以"如无必要，不要增设实体"的"奥卡姆剃刀"直指教会的烦琐哲学。这个阶段哲学思想中所发生的变化，为以后文艺复兴时期人本主义思潮的兴起做了准备。

中世纪的"唯实论"与"唯名论"在长期的争论中，有一个引人注目的变化，即双方都由极端派的立场，转入温和派的立场。这种转变说明了"一般"与"个别"关系问题，不是两种实体问题，而是感性与理性的关系问题。他们双方都承认，感性以个别为对象，理性以一般为对象，"唯实论"重视理性提供的一般，而"唯名论"则重视感性提供的个别。这两种思潮的差别与矛盾，预示着近代"唯理论"与"经验论"的分野。

三　近代哲学

西方近代从 14～15 世纪起，直到 19 世纪。可分为三个阶段：文艺复兴时期哲学，中期近代哲学，德国古典哲学。

（一）文艺复兴时期哲学

所谓"文艺复兴"是指对希腊罗马古典文化的复兴，实质上是欧洲新兴的市民阶级通过复兴古典文化的形式，在意识形态领域内发动的一场波澜壮阔的反封建运动。这个运动促进了欧洲从中世纪的封建社会，向近代资本主义社会的转变。它酝酿于 14 世纪，到 15～16 世纪达到了高潮。这个运动包括人文主义思潮和自然哲学两个主要方面。

人文主义思潮指欧洲 14～16 世纪的世俗文化以及其中所贯彻的反封建、反神学的新的社会思潮。它的核心思想是用人性反对神性，用人权反对神权，宣扬以人为本、个性解放，是人道主义的最初形式。主要代表人物有：意大利的薄伽丘、荷兰的爱拉斯谟、法国的蒙台涅等。

自然哲学的发展是与人文主义思潮的兴起相伴随，主要观点是肯定物质世界的客观实在性及其可知性，否定灵魂实体和神的第一推动。主要代表人物有：德国人库萨的尼古拉、意大利的达·芬奇、布鲁诺、康帕内拉等。

在文艺复兴时期，人的理智彻底苏醒过来，不再用上帝的眼光看世界，而是用自然的眼光看上帝。"唯名论"者对理性的重视，有助于导致自然科学的全面兴起；但神的智慧依然具有深刻的感召力。那么，如何做到既要否认神的存在又要得到神的智慧，这个问题就摆到了西方近代哲学家的面前。

文艺复兴运动既然主张要张扬人的精神、意义和价值。那么，如何达到这个要求，人的能力如何展现出来呢？这就形成了两种不同的、对立的思路：理性主义与经验主义。理性主义者认为，可以有先天性的概念和内容，而且这种先天性的概念是不会改变的；而经验主义者承袭了亚里士多德的思想，否认先天概念的说法，认为所有知识与判断都应该来源于经验。以后我们即将看到：西方近代哲学的许多分歧与争论都由此发端，并围绕着它而展开。

（二）中期近代哲学

中期近代哲学是指 17 世纪到 18 世纪末这段时期的哲学。形而上学的机械宇宙观在这个时期是占统治地位的思想，哲学的兴趣集中在主体与客体、思维与存在的关系问题上。从严格的意义上说，真正的近代哲学是从这里开始的。

西方近代哲学是西方古代主流哲学理性主义发展中的一个新的阶段，它的任务不是要去追求某种"超验"的本体，而是要去认识经验能够直接把握到的对象，以对"实存"（existence）的研究，代替对"存在"（being）的研究。它完全改变了中世纪神学－哲学的信仰主义的方向，代之而起的是近代的理性主义哲学。于是，哲学就从以"本体论"为主，走上了以研究"认识论"为主的阶段。以往关于两种实体（一般与个别）的争论，变成了在感性与理性之中，哪一种更为可靠的争论，这就表现为"经验论"和"唯理论"两个基本派别的产生。按学理可分为前期经验论者（英国的弗·培根、霍布斯、洛克），唯理论者（法国的笛卡尔、荷兰的斯宾诺莎、德国的莱布尼茨），以及后期经验论者（英国的贝克莱、休谟）。

弗·培根是前期唯物主义经验论的主要代表，也是归纳逻辑的主要创立者。他以唯物主义自然观作为哲学思想的基础，以知识论作为哲学研究的中心问题，并且提出了"知识就是力量"的著名口号。他认为人们产生认识谬误的根源是四个假象："种族假象"（Idola Tribus，人类共有的天性，把人类种族的需求当作唯一的判断标准，认为宇宙万物都是为了人而存在）、"洞穴假象"（Idola Specus，个人环境的局限，限制了人的思考）、"市场假象"（Idola Fori，人们交往中语言的不确定性，思考中混杂着许多传言或道听途说）、"剧场假象"（Idola Theatri，盲目顺从某种完整的意识形态，从而陷入传统或流行的谬误），只有否定这四个假象，人们的理解力才能得到彻底的解放。

霍布斯、洛克都是英国唯物主义经验论的哲学家。其中，霍布斯的哲学思想具有典型的机械论的特征，用机械论的自然观来解释人体，认为生命不过是肢体的各个部分的和谐运动。他认为，不仅人是机械（心脏即发条，神经乃游丝，关节似齿轮，等等），国家也是一部人造的机器（主权为灵魂，官吏为骨骼，财富为体力，赏罚为神经，民和为健康，民怨为疾病，内乱为死亡），而人人都必须遵守的共同规则就叫作"自然法"。

洛克致力于人类知识起源的探讨，他反对"天赋观念"，提出著名的"白板说"，认为，人的心灵犹如一张没有任何标记的白纸。他还认为，物体的性质可以分为第一性的质（结实、广延、可动等），以及由此派生的第二性的质（颜色、声音、气味、冷热等）。人对第一性质的观念，是同原型相似的；而第二性质的观念，则谈不上同原型相似的问题。洛克对人类理智的研究，对后来的贝克莱、休谟，乃至康德的哲学都产生了影响。

这个时期的"唯理论"者看到了"经验论"的局限，力图从经验之外去寻找保证知识具有普遍必然性的途径。

笛卡尔是法国著名的唯心主义唯理论哲学家、二元论者，也是西方近代哲学主要的创始人之一。他承认"天赋观念"，是演绎法的主要创立者和倡导者。他的哲学的第一原理就是"我思故我在"（Cogito, ergo sum），他把"我思想"作为一切哲学思考的出发点。而"我"的本质是思想，是灵魂，是精神实体。灵魂这个实体和形体这个实体，都是上帝所创造，它们又彼此独立地存在着，陷入了"心物二元"的困境。由于他的"我思故我在"的提出，将"思维"与"存在"当作两种实体，以之表示两大类的存在者，从而正式奠定了近代哲学中"主客二分"的哲学模式，从而有西方"近代哲学之父"之称；他对认识中主观能动性的强调，直接启发了康德，推动了辩证法的发展。

斯宾诺莎是 17 世纪荷兰唯物主义唯理论哲学家、无神论者。他否认超自然的人格神的存在，把神等同于自然；他认为，"神即实体即自然"（Deus sive substantia sive natura），实体是"存在于自身内并通过自身而被认识的东西"，它是唯一的、绝对无限的。"实体即是自因"，不需要到自然界之外去找原因。

莱布尼茨是德国唯心主义唯理论哲学家，也是杰出的数学家、数理逻辑的创始人。他建立了以"单子论"（Monadologie）为主要内容的哲学体系，认为，每一个单子都有自己独特的质，它们之间是彼此独立的。但是，单子所构成的事物之间又是彼此互相作用、互相影响的，从而构成了一个由上帝所创造的、有着"前定和谐"的世界。

后期经验论者贝克莱和休谟的哲学是洛克经验论的发展。贝克莱是18世纪英国哲学家、主教，他提出了"存在就是被感知"（Esse est percipi）的论断，是西方近代主观唯心主义的主要代表。但是，极端的经验论只能走向"唯我论"，为了避免走到这一步，他又以上帝的无限精神来弥补个人精神的有限性，从而从主观唯心主义走向客观唯心主义。

休谟是18世纪英国经验论哲学家，也是西方近代不可知论的创始人。他认为，不但"客体"不存在，就是"主体"也不存在，存在的只是游离不定的"印象"；他还否认事物之间的客观联系，特别是因果关系，提出了怀疑论的主张。这样，人类的知识就只能停留在主观的感觉经验范围之内了。事实证明，休谟的怀疑论哲学的提出，预示着哲学的发展又到了一个巨大转折的前夕。

在西方近代中期哲学阶段，18世纪的法国出现了一批著名的无神论哲学家。其代表人物有伏尔泰、孟德斯鸠、卢梭和"百科全书派"的哲学家拉美特利、爱尔维修、狄德罗、霍尔巴赫等。"百科全书派"的唯物主义是当时法国哲学的最高成就，是近代机械唯物主义的最完善的形式。

（三）德国古典哲学

德国古典哲学是西方近代哲学的晚期，它是在18世纪末至19世纪上半叶德国资本主义发展的独特条件下产生的。从康德开始，经费希特、谢林到集大成者的黑格尔，他们把西方传统中占主流的唯心主义理性主义哲学推到了顶峰；而这时期出现的费尔巴哈在批判德国唯心主义中，重新确立了唯物主义的权威。但同时也暴露了他的唯物主义的根本缺陷，从而宣告了德国古典哲学的终结。

康德是18世纪后半期哲学家，德国古典哲学的奠基人，西方近代哲学史上二元论、先验论和不可知论的著名代表。康德说，他的哲学研究以下三个问题：第一，我可以知道什么？第二，我应当做什么？第三，我可以期待什么？他的《纯粹理性批评》《实践理性批判》和《判断力批判》就是为了回答这三个问题而写的。

鉴于理性主义的过分强调理性的洞察能力，经验主义又太夸大感官经验的认知作用，康德力图调和两者。他的思路是：先对我们的认知能力作出分析，找出其中的先天因素；再进一步探讨我们的认识过程，并以此为依据，划定我们认知的范围。他把人的认识分为感性、悟性、理性三个层次。感性的功能是"直观"，它的对象不是"物自身"而只是物的现象。"空间"与"时间"是使感性直观成为可能的先验模式。悟性是针对感性直观所产生的现象进行思考与判断，从而产生普遍的概念。理性的对象不是对感性直观，而是针对悟性的概念与判断。因而理性的观念比悟性的范畴更远离了客观事实。

康德在某种不依赖于人的意识而存在、并被他称为"自在之物"与"现象"之间划下了一道不可逾越的鸿沟，把人的认识局限于现象界，从而陷入了不可知论。他把判断分为"先天"与"后天"两大类，又把这两类再分为"分析"与"综合"两类，提出"先天综合判断"何以可能的问题，并认定一切科学知识都属于这一类。他认为，人们借助于主观意识即先天的范畴去认识现象界，但人的理性如果企图超过现象界而去认识"物自体"，去认识灵魂、世界、上帝时，就会出现自相矛盾而陷入四个"二律背反"。由此说明人的认识的有限性，这就是他的不可知论的依据。

他在认识论方面实现了"哥白尼式的革命"，在这之前，认识对象是给定的、强加于认识主体的；现在，认识者在自己的对象面前，不再是被动的，而是在主动地设定自己的对象了，人是自然界的立法者。他认为，在知识无法达到的领域，只能靠信仰来解决。知性进行认识，理性主宰道德，介于知性与理性之间的"判断力"，起着沟通的作用。这样，他把知、意、情，即真、善、美三者统一起来，使自己的哲学获得了最后的综合。

德国古典唯心主义哲学从康德开始，经主观唯心主义者费希特和客观唯心主义者谢林，到达集大成者的黑格尔而得到完成。

黑格尔批判继承了前人的哲学思想，用唯心主义的思维与存在的同一论，批评康德的二元论和不可知论，建立起庞大的客观唯心主义哲学体系。他的哲学的核心概念和最高范畴是"绝对观念"，它的辩证发展经历了三个阶段：逻辑阶段、自然阶段和精神阶段。与此相应，他的哲学包括"逻辑学""自然哲学""精神哲学"三大组成部分，每一部分又分为三个更小的部分，呈现出一系列大大小小的"否定之否定"的发展状态。黑格尔在西方哲学史上的最大贡献是他的辩证法学说，他以唯心主义的方式阐述了辩证性的三大规律（对立统一、质量互变、否定之否定）和一系列范畴，从而在自己的哲学体系中，为以后哲学的发展提供了空前系统而"广博的辩证法纲要"，成为马克思主义哲学的直接来源之一。

黑格尔在《精神现象学》中指出的关于"实体本质上即是主体"的命题，是西方现当代现象学的标志性的口号"回到事物本身"的重要理论来源。黑格尔认为，实体在意识活动之初，表现为"自我"与其"对象"之间"不一致性"。他把处于最初阶段的意识，称之为"自然意识"。随着实体自身的前进性运动，经过"感性确定性""知觉""知性"等阶段，"实体"越来越表现为"主体"了。任何存在着的事物（实体性的东西）的本质，它与主体、精神、认识是不可分离的，一旦当我们说它是什么时，那就有了主体的精神、认识的参与了，"认识"与"存在"就完全合而为一，主体与客体之间的对立，也完全被克服了。这就显现出黑格尔关于"实体本质上就是主体"这一结论与西方现当代现象学的标志性的口号"回到事物本身"之间的内在联系。从这个意义上说，他既是理性主义哲学之集大成者，又是现代现象学和存在哲学之重要来源。

费尔巴哈是19世纪德国唯物主义哲学家、无神论者。他从批判宗教开始，进而转入对黑格尔唯心主义的批判。他认为，黑格尔所说的"绝对精神"，是抽象化了的、与人分离了的人的理性。精神"外化"为自然之说，是用理性词句改装了的上帝创世说。因此，要批判宗教，就必须扬弃黑格尔的哲学，把神学和思辨哲学转化为人本学。他指出，人是肉体与灵魂的统一，肉体是基础，灵魂不能脱离肉体而独立存在。人是感性的对象，人的本质在于人同自然、人同人的统一之中。人与动物的区别在于，人意识到人的本质，有"类"意识。在他看来，人只是抽象的、自然的人。他把"依赖感"当作宗教的根源，认为，宗教的本质是人的本质的对象化。上帝的意识就是人的自我意识，崇拜上帝实际上就是崇拜人自身，不是上帝创造了人，而是人创造了上帝。人越是肯定上帝，就越是否定自己。因此，宗教崇拜就成为一切邪恶和不幸的根源，并造成科学文化的停滞不前。他脱离了人的社会性，看不到宗教产生的社会根源，这样来批判宗教显然是不彻底的。由于他在批判黑格尔的唯心主义时，抛弃了黑格尔的辩证法，因而他的唯物主义自然观仍然是形而上学的；由于他未能从人的社会性揭示人的本质，因而他的历史观仍然是唯心主义的。即使如此，他的唯物主义的"基本内核"

和黑格尔辩证法的"合理内核"是马克思主义哲学的最直接、最重要的理论来源。其历史功绩是不可磨灭的。

四 现当代哲学

在黑格尔的传统哲学之后，西方哲学进入了现当代的发展时期，至今已经有一个半世纪的历史了。它的发展大致可以分为三个阶段：

（一） 第一阶段是从 19 世纪 40 年代到 19 世纪末

这个阶段是自由资本主义发展的晚期，在哲学上的特点是：对传统哲学的猛烈批判和系统清算，新的问题领域、新的方法的提出和新的哲学方向的出现。主要的哲学流派有：以叔本华、尼采为代表的"唯意志论"，以狄尔泰、柏格森为代表的"生命哲学"，由孔德、斯宾塞等人所倡导的"实证主义"，等等。其中柏格森所发展的"生命哲学"（Philosophy of Life），肯定"生命"高于"物质"，并且在生命中窥见了"精神"的光辉。

这个时期的哲学流派还有以继承康德哲学中唯心主义和不可知论为特征的新康德主义，和以继承黑格尔哲学中的神秘主义、维护君主制度的国家学说为特征的新黑格尔主义。

（二） 第二阶段是从 19 世纪末到第二次世界大战

这时的一些主要资本主义国家先后实现了从自由资本主义到垄断资本主义的转变。流行的哲学派别主要有：流行于奥地利和英美等国的"新实在论"，在美国影响最大的是以皮尔士、詹姆斯、杜威等人为代表的"实用主义"，等等。

以罗素、维特根斯坦为创始人的"分析哲学"（Analytical Philosophy）因对语言有兴趣，又有"语言哲学"之称。但这个学派讲求科学方法，注重经验，只把"实证原则"作为判定真假的标准，对"悟性"的超越能力持否认态度，因而发展到否定"形而上学"，认为它是"无意义"的。分析哲学的一个最大的支派是"逻辑实证主义"，它包括以石里克、卡尔纳普等人为代表的维也纳学派，以赖兴巴赫、亨佩尔等人为代表的柏林学派，以塔尔斯基等人为代表的华沙学派以及英国、北欧的艾耶尔、凯拉等人。他们提出"清除形而上学"的口号，否认传统的哲学基本问题。

德国的胡塞尔创立的"现象学"曾流行于法国并风靡于不少地方。胡塞尔本人先是数学博士，进而研究心理学，集大成于哲学。他把主体意识作为认识的起点，并追溯到笛卡尔的"我思故我在"。在他看来，笛卡尔的命题虽然肯定了"思想与存在一致性"，但在"我思"之中找到"我在"之后，却急于寻找"物质"的存在，忙着建立物理学，因而未能深入"意识"深处，探索"存在"的根源。胡塞尔认为，只有回到"意识"之中，且在"意识"之内，才能找到"事物本身"。他的著名口号是："回到事物本身"（Zurueck zu den Sachen Selbsy！）在他看来，悟性是可以认识事物的"本质"的，认识论是可以建立形而上学的，所以，他的"现象学"也可以称之为"本质哲学"。

胡塞尔创立的"现象学"方法，不仅影响了"存在主义"哲学，而且还开辟了当今"诠释学"的先河。"存在主义"哲学的著名人物有萨特、梅洛－庞蒂等人，他们提出"存在先于本质"的命题，强调一切从个人的存在出发，从而赋予主体的意志和行动以绝对自由的性质。海德格尔继承胡塞尔，又超越胡塞尔，他把传统的"符合"（Conformity）转化为"显现"（Aletheia），这既彰显了"主体性"的积极功能，又使得"主体性"在认识运作的层面上，进入了"诠释学"的方法。

（三）第三阶段是第二次世界大战以后至今

这个阶段在西方国家除了上述哲学流派外，还有奥地利医生弗洛伊德创立的弗洛伊德主义，以梵蒂冈为中心的官方哲学新托马斯主义，由英国哲学家波普尔创立，以库恩、拉卡托斯、费耶尔阿本德、劳丹、夏皮尔等人为代表的批判理性主义，等等。20世纪60年代以后，在法国取代存在主义而占主导地位的是结构主义，在德国、法国还出现了哲学解释学。这个阶段哲学的特点是人文科学与社会科学互动关系和实践哲学倾向的加强。一些后现代主义哲学家的出现，使哲学越来越远离传统的样子，在形态上发生了明显的变化。

现代西方哲学从分布的形态看，可以分为英美哲学和欧洲大陆哲学两大块；英美哲学似乎是分析哲学的一统天下，而欧洲大陆哲学流派却很多。有人又把现代西方哲学分为"科学主义"与"人文主义"两大思潮。当然，上述这些分类的方法都并不完善，只能是大略的情况。总的来说，现代西方哲学家并不要求改变现存社会，而只是要理解和揭示他们所处的时代。西方文化面临着空前的危机，这就迫使人文主义的哲学家们的思考更多地集中在批判西方文化与思想的一些基本成见与倾向上，从而构成了西方哲学的重大转折。

在西方现当代著名的人文主义哲学家中，有一些人，如尼采、胡塞尔、海德格尔等，他们对西方从柏拉图以来到黑格尔的概念哲学，对从笛卡尔到黑格尔的西方近代"主客二分"的哲学模式不满，从不同的角度给予了猛烈的批判。他们提出要摒弃"主客二分"的哲学模式，主张回归到人与世界融合的哲学中去。

至此，整个西方哲学就呈现出肯定（崇尚人与世界的原始和睦）、否定（主张"主客二分"）及否定之否定（在更高的基础上回归到人与世界的和谐）的发展趋势。

西方哲学的特点，可以从多种视角来阐明。人们完全可以见仁见智各抒己见。这里我们着重指出以下两点：一个是从西方哲学发展的全过程的纵向来看，它比较完整地体现了哲学思想发展的"否定之否定"的态势；另一个是从西方哲学与文化的其他门类的关系来看，它与科学、与宗教的关系都特别密切。这后一个特点我们将在论述哲学与科学、哲学与宗教的关系时再具体阐述，现在要说的是：西方哲学发展中的"否定之否定"。

前面我们曾经讲过，西方哲学的发展可以分为：古希腊罗马哲学、中世纪哲学、近代哲学和现当代哲学四个时期。如果把"古希腊罗马哲学"和"中世纪哲学"合并为一个大的历史时期；那么，西方哲学的发展就可以用"古代""近代"和"现代"这样三个大的时期来表示了。

在西方哲学史上，在苏格拉底、柏拉图以前，早期的自然哲学关于人与自然关系的学说，属于上述的第一阶段，即原始的"天人合一"阶段。古希腊的柏拉图提出"理念论"，从认识论的角度讲客观的"理念"是认识的目标，从而开启了"主体—客体"式思想的先河。但明确地把主体与客体对立起来，以"主客二分"式作为哲学主导原则的真正开创者，是近代的哲学家笛卡尔。从笛卡尔到黑格尔，西方近代哲学的原则是"主体—客体"式的，黑格尔是这种思想的集大成者。这个阶段的哲学家逐步地把一系列抽象的概念，当作独立于人以外的东西加以追求，哲学成为以进入抽象概念的王国为最终目标的学问，成了"概念哲学"。黑格尔以后，从主要方面来说，大多数西方现当代哲学家，特别是具有人文主义思潮的哲学家，都贬低以至反对并力求超越"主体—客体"式，企求达到一种类似中国的"天人合一"的境界。这是第三阶段。

如果用海德格尔的观点来看，西方哲学在古代，特别是古代希腊哲学的早期，曾经以追问"存在"的整体性思维为特征；近代则以追问"存在者"的"主客二分"的思维为特征；到了现代，在更高的基础上，又回到了以追问"存在"的整体性思维为特征了。这就是一个"否定之否定"的发展过程。相当完整，相当典型。

第四节　西方哲学家对西方哲学史的若干评论

在西方，随着黑格尔《哲学史讲演录》的发表，一种从古希腊到黑格尔为止的哲学史观便形成了。于是，人们按照黑格尔所提供的线索，来认识西方哲学的发展。黑格尔是个哲学发展的"西方中心论"者，我们当然不能认同他极力贬低东方哲学的错误议论，但他关于历史与逻辑相统一的观点是可取的。

在他看来，哲学史就是绝对精神的发展史，哲学是以概念的形式表现绝对精神，是绝对精神自我认识的最高形式。既然如此，历史上的各种哲学体系的不断变化发展过程，就不过是绝对精神自我认识的不同阶段。他说，"哲学的发展乃是理念的发展"，"历史上的那些哲学系统的次序，与理念里的那些概念规定的逻辑推演的次序是相同的"。"只有能够掌握理念系统发展的那一种哲学史，才够得上科学的名称"。[1]

> 如果我们能够对哲学史里面出现的各个系统的基本概念，完全剥掉它们的外在形态和特殊应用，我们就可以得到理念自身发展的各个不同阶段的逻辑概念了。反之，如果掌握了逻辑的进程，我们亦可从它里面各个主要环节得到历史现象的进程。[2]

这就是说，哲学史是在时间中发展的哲学，而哲学则是在逻辑体系中的哲学史。这种哲学与哲学史相统一的思想，体现了逻辑与历史的辩证统一，是完全合理的。

黑格尔还认为，每一个哲学体系都是一个自身完整的"圆圈"，哲学的全体便有如许多圆圈所构成的大圆圈。最初出现的概念是最贫乏、最抽象的，随着概念的推演，后面出现的概念就越来越具体，最后的概念就是最丰富、最具体的了。用他的话来说，就是"最晚出的、最年轻的、最新近的

---

① 黑格尔：《哲学史讲演录》第 1 卷，商务印书馆，1959，第 34～35 页。
② 黑格尔：《哲学史讲演录》第 1 卷，商务印书馆，1959，第 34 页。

哲学就是最发展、最丰富、最深刻的哲学"。①

　　绝对观念经过了漫长而曲折的发展过程，从他的《逻辑学》中所说的"存在"概念开始，经过《自然哲学》中的一系列概念，到《精神哲学》中的"绝对精神"，就完成了它自己的使命了。因为它不是简单地回复到自身，而是经过一系列概念的推演、展示出自己全部丰富内容之后，在更高的阶段上回复到它自身了。这个完全认识了自己的绝对观念，便是黑格尔他自己构造的哲学体系。因为只有他的哲学才符合"最晚出的、最年轻的、最新近的"这个条件，当然便是"最发展、最丰富、最深刻的"了。换言之，到达了他的哲学时，发展便中止了。当然，正如我们所知道的那样，黑格尔去世之后，西方哲学又有了很大的发展。而在实际上，黑格尔所描述的哲学发展史，是在"主客二分"的哲学模型内的"概念哲学"的发展史。

　　海德格尔就是西方现代哲学中主张人与世界和谐共处的典型人物。他对西方传统的以黑格尔为代表的哲学史观和全部理性主义哲学发起了挑战。

　　"存在不是存在者"——这是海德格尔著名的"存在论区分"。他认为，"存在"（das Sein）与"存在者"（Seienden）完全不是一回事。世界上任何一种东西，都可以称之为"存在者"；而"存在"却是最普遍的概念，但它又不是"种的普遍性"，而是一种"超越者"，超越于所有的存在者。宇宙本身也只是一种最大的"存在者"，它分有了"存在"，但也不能简单地等同于"存在"。任何可以定义的东西，都只是"存在者"；而"存在"既然不是"存在者"，当然是无法定义的。人是一种特殊的"存在者"，海德格尔用"此在"（Dasein）这个术语来称呼之。"认识是在世的一种方式"，人之所以能够认识万物，是因为人一向就已经融合于世界万物之中。这就是人与其他存在者的特殊之所在。②

　　海德格尔说：

　　　　在西方思想的历史中，尽管人们自始就着眼于存在而思考了存在者，但存在之真理始终还是未曾被思的，它作为可能的经验不仅向思想隐蔽起来了，而且，西方思想本身以形而上学的形态特别地、但却一无所知地掩盖了这一隐瞒事件。

---

① 黑格尔：《哲学史讲演录》第1卷，商务印书馆，1959，第45页。
② 海德格尔：《存在与时间》，商务印书馆，1999，第62~73页。

根据这种历史，在存在者之为存在者整体的显现中，并没有发生存在本身及其真理。①

在他看来，自古以来，西方哲学就有两个追问方向：一是追问"存在者"，一是追问"存在"。但是，从柏拉图到亚里士多德开始形成的占主流的西方的传统哲学，就其总体而言，忘记了"存在本身及其真理"，模糊"存在"与"存在者"的区别，并把"存在者"当作了"存在"，并以传统的理性主义的方法孜孜以求之。而追问"存在"的哲学思潮，虽然在古代曾经有过可喜的开端，但后来几乎被淹没了。从柏拉图到黑格尔，长达两千多年期间，这种迷误居然得以延绵。因此，新哲学的使命应是：重提"存在"问题，揭示"存在"的真相，以恢复其"超越者"的地位。

海德格尔认为，西方哲学的长期发展中，不仅有两个追问方向：一是追问"存在者"，一是追问"存在"；而且，还有两种追问的方法："客体化"取向与"主体化"取向；两种类型的智慧：采取"客体化"取向、追问"存在者"，而得到的是理性主义的智慧，与采取"主体化"取向、追问"存在本身"而得到的"非理性主义"的智慧。

现在不妨按照历史发展的顺序，通过若干具体事例来具体地考察一下：如果根据海德格尔的哲学视角，我们所看到的西方哲学思想，将会是一幅什么样的演化图景？在阐述这个问题时，本书的若干观点参考、援引自周民锋所著《走向大智慧：与海德格尔对话》（四川人民出版社，2002年）一书。

（一）海德格尔对古希腊罗马哲学的评论

海德格尔所说，古希腊哲学在它的奠基之初，就走上了迷失"存在"，模糊"存在"与"存在者"差别的形而上学之路了。古希腊米利都学派的自然哲学家们面对着自然时总想寻找出它的唯一本原，结果却把自然化约为众多的"存在者"。传统的哲学史著作之所以习惯地把阿那克西曼德的"无限"（to apeiron），混同于水、土之类的物质，那是因为忽略了追问"存在"与追问"存在者"的不同。事实上阿那克西曼德在他的一段箴言中，描绘了万物的产生及其毁灭过程的特性：他强调的是"多样性存在者整体"。②此外，赫拉克利特关于"火产生一切，一切复归于火"的说法，也和"把

---

① 海德格尔：《林中路》，上海译文出版社，1997，第219、268页。
② 海德格尔：《林中路》，上海译文出版社，1997，第330~338页。

万物的始基说成是某一自然物"的看法不同。因为火是有形与无形、有限与无限、再生与毁灭的统一。赫拉克利特以朴素的辩证法语言，把"存在"描述为"多样性存在者组成的整体"。海德格尔指出，人们由于赫拉克利特主张"一切皆流"，而认为他和主张存在不动的巴门尼德，形成了尖锐对立。"其实赫拉克利特和巴门尼德说同一回事"，"一切皆流"并不是"纯粹的不住"，而是说万千的存在者，构成了不变的存在整体，而"存在就是这种相反着的不平静之集中境界"。① 因此，海德格尔把他和阿那克西曼德、巴门尼德一起，视为前苏格拉底时代，以"整体存在本身"作为研究对象的三位伟大的哲学家。

海德格尔认为，所谓"多样性存在者整体"，不是指那种把所有的存在者的共性加以概括的"相同者"（das Gleiche），而是指那种可以涵盖各种不同存在者的"同一者"（das Selbe）。"同一者"，指的是整体性的存在本身，它包括各种各样的存在者（物质的、精神的，在场的、不在场的，等等），并不具体地指某一种存在者。而"相同者"指的虽然是各种不同的存在者，但每一种存在者又都是相同的。因此，"存在者"对应于"相同者"，而"存在"则对应于"同一者"。海德格尔的这个提示十分重要。

对于苏格拉底、柏拉图、亚里士多德这三位哲学家，海德格尔认为，他们三人虽有师承关系，但苏格拉底与柏拉图、亚里士多德有所不同。当苏格拉底主张用"善"去通达万物存在之根本时，有着相当的追问"存在"的倾向；而柏拉图、亚里士多德则是作为追问"存在者"的主要代表，而载入史册的。从追问的方法而言，苏格拉底和柏拉图虽然都是从主体、思想出发的，但却有"主体化"与"客体化"两种取向之区别。苏格拉底把原本不属于主体的外部世界及其事物化入主体世界之内，使之"主体化"，得到的只能是难以被精确化的认识成果（理想、信念等）。而柏拉图的"理念论"，则是把原本属于主体的理念与思维，置之于客体的位置上再加以研究，使之成为先于、独立于主体的存在者；这种"客体化"得到的却是精确的认识成果（概念、原理等）。"客体化"是理性主义的一个本质特征。柏拉图的"理念论"所表达的客体化取向，以及从"理念论"走向"范畴论"的方法，为亚里士多德的"概念论"做了充分的准备。而亚里士多德

---

① 海德格尔：《形而上学导论》，商务印书馆，1996，第 98~99、127~135 页。

的"纯形式"所体现的客体化的取向，以及他所制定的形式逻辑规则，作为理性主义的基本工具，则有力地推动了认识"存在者"的哲学和科学工作。他们所确定的理性主义路线，成为以后西方哲学发展的主流。海德格尔的这番分析言前人所未言，给人以耳目一新的感觉。

（二）海德格尔对中世纪哲学的评论

对于中世纪哲学，海德格尔也是从区分"存在者"与"存在"的视角出发的，他认为，欧洲中世纪的特点是：通过"神学—哲学"去追问存在本身。前期的新柏拉图派、奥古斯丁、安瑟尔谟，追问的是整体性的存在。他们把这一整体性归于上帝（神），并从这个视角去俯瞰各类存在者。在奥古斯丁所做的对上帝的证明模式中，上帝虽然存在着，但只是人们的信仰对象，不是作为实体的存在者；而在安瑟尔谟的证明模式中，上帝已经成为实体的存在者了。由于他们崇尚信仰和神学，拒斥理性和哲学，与之相适应的是："唯实论"理所当然地占了优势。

中期的托马斯追问的也是整体性的存在，他从具体的存在者出发，运用理智的手段，根据对自然中种种事实的归纳，以"目的论"来解释由它们组成的各种系列，最终趋向于整体世界之存在，即最高的神（上帝）。显然，奥古斯丁的整体性世界观来源于柏拉图由最高的理念"善"，及其所统率的理念世界模型，相当于（海德格尔所说的）"同一者"；而托马斯的整体性世界观，则来源于亚里士多德由"形式"与"质料"无穷系列、趋向"纯形式"的世界模型，实际上受（海德格尔所说的）"相同者"概念的支配。这就是奥古斯丁与托马斯的区别所在。托马斯之所以能够把神学—哲学推到顶峰，部分地是得益于他容纳了哲学和理性。他把认识能力分为三等：第一是感觉（认识有形物质），第二是理智（透过有形物而获得抽象知识），这两种都属于人的认识能力；第三是天使的认识能力，它能够超越有形的物质对象，而直接在抽象的层面上进行着认识活动。

中世纪后期，在亚里士多德主义占上风的情况下，逐渐转向亚里士多德主义支持的对于"存在者"的关心与追问。这样，哲学和理性得到进一步的发展，"唯名论"逐渐占据了优势。

海德格尔说："从其认识的东西和认识的方式来看，基督教神学乃是形而上学。"[①] 这就道出了神学与哲学的内在关联。因此，对上帝及其存在的

---

① 海德格尔：《林中路》，上海译文出版社，1997，第210页。

种种证明，并不完全是宗教的问题，而是中世纪的哲学形而上学的基本问题。人们看到，"存在"最初被当作神（奥古斯丁）；接着，上帝被证明为实体（托马斯）；再经过"泛神论"（上帝等同于自然万物）和"自然神论"（上帝被迫退出），而返回到原来的出发点（上帝不是实体的存在者）。基督教发展的这个历史进程揭示出一个容易被人们忽视的奥秘：从古代到中世纪，西方哲学经历了一个从追问"整体性存在"而得到"存在者"，然后又借助于上帝，而重新得以追问"整体性存在"的曲折过程。由此看来，被人们如此尊崇的"上帝"，只不过为"整体世界之存在"当了一次替身而已，这就是神学与哲学之所以得以贯通的深刻原因。

（三）海德格尔对西方近代哲学的评论

对于西方近代哲学，海德格尔认为，它完全改变了中世纪神学—哲学的信仰主义的方向，代之而起的是近代的理性主义哲学（它包括"经验论"和"唯理论"两个基本派别）。

从培根开始的近代前期的经验论者继承了中世纪后期"唯名论"的主张，转向可感觉、可经验的具体存在者，从而修正了追问整体世界及其存在的取向。虽然，霍布斯发现了单纯经验的不确定性，洛克又更加深入地从经验的层面探讨了认识论的有关问题；但是，由于他们不能越出经验的界限，所以对"存在者"的本质未能得出确实的判定，更无法去关注每个存在者均处其中的"整体世界及其存在"。

唯理论者看到了经验论的局限，力图从经验之外去寻找保证知识具有普遍必然性的途径。笛卡尔提出"我思故我在"的著名命题，将"思维"与"存在"当作两种实体，以之表示两大类的存在者。斯宾诺莎把"思维"与"存在"从两种"实体"下降为都从属于神的两种"属性"，使"神"的概念具有了最大的普遍必然性。至于莱布尼茨，则是以他的无数"单子"，来对应着"存在者"的无数性。

后期经验论者贝克莱和休谟的哲学是洛克经验论的发展，贝克莱说到了个别"存在者"以及存在者的世界，休谟进一步谈论的是"存在者"之间的关系（特别是因果关系）。事实证明，极端的经验论只能走向"唯我论"。

总之，近代的哲学世界观与中世纪建立在信仰基础上的神学—哲学的世界观不同，它回归于古代理性主义原则，并且在知性认识的层次上重建了自己的新世界观。虽然黑格尔给予笛卡尔以高度的评价，说"笛卡尔事实上是近代哲学真正的创始人"①；但在海德格尔看来，从笛卡尔到黑格尔的整个近代西方哲学，同样是"思考了存在者而遗忘了存在"。由此我们也可以看出海德格尔与黑格尔他们两人的视角差异。

海德格尔认为，西方近代哲学发展的主流，是与中世纪信仰主义相对立的理性主义。从近代经验论与唯理论关于知识的起源问题上的分歧看，它们所推崇的认识能力，大体上分别对应着中世纪托马斯所说的"感觉"和"理智"。笛卡尔明确树立"我思"为认识之第一原理，界定存在的根本特性是广袤，并把主体、客体的划分，作为科学认识论的必要前提，甚至把"我思"及思维体也作为认识的对象。这样一来，他把古代理性主义的"客体化"的特征，以"知性"的方式确切地表现出来了。于是，近代理性主义的智慧就表现为：只认识具有广袤性的"存在者"，而知性概念的抽象概括至多表现了"同类存在者"的存在（本质、共性），至于思维与存在共同构成的整体世界的存在（本质），就不是感性和知性能力所能及，只能简单地按照中世纪之惯例，被归之于"上帝"了。只有斯宾诺莎赋予神以"泛神论"的统一性的做法，试图在知性的层次上，重建对整体世界存在的追问。如果说，笛卡尔奠定了发展近代理性主义智慧的知性地基；那么，斯宾诺莎则提出了挖掘"非理性主义"智慧课题的任务，并加以近代的表述。他们把在理性主义认识论中，如何实现感性认识与知性认识的整合，如何实现本体论、认识论和辩证法的整合的任务，留给了德国古典哲学。

德国古典哲学从康德开始，经费希特、谢林到集大成者的黑格尔，他们把西方传统中占主流的理性主义哲学推到了顶峰；与此同时，西方非主流的"非理性主义"哲学，也取得了重要的成果，并酝酿着总的突破。

康德哲学的基本特征及其成果都具有双重性。他既有"经验论"的原则，又有"唯理论"的原则；既在整合两者的基础上重点建构了认识论体系，又追问了本体论问题；既完善了认识"存在者"的"第一知性"，又发展出追问整体性"存在"的"第二知性"；既为主流的传统理性主义哲学熔铸了认识工具（"先天综合判断"），又为非主流的"非理性主义"哲学提供了认识武器（"原型理智"）。他所提出的关于整体世界两套互相对立的理念（"二律背反"），深刻地证明了：由部分（存在者）的累积而推论得出的整体世界，和直接从整体着眼的世界之整体存在，两者根本不是一回事。

---

① 黑格尔：《哲学史讲演录》第4卷，商务印书馆，1981，第63页。

他由此得出了"不可知论"当然是错误的，但他引进了"目的论"的思想，开始为目的论寻找新的出路，并试图实现人类理性跨越界限之愿望，倒是非常值得人们重视的。

黑格尔哲学同样呈现出双重性，而且比康德哲学更为复杂。他在一方面，试图以自己独创的辩证逻辑取代古代亚里士多德的形式逻辑，以彻底客体化的绝对理念呼应着柏拉图的客体化理念，而把他起初所追问的"存在"，最终转变为"存在者"，从而回归主流的传统理性主义哲学传统；在另一方面，他的辩证逻辑确实又是以追问"绝对"（整体性之存在）为出发点，并在西方哲学史上第一次以过程的整体性，来表现存在本身在历史中的整体性，从而对存在哲学的发展提供了极为重要的思想资料。因此，"我们可以大致地把黑格尔的两重性称之为逻辑学方向和现象学方向"，他"既是理性主义哲学之集大成者，又是现代现象学和存在哲学之重要来源"。①

自古以来，希腊人就把哲学称作一种"爱智"的活动。西方哲学的演化，在人们面前彰显了两种类型的人类智慧。在从"存在"（先验）到"存在者"（经验）的追问的过程中，哲学收获的是认识"存在者"的智慧。这是传统西方哲学和科学中不断形成并已臻完善的、理性主义的智慧。它的最大作用是，促进科学的发展。在从"存在者"（经验）返回到"存在"（先验）的追问的过程中，哲学应该收获的是认识整体性"存在"的智慧。这是与理性主义智慧有别的、另一种类型的智慧，它是一种能超越一切存在者、却又能映照着存在者整体之演化机制的智慧。如果说，亚里士多德的以"同一律"为根据的形式逻辑，为追问"存在者"的知性认识论奠定了深厚的基础；那么，黑格尔的以对立面的统一为根据的辩证逻辑，本来是可以为追问整体性的"存在本身"提供了方法论的基础的。遗憾的是，他用客体化的"绝对观念"来作为表现这类智慧的外壳，并把体系本身转变为一种最终的"绝对真理"，就又等于取消了对于整体性存在的追问。这是人们所常说的"僵硬的体系与辩证的方法"之间的矛盾所造成的。

（四）海德格尔与西方现当代哲学

在我国哲学界，曾经占着主导地位的观点认为，整个西方哲学史，是唯物主义与唯心主义、辩证法与形而上学之间的斗争史。因此，在马克思完成对黑格尔唯心主义辩证哲学的颠倒之后，现代西方哲学似乎就再也没有什么

---

① 周民锋：《走向大智慧：与海德格尔对话》，四川人民出版社，2002，第410页。

价值可言了。改革开放以后，人们越来越多地了解了西方现当代哲学思潮，也就开始了对这种传统的看法进行反思。

在黑格尔哲学的传统哲学之后，随之来的是现代"现象学"和"存在主义"哲学。这是和尼采、胡塞尔、海德格尔等人的名字连在一起的。他们继承传统哲学而又有根本性的超越。海德格尔认为，新哲学主要特征在于，它是主体性的哲学。"只要在现代形而上学的范围内存在者之存在被规定为意志，并因而被规定为自我意愿，而自我意愿本身是自我认识，那么，存在者，即根据、一般主体，就以自我认识的方式成其本质。存在者自行显现出来，而且是以'我思'方式向其自身呈现出来。这种自行呈现，即表现（也即表象），就是作为一般主体的存在者之存在。自我认识便成了绝对主体。在自我认识中聚集着一切认识及其可认识的东西。它是认识的聚集，犹如山脉是群山的聚集。……作为主体性的形而上学，现代形而上学是在意志意义上思考存在者之存在的。"① 总之，新的形而上学要以主体自身为对象，"在自我认识中聚集着一切认识及其可认识的东西"；它将使用的从"意志"到"自我意愿"再到"自我认识"的方法。这是一种与传统的理性主义有别的另一种方法。从这个意义上，可以说它是"非理性主义"的。因此，海德格尔认为，黑格尔只是把传统哲学推到了顶峰，只有到了确立从主体意志出发、把握存在的方法论原则的尼采，才迈上了结束传统形而上学、开辟新哲学的道路。

西方现当代的哲学家胡塞尔提出了现象学的标志性的概念："回到事物本身"，认为"这个事物就是意识的主体性"。胡塞尔发挥和发展了黑格尔的思想，更加强调主体性，强调客体要在主体中显现自身；至于客体本身，则可以放在括号内，把它"悬置"起来，存而不论。当然，被"悬置"的客体并非被否定，而只是对它不作独断论的陈述，以便专注于客体对人如何显现、如何出现的意义。这样，"主体"的问题就成了构造富有意义的，我们生活在其中的"生活世界"的前提。

海德格尔跟随胡塞尔，又超越胡塞尔。他开辟了现象学运动的一个新方向，并开创了存在主义哲学，并且成为它的主要代表。他认为，真正的哲学思考就是要追问："为什么有现实存在物而没有无？"这是一切问题的首要问题。在海德格尔看来，"无"就是对作为整体的存在物的一种超越的境

---

① 海德格尔：《林中路》，上海译文出版社，1997，第249页。

界。显然，把握到"无"，追问到"无"，比起仅仅关心日常生活现实中的有限事物来，是"非常"之事。他认为，以往说着"柏拉图式语言"的各种"哲学"，都只是以"有"为最高原则，"哲学之事"只知谈论"有"，而不知道这种哲学终结之后的"思之事"，乃是以"无"为最高原则的。

正是海德格尔创造性地提出了"无"的最高原则，才突破了西方哲学以崇尚超感性的永恒之"有"为最高原则的传统，并突出了日常生活中事物的有限性和现实性。同时，也正是海德格尔的"无"，使人拥有一个"敞开的境域""澄明之境"，从"有"与"无"统一的整体来观察事物，而不囿于以狭隘的观点死死盯住和斤斤计较眼前的一点有限之物，即当前的"在场的东西"。因此，海德格尔关于"无"的思想在西方哲学史上是一个重大的突破。

"存在"的无限性，实际上取决于对它的追问的无限性，现当代西方哲学既然以无限的"存在"作为追问的对象，就必须以自身发展的无限性，来示范着它所追问的"存在"的无限性。因此，海德格尔哲学也并不能穷尽哲学的发展。我们相信，未来哲学的发展将会在整合既追问"存在"又追问"存在者"这两类智慧的基础上，走向更大的智慧。

西方现当代（包括海德格尔在内）的一些哲学家，不仅主张把上述两类智慧加以整合，而且特别关注中国古代哲学，尤其赞赏老庄哲学。处于全球一体化的大背景下，在文化、哲学方面实现东西交流、中外贯通，不仅是必要的，而且也更有可能了。"用海德格尔的哲学看，中国哲学可能更倾向于是一种关于存在的哲学，而不会是关于存在者的哲学；更可能倾向于强调整体性的哲学，而不会是关注局部性的哲学。"① 西方智慧和东方智慧的整合，必将实现西方哲学的大突破、大超越。这是毫无疑义的。

综上所述，海德格尔通过对史实的深入分析，具体地展示了西方哲学史上两个"追问的方向"（追问"存在者"和追问"存在"），两种"追问的方法"（"客体化"取向与"主体化"取向），从而得到两种类型的智慧（"理性主义"的智慧与"非理性主义"的智慧）的生动画卷。他之所以非常重视西方与东方文化的互补，是因为他看到了西方哲学中"主客二分"模式的不足与流弊；而他之所以能够看到"主客二分"模式的不足与流弊，又因为他在由东方与西方文化共同构成的世界文化、世界哲学发展的全局

---

① 周民锋：《走向大智慧：与海德格尔对话》，四川人民出版社，2002，第492页。

中，看到了"主客二分"与追问"存在者"是密切相关的，而东方文化的思维模式恰好又是与追问"存在"相一致。由此，我们也就不难理解黑格尔为什么会如此贬低中国古代哲学了。因为在黑格尔的心目中，只有或者只愿意看到"主客二分"这样一种思维模式，并且以此作为标准来衡量东方文化和评判中国哲学，这样，他就不可避免地由于"一叶障目"而陷入"一孔之见"的可笑境地了。

第三章
哲学与哲学史（下）

在第二章，我们着重讲了哲学与西方哲学史的关系，这里我们着重讲哲学与中国哲学史的关系。通过对中国哲学史的考察，我们不难看出中国传统哲学的固有特点，以及它与西方哲学的若干区别。

第一节　中国哲学史学科的创立
——胡适的《中国哲学史大纲》和冯友兰的《中国哲学史》

前面已经说过，中国古代本无"哲学"之名，但有哲学之实。这样，如何按照哲学应有的标识，来梳理中国古代的经典文献，展示出中国古代哲学思想发展的丰富内容，就成为近现代哲学学者的一项重要任务。胡适和冯友兰先后以他们各自的方式，着手这一开创性的学术工作。胡适的《中国哲学史大纲》（上卷）成稿于 1918 年 9 月，出版于 1919 年 2 月，是作者在博士论文《先秦名学史》（英文）的基础上修改扩充而成的，该书只有上卷，涉及先秦诸子，共有十一篇。冯友兰的《中国哲学史》（上、下卷）上卷于 1931 年由上海神州国光社出版，到 1934 年上、下卷由商务印书馆出版。

蔡元培在为胡适著作所写的序言中，曾明确指出：要编写中国哲学史的著作，有两层难处：一是材料的真伪"混在一处"；二是没有现成的形式。因此，"要编成系统，古人的著作没有可依傍的，不能不依傍西洋人的哲学史。"[①]

金岳霖在冯友兰著作的审查报告中，也尖锐地提出了"所谓中国哲学

---

① 胡适：《中国哲学史大纲》（上卷）序言，上海古籍出版社，1997，第 1 页。

史是中国哲学的史呢？还是在中国的哲学史呢？"这样的问题。他认为，胡适、冯友兰的著作，都只是"在中国的哲学史"，而不是"中国哲学的史"。

冯友兰先生自己也说："今欲讲中国哲学史，其主要工作之一，即就中国历史上各种学问中，将其可以西洋所谓哲学名之者，选出而叙述之。"①即使如此，他们还是在"哲学在中国"的框架中，讲出了"中国哲学"的问题。

在世界范围内，哲学思想是多元的。有东方、西方两大派系；在东方哲学中，又有中国哲学与印度哲学之别。哲学思想固然有其普遍性，但各个民族的哲学，又有其特殊性，现在我们既然以"哲学"称呼这个学科，也就有一个如何以西方哲学为参照系的问题。当然，我们也不能因此而迁就西方哲学中心主义，不能采取"削足适履"的做法，完全按照西方哲学的模式来剪裁中国哲学。这样，人们所争论的中国有没有"哲学"的问题，实际上就转变为另一个更重要的问题：怎样才能使中国拥有这样具有"普遍意义"的"哲学"？在跨越了几代人之后，我们今天要做的，就是要在探讨如何评价中国哲学的问题上，坚持世界性与民族性、普遍性与特殊性相结合的原则，挖掘出更深层面的东西，说清楚什么是中国哲学的特色及其基本问题。

胡适指出，中国哲学史可分为三个时期：古代哲学、中世哲学和近世哲学。古代哲学是"自老子到韩非"，又名"诸子哲学"。中世哲学是"自汉到北宋"，大略又可以分为两个阶段：自汉至晋为第一阶段，这一阶段的各个学派，"都还是以古代诸子哲学作起点的"。例如，《淮南子》是折中古代各家；董仲舒是儒家的一支；王充的天论得力于道家，性论折中于各家；魏晋的老庄之学，更不用说了。自东晋至北宋为第二阶段，这几百年是印度哲学在中国最盛的时期。印度的宇宙论、人生观、知识论、名学、宗教哲学，都能在诸子百家哲学之外，别开生面，大放光彩。他所说的"近世哲学"是指北宋至明清时期（这与现今的通行看法大异）。他说，自唐朝以后，印度哲学已经逐渐成为中国思想文明的一部分，它与中国固有的思想相结合，形成了中国近世哲学。"宋明的哲学，或是程朱，或是陆王，表面上虽都不承认和佛家禅宗有何关系，其实没有一派不曾受印度学说的影响的。"明代以后，佛家已衰，儒家成为一尊，遂有汉学、宋学之分。清初时，"子学"

---

① 冯友兰：《中国哲学史》（上册），华东师范大学出版社，2000，第3页。

只不过是"经学"的一种附属品，但到了最近世，"子学"竟成了专门学，一般学者，崇拜子学往往甚于儒书。胡适认为，这个时期，有点像欧洲的"文艺复兴"时代。不但有古书可读，又有西洋学术思想的输入。

蔡元培先生在为《中国哲学史大纲》所写的序言中，对它作出了积极的评价。他盛赞此书的四大特长：第一是"证明的方法"；第二是"扼要的手段"；第三是"平等的眼光"；第四是"系统的研究"。① 这四点实际上都围绕着"方法"而言的。之前有关中国哲学史的著述，严格说来，都谈不上"方法"两字。胡适此书的最大特点在于，他自觉地把方法问题置于研究哲学史之中心位置，从而获得了成功。此书特别尊重证据，在史料上严加考辨，其考据的文字"差不多占了全书的三分之一"，并有许多重大发现。在取材的时间上，改变了过去从三皇五帝讲起的做法，"截断众流，从老子、孔子讲起"；在史料的选择上，注意选取最足以说明问题的材料，不以多为贵，避免芜杂。对于古代哲学家思想的评价，过去往往不是"是墨非儒"，就是"是儒非墨"，"同是儒家，荀子非孟子，崇拜孟子的人，又非荀子。汉宋儒者，崇拜孔子，排斥诸子；近人替诸子抱不平，又有意嘲弄孔子。"如此等等。而胡适此书"对于老子以后诸子，各有各的长处，各有各的短处，都还他一个本来面目，是很平等的。"胡适在阐述古代哲学家的思想时，不仅指明其思想与时代的关系，揭示其思想的内在逻辑；而且又指出其各家各派的历史上的联系，发展中的脉络。这就是"系统的研究"。中国哲学史学科的建立，全靠有了系统的方法。

《中国哲学史大纲》一书的价值和它对后世的影响是显而易见的。这本书所用的研究方法，已经成为当代中国哲学史研究的通用的方法，它的出版，标志着现代中国哲学史这个学科的成立。它不仅是实证史学的奠基之作，而且对思想启蒙有着重大的作用。不足的是，此书有"卷上"而没有"卷中""卷下"，只写到先秦为止。这样，克服这本书的上述缺陷，并写出一本完整的中国哲学史的任务，就有待于后人来完成了。（这里需要说明的是：根据现存的《胡适日记》和手稿等资料得知，胡适在当时曾经讲授过中古时期的哲学史，续写过"卷中"，并形成过一个北大内部发行的"讲义本"。但在相当长的时间内，并未发现这个文稿。经多方寻找，该讲义终被有心人在日本觅得，百年后重归故国，由广西师范大学出版社推出。《中华

① 胡适：《中国哲学史大纲》（上卷），上海古籍出版社，1997，第1~3页。

读书报》2013 年 5 月 1 日刊载的肖伊绯所写《百年“讲义本”疑案》中称：该文稿共七章，约五万四千字。）

冯友兰的《中国哲学史》（上、下卷）在当时得到了陈寅恪、金岳霖这两位审阅人的高度评价。

陈寅恪作为著名的历史学家先后审阅了该书的上卷与下卷，写了两份审查报告。在第一份“审查报告”中认为，此书“取材谨严，持论精确，允宜列入清华丛书，以贡献于学界”。陈寅恪认为，要写中国哲学史，“其对于古人之学说，应具了解之同情，方可下笔。”由于古代人著书立说都是“有所为而发”的，如果今人对古人所处的环境和所受的背景，“非完全明了，则其学说不易评论”。况且古代距离今日年代久远，史料极不完备。陈先生指出，在这种情况下，“欲借此残余断片，以窥测其全部结构，必须备艺术家欣赏古代绘画雕刻之眼光及精神，然后古人立说之用意与对象，始可以真了解。”而所谓真了解者，“必神游冥想，与立说之古人，处于同一境界”。那么，冯友兰的《中国哲学史》对于古人，是否做到了“真了解”呢？陈先生认为，“冯君之作庶几近之；所以宜加以表扬，为之流布者，其理由实在于是。”平心而论，这是一个很高的评价。

在第二份“审查报告”中，陈先生重申此书“取材精审，持论正确”，是“近年吾国思想史之有数著作”。在这份报告中，陈先生还联系古代儒、道、佛思想的发展，谈到了外来思想与民族固有文化之间的关系，指出，一种著作，“其真能于思想上自成系统，有所创获者，必须一方面吸收输入外来之学说，一方面不忘本来民族之地位。”陈先生称赞此书“于朱子之学多所发明”。肯定此书的作者能够“取西洋哲学观念，以阐明紫阳之学”，从而达到“成系统而多新解”的成绩。①

金岳霖先生作为著名的哲学家是冯著的另一位审阅人。他在“审查报告”中所提出的问题似乎更富有哲学意味，更有挑战性。他认为，“中国哲学史”有两种写法：一种是把中国哲学当作中国传统学术中固有的内容，这就与现代学术之所谓的“普遍哲学”没有直接的关系；另一种是把中国哲学当作发现于中国的哲学，即用“普遍哲学”的模式，在中国传统学术中提炼出可以称之为哲学的东西。前一种不具有普遍的意义，实际上也做不到；而现代所谓的“中国哲学史”，只能是后一种。按照这

---

① 冯友兰：《中国哲学史》（下册），华东师范大学出版社，2000，第 432～433、439～441 页。

个标准，胡适、冯友兰的著作，都只是"在中国的哲学史"，而不是"中国哲学的史"。因此，我们既可以根据某一种哲学主张来写中国哲学史，也可以不根据任何一种哲学主张而仅以普遍的哲学形式来写中国哲学史。如果是前一种写法，就"等于以一种成见去形容其他的成见"，不可能写出"一本好的哲学史"。因为"哲学要成见，而哲学史不要成见"。他把胡、冯两人的著作进行了如下的比较：胡适的《中国哲学史大纲》就是根据实用主义的哲学的主张来写的，"不知不觉间所流露出来的成见，是多数美国人的成见"，似乎作者是"一个研究中国思想的美国人"。他认为，冯友兰本人当然既有主见，又有成见，他的思想虽然倾向于实在主义，"但他没有以实在主义的观点去批评中国固有的哲学"，他对古人的思想虽然未必赞成，而竟能如陈先生所说的"神游冥想，与立说之古人，处于同一境界"。[①]

冯友兰先生在《三松堂自序》中，对此书曾经作了自我评价。他认为，中国历史上有两个社会大转变的时代，一个是春秋战国时代，一个是清朝末年中外交通的时代。中国通史的发展，随之分为三个时期。第一时期是上述的第一个社会大转变，第二个时期是第一个社会大转变到第二个社会大转变之间，第三个时期是第二个社会大转变及其以后。与此相适应，中国哲学史也可以分为三个时期。但在第二个社会大转变之后，还没有大的哲学体系出来，新的哲学体系还在创造之中，所以，他只写前两个时期，把中国哲学史分为"子学时代"与"经学时代"两个大段落。讲子学，是从孔子说起，而不是像胡适那样，从老子说起。

冯先生认为，写中国哲学史，传统的写法是"信古"，反传统的写法是"疑古"，该书没有采取"信古"或"疑古"的态度，而是以"释古"的态度来写中国哲学史。中国传统做学问的路径，有"汉学"与"宋学"的区别。胡适的《中国哲学史大纲》用的是"汉学"的方法，重考据，对于文字的考证、训诂比较详细。他自己的《中国哲学史》用的是"宋学"的方法，重义理。而且，唯物史观的一般原则，对他"也发生了一点影响"。

冯先生认为，他写的《中国哲学史》书中多有创见，有两点特别引以为自豪。一是关于把名辩者分为以惠施为代表的"合同异"和以公孙龙为代表的"离坚白"两派的主张；二是把程颢、程颐两兄弟分别界定为：程

---

① 冯友兰：《中国哲学史》（下册），华东师范大学出版社，2000，第437页。

颢是"心学"之先驱，程颐是"理学"之先驱，等等。弱点也有两个，一是讲佛学，失于肤浅；二是讲明清时代，过于简略。

冯先生的《中国哲学史》作为中国近现代史上史论结合、自成体系的第一部完整哲学史著作，在建立中国哲学史学科上的历史地位，也是人们所公认的。冯先生的《中国哲学史》不仅在当时得到了陈寅恪、金岳霖这两位审阅人的高度评价，而且至今仍然备受赞扬。学者普遍认为，"《中国哲学史》是中国近现代史上史论结合、有自己独立的理论体系的第一部哲学史著作。……把史论结合得那么紧密，把中国哲学史讲得那么有条理、那么清晰，而且贯穿着自己的观点，不人云亦云，到现在还无人能及。"①

第二节　中国哲学发展概述

中国哲学是世界三大传统哲学之一，它源远流长，内容十分丰富。在中国哲学思想发展的历史进程中，处处都闪烁着中华民族在艰苦曲折的发展中所迸发出来的智慧的光辉。

中国是一个多民族结合而又历史悠久的国家，从原始群居的猿人算起，大约已经历了200多万年的历史，曾出现过原始群、母系氏族公社和父系氏族公社等几个历史阶段。大约在公元前40世纪的轩辕黄帝时代，似乎就已经出现了父权制，并开始向文明时代过渡。公元前21世纪的夏代，建立了第一个奴隶制王朝，经过殷商和西周，奴隶制得到了较大的发展，达到鼎盛时期。从西周后期到春秋（公元前770～前476）、战国（公元前476～前221）时期，奴隶制逐渐瓦解，封建制生产关系诞生并确立起来。中国哲学大约萌芽于殷、周之际，形成于春秋末期，战国时代已出现"百家争鸣"的繁荣局面。

中国哲学的发展已有3000多年的历史，截至1919年"五四"运动之前，大体上可以分为：1. 奴隶制及其向封建制转变时期的哲学；2. 封建制时期的哲学；3. 从封建制向半封建、半殖民地社会转变时期的哲学。前两段为中国古代哲学，后一段为中国近代哲学。由于封建制时期哲学的时间较长，内容丰富，又可再分为若干小的阶段。为了叙述的方便，我们可以把中国古代哲学分为先秦时期、秦汉、魏晋南北朝、隋唐五代、宋元明清等几个时期。

---

① 任继愈等：《实说冯友兰》，北京大学出版社，2008，第61页。

一 先秦哲学

先秦时期思想空前活跃，出现了众多的哲学流派，形成了"百家争鸣"的繁荣局面。这个时期又可分为以下三个小阶段：

第一是萌芽时期。中国哲学的萌芽是同原始宗教相联系的，主要表现为相信灵魂不死和崇拜自然物的自发观点。在殷商奴隶社会里，占统治地位的思想是上帝神权观念。周朝灭殷以后，就发展为天命主宰一切的观念。当时的周公提出了"敬德保民""以德配天"的思想。大约在殷周之际产生的《周易》古经（又称《易经》），它把早期的"八卦"观念加以系统化，以"乾""坤""震""巽""坎""离""艮""兑"与"天""地""雷""风""水""火""山""泽"等八种自然界最基本的现象一一对应，以此来说明宇宙的生成和万物间的联系与变易法则。其中的 8 卦是由"阴"与"阳"组合的 3 条连续或不连续的线形成，64 卦则由 6 条连续或不连续的线形成。在 64 卦中，有 45 卦是与时间或空间有关。因此，《易经》的体系和卦的重要意义广泛地用于天体运动与时间流逝。后来又延伸到声学、生物学、医学以及社会生活方面的推测。按照郑玄的解释，"易"有三义：简易、变易、不易。学者研究认为，《易经》的基本内容来自公元前 7~8 世纪的卦文，公元前 3 世纪周朝末年才形成现在的版本。用以解释《易经》的《易传》是在公元前 1 世纪至公元 1 世纪，主要由秦汉的儒家学者编写而成。

第二是诸子前哲学。西周末期一直到春秋时期，奴隶制出现了危机，反映在思想领域，天命神权观念也随之发生动摇。"疑天""责天"的思想出现了，阴阳、五行的观念也有了进一步的发展。体现这个时期哲学思想的代表人物主要有：伯阳父、史伯、管仲、子产、晏婴、史墨等人。管仲认为，水是万物的本原，管仲学派还认为，精气是构成万物的最小颗粒，又是构成无限宇宙的实体。

第三是诸子哲学。春秋末年，孔子创立了儒家学派，这是中国哲学进入了诸子百家之学开端的一个标志。到了战国时期，社会变化更加复杂，斗争更加激烈，封建制终于战胜了奴隶制，先后建立了魏、赵、韩、齐、楚、燕、秦七个封建国家。在这社会大变动之中，先后出现的诸子百家围绕着天人之际和古今之变，以及名实、礼法等问题，展开了激烈的争辩，出现了"百家争鸣"的哲学繁荣景象。

（一）诸子百家哲学

所谓"百家"，言其多也。根据司马谈在《论六家要旨》中所说，主要的有六家。

一是阴阳家，由于他们把宇宙的原理归结为阴阳两个主要原则，讲两者的相生相克、相反相成，被称为阴阳家。《洪范》《月令》多讲"五行"，不曾提及阴阳；《易传》相反，多讲阴阳而不提"五行"。后来这两种思想逐渐融合在一起。其代表人物邹衍提出"五德终始"说，以"五行"的相生、相克的顺序来说王朝的更替。

二是儒家，这是创立最早、影响较大的一个学派。他们讲授古代的经书，是古代文化的传承者。这个学派的创始人是孔子，他死之后，"儒分为八"。其中孟子、荀子是主要的继承者，影响最大。

三是墨家，他们自称为"墨者"，在创始人墨翟的领导下，内部有严格的组织和纪律。"兼爱"是墨子哲学的中心思想。作为游侠，他们主张"非攻"。他们既主张非命尚力，又提倡尊天事鬼。墨翟死后，"墨离为三"。墨家，特别是后期墨家，在认识论、逻辑学以及自然科学的研究方面取得了显著的成就。

四是名家，这一派人的兴趣是分辨名实，究明它们之间的关系。名家哲学的创立者有惠施和公孙龙，惠施主张"合同异"，公孙龙主张"离坚白"，"白马非马"这个著名命题就是他提出来的。他们通过讨论名实关系以及概念的同与异、离与合等一系列问题，推进了古代逻辑学。

五是法家，其先驱者是管仲、子产，真正的奠基者是李悝、慎到、商鞅、申不害等人。慎到强调"势"，申不害强调"术"，商鞅强调"法"，战国末期的韩非吸取了老子、荀子哲学中的合理因素，主张法、术、势三者相结合，是法家思想的集大成者。这一派人不赞成当时儒生以德治国的政治主张，认为一个好的政府必须建立在一个成文法典的基础之上。

六是道德家，这一派人的形而上学和社会思想都崇尚"道"与"德"，被称为"道德家"，简称为"道家"。创始人是老子，主要继承者是庄子。

此外，还有兵家、农家、纵横家、杂家等，兵家以《孙子兵法》等传世，至今仍有很大的影响。

在以上各个学派中，儒家与道家较之其他学派，更关注在现实条件下，天道与人道，人的有限性与无限性的统一问题，因而终于成为中国哲学发展的骨干。中国古代哲学也就形成了以"儒家为主、儒道互补"的基本趋向。

后来，佛学从印度传入中土，并且很快被中国化，即被儒学化、道学化。以下我们专门再讲一下这两家。

（二）先秦哲学中的儒家

儒家的开创者是孔子。他创立儒家学说的根本目的，是追求理想的社会秩序和美好的人生境界。围绕着对"礼"的看法的分歧，提出"礼"应当以"仁"为依归，认为个体生命存在的意义与价值，就在于"践仁"。他把"仁"作为哲学思想的最高范畴，赋予生命以道德本体的意义，提出"克己复礼为仁""仁者爱人"，给周礼注入了新的内容，第一次揭示了社会道德规范的人性内容，将对"礼"的理解，从传统的外在约束与规范转移到以人为本这个方向上来。

在孔子看来，人类生命存在的普遍方式的"仁"，必须在经验世界中，化为人生的实践，从而实现本体世界与经验世界、无言与有言、无限与有限的统一。仁的心理基础就是"情"，"孝悌"之所以是仁的根本，就在于它是人的真情实感的自然流露。但"情"只是个体生命的独特感受，必须把它提升为具有普遍意义的生命形式，实行"一以贯之"的"忠恕"原则："己所不欲，勿施于人"①和"己欲立而立人，己欲达而达人"。② 这就是志士仁人所以要"无求生以害仁，有杀身以成仁"的根本依据，也是人生的自我实现与自我超越。

孔子认为，还必须把"仁"展现为社会理想。他的最高理想是"大同"，但处于当时"据乱世"的时代，却只能寄意于"小康"，这就要以"礼"把"仁"落到实处。他崇尚"周礼"，而周礼的最大特点是，在"礼"的思想中加入了"德"的观念，这就比一般地讲"礼治"，更突出了仁的"爱人"原则。"中庸"之为德，不仅仅是一种必须遵守的道德，而且是"极高明"的人生境界和处理各种问题的原则与方法。总之，"仁"是贯串孔子思想的核心观念，它体现了天道与人道、个体的人格修养与社会的价值关怀、"内圣"与"外王"的统一。

孟子继承并发展了孔子的学说，不仅讲"仁"，而且讲"义"。他说："仁，人心也；义，人路也。"③"仁，人之安宅也；义，人之正路也。"④ 要

---

① 《论语·颜渊》。
② 《论语·雍也》。
③ 《孟子·告子上》。
④ 《孟子·离娄上》。

做到"穷则独善其身，达则兼善天下"；"富贵不能淫，贫贱不能移，威武不能屈"。① 当"生"与"义"两者不可得兼时，要"舍生取义"。他遵循"推己及人""由内圣而外王"的思路，主张"民贵""君轻"，提出"仁政"理想，从而发展了孔子的德治思想。

孟子将"仁"与"义"并举，以之作为对个人行为与社会行为进行道德评价的标准。他主张"性善"，认为道德出自普遍的人性，是"我固有之也"。"恻隐之心，仁之端也；羞恶之心，义之端也；辞让之心，礼之端也；是非之心，智之端也。"② 这种以"四端"为具体内容的"良知良能"，是否能发动起来，关键在于人是否具有"配义与道"的"浩然之气"。孟子的道德论使孔子"仁论"具有更加明确的社会意义，比较符合中国古代社会关系的实践。

孟子特别强调性与天道的联系，把道德修养与"知天""事天"挂起钩来："尽其心者，知其性也；知其性，则知天矣。存其心，养其性，所以事天也"。③ 在他看来，道德行为之所以能给人带来幸福，并不在于它本身，而是因为能够通过它体会到与"天"的同一："万物皆备于我矣，反身而诚，乐莫大焉"。④ 天道之"诚"的本体，通过人道"思诚"的道德行为得以统一。"仰不愧于天，俯不怍于人"之所以是人生之乐，就在于此。这种天道与人道的关系，代表着孟子以及中国哲学特有的一种"天人合一"的运思方式。而"天人合一"则是人的道德修养的最高境界。

荀子本人虽然以继承孔子思想自任，对"礼"的必要性作了空前的强调，说"礼"是"人道之极"。这与孔子等儒家心目中的"大同社会"是一致的。但他常常"礼""法"并举，提出礼法治，认为法律的制定要以礼为根本。孔子在礼中容纳了"仁"的人性内容，而荀子则在礼中灌注了"知"的要求，并且强调了道德"他律"。这就与注重个人德性的优先性，强调道德"自律"的正宗的儒家思想有所不同。他又主张"性恶"，认为道德意识不从人性中发生，"性不知礼义，故思虑而求知之也"，从而与孟子的"性善"形成明显的对立。

荀子的重"知"的思想，是以"天人相分"思想为依据。在他看来，

---

① 《孟子·滕文公下》。
② 《孟子·公孙丑上》。
③ 《孟子·尽心上》。
④ 《孟子·尽心上》。

"天"是分为"形而上"的"超验世界"与"形而下"的"现象世界"。前者是人无法认识的，所以他不求"知天"，反对"思天"；后者是人可以认识与把握的："天行有常，不为尧存，不为桀亡"。人完全可以"制天命而用之"，以实现"天人交相胜"。在"天人相分"的前提下，荀子将对天道的认识，转化为人道，也就是"礼"："人之命在天，国之命在礼"。① 虽然他的思想最终还是走向"天人合一"。但已不同于孔孟以人道追随天道的天人合一，而是以人道为中心的。

（三）先秦哲学中的道家

老子作为道家的创始人，从与儒家完全不同的视角，来说明天道与人道的统一。他认为，"天"就是"自然而然"，既没有意志，也没有任何道德意义："天地不仁，以万物为刍狗"。② 他不仅反对从天道中去寻找"仁义"的根据，而且从根本上反对仁义这样的提法。如果以仁义作为道德的内容，就会导致天下伦理道德之大乱："天下皆知美之为美，斯恶矣；皆知善之为善，斯不善矣。"③ 老子认为，天道与人道的最高原理是"无为"，它不是虚无、一无所有，而是以"无为"为体，"有为"为用，无为而无不为。作为人生哲学，"无"实际上是一种"致虚极，守静笃"的心境。他说："人法地，地法天，天法道，道法自然。"④ "无为而无不为"，才是真正的"自然而然"。⑤

老子认为，"道"的二重性，表现于"无"与"有"的对立统一，不可见、不可道的"超验世界"与可见、可道的"现象世界"的统一。这种"无"与"有"的对立统一，也是人生境界的写照：人生追求理想的无限性与具体实现的有限性。这样，把对宇宙终极实在（天道）的追问，同对人生终极意义或最高境界（人道）问题的追问，两者联系在一起，并以后者为主。

老子提出"无为"与"贵柔"的人生哲学，"上善若水"，柔弱胜刚强。他还说："为学日益，为道日损。损之又损，以至于无为。"⑥ 这就涉及外部知识的学习与内心人格修养的关系、知识与价值的对立。他所提出的解

① 《荀子·天论》。
② 《老子》第五章。
③ 《老子》第二章。
④ 《老子》第二十五章。
⑤ 《老子》第四十八章。
⑥ 《老子》第四十八章。

决方法是通过"忘"而归于"朴"。

庄子的思想是"出世"的，虽然他热爱并眷恋凡世生活，但却不愿意与污浊的现实妥协，从而选择了出世。他所追求的最高人生境界是超越主客对立、实现心灵自由的"逍遥"之境。这是一种"道通为一"的多样性统一的境界："天地与我并生，而万物与我为一"。① 于是，他提倡"心斋""坐忘"："鱼相忘乎江湖，人相忘乎道术"。② 既要忘掉身外之物，又要忘掉自我，做一个"游于方内"，一切顺乎自然的人。

庄子说："天地有大美而不言"。③ 在他看来，大自然中的一切，包括理想的人生境界是美的。当他以审美的眼光来看待周围的一切事物时，它们就呈现出诗意的光辉。从这个意义上说，审美与其说是给予的，不如说是主体人格的一种投射。他认为，美是天生的、自然的，反对人为的雕琢。"中央之帝"混沌，因被凿七日而死，④ 说明违反自然，就会走向美的反面。

从以上的阐述中可以看出，老子哲学注重的是对宇宙、社会人生的观察，立足于社会批判，它与自然哲学、政治哲学有更多的关联；其政治哲学甚至也可以被法家思想所吸收。而庄子将老子对外部世界的"道"的关注，转移到对个体内在自由的要求，特别强调天然与人为之不同。他的思想对后世中国知识分子人格心理与文化精神影响极大至深。

二　秦汉哲学

秦汉时期是中国统一的封建专制制度建立和发展的时期。这个时期哲学思想领域方面的特点是：一方面，先秦的百家争鸣的局面已经结束，以儒家为中心的思想体系正在逐步地建立起来；另一方面，社会矛盾复杂，哲学思潮多元，各种思想又互相激荡，使得整个思想领域具有综合诸家的特点，且具有过渡的性质。

秦朝的统治者独尊法家，汉初却崇尚黄老的无为思想。汉武帝采纳董仲舒"罢黜百家，独尊儒术"的建议。此后，孔子就成为一个"受命而未得命"的所谓"素王"。无论是"崇尚黄老"，还是"独尊儒术"，实际上总是兼收名、法、阴阳等各家学说，出现"以霸王道杂之"的局面。这个时

① 《庄子·齐物论》。
② 《庄子·大宗师》。
③ 《庄子·知北游》。
④ 《庄子·应帝王》。

期，哲学家们对宇宙构成、形神关系、古今变迁、人性善恶等问题的探讨，比先秦时期更加深入了。

所谓"黄老之学"是以道家思想为中心，融入"名法之要"，兼采儒、墨、阴阳思想，具有唯物主义倾向并包含着较丰富的辩证法思想。它的经典是《黄帝书》和《老子》。

董仲舒以"天人感应"为核心的神学哲学，使儒学神学化，并成为占统治地位的官方哲学。他将周代以来的宗教天道观和阴阳五行学说结合起来，并且吸收了法家、道家、阴阳家的思想，建立了他自己的新的思想体系。他的著作很多，现在尚存的有《春秋繁露》等。

董仲舒所说的"天"就是西周以来宗教神学所信奉的"百神之大君"，具有意志与感情，能够主宰人间的一切；而天的运行，则是一种有道德、有目的的行为。天与人之间存在着一种"相互感应"的关系，人是天的副本，人的性情秉承于天。天子如果违背了天意，不行仁义，天就出现灾异以"谴告"之。他的学说后来发展为"谶纬之学"。

东汉时期由皇帝钦定的《白虎通义》进一步发展了董仲舒学说，但与之相对立的有：扬雄、桓谭、王充等人，他们则把"天"还原为自然之天，特别是东汉的王充，以"天道自然"来反对"天人感应"的目的论和谶纬迷信之说。

王充认为，天地间充满着"元气"，"天地合气，物偶自生"。在他那里，天就是指整个自然界。他还认为，人的精神不能离开肉体，人死之后没有灵魂。灾异是自然现象，并不存在什么"谴告"。总之，他对董仲舒的"天人感应"以及当时流行的谶纬迷信之说，进行了激烈的批判。他的哲学思想在中国哲学史上占有重要的地位。

三 魏晋南北朝哲学

东汉末，形成了魏、蜀、吴三国鼎立的局面。魏灭蜀，司马氏又篡魏灭吴，建立了西晋王朝。从汉末经历了西晋、东晋、南北朝，直到公元589年隋朝建立前，这个时期的哲学称为魏晋南北朝哲学。

在曹魏和西晋时期，"玄学"盛行，占统治地位的哲学主要是以"玄学"的形式表现出来的。玄学家以何晏、王弼、阮籍、嵇康、向秀、郭象、裴𬱖等人为主要代表，他们以"三玄"（《老子》《庄子》《周易》）为主要研究对象，他们继承老庄之学，醉心于其中的名言哲理。同时，他们还用老庄思想来解释《周易》与儒家学说，不少人虽然在理论上标榜老庄，但其儒家情结却又挥之不去，又呈现了"儒道会通"的趋向。

秦汉时期的哲学注重的是宇宙生成问题，而魏晋玄学则主要讨论宇宙本体问题。"有无之辩"是其中心问题。何晏与王弼认为，整个世界"以无为本""以有为末"。老子虽然也讲"无"，但更强调"道"，因为"道"是有与无的统一。王弼却提出："无中生有"或"有生于无"，从这个意义上说，王弼是将老子学说中的"道"改造为"无"。在他看来，"无"是世界的本体，是统辖宇宙万物的最高原理，它是绝对静止的。而"有"是各种具体的存在物，千变万化而最终归于"虚静"。这种"贵无论"看法的提出，反映了魏晋玄学在哲学理论方面抽象思维能力的提高。与之相反，郭象、裴頠一派则提出了"崇有论"。裴頠认为，"有"是自生的，郭象提出了"独化"与"自性"之说。他认为，万物不仅是自生的，而且是各"任其性"；其运动变化也不依赖于某一个根据。在他看来，真正的圣人的最高境界，应该是"内圣外王之道"。庄子虽能"知天"，这是"极高明"的，但却难以"道中庸"。为此要消除"无"与"有"的对立，将"无"的境界化为"有"的实践。

先秦的老庄学说崇尚自然，反对儒家的"名教"。"自然即天道，是外在于人的不依人的意志而转移的必然之理；名教即人道，是内在于人的受人的意志支配的应然之理。"① 魏晋玄学在"自然"与"名教"的关系上的争论，反映出他们在天道与人道关系上的不同看法。"竹林七贤"代表人物嵇康等人，提出"越名教而任自然"的主张，表现了明显的"反儒"性质。王弼却强调"名教本于自然"，认为，作为"本"或"体"的"自然"，与作为"末"或"用"的"名教"，两者是本与末、体与用的关系，是可以统一的。只有将"名教"置于"自然"之上，社会纲常才能维系。郭象提出的是"名教即自然"的理论，说"圣人虽在庙堂之上，然其心无异于山林之中"。他从天人关系的角度，对这个命题作了论证，认为是否合乎自然，其评价的尺度在于人的主体性。儒家的仁义道德既然是出于人的本性的需要，也就是合乎自然的。这样，他把庄子纯粹出乎天然的"自然"，改造成是否合乎人性的"自然"，从而把儒家的名教（人道）原则，与道家的自然（天道）原则统一了起来。王弼与郭象的上述说法，都呈现出把"儒"与"道"加以调和的双向倾向。

---

① 余敦康：《魏晋玄学史》，北京大学出版社，2004，第2页。

先秦时期许多思想家早就已经注意到"言意"问题。道家对"言"能达"意"持否定态度。《庄子》有"得意忘言"之说，它并不否定"言"表达"意"的作用，而是强调"言"应以"意"为本，只是得"意"的一种工具，就像"得鱼而忘筌""得兔而忘蹄"那样。《易传》借孔子之口，也有"书不尽言，言不尽意"之说。到了魏晋时代，"言意之辩"尤为突出，而且与本体问题以及人生的意义与价值的探讨，有着密切的关系。这个时期的"言意之辩"，其观点可分为嵇康的"言不尽意"论、王弼的"得意忘言"论和欧阳建的"言可尽意"论；后者肯定了语言对于经验世界的适用性。王弼的"得意忘言"论不仅奠定了玄学本体论的认识论和方法论的基础，而且还启发了当时佛教所倡导的"得意"方法。

在玄学盛行时期，佛教也得到很大发展。他们以玄学来解释印度的佛学，产生了"佛教玄学"。这个问题我们在后面将作专门论述。

在东晋和南北朝，哲学斗争的重点则体现为"神灭论"与"神不灭论"的斗争。当佛教盛行之时，出现了一批反佛的无神论者，范缜是其中的突出代表。他的哲学代表作是《神灭论》，他反对佛教的因果报应说，并提出"形质神用"的命题，认为，在人体中，"形"与"神"是不可分离的，"形存则神存，形谢则神灭"。他以"神灭论"反对佛教神学的"神不灭论"，把形神关系理论推进到当时的最高水平。

四 隋唐五代哲学

公元 589 年建立起来的隋朝很快就灭亡了，代之而起的唐朝于 618 年建立，907 年灭亡。以后经过"五代十国"50 多年的分裂割据，到 960 年有了北宋的建立。这个时期的哲学称为隋唐五代哲学。

这个时期哲学的最大特点是：儒、道、佛三家并行发展。其中，佛教空前发展，道教也有所发展，而中唐以后的韩愈、李翱提出了儒家的"道统"说和"复性"说，指责佛老背离了"仁义"和君、臣、父、子的伦理原则。柳宗元、刘禹锡用"气"一元论来回答宇宙起源和世界统一性问题。刘禹锡还用"天人交相胜，还相用"的学说，对秦汉以来重新提出的"天人相与之际"的问题，作了总结性的回答。他们的哲学观点都带有反对宗教的意义，因而在不同程度上推进了无神论思想的发展。

韩愈认为，圣人所行之道是世代相传、一脉相承的，他称之为"道统"，从尧舜禹汤文武周公一直到孔子、孟子。但是，由于佛教、道教离开了仁义，冲击了"道统"，破坏了君臣、父子、夫妇的伦常，是"国无宁日"的祸根。所以，他要反对佛教、道教，以恢复儒家的"道统"。

李翱的观点与韩愈不同之处在于，他主张"性善情恶"说。他认为，圣人与百姓之性都是善的，区别在于圣人能够保持先天之善性，而百姓却为七情所惑。因此，百姓只要去情"复性"，便可成为圣人。而要做到"复性"，就要排除外物的干扰，使人进入"寂然不动"的状态，达到超凡入圣。

柳宗元的《天对》是对屈原《天问》中一些问题的回答。他认为，世界万物的运动变化是由于混沌"元气"自身的阴阳二气相互作用的结果。除此以外，根本不存在有意志的天帝和什么神秘的动力；天不可能赏善罚恶，"功者自功，祸者自祸"。

刘禹锡的《天论》又对柳宗元的《天对》作了更进一步的补充与发挥。他反对"天人感应"说，认为事物的发展自有其必然性。他的"天人交相胜，还相用"之说，[1] 与荀子的"制天命而用之"思想一脉相承，是古代"天人相分"思维模式的突出体现。在中国古代以"天人合一"思想占优势的背景下，是非常难得的。

五　宋元明清哲学

中国从北宋到清朝中期的哲学总称为宋元明清哲学。这个时期，佛教哲学已经衰败，儒家哲学成为主流。

宋明时期主要哲学流派和哲学家有：北宋邵雍的象数学、周敦颐的濂学、张载的关学、王安石的荆公新学、程颢、程颐的洛学；南宋朱熹的闽学、陈亮为首的永康学派、叶适为首的永嘉学派、陆九渊的心学；明代王守仁的阳明学、王艮为首的泰州学派以及罗钦顺、王廷相、李贽等人。有的哲学史家把上述濂、关、洛、闽诸学以及陆王心学，统称之"道学"或"理学"。其中，程颐和朱熹，都以"理"为最高范畴，称为"程朱理学"；陆九渊、王守仁都以"心"为最高范畴，称为"陆王心学"；张载则是以"气"为本的学说，后来由王夫之加以继承并得到极大的发展。

宋明时期的儒家为了重建儒学思想体系，主动地吸取佛家的形而上学和抽象思辨、道家宇宙论自然主义等思想资源，并加以融合，提出了对天道与

---

[1]　刘禹锡：《天论》上。

人道的重新认识，以之发展儒家思想。这样，在中国哲学的发展史上，出现了极为耐人寻味的现象。许多要求摈弃佛教、道教的儒家士人，恰恰都有一段出入佛、老的经历。因此，他们在理智上与思想立场上排斥佛老；在思想趣味上，尤其是思维方法上，却又推崇甚至迷恋佛老。他们中的大多数人并不真正排斥佛老，而是"援佛入儒""援道入儒"。

宋明理学中的"理"，研究的是"性与天道"的学问，又可称之为"心性之学"。与道家的"玄理"、佛家的"空理"相比较，与其说是研究对象的区别，不如说是思想取向的差异。"心性之学"强调心与性，重点落脚在"内圣"。宋明理学正因为发展了"内圣之学"，才使自己成为一门以德性为对象的、自足自立、具有相对独立价值的学问。

周敦颐是北宋哲学家、理学的奠基者。他在《太极图说》中，吸收了佛老的某些因素，把"太极"作为宇宙的本原，认为人和万物都是由于阴阳二气和五行相互作用而构成的。五行统一于阴阳，阴阳统一于太极，太极又叫"无极"。

张载是宋明时期的哲学家中讲"天人合一"开其端者，主张"气"一元论，强调以"气"为本，用"天人合一"的观点来解释"诚"与"明"的关系。他认为，人的作用与天的作用的统一，就是"诚"；知天与知人的统一，就是"明"。他又说："乾称父，坤称母；予兹藐焉，乃浑然中处。故天地之塞，吾其体；天地之帅，吾其性。民，吾同胞；物，吾与也。"① 这就十分形象地说明了既分又合的"天人合一"的思想。

程颢、程颐也从不同方面论述了"天人合一"。程颢说："上天之载，无声无臭"，"其体则谓之易，其理则谓之道。""只心便是天，尽之便知性，知性便知天；当处便认取，更不可外求。"② 程颐认为，"心"就是"性"，"在天为命，在人为性，论其所主为心，其实只是一个道。""道未始有天人之别，但在天则为天道，在地则为地道，在人则为人道。"③ 以后，朱熹、陆九渊所说均不出二程的范围。

程朱理学中的"理"与陆王心学中的"心"相对应，代表对本体世界的一种观点。为了强调理的绝对性与普遍性，朱熹综合《易传·系辞》的

---

① 张载：《西铭》。
② 《河南程氏遗书》卷二。
③ 《语录》卷二上。

太极论和周敦颐的太极阴阳论，并以"理"解释太极，以"太极"作为理的总名，提出"理在气先"的命题。这个"在先"不是就事物的起源而言的，而是逻辑上的在先。他还借鉴佛教《华严经》以及禅宗关于"理"与"事"、华严宗关于"一"与"多"的解释，认为，各个具体事物之理，分有了太极之理，此谓"理一分殊"，相当于佛家所说的"月印万川"。这就解释了本体与现象、一般与个别、统一性与多样性的关系。

在朱熹看来，人之所以有道德，是因为人生来就分有了太极之理，称为"天地之性"。此外，人性还受到宇宙之气的影响，这是"气质之性"。朱熹认为圣人与小人之别，是由于"气禀"之不同。当然，人能否成为圣贤关键仍在乎自己。他又提出"道心"与"人心"区别之说。所谓"道心"，是源于"天地之性"，其内容是理，首先是仁、义、礼、智等道德准则；所谓"人心"，它生于"气质之性"，内容是声色臭味以及饥思食、寒思衣之类。"上智"不能无"人心"，"下愚"也不能无"道心"。因此，圣人也有饥食、渴饮之心，小人也不失恻隐之心。朱熹不满意二程把天理与人欲截然分开的看法，认为要使自己的道德完善，就要"穷天理，灭人欲"，基本方法是"格物致知"。由于他所讲的"知"属于伦理道德的范畴，所以知的获得，仅仅与外物接触还不够，还要"复礼"与"居敬"。这种道德人格的培养模式，恰恰印证了他的"性即理"的本体论思想。而这种用客观世界之"所以然"，来论证人伦道德之"所当然"的思考方式，不同于一般对自然规律的认识，而属于一种"存在认知"。在"存在认知"中，性与理的合一就是"诚"，而诚者即"真实无妄之谓，天理之本然也"。这样，宇宙万物的必然律，便转变为人伦道德的自然律，"天道"与"人道"也就合而为一。而"诚"与"仁"的最高道德境界，同时也是极乐的境界。在认识论上，他既承认有"心包万理，万理具于一心"的先验性的"已知之理"，又强调必须"格物"才能"致知"，主张"知行常相须"，"论先后，知为先；论轻重，行为重。"

陆王心学与程朱理学的分歧在于：朱熹认为，作为绝对客观存在的"天理"，不仅是客观事物存在之根据，而且是道德之本体，"天理"即是"性"。作为宇宙的最高道德本体的"天理"，与人的道德意志之间，要通过"心"而得以沟通、有所统辖，此谓"心统性情"。这样，他就从"天理"出发，最后归结到"心与理"的合一。

但是，陆王心学对朱熹的上述说法不以为然。在他们看来，既然心具有道德自由意志，并能够表现出道德情感，这充分说明，"心"本身就可以是最高的道德本体。他们认为，朱熹的说法不够彻底，"天道"与"人道"统一的关键，不是什么"心统性情"，而应该是"心体"即"性体"，心即理。在陆九渊看来，心既是宇宙的本体，也是道德的本体。所谓"心即理"，就是说，"心即性"，心是绝对的本体，把握了心也就把握了本体，宇宙论与心性论是合二而一的："宇宙便是吾心，吾心即是宇宙"。① 如果说，朱熹是"理本论"，那么，陆九渊就是"心本论"。他们因对道德修养方法持不同意见，从而发生了1175年由吕祖谦出面召集在信州（今上饶市）举行的"鹅湖之会"上的争论。吕祖谦本意是为了调和两派之矛盾，结果两派在会上各执己见，互相攻讦，不欢而散。

王阳明进一步发挥了陆九渊"心即理"的论断，指出："吾心之良知，即所谓天理也"。在他看来，心（良知）既是道德本体，又具有发动与作用的功能。这样，就包括了陆九渊和朱熹关于"心"的两种看法，并把"体"与"用"统一起来了，从而得出"心外无物""心外无理""心外无事"的结论。他认为，无善无恶心之本，有善有恶意之动，知善知恶是良知，为善去恶是格物。他的这些看法，是着重于从价值论与境界论的意义说的，他并非要否认外部客观世界的真实存在，而只是说，所有这些外部世界的存在，包括"事"也好，"理"也好，都由于心的存在以及心的发挥功能，才有其存在的意义与价值。王阳明"心性论"的重点，不在于对"心外无理"的论证，而在于如何通过心的功能的发挥，去达到这种"心外无理"的境界。至于"心"与"理"是否能够合二而一，不是思辨的问题，而是能否做到"知行合一"："知之真切笃实处即是行，行之明觉精察处即是知"。在知与行两者之中，"行"比"知"更为重要，而他所说的"行"，主要是指道德意识的"觉醒"与自由意志的贯彻。

总之，从先秦儒家到宋明理学，中国儒家思想发展的基本问题，就是对天道与人道关系的探讨，特别重视对"内在自我"的叩问。魏晋玄学重视个体价值的身心之学，为宋明理学提供了重要的思想资源。魏晋玄学与宋明理学之间，在身心之学方面存在着一种一脉相承、前后发展的"内在理路"。它们在一定程度上揭示出人类存在状态的真实，充分反映出中国儒家思想对人类内在自我认识的深度和广度，体现了中国儒家思想将文化理想建

---

① 《象山先生全集》卷二十二。

立于人类自我反思基础上的人文信念。

明朝中叶后，王学从极盛而发生蜕变，分为浙东学派、泰州学派、江右学派。其中，浙东学派和泰州学派在不同程度上接近于禅宗，江右学派虽然在方法上，有重新向程朱理学靠拢的趋势，但其将良知归于虚寂，也导向于佛、老。真正把王阳明学说与程朱理学重新结合起来，并有一定新意的是刘宗周。明末清初以来，出现了一批抨击儒家礼教、并在一定程度上反映资本主义思想的哲学家，如李贽、黄宗羲、顾炎武、王夫之、颜元、戴震等。

王夫之是第一次比较明确提出了类似"主客二分"的主张的哲学家，他批判改造了佛学中的"能"（认识能力）与"所"（认识对象）的关系，指出"所不在内"，"能不在外"，"因所以发能"，"能必副其所"，强调了认识必须与客观对象相符合。他还对天道与人道的相互关系，提出了不少新的认识。他对"气"的范畴作了更深入的探讨，认为气是一种永恒的无限的实体，气没有增减、生灭，只有聚散、往来。而"理"是不能离开气的，"理依于气"。同样，"道"也不能离开"器"，"道器相须"，"无其器则无其道"。据此，他提出了"理势相成"的历史规律论和"即民见天"的历史动力论。

明末清初直至清中期出现的哲学家中，有不少人对宋明理学，特别是对"存天理，灭人欲"的伦理思想，进行了不断的批判，这实际上是封建社会孕育的早期资本主义萌芽在哲学上的表现。这个阶段以"经世致用"为特征的哲学思想的出现，预示着古代哲学的终结和新时期哲学的到来。这就为后来的启蒙思潮奠定了初步的哲学基础，并对近代哲学产生深远的影响。

六　中国近代哲学

19世纪末以后，由于社会经济政治的变动，以及西方学术思想的传入，著名启蒙思想家严复有感于中国传统思想无助于挽救民族危机，并使国家富强起来，提出要与旧学决裂、向西方学习的主张。他所思考的主要问题，是知识与价值的关系问题。这是中国近现代哲学不同于古代传统哲学的一个重要特点。

前面提到，明末清初的王夫之是第一个比较明确提出了类似"主客二分"主张的哲学家。在他以后，中国近代哲学时期的哲学家还有龚自珍、魏源、康有为、梁启超、谭嗣同、章炳麟、孙中山等，他们对万物一体、天人合一的思想也进行了程度不同的批判。例如，谭嗣同主张区分我与非我，强调"心之力"；梁启超大力介绍并赞赏笛卡尔和康德的主客关系和主体性哲学；孙中山的精神物质二元论，更是明确地宣扬西方主客二分的思想。而"五四"运动所提出的"民主"与"科学"的两大口号，正是这种思潮发展的合乎逻辑的结果。

在中国近代时期，紧跟着旧民主主义革命的失败，新文化运动兴起了。这场运动的创始人是蔡元培，其左翼有陈独秀、李大钊，右翼有胡适、梁漱溟。在20世纪的20~40年代，还发生了"科学与玄学"、中国当时的社会性质、全盘西化与中国本位的三大论战。

在前面的阐述中，我们实际上已经从不同的角度议论到中国古代哲学的特点。这里再概括地说一下。

中国古代哲学的最突出的特点是以"天人合一"作为基本的理论框架。与西方哲学史相比较，中国哲学处于这个阶段的时间特别久，从先秦到鸦片战争以前，都是这样。这点，我们在后面还要专题论述。

中国古代哲学的另一个突出的特点是在汉朝以后，就出现了儒、道、佛三家并存的局面。它们相互矛盾、相互斗争，又相互融合、相互吸收。在唐朝还出现了三家合流的独特景象，这在世界文化史上，是很罕见的。许多学者指出，与西方人相比较，中国人的宗教意识比较淡泊，究其原因在于，中国人的哲学意识太浓厚了。中国文化早在殷周之际，就完成了从宗教向世俗的转变。孔子继承、总结和发扬了中国古代文化传统，以"仁"为纲，较完美地回答了本该宗教来回答的关于神、人的地位的问题，而欧洲自马丁·路德新教改革以后，从天国向人间的转变才开始。中国文化的早熟性给以后的发展带来了一系列优点与不足。

有关中国道教和外来佛教及其中国化的详细情况，我们将在后面论述"哲学与宗教"时再展开叙述。附带再说一下，中国的儒家学说，本身就有着教化的功能。所以，有的学者把儒家学说称之为"儒教"。当然，也有的学者不赞成这个说法。笔者认为，儒家与严格意义上的宗教，还是不宜混为一谈。中国的士大夫中，有人可以醉心于道家学说，或佛家学说，但并不一定去履行道教或佛教的那一套教规，但他们并不是道教徒或佛教徒。

中国古代哲学的发展中不仅出现了儒、道、佛三家并存的局面，而且儒学与道学长期并存、相互补充的实际，势必对古代士大夫、文人的心理结构的形成、人格的铸造与行为的选择产生不同的影响。在中国古代传统文化土壤上生长的士大夫、文人们，他们一方面以儒家的积极入世精神，步入仕途，以建功立业，实现自我之价值；另一方面，又以道家超越功名利禄之淡泊胸怀，心游于无穷，以回归于物我统一的精神家园。两者互相补充，在不同的时机、不同的处境，各有各的作用。闻一多在论及诗人孟浩然时说：

> 我们似乎为奖励人性中的矛盾，以保证生活的丰富，几千年来一直让儒道两派思想维持着均势，于是读书人便永远在心灵的僵局中折磨自己，巢由与伊皋，江湖与魏阙，永远矛盾着，冲突着。①

闻一多的话讲出了中国古代一般读书人的人生公式和必由之路：由学而仕，由仕而隐。仕与隐的矛盾，从某种特定的意义上说，反映着儒与道的矛盾。儒、道两家虽然都既讲实，又讲虚；但儒家的重点在实，道家的重点在虚。因此，"可以说，儒道两家是人性之虚实两面在文化的反映。"② 我们也许由此可以更深刻地理解，道家在中国古代文化史上，有着不可替代的历史地位；同时，也可以看出，当今我们不仅要研究儒家哲学思想，而且还要研究道家哲学思想。

中国古代哲学还有一个突出的特点是，在哲学诸领域中，伦理道德学说占着十分重要的地位。在儒家学说，更是占据着中心的位置。蔡元培先生说：在儒家看来，一切精神世界方面的学问都属于伦理学的范围。

> 为政以德，曰孝治天下，是政治学圈于伦理学也；曰国民修其孝悌忠信，可使制梃以挞坚甲利兵，是军学范围于伦理也……我国伦理学之范围，其广如此，则宜为我国唯一发达之学术矣。③

中国古代哲学还有一个突出的特点是，在哲学诸领域中，认识论相对薄弱。先秦时期的墨家、名学都比较注重逻辑，但很快就不再成为显学。这与中国人重直觉、思维的不确定性的特点有关，思维方式上的这个特色，对于中国古代科学的发展产生着不利的影响。

---

① 闻一多：《唐诗杂论·诗与批评》，三联书店，1999，第36～37页。
② 张世英：《道家与审美》，《北京大学学报》2005年第5期。
③ 蔡元培：《中国伦理学史》，东方出版社，1996，第2页。

第三节　中国哲学发展中的基本问题

中国哲学发展的基本问题是一个最能体现中国哲学的特点，并有别于西方哲学的重要问题。由于马克思主义的创始人对于哲学的基本问题，早有明确论断，因此，长期以来这个问题是一个极为敏感且有争议的问题。

一　中国古代哲学发展中的基本问题是什么？

中国哲学发展的过程中，贯穿于其中的基本问题是什么？学术界并没有统一的看法，更没有明确的结论。人们见仁见智，各有己见。把天人关系、天道与人道的关系，作为中国哲学的基本问题，也许是最有代表性的看法。中国哲学所讲的"道"，研究的是天人关系、人我关系和身心关系，人道固然要服从与遵循天道，而天道却要通过人道去体现。中国哲学所讲的"形而上"世界与"形而下"世界的统一，除了对"天人合一"的强调之外，还体现于"内圣""外王"之道，并以"内圣"为本。

20 世纪 80 年代初，冯友兰先生在《中国哲学史新编》的"自序"中说：

> 哲学是对于人类精神生活的反思，人类精神生活所涉及的范围很广，这个反思所涉及的范围也不能不随之而广。这个范围，大概说起来，可以分为三部分：一部分是自然，一部分是社会，一部分是个人。自然就是中国传统哲学中所说的"天"；社会和个人就是中国传统哲学中所说的"人"；人和自然之间的关系就是中国传统哲学中所说的"天人之际"。人类的生活，无论是精神的或物质的，都是和"天人之际"有关系的，所以中国哲学认为"天人之际"是哲学的主要对象。[①]

天人之际，即天人关系。冯先生在这里没有出现"哲学基本问题"的提法，只是说"哲学的主要对象"，但他的意思却是很明白的。

张岱年先生虽然没有明确表示中国哲学的基本问题，就是天人关系问题。但他对天人关系问题，多有论述，值得人们特别重视。他在早期力作《中国哲学大纲》（1937）中，梳理、阐明了中国哲学问题的发展历史。在

---

① 　冯友兰：《三松堂自序》，人民出版社，1998，第 235 页。

"天人关系论"中，他首先分析了天人关系的多种含义："中国哲学中，关于天人关系的一个有特色的学说，是天人合一论。"所谓"天人合一"，又有天人"本来"合一，与天人"应归"合一的区分。在"本来合一"说中，又有"天人相通"与"天人相类"之分。

> 所谓天人相通，如解析之，其意义可分为两层：第一层意义，是认为天与人不是相对待之二物，而仍一息息相通之整体，其间实无判隔；第二层意义，是认为天是人伦道德之本原，人伦道德原出于天。①

天人相类也有两种意义：一是指"形体"相类，如董仲舒的"天人感应"说，实为穿凿附会之说；二是指"性质"相类，它实际上与上述天人相通的第二层意义一样，也是把人伦道德说为天道。在《中国哲学史方法论发凡》（1983）一书中，张岱年先生写道"先秦时代哲学的最高问题是天道问题。"② 在《中国文化的基本精神》（1993）中，张先生强调，中国文化、中国哲学的基本精神，主要包括四项基本观念：天人合一，以人为本，刚健有为，以和为贵。其中"天人合一"被列为第一。③ 可见他对"天人合一"思想的高度重视。

近年以来，不少学者明确表示中国哲学的基本问题，就是天人关系问题。例如，余敦康先生在《魏晋玄学史》中，在专门论述魏晋玄学之前，讲到中国哲学史的总体状况时，曾经明确指出，"一部中国哲学史就是围绕着天人关系这个基本问题而展开"，"儒道两家虽然在运思方向和理论表述上各有所偏，也都无例外地是以这种天人和谐作为自己追求的理论目标的"。④ 又如，胡伟希先生在《中国哲学概论》中以"道"为中心，对中国哲学的特质作了分析，指出"天道"与"人道"的关系，是中国哲学发展的基本问题。中国哲学所讲的"形而上"世界与"形而下"世界的统一，除了对"天人合一"的强调之外，还体现于"内圣外王"之道。而在"内圣"与"外王"之间，又以"内圣"为本。它除了关注人的生命价值及其实践方式之外，还特别强调个人生命与外部世界，尤其是与社会存在的关

① 张岱年：《中国哲学大纲》，江苏教育出版社，2005，第183页。
② 张岱年：《中国哲学史方法论发凡》，载《张岱年文集》，清华大学出版社，1994，第377页。
③ 张岱年：《中国文化的基本精神》，载《中国精神——百年回声》，海天出版社，1998，第427页。
④ 余敦康：《魏晋玄学史》，北京大学出版社，2004，第3、7页。

系。这种"天人合一"的思维方式不同于古希腊哲学的所在，就是它不强调本体与现象的二分，而是提倡本体与现象的统一。①

更能引起人们关注的是张世英先生。他在近二十多年来，完成了学术研究的转向。从专门研究西方哲学、黑格尔哲学，转而研究中西哲学的结合，特别是中国古代哲学与西方现当代人文主义哲学思潮的相互会通，从而提出了系统的、详尽的"天人合一"（"万物一体"）的新哲学观。张世英先生认为，哲学是关于人对于世界的态度或人生境界之学。

> 哲学的基本问题应是人对世界的关系问题，人对世界的态度问题，是人生在世的"在世结构"问题。②

所谓"在世结构"的问题，也就是人与世界的关系，即天人关系问题。它可粗略地分为两个层次、三个发展阶段。第一个层次，是把人与天地万物看成是息息相通、融为一体的内在关系，而不是征服与被征服的关系。用中国传统哲学的术语，这就叫"天人合一"或"万物一体"。第二个层次，是把天、万物与人，看成是处于彼此外在的关系之中，并且以我为主体，以他人、他物为客体；而认识则是由此及彼的"桥梁"。用西方哲学现成的术语，就是"主客二分"的关系。这两个层次，在哲学的发展史上，表现为三个阶段：第一个阶段，是以"天人合一"为主导的阶段。这时整个人类思想的发展，尚处于主客不分为主导的状态，缺乏主客二分和与之相联系的认识论，故称之为"前主客关系的天人合一"或"前主体性的天人合一"。第二个阶段，是以"主客二分"关系为主导的阶段。在这个阶段，人类作为主体，要占有或消灭自身以外与自己对立的、作为客体的现成外物，认识论问题成为哲学的中心或重点。第三个阶段，是经过了"主客二分"式思想的洗礼，包含"主客二分"在内而又"扬弃"了"主客二分"式的高级的"天人合一"，可称之为"后主客关系的天人合一"或"后主体性的天人合一"。它不是第一阶段的简单重复，而是否定之否定，是在高级的水平上，向"万物一体"或"天人合一"的复归。③张世英先生关于"在世结

---

① 胡伟希：《中国哲学概论》，北京大学出版社，2005，第6~7页。
② 张世英：《新哲学讲演录》，广西师范大学出版社，2004，第37页。
③ 张世英：《新哲学讲演录》，广西师范大学出版社，2004，第37~38页。

构”两个层次、三个阶段的理论为前人所未言。

在研究中国哲学史时，如果我们执意要以唯物、唯心为划分标准来判定哲学家的派别，是不可能产生什么积极的成果的。例如，老子是属于哪一派：唯物，还是唯心？曾经是众说纷纭，莫衷一是。即使是同一位学者，也有可能在不同的时期，得出不同的结论。任继愈先生在这个问题上的认识历程，是具有典型意义的。

任先生认为，老子哲学思想中的最高范畴——“道”是精神性的，还是物质性的？“老子本身没有深说”。20世纪50年代，任先生主编四卷本《中国哲学史》的第1卷（1963）认为，“中国哲学史上，老子第一次建立了‘道’这一最高范畴，建立了元气论的朴素唯物主义。”[1] 但10年后出版的《中国哲学史简编》却改变了看法，认为老子是唯心主义者。再过了10年，任先生主编的《中国哲学发展史》（七卷本）的第1卷（1983）中，专门有一节是讲：“老子的哲学是唯物主义，还是唯心主义？”其中，客观地、比较详细地介绍了认为老子哲学是唯心主义（称为“甲派”，有吕振羽、杨荣国等），和认为老子哲学是唯物主义（称为“乙派”，有范文澜、杨兴顺等）这两派的具体论点，然后写道：“本书作者的四卷本哲学史属乙派，1973年作者的《中国哲学史简编》发现主张老子是唯物主义有困难，改变了观点，又主张甲派。”[2]

在1983年出版的这部学术著作中，任先生没有再就老子哲学的“唯物、唯心”做出判定了。为什么这样呢？在《老子绎读》（2006）一书的附录《我对〈老子〉认识的转变》中，任先生对此做出了回答。

　　　　主张前说时，没有充分的证据把老子属于唯心主义者的观点驳倒；主张后说时（《简编》的观点），也没有充分的证据把主张老子属于唯物主义者的观点驳倒。好像攻一个坚城，从正面攻，背面攻，都没有攻下来。这就迫使我停下来考虑这个方法对不对。正面和背面两方面都试验过，都没有做出令人信服的结论来，如果说方法不对，问题出在哪里？我重新检查了关于老子辩论的文章，实际上是检查自己，如果双方

---

[1]　任继愈主编《中国哲学史》第1卷，人民出版社，1963，第49页。

[2]　任继愈主编《中国哲学发展史·先秦》，人民出版社，1983，第258页。

的论点都错了，首先是我自己的方法错了。①

任先生在评论甲、乙两派的错误时说："甲、乙两派都有一定的根据，但根据不充分。双方都把老子的思想说过了头，超出了老子时代（春秋）的人们的认识水平。""甲派方法有错误，错在把老子的唯心主义体系与近代唯心主义哲学相类比，把老子的'道'比做黑格尔的绝对精神。……按照人类思维发展规律，老子的时代，不能达到像黑格尔的那样高度抽象的程度。""乙派同样把老子的'道'解释为'物质一般'。'物质一般'的概念是近代科学以前不可能有的，甲乙两派犯了把古人现代化的错误。"②

老子作为中国古代的哲学家，他的哲学思想处于原始的"天人合一"阶段，那个阶段哲学思想的发展，并没有达到主观与客观、思维与存在的明显分化。如果硬要为老子哲学是"唯物或唯心"定性，这无异于要在原始的"天人合一"思想框架内，徒劳地去寻找奉行"主客二分"原则时才能具备的思想表现，这是没有意义的。上述甲、乙两派之所以"犯了把古人现代化的错误"，在认识论和方法论方面的深刻原因：因为他们把中国古代哲学家老子，混同于西方近代哲学家，所以，才出现了硬要给老子戴上了不该戴的"唯心或唯物"的帽子。任先生对老子哲学性质的上述认识过程，带有时代的特征，具有方法论方面的指导意义，应该作为有益的经验与教训来记取。

二 天人关系问题在中国古代不同历史时期的演变

作为中国哲学基本问题的天人关系，或者说"天道"与"人道"的关系，其意义非常丰富。"天道"蕴含着"道"的客体方面，如世界的本原、宇宙的化生、日月星辰的运行轨道等，是世界的存在及存在的形式，即通常所谓的自然观、宇宙观。"人道"蕴含着"道"的主体方面，如人的价值、伦理道德、社会制度等，是人的存在及对客体的体认，即通常所谓的人生观、伦理观、历史观。对于"天道"与"人道"的关系，中国哲学史上有各种不同的回答。如"天人合一""天人相通""天人相类""天人相分"等；仅就"天人合一"而言，在历史上不同的思想家，用来表示的含义也

---

① 任继愈：《老子绎读》，北京图书馆出版社，2006，第253～254页。
② 任继愈主编《中国哲学发展史·先秦》，人民出版社，1983，第259页。

会有所不同。

对于天人关系概念的历史发展与演变，张岱年先生在《中国哲学大纲》中明确指出：

> 天人相通的观念，发端于孟子，大成于宋代道学（即理学）。……孟子之天人相通的观念，至宋代道学，乃有更进的发挥，成为道学之一根本观念。道学家多讲天人合一，而张子开其端。……至清初，王船山论天人相通，最为明晰。[①]

在《中国哲学史方法论发凡》一书中，他写道：

> 先秦时代哲学的最高问题是天道问题。……天人问题一直延续到唐代。……魏晋时代，"有无"问题突出起来。……到了宋明时代，哲学家着重讨论了"心物"问题和"理气"问题。[②]

在《中国文化的基本精神》中，他又说：

> 天人合一思想在春秋时即已有之。……孟子认为人性是天赋的，所以知性便能知天。……宋代张载明确提出"天人合一"的四字成语，在所著《西铭》中以形象语言宣示天人合一的原则。[③]

张世英先生也认为，中国哲学史上的"天人合一"的思想，在西周的天命论中就有了萌芽，而"天人相通"的哲学观念则起于孟子。孟子的以道德原则为根本的"天人合一"说，至宋明道学而发展到高峰。明清之际以后的近代哲学家中，王船山第一次比较明确提出了类似"主客二分"的主张。以后，万物一体、天人合一的思想愈来愈受到批判。孙中山的精神物质二元论，更是明确地宣扬西方"主客二分"的思想。[④]

---

① 张岱年：《中国哲学大纲》，江苏教育出版社，2005，第177～180页。
② 张岱年：《中国哲学史方法论发凡》，载《张岱年文集》，清华大学出版社，1994，第377页。
③ 张岱年：《中国文化的基本精神》，载《中国精神——百年回声》，海天出版社，1998，第427～428页。
④ 张世英：《新哲学讲演录》，广西师范大学出版社，2004，第31～35页。

　　前面我们在从整体上概述中国古代哲学思想发展时，事实上已经包含了中国古代"天人合一"思想的演化过程，以及类似"主客二分"思想的若干具体体现。这里，结合张岱年、张世英两位先生的上述看法，进而梳理中国哲学发展中的基本问题，这样，我们对天人关系问题在中国古代各个不同历史时期的演变，就会有更为清晰的了解。

　　殷周之际的天人关系，从总体上看，具有原始的、模糊的相通性。当时的"天"，作为人格神，具有对于人的保佑或惩罚的功能；而作为人，要效法天。但郑国的子产有不同的看法。他既将"天经""地义"与"民行"统一起来，也重视天人之别。他批评当时占星术把天象等同于人间祸福的迷信观念，说："天道远，人道迩，非所及也，何以知之？"① 明确地提出了"天道"与"人道"的问题。春秋战国时期是中国哲学的奠基期，出现了众多的哲学流派，形成了"百家争鸣"的繁荣局面。其中儒、道两家对"天"的看法就很不一样：儒家所讲的"天"主要是道德之天，是道德的本原；道家的"天"是自然之天，人与自然是统一的。

　　孔子创立儒家学说的根本目的，是追求理想的社会秩序和美好的人生境界。他很少谈天道，却也继承了传统的"天命"观念；把对天的信仰、敬畏，转化为内在的道德性，赋予生命以道德本体的意义，把"仁"作为哲学思想的最高范畴。他要求人们在人事活动中，特别是道德活动中去体认"天命"，从而把天道与人道、个体的人格修养与社会的价值关怀以及"内圣"与"外王"统一起来。孟子继承并发展了孔子的学说，将"仁"与"义"并举，以之作为对个人行为与社会行为进行道德评价的标准。他主张"性善"，认为道德出自普遍的人性，这就是以"四端"为具体内容的"良知良能"。孟子特别强调性与天道的联系，把道德修养与"知天""事天"挂起钩来："尽其心者，知其性也；知其性，则知天矣。存其心，养其性，所以事天也。"② 在他看来，道德行为之所以能给人带来幸福，并不在于它本身，而是因为能够通过它体会到与"天"的同一："万物皆备于我矣，反身而诚，乐莫大焉。"③ 天道之"诚"的本体，通过人道"思诚"的道德行为得以统一。天道与人道的本质都是"诚"。这种天道与人道的关系，代表

---

　　① 《左传》昭公十八年。
　　② 《孟子·尽心上》。
　　③ 《孟子·尽心上》。

着孟子以及中国哲学特有的一种"天人合一"的运思方式，它标志着人的道德修养的最高境界，对后来宋明理学影响极大。荀子坚持了天的自然性，使之与人的能动性相结合，并以此批评庄子不知人的能动作用的缺陷，提出了人完全可以"制天命而用之"的重要观点。他又否定孟子尽心、知性、知天的说法，认为"天行有常，不为尧存，不为桀亡"，① 提出了"明于天人之分"的"天人相分"的主张。在"天人相分"的前提下，他又以天为人之自然本性，将对天道的认识，转化为人道，也就是"礼"，并且在礼中灌注了"知"的要求。他还主张"性恶"，认为道德意识不从人性中发生，这就与孟子的"性善"形成明显的对立。

老子作为道家的创始人，从完全不同的视角，来说明天道与人道的统一。他认为，"道"是最高的实体，它不是从属于"天"的。不能认为道是"天之道"；相反，"道"比天更为根本，是"先天地生"的，天出于"道"。"人法地，地法天，天法道，道法自然。"② "天"就是"自然而然"，既没有意志，也没有任何道德意义。"道"是"无"与"有"的对立统一，天道与人道的最高原理是"无为"，无为而无不为。作为人生哲学，"无"实际上是一种"致虚极，守静笃"的心境。这种"无"与"有"的对立统一，也是人生境界的写照：人生追求理想的无限性与具体实现的有限性。与西方传统哲学以追问宇宙最高存在的"本体论"问题为主不同，中国古代哲学总是把对宇宙终极实在（天道）的追问，同对人生终极意义（人道）问题的追问，联系在一起并且以后者为主。庄子所追求的最高人生境界是超越主客对立、实现心灵自由的"逍遥"之境。这是一种"道通为一"的多样性统一的境界："天地与我并生，而万物与我为一"。③ 他提倡"心斋""坐忘"：既要忘掉身外之物，又要忘掉自我，做一个"游于方内"，一切顺乎自然的人。

秦汉时期社会矛盾复杂，哲学思潮多元，且具有过渡的性质。秦朝的统治者独尊法家，汉初却崇尚黄老的无为思想。汉武帝采纳董仲舒"罢黜百家，独尊儒术"的建议。董仲舒以"天人感应"为核心的神学哲学，使儒学神学化，并取代"天人相分"论。与之相对立，扬雄、桓谭、王充等人

---

① 荀子：《天论》。
② 《老子》二十五章。
③ 《庄子·齐物论》。

则把"天"还原为自然之天，特别是东汉的王充，以"天道自然"来反对"天人感应"的目的论和谶纬迷信之说。随着汉朝统一帝国的崩溃，"天人感应"的神学思潮开始走向衰亡。

魏晋时代，"玄学"盛行，以何晏、王弼、阮籍、嵇康、向秀、郭象为主要代表。魏晋玄学则主要讨论宇宙本体问题，"有无之辩"是其中心问题。何晏与王弼认为，整个世界"以无为本""以有为末"。与之相反，裴颁、郭象提出了"崇有论"。此外，"自然"与"名教"之争也是魏晋时代"玄学"讨论的中心问题。这实质上仍然是天人关系问题。因为"自然即天道，是外在于人的不依人的意志而转移的必然之理；名教即人道，是内在于人的受人的意志支配的应然之理。"① 先秦的老庄学说崇尚自然，反对儒家的名教。魏晋玄学在"自然"与"名教"的关系上的争论，反映出他们在天道与人道关系上的不同看法。嵇康等人，提出"越名教而任自然"的主张，表现了明显的"反儒"性质。王弼却强调"名教本于自然"，认为，作为"本"或"体"的"自然"，与作为"末"或"用"的"名教"，两者是本与末、体与用的关系，是可以统一的。只有将"名教"置于"自然"之上，社会纲常才能维系。郭象提出的是"名教即自然"的理论。他从天人关系的角度，对这个命题作了论证，认为是否合乎自然，其评价的尺度在于人的主体性。儒家的仁义道德既然是出于人的本性的需要，也就是合乎自然的。这样，他把庄子纯粹出乎天然的"自然"，改造成是否合乎人性的"自然"，从而把儒家的"名教"（人道）原则，与道家的"自然"（天道）原则统一了起来。

中唐以后，韩愈、李翱提出了儒家的"道统"说和"复性"说，指责佛老背离了"仁义"和君、臣、父、子的伦理原则。柳宗元、刘禹锡用"气"一元论来回答宇宙起源和世界统一性问题。刘禹锡说："天之能，人固不能也；人之能，天亦有所不能也。故余曰：天与人交相胜耳！"② 他还认为，由于天人之间各有所用，所以，天人不仅"交相胜"，而且"还相用"。

综上所述，在天人关系问题上，殷周时期基本上是原始的"天人合一"论，子产和后来的荀子，以"天人相分"论，否定"天人合一"论，这是

---

① 余敦康：《魏晋玄学史》，北京大学出版社，2004，第2页。
② 刘禹锡：《天论》（上）。

一次否定；其间有孟子比较理论化的、尽心知天的"天人合一"论。在西汉的董仲舒的神学化的"天人感应"论，取代"天人相分"论之后，唐代的柳宗元、刘禹锡又与之相对立，以"天人交相胜、还相用"论，否定了董仲舒的"天人感应"论。但这不是简单的否定，而是否定之否定，它是对先秦以来重新提出的"天人相与之际"问题所作了总结性的回答。"天人相合"与"天人相分"的争论，至此告一段落。也许这就是张岱年先生关于"天人问题一直延续到唐代"这个提法的由来。宋明时期，天人关系继续存在，只不过在更高的层面上，以不同的理论形式表现出来罢了。

宋元明清时期，佛教哲学已经衰败，儒家哲学成为主流。宋明时期的儒家为了重建儒学思想体系，继承并发展了孟子"天人合一"的思想，并主动地吸取佛老的思想资源，并加以融合，提出了对天道与人道的重新认识，以之发展儒家思想。这时，"天"的含义有了突破性的进展，"天"与道、理、心的联系更紧密了。如果说，唐代以前的哲学家在天人关系上，是"天人合一"与"天人相分"的争论的话；那么，宋明的理学家们则是在"天人本无二"的基础上，着重从"理""气""心""性"相互联系的视角，来论证天与人是怎样成为"一"的。由于他们强调心与性，重点落脚在"内圣"，所以，宋明理学实际上是一门以德性为对象的、具有相对独立价值的"心性之学"。

宋明时期的哲学家讲"天人合一"是以张载开其端，"天人合一"这个提法是他明确使用的。他以"天人合一"来解释"诚"与"明"的关系。他认为，人的作用与天的作用的统一，就是"诚"；知天与知人的统一，就是"明"。

程颢、程颐从不同方面论述了"天人合一"。程朱理学中的"理"与陆王心学中的"心"相对应，代表对本体世界的一种观点。为了强调理的绝对性与普遍性，朱熹以"太极"作为理的总名，提出"有是理则有是气""理在气先"的命题。在他看来，"天理"，不仅是客观事物存在之根据，而且是道德之本体。而作为宇宙的最高道德本体的"天理"，与人的道德意志之间，要通过"心"而得以沟通、有所统辖，此谓"心统性情"。这样，他就从"天理"出发，把"天道"与"人道"的统一，最后归结到"心"与"理"的合一。

陆九渊对朱熹的上述说法不以为然。在他看来，心既是宇宙的本体，也是道德的本体。"天道"与"人道"统一的关键，不是什么"心统性情"，而应该是"心体"即"性体"，心即理或心即性。心是绝对的本体，把握了心也就把握了本体，"宇宙论"与"心性论"是合二而一的："宇宙便是吾心，吾心即是宇宙"。① 王阳明进一步发挥了陆九渊"心即理"的论断，明确指出："吾心之良知，即所谓天理也"。心（良知）既是道德本体，又具有发动与作用的功能，从而得出"心外无物""心外无理""心外无事"的结论。宋明理学在融会佛、道的思想成果的基础上，使传统的天人关系的思维模式得到了丰富和发展，并且较为完整地论证了人性的各个层面。"它把佛教、道家的超越情性转化为人的道德情性，使道德情性也获得了与佛教、道家相似的超越性。"②

明末清初，出现了王夫之等重要哲学家，对天道与人道的相互关系，提出了不少新的见解。王夫之批判地总结了宋明理学，在更高的水平上把天道与人道统一起来，认为天与人既分又合，合中有分，分中有合。他说："理，天也；意欲，人也。理不行于意欲之中，意欲有时而踰乎理，天人异用也。"③ 既然"异用"，便是合中有分；但"一天人，惟知昼夜，通阴阳，体之不二"。④ 既然"不二"，便是分中有合。用他的话来说："惟其本一，故能合；惟其异，故必相须以成而有合。"⑤ 正因为这样，张岱年先生说："王船山论天人相通，最为明晰"；张世英先生认为，"王船山第一次比较明确提出了类似'主客二分'的主张"。实际上，王夫之的哲学思想中既有"天人合一"，又有"主客二分"；既主张"合中有分"，又主张"分中有合"，呈现出两重性的状态。

总之，从春秋战国到宋元明清，中国哲学思想发展的基本问题，就是对天道与人道关系的探讨，特别重视对"内在自我"的叩问，而"各种不同的对'内在自我'的认识都在一定程度上揭示出人类存在状态的真实，它充分反映出中国思想对人类内在自我认识的深度和广度，体现了中国思想将文化理想建诸于人类自我反思基础上的人文信念"。⑥ 即使在儒、道、佛三家发生复杂的互相对立、又互相渗透的状态下，也是如此。

---

① 《象山先生全集》卷二十二。

② 方光华：《中国古代本体思想史稿》，中国社会科学出版社，2005，第 447 页。

③ 《张子正蒙注》卷三。

④ 《张子正蒙注》卷九。

⑤ 《张子正蒙注》卷九。

⑥ 胡伟希：《中国哲学概论》，北京大学出版社，2005，第 448 页。

以上我们论述了中国古代哲学发展的基本问题是天人关系问题，或者说，是天道与人道的关系问题。对于这个问题，有"天人合一"与"天人相分"两种答案，其中"天人合一"思想是中国哲学发展中最基本的、占主导地位的观点。

其实，"天人合一"思想不仅是中国哲学发展中最基本的、占主导地位的观点，而且还是东方基本思维模式的哲学表达。这个看法季羡林先生做了深刻的阐发。

三　"天人合一"思想是东方基本思维模式的哲学表达

北京大学教授季羡林先生有两篇文章专门论述了"天人合一"的问题。一篇是《"天人合一"新解》（写于 1992 年 11 月 22 日），另一篇是《关于"天人合一"的再思考》（写于 1993 年 9 月 19 日）。在这两篇论文中，他对"天人合一"这个哲学命题提出了令人大开眼界的新见解。

季先生认为，"天"就是大自然，"人"就是我们人类。[①] 据此，他赞成《中华思想大辞典》所说："主张'天人合一'，强调天与人的和谐一致是中国古代哲学的主要基调。"根据他对"天人合一"含义的上述理解，进而对这个思想在整个中华民族，在东方各个民族的思想史中所占的地位与作用，做出如下几个方面的阐述：

（一）"天人合一"，是中华民族的共同思想

季先生说，中国文化是 56 个民族共同创造的，但他过去讲"天人合一"时，因为没有具体的资料，所举的例子都是汉族的，没有涉及少数民族。不久前，李国文先生把所著《东巴文化与纳西哲学》送给季先生，季先生阅后最感兴趣的是其中的"动物崇拜型的世界血肉整体联系说"。季先生引用东巴经《虎的来历》中的一段话："……大地上很好的老虎，虎头是天给的。虎皮是大地给的。虎骨是石头给的。虎肉是土给的。虎眼是星宿给的。虎肚是月亮给的。虎肺是太阳给的。虎心是铁给的。虎血是水给的。虎气是风给的。虎的声音是青龙给的。虎爪是大雕给的。虎胆是胜利神和白牦牛给的。虎耳是豺狗给的。"[②] 无需任何解释，天地万物为一体的思想跃然

---

① 季羡林：《"天人合一"新解》，载季羡林研究所编《季羡林说国学》，中国书店，2007，第35～48 页。

② 李国文：《东巴文化与纳西哲学》，云南人民出版社，1991，第 115～116 页。

纸上。

不仅中国各个少数民族的文化属于中国文化，而且后来融入到中国文化的外来文化，也都属于中国文化的范围。"儒家、道家是传统文化，佛家也是啊，把佛家排除在外，是不对的。"① 为了说明佛家的"天人合一"思想，季先生举出一例。1993 年季先生应韩国东国大学佛教学院院长吴亨根之邀，在北大给该学院的"佛教访华代表团"做了一次报告，讲的就是"天人合一"思想。吴亨根教授后来给季先生写了信。信中讲"天人合一"思想和大乘起信论中的"色心一如"思想是相通的；还说，中国僧肇大师所说的"天地与我同根，万物与我一体"，是东方思想的极至。②

（二）"天人合一"思想是东方文明的主导思想

在这两篇文章中，季先生以印度、日本、朝鲜等国为例，说明"天人合一"思想在东方国家是普遍存在的。

季先生指出，印度古代思想派系繁多，但其中影响比较大、根底比较雄厚的是"人与自然合一"的思想，只是所用的名词不同。中国把大自然称为"天"，而印度则称之为"梵"（brahman）；中国的"人"，印度称之为"我"（Atman，阿特曼）。中国讲"天人"，印度讲"梵我"，意思基本一样。印度古代有句名言：tat tvam asi，表面上的意思是"你就是那个"，而真正的含义是"你就是宇宙"（"你与宇宙合一"）。宇宙，梵，是大我；阿特曼，我，是小我。《奥义书》中论述梵我关系时，经常使用一个词Brahmatmaikyam，意思是"梵我一如"。作为现象界的"我"（小我），和那真正实在的最高本体的"梵"（大我），两者在本质上就是同一个东西。据此，季先生认为，"这一套理论无非是说梵我合一，也就是天人合一，中印两国的思想基本上是一致的。"③

日本是深受中国宋明理学影响的国家，他们对于"天人合一"思想并不陌生。季先生以不久前他收到的一本书的内容为证，说明了这一点。该书是日本神户大学教授、哲学和日本学专家仓泽行洋博士的新著，书名为《东洋与西洋》。季先生请人将其中题为"万物与我一体"这一部分，从日

---

① 季羡林：《中国文化是五十六个民族创造的文化》，代前言，载《季羡林说国学》，中国书店，2007，第 2 页。

② 季羡林：《关于"天人合一"思想的再思考》，载《季羡林说国学》，中国书店，2007，第49 ~ 68 页。

③ 季羡林：《"天人合一"新解》，载《季羡林说国学》，中国书店，2007，第 35 ~ 48 页。

文翻译为中文，抄录在他的文章中。仓泽行洋博士的书中也讲到印度人所说的"梵我一如"，指出，"这里就是讲我与梵，自我的本体与宇宙的原理是相同之物。日本明治时代的某位学者把它称为'梵我一如'。奥义书思想之本就在于'梵我一如'，这是一个十分出色的表现。'梵我一如'也是我、人与人以外的万物完全相同的另一种讲法。"此外，仓泽行洋博士还引用中国古书《碧岩录》中的"天地与我同根，万物与我一体"这句话，以及《庄子》书中说的"天地与我并生，而万物与我为一""万物皆一，万物一齐"等话进行论证，说明"包括人类在内的万物从本质上看都是相同的"。①

朝鲜有比较悠久的哲学发展的历史，一方面有自己本土的哲学思想，另一方面又受到中国哲学思想的影响。中国儒家的"天命观"早在三国时期就已传入朝鲜，到了高丽末李朝初期，作为宋代理学基础的"天人合一"思想在朝鲜占了上风。这时期出现了一批程朱理学的代表人物，他们都提出了一些关于天地万物之理的论述，而明确地提出"天人合一"思想的是权近（1352~1409）。他反对天人相胜论，提出天人相类、相通的学说，他用图表来解释哲学思想，其中最重要的是"天人心性合一"图。"因此我们可以说，这种东方特有的'天人合一'思想，在朝鲜哲学史上也是比较明确的。"② 根据以上的事实，季先生认为，"天人合一"思想是"东方思想的普遍而又基本的表露"，是东方哲学思想的重要特点。③

（三）"天人合一"思想是东方综合的思维模式的具体表现

季先生把"天人合一"思想提高到思维模式来论述，认为，东方的思维模式是综合的，是"合二而一"的；西方的思维模式是分析的，是"一分为二"的。"天人合一"这个命题"正是东方综合思维模式的最高最完整的表现"。④

季先生在就郑敏教授的文章发表意见时，进一步阐述了这个看法。郑敏

① 仓泽行洋：《东洋与西洋》，日本大阪东方出版社，1992，第52~54页。转引自《季羡林说国学》，第51~52页。
② 季羡林：《关于"天人合一"思想的再思考》，载《季羡林说国学》，中国书店，2007，第49~68页。
③ 季羡林：《"天人合一"新解》，载《季羡林说国学》，中国书店，2007，第35~48页。
④ 季羡林：《"天人合一"新解》，载《季羡林说国学》，中国书店，2007，第35~48页。

教授的文章题目是：《诗歌与科学：世纪末重读雪莱〈诗辨〉的震动与困惑》。雪莱（1792～1822）是英国浪漫主义诗人，他在《诗辨》中，以诗人的敏感，预言了西方工业发展的恶果；并且主张以"爱"来医治人的创伤，以"想象"来开拓人的高尚，以"诗"来滋润久旱的土地。郑敏教授读后感到震动与困惑，季先生对之十分赞同，并且说："拯救全人类灭亡的金丹灵药，雪莱提出来的是想象力、诗和爱，我们东方人提出来的是'天人合一'的思想，殊途同归，不必硬加轩轾。"①

郑教授在文章中谈到了"分析"与"综合"这两种思维模式，分析表现为知性（理性）、分析力、结构主义；而综合则表现为悟性、想象力、解构思维。分析力的发展产生了人对自然的强烈欲望，它集中表现为科技；而想象力发展的走向是超越物质世界，走向无拘束、无边无际的精神世界，集中表现为诗和哲学。一般而言，"结构主义"带着浓厚的崇尚科学的客观性的倾向，企图将文字、语言及文化的各个方面纳入结构符号系统的世界，从而使之脱离人性及主观想象力而独立存在；而"解构思维"则与之相反，它反对定型的、僵化的系统和抽象，它吸收了东方的"道""无"等思维。季先生在引述了郑教授的观点后说：

> 世界上没有绝对纯的东西，东西方都是既有综合思维，也有分析思维。但是，从宏观上来看，从总体上来看，这两种思维模式还是有地域区别的：东方以综合思维模式为主导，西方则是分析思维模式。这个区别表现在各个方面。东方哲学思想的特点的"天人合一"思想，就是以综合思维为基础的。②

季先生的结论是：中国文化和东方文化中有不少好东西，"天人合一"就是其中最重要之一。他以特别强调的口气说："天人合一"思想"非常值得注意，非常值得研究，而且还非常值得发扬光大，它关系到人类发展的前途"。③

---

① 季羡林：《关于"天人合一"思想的再思考》，载《季羡林说国学》，中国书店，2007，第49～68页。
② 季羡林：《关于"天人合一"思想的再思考》，载《季羡林说国学》，中国书店，2007，第49～68页。
③ 季羡林：《"天人合一"新解》，载《季羡林说国学》，中国书店，2007，第35～48页。

第四节 中国传统哲学的现代转型
——以金岳霖、冯友兰、汤用彤、贺麟等为例

在我国哲学界，有那么一批学者，他们出生于19世纪末或20世纪初，从小接受中国的传统教育，打下深厚的国学基础；后来又进入新式学堂，于20世纪的二三十年代，去美、英、德等国留学，专门学习哲学，获得学位之后归国从事哲学教学与学术著述。他们视通古今，学贯中西，既是系统介绍引入西方哲学的传播者，又是运用西方哲学方法整理研究中国哲学的开拓者。他们深受中国传统文化的熏陶，具有浓重的中国情结；在中西哲学的交流中，先后形成了融会中西的哲学思想体系。大约在20世纪三四十年代，他们的具有代表性的专著陆续面世，向学术界展示了丰富多彩的成果，是中国现代哲学家对西方哲学输入的积极回应。从他们的学术生涯和他们的学术成就中，我们可以非常清楚地看到中国传统哲学实现现代转型的历史足迹。

限于篇幅和学识，本文仅以笔者在北京大学哲学系读书时（1954~1958）所认识的金岳霖（1895~1984）、冯友兰（1895~1990）、汤用彤（1893~1964）、贺麟（1902~1992）四位先生的学术生涯为例，做出简要的阐述，揭示他们哲学思想所特有的中西哲学结合的特点。这对于进一步认识中国古代哲学思想演变的脉络和现代转型的趋势，总结其中的经验教训，继往开来地推进中国现代文化建设、发展中国现代哲学，都将有很大的裨益。

一 "新理学"：金岳霖、冯友兰

（一）金岳霖：最早把西方现代逻辑系统介绍到中国来的逻辑学家之一，《论道》是一部用西方严格的逻辑方法阐发中国哲学范畴，充分体现中西哲学相结合的本体论著作

金岳霖（1895~1984）先生早年曾先后留学美、英、德、法等国。1925年回国后，创办清华大学哲学系，任教授、系主任。抗战期间任西南联大哲学系教授。1949年后，先后在清华大学、北京大学的哲学系任教授、系主任。1956年调到中国科学院新成立的哲学研究所，任研究员、副所长。我读书时，他虽然没有直接给我们讲课，但作为系主任，无论在会议上，还是在平时，和我们学生有不少的接触。他在清华大学时与艾思奇交往的一段

趣事，传播很广。1949 年后，艾先生曾经几进清华园做报告，因对形式逻辑抱有成见，认为它是与辩证法相对立的形而上学，在讲辩证唯物主义之前"骂了形式逻辑一两句"。当时的会议是由金先生主持，金先生回忆道："讲完之后，我和他边走边说话。我说你骂了形式逻辑之后，所说的话完全合乎形式逻辑，没一点错误。"① 金先生之幽默性格由此可见一斑。

金先生长期从事哲学和逻辑学的教学与研究，学术造诣很深，是最早把西方现代逻辑系统介绍到中国来的逻辑学家之一。代表作有《逻辑》（1936）、《论道》（1940）和《知识论》（1948），被称为"哲学三书"。其中《逻辑》是金先生在清华大学讲授"逻辑学"课程时写的讲稿，1936 年列入"大学丛书"由商务印书馆正式出版。《论道》是一部独创性的本体论哲学著作。《知识论》则是中国哲学家建构的第一个关于知识论的完整体系。全书 17 章、近 70 万字，是一本他"花精力最多、时间最长"的书。早在昆明时，他就把这本书写完了。但在一次听到空袭警报跑到防空洞时，"席地坐在稿子上"。警报解除后，他站起来就走，致使稿子遗失。抗战胜利返回北平之后，又重新写作。1983 年才正式出版。

在"哲学三书"中，金先生把《论道》一书作为安身立命之作来写。这是一部用西方严格的逻辑方法阐发中国哲学传统范畴，充分体现中西哲学相结合的特色的本体论著作，全书弥漫着一股诗人气质和浪漫精神。别人问他，为什么用《论道》作为书名？他说："道字有中国味。"他说：

> 现在这世界底大文化区只有三个：一是印度，一是希腊，一是中国。它们各有它们底中坚思想，而在它们底中坚思想中有它们底最崇高的概念与最基本的原动力。欧美底中坚思想，我们现在所急于要介绍到中国来的，追根起来，也就是希腊精神。……印度底中坚思想我不懂，当然也不敢说甚么。中国底中坚思想似乎儒道墨兼而有之。……中国思想中最崇高的概念似乎是道。所谓行道、修道、得道，都是以道为最终的目标。思想与情感两方面的原动力似乎也是道。……各家所欲言而不能尽的道，国人对之油然而生景仰之心的道，万事万物之所不得不由，不得不依，不得不归的道才是中国思想中最崇高的概念，最根本的原动力。对于这样的道，我在哲学底立场上，用我这多少年所用的方法去研

---

① 金岳霖：《金岳霖回忆录》，北京大学出版社，2011，第 139 页。

究它，我不见得能懂，也不见得能说得清楚，但在人事底立场上，我不能独立于我自己，情感难免以役于这样的道为安，我底思想也难免以达于这样的道为得。①

《论道》一书共有八章。分别阐发了"道，式—能""可能底现实""现实底个体化""共相底关联""时—空与特殊""个体底变动""几与数""无极而太极"等问题。在这本书中，他借用中国传统哲学的一系列范畴，例如，道，能、式、理、势、性、情、体、用、几、数，无极、太极，天演、道演，等等，运用西方严格的逻辑方法，在分析、推演和论证的基础上，借助于逻辑学的形式，阐述了他关于宇宙、人生的总看法，从而把中国传统哲学的研究水平提到了一个新的高度。

关于这本书，冯友兰先生在《三松堂自序》有过一段非常生动、有趣的描述。他说，当金先生在南岳写《论道》时，他也正在写他的《新理学》。他的"新理学"是接着程、朱理学讲的，是"旧瓶装新酒"，而金先生则是"新瓶装新酒"。因为金先生提出了一些新看法，创造了一些新名词。例如，他创造了"可能"和"能"这两个名词，它们分别相当于程、朱理学中的"理"和"气"。"可能"当然比现实的范围广泛得多，可能的不一定是现实的，而现实的必定是可能的。金先生用了中国的两句成语："理有固然，势无必至。"现实的必定是可能的，这是"理有固然"；可能的不一定是现实的，这是"势无必至"。冯先生说，他与金先生两人互相看稿子，也互相影响。金先生在逻辑分析方面影响了冯先生，而冯先生在"发思古之幽情"方面影响了金先生。他们两人互有长处，金先生的长处在于"能把很简单的事情说得很复杂"，而冯先生的长处在于"能把很复杂的事情说得很简单"。所谓"能把很简单的事情说得很复杂"，就是"表面上看起来没有问题的事情，经他一分析，问题会层出不穷"。② 这就是说，金先生擅长于逻辑分析。冯先生后来曾以"论高白马，道超青牛"赞之。

金先生致力于逻辑、知识论的研究对于推进中国的现代化，当然有着直接的积极作用，也是他的哲学体系中最能展示出西方哲学特色与长处的精彩篇章。也许正因为如此，对于金先生所具有明显的西方哲学的思路，擅长逻

---

① 金岳霖：《论道》，中国人民大学出版社，2010，第 16～17 页。
② 冯友兰：《三松堂自序》，人民出版社，1998，第 239～240 页。

辑分析，讲究科学方法，注重理性思维的这一面，人们知之较多；而对于他在内心深处同时拥有的中国感情、中国韵味的这个特征，人们可能未加详察。他接受老朋友的建议，在晚年从1981～1983年写了100多个片断的回忆录，其中有几则说到他喜欢作对联，喜欢中国山水画，并坦率地说："在感情上我向往中国哲学的思想及其韵味"。① 例如，对《庄子》一书，他不仅赞赏其思想，而且推崇其文体，认为庄子的哲学"用诗意盎然的散文写出，充满赏心悦目的寓言，颂扬一种崇高的人生理想，……其异想天开烘托出豪放，一语道破却不是武断，生机勃勃而又顺理成章，使人读起来既要用感情，又要用理智"。因此，"也许应该把庄子看成大诗人甚于大哲学家"。② 从上述他对庄子哲学以及整个中国哲学的评价中，我们似乎可以看到，作为一个深受西方思想影响的现代哲学家，他对中国传统哲学的真切理解与深厚感情。

（二）冯友兰：《中国哲学史》是中国近现代史上史论结合、有自己独立的理论体系的第一部完整的中国哲学史著作，而"新理学"体系的形成，标志着中国哲学从传统走入了现代

冯友兰（1895～1990）先生早年留学美国，长期任教于清华大学、西南联大、北京大学。当年虽然给我们授课的时间不长（先秦部分），但我们还在有关会议或讲座上，听过冯先生的发言或讲演。我这里说的"有关会议"最重要的是：1957年1月22～26日在北京大学哲学系举行的"中国哲学史座谈会"。会议的议题是：如何看待中国哲学史上的唯物主义与唯心主义的斗争，如何继承中国古代哲学的遗产。当时的哲学界深受前苏联哲学界的影响，把日丹诺夫的讲话关于唯物主义与唯心主义斗争的论断奉为经典，在中国哲学史的教学与研究中，生硬地、不加分析地往古代哲学家身上贴唯物或唯心的标签。这不仅使丰富多彩的中、西哲学史变得越来越贫乏了，而且许多被列入唯心主义的重要哲学家，不管他们在哲学的发展中曾经有过什么样重大的影响与作用，都被视为反动或落后，从而备受批判。在中国哲学遗产的继承问题的讨论中，与会者的发言主要围绕着冯先生的"抽象继承法"而展开。当时还可以允许申辩，很快随着政治形势的恶化，冯先生的"抽象继承法"长时间受到批判。

---

① 金岳霖：《金岳霖回忆录》，北京大学出版社，2011，第77～86页。
② 金岳霖：《中国哲学》，中译文载刘培育编《道、自然与人》，三联书店，2005，第53页。

冯先生在晚年曾经亲笔书写一副对联用以自勉，联曰："阐旧邦以辅新命，极高明而道中庸"。上联是说他的学术活动，下联是说他所希望达到的精神境界。"旧邦""新命"之语，出于《诗经》："周虽旧邦，其命维新。"冯先生多次引用这句话，并且反复解释：所谓"旧邦"指源远流长的中国文化传统，"新命"指现代化和建设社会主义。他认为，旧邦新命是现代中国的特点，"阐旧邦以辅新命"就是要把这个特点发扬起来。

为总结一生，冯先生还拟一联："三史释今古，六书纪贞元"。这里所说的"三史"，是指《中国哲学史》（两卷）、《中国哲学简史》和《中国哲学史新编》（七卷）。其中《中国哲学史》（两卷）出版于1931～1934年间，是他的成名之作，影响深远。它不仅在当时得到了陈寅恪、金岳霖这两位审阅人的高度评价，而且至今仍然备受赞扬。学界同仁公认，此书用西方哲学的研究方法分析、阐释中国传统哲学，是中国近现代史上史论结合、有自己独立的理论体系的第一部哲学史著作，到现在还无人能及。

《中国哲学简史》是他1946年到美国宾夕法尼亚大学讲学时用英文写的。当时他讲学欧美，著作被译为多种文字，流传数十个国家。李慎之说，"如果中国人因为有严复而知有西方学术，外国人因为有冯友兰而知中国哲学"，这大概不会是夸张。①

《中国哲学史新编》的写作与出版历经坎坷、备受磨难，这是他从20世纪60年代初开始写作，直到1990年他去世前终于完成的，凝聚40年心血长达150余万字七卷本的巨著。书中高见迭出，屡有新论。

"贞元六书"是指"贞元之际"所著的六本书，写于抗日战争时期，是为了增强民族自信心而作。《周易·乾卦》里有"元、亨、利、贞"四字，分别象征春、夏、秋、冬四季。"贞元之际"是从冬到春之间的过渡，它意味着抗日战争一定胜利，民族复兴一定到来，这个提法本身就充分显示出他以哲学创作的方式自觉参与民族复兴大业的努力。"贞元六书"包括：《新理学》（1939）、《新事论》（1940）、《新世训》（1940）、《新原人》（1943）、《新原道》（1945）、《新知言》（1946）。其中，《新理学》是冯先生构建的"新理学"的基础和核心，最能反映中西哲学融合的特点。他提出了"理""气""道体""大全"等一系列概念："理"是物之则，"气"

---

① 任继愈等：《实说冯友兰》，北京大学出版社，2008，第291页。

是物之初，"道体"是事物之流变，"大全"是宇宙之整体。《新事论》和《新原人》都是"新理学"的应用。《新事论》的副题是"中国到自由之路"，这条路就是工业化；《新原人》讲的是人生的四种精神境界：自然境界、功利境界、道德境界、天地境界。功利境界、道德境界与自然境界的显著不同在于，在功利境界和道德境界中的人是自觉的；功利境界与道德境界的区别，在于为私还是为公；天地境界则是人的最高的"安身立命之地"。《新知言》是讲哲学的方法论。他认为，有的哲学概念，例如"气""大全"等，是不可思议、不可言说的。冯先生把这种具有重要意义的方法，称之为"负的方法"。"贞元六书"是冯先生对宋朝程朱理学"接着讲"而构建起来的自己的哲学理论体系，它建立在中华民族文化和哲学的基础之上，同时又吸收了西方自柏拉图以来的理性主义优秀传统。这一体系的形成，"标志着中国哲学从传统走入了现代，成为一种现代哲学。"① 总的说来，"三史"和"六书"从内容上看，可谓"极高明而道中庸"，它们是冯先生实践"阐旧邦以辅新命"的主要论著。他不仅是治中国哲学史方面无人出其右的中国哲学史家，而且还是一位具有开创性的现代哲学家，在国内外享有很高的声誉。单纯先生曾经就"近百年以来，在文史哲三大领域中谁是领头的代表人物"这个问题，请教过张岱年先生，张先生回答说，"哲学方面是冯友兰、史学是陈寅恪、文学是王国维，他们三个分别是这三个领域的顶级人物。"②

二 "新心学"：汤用彤、贺麟

（一）汤用彤：采用西洋人治哲学史的方法，再参以乾嘉诸老的考证方法在中国佛学思想史、魏晋玄学以及印度古代哲学史的研究上，都有可贵的创见，为中外学术界所重视

汤用彤（1893~1964）先生在辛亥革命后入北京清华学堂，1917年毕业。1918年留学美国。1922年回国，历任东南大学、南开大学、北京大学、西南联大等校教授。1947年一度赴美国加利福尼亚大学讲学。1949年后，历任北京大学校务委员会主席、副校长、中国科学院哲学社会科学学部委员等职。出版的著作有：《汉魏两晋南北朝佛教史》《隋唐佛教史稿》《魏晋玄

---

① 任继愈等：《实说冯友兰》，北京大学出版社，2008，第282页。
② 任继愈等：《实说冯友兰》，北京大学出版社，2008，第292页。

学论稿》《印度哲学史略》等。

汤先生治学严谨，精于考证而又不流于烦琐；善于吸取中外学者的成果，而又不囿于成说；注意统观古代各家学术思想全貌，并揭示其发生发展的线索。在中国佛学思想史、魏晋玄学以及印度古代哲学史的研究上，都有可贵的创见，为中外学术界所重视。

《汉魏两晋南北朝佛教史》原为汤先生在北京大学等校讲课时用的讲义，经过增订后由长沙商务印书馆于1938年6月正式出版。全书资料丰富，考订精慎，共分两个部分："汉代之佛教"和"魏晋南北朝佛教"。其中"汉代之佛教"有五章，重点是总结汉代"佛道"的性质，指出当时的佛教信仰是被当作中国所谓"道术"的一种而得以流传。第二部共分十五章。先着眼于三国时"佛教玄学之滥觞"，以及两晋之际"名士"与"名僧"之间的交往。接着综论魏晋佛法兴起的原因，并详述释道安时代之"般若学"兼及鸠摩罗什及其门下，包括对僧肇之学的评价。此外，还分析了慧远与道生等人在中国佛教史上的地位，论述了南北朝佛教的性质、存在的问题、发展的方向，以及对隋唐佛教宗派的影响等。此书根据社会各个时期的不同特点，以及各派思想的相互影响，着重阐明了这个时期佛教发展的线索，中国佛教与印度佛教不同的发展道路。

胡适对《汉魏两晋南北朝佛教史》给予非常高的评价，由衷赞叹其权威性，说"此书极好"。"锡予训练极精，工具也好，方法又细密，故此书为最有权威之作"。"锡予的书极小心，处处注重证据，无证之说虽有理亦不敢用，这是最可效法的态度。"[①] 贺麟在1945年写的《五十年来的中国哲学》一书中，曾经从总体上介绍当时哲学界对中国哲学史的研究，把它与胡适的《中国哲学史大纲》、冯友兰的《中国哲学史》联系起来评论。他说：

> 写中国哲学史最感棘手的一段，就是魏晋以来几百年佛学在中国的发展，许多写中国哲学史的人，写到这一时期，都碰到礁石了。然而这一难关却被汤用彤先生打通了。汤先生以缜密的头脑，渊博的学问，熟悉东西方哲学文学，学习过梵文及巴利文，以治印度哲学，承继他家传

---

① 《胡适日记》1937年1月17、18日，见《汉魏两晋南北朝佛教史》附录，北京大学出版社，2011，第499、503页。

的佛学，并曾在支那内学院听过欧阳竟无先生讲佛学，同时他又得到了西洋人治哲学史的方法，再参以乾嘉诸老的考证方法。所以他采取蔡勒尔（Zeller）治希腊史一书的方法，所著的《汉魏两晋南北朝佛教史》一书，材料的丰富，方法的谨严，考证方面的新发现，义理方面的新解释，均胜过别人。①

贺先生在这里不仅肯定了该书崇高的学术价值，而且也分析了之所以取得如此成就的原因。

《魏晋玄学论稿》主体部分是在 1938～1947 年期间陆续写成的九篇论文。除《言意之辨》以外的各篇论文，均已先后发表在当时的国内报纸杂志上。其中《王弼之周易论语新义》曾由澳人李华德译成英文，于 1947 年在美国《哈佛亚洲研究杂志》发表后，引起国外学术界的重视。1962 年 9 月，中华书局将上述论文结集第一次正式出版。该书的首篇论文《读刘劭人物志》，是关于魏晋玄学思想探源的专门论文。《魏晋玄学流别略论》是全书的纲领，对魏晋玄学思想发展史作了扼要的评述。《言意之辨》在综论魏晋玄学方法论的同时，对过去烦琐的"汉代经学"与新起"魏晋玄学"进行了比较。汤一介先生在《汤用彤评传》（百花洲文艺出版社 2010 年第 2 版）的序言中，对此曾经有过评论，他说："汉魏学术的根本差别在于：汉代学说乃是儒家学说与阴阳家、道家思想的杂糅，谈名教、重元气，对天地万物的总体现，没有超出宇宙生成论（Cosmology）的水平，以元气为宇宙生成之质料；而玄学则贵尚玄远，论天道则不拘构成质料，而进探本体之存在，论人事则忽有形之迹，而专期神理之妙用，从哲学高度来看，汉代思想向魏晋玄学的演进，实质上是从宇宙生成论（Cosmology）进展到本体论（Ontology）。"

汤用彤先生在《魏晋玄学论稿》的其他论文中，还阐明了汉魏之际的哲学从"宇宙构成论"到形而上学"本体论"的转变，分析了玄学创始人之一的王弼的哲学思想，以及有代表性的玄学家向秀、郭象在《庄子注》中"以道儒家为一"的具体表现，论述了道生的"顿悟"说对宋明理学的影响和在中国哲学思想史上的重要意义。《魏晋思想的发展》全面总结了魏晋玄学的产生与发展，涉及它的产生是否受到外来佛教的影响的问题，它原

① 贺麟：《五十年来的中国哲学》，商务印书馆，2002，第 21～22 页。

来是作者在一次专门会议上所做学术演讲的记录稿，经整理而作为附录收入书中。

中国哲学界对魏晋这一特定时期的文化，包括哲学思想，还没有形成一个固定的名称。有人称之为"清谈"之学，也有人称之为"思辨"之学，等等，不一而足。汤先生第一次用"魏晋玄学"这个名称来概括这一领域哲学的特点，并且已被多数哲学史家所采纳。除此以外，他对魏晋玄学的思想内容的分析与概括，对不同阶段代表人物的深刻剖析，至今仍为研究这一领域时期的学者所遵循。

（二）贺麟：在关于中西哲学思想内容与思想方法的沟通与融合，以及对西方哲学、特别是黑格尔哲学著作的翻译和教学研究方面，做出重大贡献，并达到当代中国的最高水平

贺麟先生（1902～1992）是我国现代颇负盛名的哲学家和哲学史家。他对黑格尔哲学的精湛研究，以及对黑格尔等西方著名哲学经典著作的翻译，使他蜚声中外。1926～1931年，贺麟先生先后在美国的几所大学学习西方哲学和在德国柏林大学专攻德国古典哲学。回国后一直在北京大学哲学系任教。1955年以后，他调到中国科学院哲学研究所从事研究工作，曾任西方哲学史研究室主任。

贺先生在中西哲学交流与会通方面的学术工作，无论在1949年以前和之后，都是卓有成效的。其主要表现有两个：

他在学术上的主要贡献一个是，关于中西哲学思想内容与思想方法的沟通与融合。就哲学思想的内容而言，他所构思的"新心学"哲学主张，本身就是以西方的新黑格尔主义与中国古代的程朱陆王的理学和心学相结合为特征的。他的学术追求是：先透彻地了解西方哲学，从古代到现代，特别是从康德到黑格尔的德国古典哲学，再结合中国的古代哲学，上溯先秦，下达明清，思考中国哲学之未来与儒家学说的现代命运，以创建中国的现代哲学。用他自己的话来说，就是"西洋哲学中国化与中国新哲学之建立"。就哲学思想的方法而言，他把西方斯宾诺莎理性观照的直觉法、黑格尔的辩证法，与中国宋明理学、心学的直觉法融为一体，使"西化"与"化西"相结合，理性与直觉相统一，融会中西，连接古今。体现这项工作，主要有20世纪40年代先后结集的三本论文集：《近代唯心论简释》（1944）、《当代中国哲学》（1945）、《文化与人生》（1947）。此外，还有：《德国三大哲人处国难时之态度》（1934）、《知难行易说与知行合一论》（1943）等。

1949 年以后，他自我批判并接受批判了原来的唯心主义哲学，表示愿意接受马克思主义。80 年代陆续出版了三本文集：《现代西方哲学讲演集》（1984）、《黑格尔哲学讲演集》（1986）、《哲学与哲学史论文集》（1990）。他的学术思想的演变，正如他自己所说：

> 我在解放前是赞同"心为物之体，物为心之用""心即是理"的唯心观点的，所以我是从新黑格尔主义观点来讲黑格尔，而且往往参证了程朱陆王的理学和心学。①

贺先生在 20 世纪三四十年代所构思的以"逻辑之心"为本体的"新心学"哲学思想，虽然具有融合中西哲学的特点，但毕竟是一种唯心主义观点，在当时特别是在 1949 年以后，受到了把学术观点与政治态度纠缠在一起的严厉批判，而他关于"唯心主义哲学中有好东西"的说法，更使这种批判在当时不断升级。

贺先生在学术上的另一个主要贡献是，关于西方哲学，特别是黑格尔和斯宾诺莎哲学的翻译和阐发。1925 年他在清华学堂选修吴宓的翻译课后，就立下了介绍和传播西方古典哲学作为终身志向的决心。早期译著有：E. 凯尔德的《黑格尔》（1936）、J. 罗伊斯的《黑格尔学述》（1936）。1941 年在昆明成立中国哲学会"西洋哲学名著编译委员会"，贺先生被推选为当时的主任委员。从那时起，他开始翻译黑格尔的重要哲学著作《小逻辑》。1949 年以后，他的学术活动主要转移到介绍西方哲学和培养专业人才方面。主要译著有：马克思的《黑格尔辩证法和哲学一般批判》（1955）、马克思的博士论文《德谟克里特的自然哲学与伊壁鸠鲁的自然哲学的差别》（1961）、B. 斯宾诺莎的《致知论》（1943）、《知性改进论》（1952）、《伦理学》（1958）、G. W. F. 黑格尔的《小逻辑》（1950、1954）、《精神现象学》（与王玖兴合译，1962）、黑格尔的《哲学史讲演录》四卷（与王太庆等合译，1956~1978）等。贺先生的译著以深识原著本意、行文自然典雅而受到学术界的一致好评。只要情况允许，他还在译著的前面加上富有学术分量的导言（序言），以方便和启示读者。

贺先生之所以能够在翻译黑格尔等西方哲学著作方面达到当代中国

---

① 贺麟：《五十年来的中国哲学》，商务印书馆，2002，第 126~127 页。

的最高水平，这是与他对这些哲学家的哲学思想的深入研究分不开的。而他对黑格尔哲学思想的精湛的研究成果又为我们进一步深入理解和创造性地阐发马克思主义哲学，在哲学史的思想渊源方面，提供了扎实的基础。

中西文化、哲学的交流、融合与会通，已成为时代的主题。贺先生以他的学养与卓识，通过一系列的研究论著和译作，比较、吸收西方哲学中的深邃与精华之处改造了中国传统哲学。周辅成先生说：

> 近百年中有一些学者，为了发扬和提高中国的文化和哲学，作了非常坚实刻苦的工作。一点一滴，细致深入。其耿耿于怀者，一是民族与人民的自尊，一是哲学思维的精密与深度。既不作夜郎自大的民族主义者，也不作奴颜婢膝的民族虚无主义者。在这些人中，贺麟先生是一位勇敢而有成绩的开拓者。[1]

诚哉斯言，贺先生所从事的"新儒学"，本身就是一项富有开创性的工作：既维护了民族文化的主体性，又在融合中西文化的基础之上，构建一条中国哲学现代化的阳光大道。

以上四位学者是我上大学读书时的老师，但是由于众所周知的原因，他们在20世纪三四十年代撰写的上述重要著作，我在当时并没有读过。那时的教学参考书大都采用以教研室名义集体编写的教材或讲义。只有到了近30多年来，老师们的个人专著得以再版后，才有机会拜读，从中认识到他们在当时的学术成就和这些学术大家们所具有的共同特点。

要实现中西哲学比较哲学的融合与会通，既要全面而准确地了解并把握西方哲学的真谛，又要具备深厚扎实的中国哲学的功底。由于宋明时期的"理学"和"心学"倡先秦学术之脉，兴心性义理之学，排汉儒之乖，融佛道之粹，在中国古代哲学史上起着"承前启后"的重要作用，许多学者或者推崇"理学"，或者心爱"心学"，自在情理之中。金岳霖、冯友兰的哲学属于"新理学"，而汤用彤、贺麟的哲学属于"新心学"。金、冯两位先生原来是在清华任教，汤、贺两位先生原来是在北大。1952年全国高校院系调整后，他们都汇集到了北大。学术界最通常的说法是：清华注重

---

[1]　宋祖良、范进编《会通集》，三联书店，1993，第4页。

哲学思想的体系，而北大则重视哲学史。清华培养出来的大多是哲学家或逻辑学家，北大培养出来的则往往是哲学史家，这大概是既成的事实。本文上述四位老师的学术成就，也似乎能够印证这一点。当然，这种划分并不是绝对的。无论如何，两家各自的研究侧重点方面的差别，并不能抹杀、掩盖其共同之处，那就是这些哲苑名家们都非常重视中西哲学的融合与会通，都是实现中国传统哲学转型方面作出了卓有成效的贡献的开拓者。

第五节　中西哲学的若干比较

中西哲学的差异，从总体而言，可以这样认为：西方哲学在形而上学、认识论（知识论）和逻辑学方面比较重视并多有建树；而中国哲学则在个人修为、道德实践和直觉思维等方面富有特色并略胜一筹。但是，中西哲学的比较，不宜满足于笼统地从总体上去比较，应该有个重点，那就是将中国的传统哲学与西方近代哲学进行比较。

中国传统哲学的主要思维方式是"天人合一"，它持续的时间最长，而且对今天仍然有重大的影响；西方近代哲学不仅对西方世界影响巨大，而且其中的"主客二分"的思维方式对中国近代文化、近代哲学产生了极大的冲击。从这个意义上说，中西哲学的比较，主要是"天人合一"与"主客二分"这两种思维方式的比较。

西方哲学在古代是以追问宇宙最高存在的"本体论"问题为主，近代以来，又把重点放在认识论上。西方哲学，特别是近代哲学的发展，因深受自然科学发展的影响，哲学与科学的关系十分密切。这不仅表现在自然科学的发展，对哲学思维方式的变革所起的制约，而且还表现在现代西方哲学发展中科学主义派别的产生及其重要作用上。中国古代哲学总是把对宇宙终极实在（天道）的追问，同对人生终极意义或最高境界（人道）问题的追问，联系在一起并以后者为主。在中国哲学的发展过程中，伦理道德占有非常重要的地位。从思维方式上来说，西方重逻辑、重分析、重普遍、重抽象，中国重直觉、重综合、重特殊、重具体。西方的哲学著作多为用逻辑方法严密论证的、系统的大部头巨著；中国的哲学著作多为哲学家对世界、社会与人生的领悟，大部头的也有，但不少是语录式的，篇幅也不大。应该说，以上这些差异，都只能是相对的，不能加以绝对化。

　　中国学者在近代西方文化、哲学传入后，就开始考察中西文化的比较问题。梁漱溟在《东西文化及其哲学》（1921）中就有专门的分析，接着冯友兰、朱谦之、侯外庐等在他们的著作中，也有所论列。在当代的学者中，张世英的近著《境界与文化》（人民出版社，2007）、谢龙编《中西哲学与文化比较新论》（人民出版社，1995）、楼宇烈等主编《中外哲学交流史》（湖南教育出版社，1998），以及季羡林、汤一介等在他们的著作及有关论文中，都对中西文化、哲学的比较问题，做了富有创见、极有价值的研究。在这里，我们着重介绍梁漱溟、冯友兰、张世英三位先生的若干观点。

　　梁漱溟在《东西文化及其哲学》中，系统地阐明了儒家的人生哲学、文化哲学，提出了解决中国文化危机和改善人类生活模式的设想。在此书中，他提出了一个新概念："意欲"。他认为，文化是一个民族的"生活样法"，而生活就是无尽的"意欲"。虽说不同的民族的文化表现为不同的特质，但只要看这个民族生活样法、最初"意欲"的出发点就可以了。据此，他提出了"三种文化类型""三种路向"的说法。西方、中国、印度分别代表着三种文化类型，这三种类型因为所采取的路向不同，从而在历史上展现出从低级向高级发展的三个阶段。

　　西方文化所代表的是第一阶段。这个阶段自然生存的基本问题尚未解决，"意欲"表现为要求现世幸福，努力向前去征服环境，以满足基本的生活欲望。古希腊的科学、哲学、美术、文艺由此发生。这是初级阶段的文化。经过"中古黑暗时代"之后，终于出现了"文艺复兴"时代，又回到了追求物质文明的路上去，并进而向着发展自然科学和发展人的本性的方向，终于走到了"科学时代"和"民主时代"。"科学"与"民主"是西方文化的两大异彩。

　　中国文化所代表的是第二阶段。在征服自然以获得物质方面，在发展科学技术和社会生活的民主方面，中国远不及西方；这不是因为中国迟钝走得慢，才导致如此，而是中国人走的是与西方文化不同的道路。中国人的思想是"安分、知足、寡欲、摄生"，东方文化"无征服自然态度而为与自然融洽游乐的态度"，持这种态度就不会有近代科学技术的出现；在社会生活方面，持容忍礼让态度，也就不会有民主的出现。[①]

---

　　① 梁漱溟：《东西文化及其哲学》，商务印书馆，1923，第65页。

印度文化所代表的是第三阶段。印度文化独重宗教，精神生活畸形发展，宗教生活畸形发达。印度宗教的"因明学""唯识学"秉承严苛的理智态度，理应走上科学之路，但印度人不如西方人之追求物质幸福，也不像中国人之安遇知足，而是努力于求得解脱，反身向后要求"出世"。

梁先生认为，以上三种文化、三种路向，其哲学上的特点是：西方宗教与形而上学起初很盛，后遭批评失势至于路绝，宗教自身变化以应时需，知识论有掩盖一切之势，成为哲学的中心；中国宗教素淡，绝少注意知识，而人生之部分极盛与形而上学相连，占哲学之全部；印度宗教问题占思想之全部，宗教概括了人生思想，其哲学之全部为宗教问题。① 梁先生指出，人类文化都必须按照三个路向的顺序走。中国人开始也走了第一路，但未走到头就折到第二路上了；印度文化第一、第二都未走完，便折到第三路上了。中国文化、印度文化都是"人类文化的早熟"。西洋文化虽然在征服自然、发展科学、倡导民主方面，取得了成功，但是，"西洋文化的胜利，只在其适应人类目前的问题，而中国文化印度文化在今日的失败，也非其本身有什么好坏可言，不过就在不合时宜罢了。"② 据此，中国人应当排斥印度的文化，而承受西方文化，吸取他们的科学与民主；但又绝不能全盘西化，而要改造其人生的态度。当今世界文化正处于第一路走尽第二路到来之际，因此，最要紧的是，应当拿出中国原来优秀的东西，站在世界的高度，促进第二路（中国文化）全面地落实与普遍的实现。

冯友兰先生认为，中西哲学的不同，不是东方与西方这个地域上的差别，而是时代的差别。当时西方输入的主要是他们的近代的哲学，而我们能够与之面对的，主要是古代的哲学。从这个意义上说，中西哲学的比较，实质上是不同时代的比较，是古代与近代之别，是农业时代与工业时代之别。当然，中西哲学的差别，除了时代的不同，还有民族的、地域的特点。古代中国人与古代希腊人，这两个不同的民族之间有着地域的差别。希腊是海洋国家，中国是大陆国家。希腊人生活在海洋国家里，靠贸易维持繁荣，他们首先是商人。他们经常与抽象的数字打交道，而数字是来自假设的概念。因此，他们的哲学家也就以从假设得到的概念作为思维的出发点，发展了数学和数学的思维。这就解释了为什么他们使用的语言如此明晰，为什么认识论

① 梁漱溟：《东西文化及其哲学》，商务印书馆，1923，第68~69页。
② 梁漱溟：《东西文化及其哲学》，商务印书馆，1923，第199页。

问题会长期成为西方哲学的突出问题。生活在海洋国家里的希腊人有机会接触到语言、风俗都不同的他族人民，因而习惯于变化与创新。商人聚居在城镇，因此他们以城邦为中心来组成社会，这样，他们的社会组织所反映的是城镇的共同利益，而不是家族的共同利益了。

中国是一个大陆国家，农业生产是立国之本，社会制度是家族制度，祖先是家族的共同象征。农民的生活方式容易倾向于顺乎自然，爱慕自然，尊重经验而不喜欢变革。儒家思想中的一大部分是上述这种地域环境、经济条件、社会制度的理论表现。正因为这样，儒家思想成为中国古代的正统的哲学，一直保持到近代欧洲和北美工业化的潮流侵入中国，改变了中国社会的经济基础为止。

中国农民的眼界不仅制约着古代哲学的内容，更重要的是制约着中国哲学的方法论。农民日常与之打交道的是田地与庄稼，这些都是他们一看就认识的东西。他们处于原始与纯真的心态之中，把直接认知的东西看为宝贵的东西，这就无怪乎反映他们思想的哲学家们也同样地尊重直觉与体悟，把直接认知作为哲学思维的出发点；这也足以解释为什么认识论在中国哲学里从未得到发展的原因。

在方法论问题上，冯先生提出，有"正"与"负"的两种方法。"正"的方法是直接地讨论形而上学的对象，断定它是什么；"负"的方法则不去直接地讨论，只说它不是什么，从而显示出对象的、无法从正面分析的某些特性。西方哲学既然把从假设得到的概念作为思维的出发点，理所当然地是"正"的方法占统治地位；中国哲学既然把直接认知作为哲学思维的出发点，则理所当然地是"负"的方法占统治地位。西方哲学家喜欢明确的东西，而"有"与"有限"是明确的，因而他们认为"有"与"有限"高于"无"与"无限"。由直觉出发的中国哲学家，则恰好与之相反。

冯先生不无感慨地引用孔子在《论语·雍也》中的一段话："知者乐水，仁者乐山。知者动，仁者静。知者乐，仁者寿。"他说读孔子的这段话，使他想到古代中国人和古代希腊人思想不同的由来。

冯先生在他的著作中，多次讲到中国哲学的精神。他说，中国哲学认为做人的最高成就就是成为"圣人"。成圣的最高境界是个人与宇宙合而为一。而要做到这一点，是否需要抛弃社会、否定人生呢？这就引申出关于"出世"与"入世"之辨。有人说，中国哲学特别是儒家所说的圣人是现世中人，这与佛家或基督教所讲的圣徒迥然不同。但冯友兰认为，这只是从表面上看问题，"中国传统哲学的主要精神，如果正确理解的话，不能把它称作完全是入世的，也不能把它称作完全是出世。它既是入世的，又是出世的。"它"既是理想主义的，又是现实主义的；既讲求实际，又不肤浅"。① 中国哲学讨论的是"内圣"与"外王"之道，它的使命是在"出世"与"入世"、理想主义与现实主义这两极之中，寻求它们的综合与统一。冯先生经常用《中庸》里的"极高明而道中庸"这句话，来概括中国哲学的精神。"极高明"是要追求一种超越的理想目标，"道中庸"就是关心社会现实。这是"出世"精神与"入世"精神、理想主义与现实主义的有机统一。

中国人和西方人在不满足于现实世界而追求超越现实世界这一点上，是一样的。但由于中国哲学具备了上述的基本精神，中国人就可以在哲学里找到超越现实世界的那个存在，并且在哲学生活中体验了超越伦理道德的价值。"中国人不那么关切宗教，是因为他们太关切哲学了；他们的宗教意不浓，是因为他们的哲学意识太浓了。"②

张世英先生认为，可以从中国人和西方人在如何实现自己的人生价值的方式上的不同，来探讨中西传统哲学的差异。

我们中国人有一句口头禅，叫做"人生在世"。人怎样生活在这个世界上抱着什么态度来面对这个世界？这是人生最大最根本的问题，也是哲学的根本问题。每个人都想实现自我，这是人不同于一般动物的一个重要特点。动物只要能生存，能满足他的躯体的欲望就满足了一切。人却不然，人总想超越有限，扩大自己的空间，做出一番伟大的事业，创造一个辉煌的世界。这种对自我的有限性的超越，就叫做"实现自我"。而要实现自我，就要超越自我的有限性，达到无限。这就涉及对无限性的理解问题。在中西哲学史上，对无限性的不同理解，构成了对如何实现自我的方式上的不同，从而构成了中国传统哲学与西方传统哲学的差异。简而言之，中国传统哲学是要在时间之内的无限绵延中实现自我，而西方传统哲学是要在超时间的无限中实现自我。

在西方传统哲学中，有限的个人却崇尚着一种超时间的、"超验"的、最圆满的无限性整体的概念，认为人生在世的最高意义和价值就在于渴望和追求这个最高的、最完满的无限性。在苏格拉底以前古希腊早期的思想家那

---

① 冯友兰：《中国哲学简史》，天津社会科学院出版社，2005，第 7~8 页。
② 冯友兰：《中国哲学简史》，天津社会科学院出版社，2005，第 5 页。

里，都是探索有限的东西、个别的东西，还没有这种超时间的、"超验"的
"理念"的思想。苏格拉底说，他年轻时跟着前辈们亦步亦趋，把某种有限
的东西当作一切事物的根源，结果是越搞越糊涂，终于认识到要在"心灵
世界"中去找真理、去找万物的根源。柏拉图的"理念"说，就是把苏格
拉底追求的"心灵世界"和事物的一般定义加以客观化，把它变成独立于
人的实体性的东西——"理念"。不同层次的"理念"构成了一个有体系的
"理念世界"。世界上最真实的是"理念世界"，而我们感觉中的东西则是个
别的、有限的，因而是不真实的。柏拉图讲的"理念"也就是我们平常说
的具有普遍性的概念。本来，普遍性是寓于个别性之中，没有离开个别事物
的普遍性概念。可是，柏拉图的"理念"说，却把"理念"看成离开个别
有限物、独立于具体事物之外、超出于时间之外的东西。他认为，超越有限
的、个别东西，达到"超验"的、无限性理念世界，这才是人生的最高意
义之所在，才是人生最高的自我实现。柏拉图这种"超验"的"理念说"，
是后来基督教的两个思想来源之一。基督教的"上帝"就是这样一种"超
验"的、无限性整体的人格化的变形。"上帝"是超出于时间之上的，时间
是"上帝"创造的。所以，西方基督教的思想文化传统认为，人生的最高
意义、最高价值就是：把有限的人生统一到无限的"上帝"中去。人必须
意识到自己的有限性，要去祈求无限性，这才会向"上帝"感恩，并对之
顶礼膜拜。因此，我们才说，基督教的"上帝"就是柏拉图的最高"理念"
的人格化的变形，二者有着一脉相承的关系。

　　这种以超时间的、"超验"的无限性理念为特征的柏拉图主义，统治了
西方哲学史两千多年。它不仅是基督教的思想来源之一，而且在文艺复兴推
翻了中世纪神权统治之后，一直到19世纪中叶的这几百年的近代哲学中，
也占有主导的地位。文艺复兴以后，或者说自近代哲学的创始人笛卡尔以
后，西方近代哲学的主要问题是作为主体的人如何认识客体、征服客体，以
达到主客的对立统一的认识论问题。近代哲学的主要兴趣集中在认识人以外
的客观事物的本质；而客观事物的最高本质就是普遍性概念。在追求普遍性
概念的各种近代哲学学派中，占优势地位的观点是：把普遍性概念看成是独
立于具体事物之外的、超感性的、超时间的东西。这种普遍性概念构成旧形
而上学的"本体世界"。集西方近代哲学之大成的黑格尔哲学所奉为至尊的
"绝对理念"，就是这样一种本体世界。尽管黑格尔大讲"具体普遍"或
"具体概念"，大讲"绝对理念"不能脱离历史，"绝对理念"与时间进程

不可分离，从而在一定意义上起了颠覆旧形而上学的作用，成为他死后的西方现当代人文主义思潮的哲学先驱；但是，黑格尔的"绝对理念"最终还是超越于时间之外的、"超验"的抽象概念，这显然也是柏拉图主义的一种变种。所以，有的西方现代哲学家说，西方几千年的传统哲学都不过是柏拉图主义的变种，或者说，是柏拉图哲学的注脚而已。

总之，把苏格拉底、柏拉图以后的古希腊哲学、中世纪基督教哲学和近代哲学这三大阶段联系起来看，我们显然可以把西方传统哲学的主要特点概括为：对超时间的、"超验"的无限性概念的崇尚。在这种传统下生活的西方人，其实现自我的方式就是要把自己个人的有限性统一于这样的无限性之中。

中国传统哲学和西方传统哲学不同，很少讲"超验"的无限性概念。公孙龙的"白马非马"论虽有点类似柏拉图的"超验"的"理念"说之意。但他这种思想，在中国哲学史上根本不占重要地位，没有什么影响。朱熹的"理在事先"的思想观点，比公孙龙更明确地主张作为普遍性概念的"理"，是独立于具体事物之上和之外的。但朱熹思想的这一方面在中国传统哲学中也未占主导地位。

中国传统哲学中占主导地位的思想学说是"万物一体""天人合一"。虽然中国也有讲"天人相分"的思想的哲学家，如荀子等，但不占主导地位。儒家从孟子到宋明理学都以不同形式大讲"天人合一"：有的以"天人相类"的形式讲天人合一，例如汉代的董仲舒；有的以"天人相通"的形式讲天人合一，如孟子、宋明理学家，一直到清初的王船山。他们大讲破除"我"与"非我"的界限，强调我与宇宙合一，宇宙万物之间也是息息相通的。除儒家外，道家也讲"天人合一""万物一体"，庄子就大讲"天地与我共生，万物与我为一""人与天一也"。道家的学说，以后又融入了外来的佛家的思想。当然，道家讲的"天人合一""万物一体"中的"天"是自然的天，与儒家把"天"作为具有道德意义的学说有所不同，但都强调不分尔我，人与万物都处于一个整体之中。这是儒、道两家基本一致的观点。总之，中国传统哲学的主要特点之一是，不在感性的具体事物之上和之外（或者说，不在时间之上和之外），去另立什么"超验"的理念世界。

对照西方传统哲学来看，中国传统哲学"万物一体""天人合一"所讲的这个"一体"，是在时间之内的。无论这个"一体"多么无限、无穷，但都不是西方传统哲学所崇尚的那种超时间的、"超验"的无限性概念。中国传统哲学所讲的"一体"，是一个在时间之内无穷无尽地、或者说无限地绵延下去的一种动态的整体。而西方传统哲学所讲的那个"超验"的无限性概念，则是一种不变的、恒定的整体。这是中国传统哲学的无限观与西方传统哲学的无限观的根本区别之所在。而这两种无限观的根本区别，则根源于人与世界的关系的不同，西方哲学从柏拉图、特别是笛卡尔以来，直到黑格尔，"主客二分"的思维模式占据主导的地位。中国古代哲学长期以来，则以主体与客体融合的"天人合一"的思维模式为主导，直到近代以后，才有所变化。①

中西传统哲学在本体论方面的上述根本差异，在各自的传统的认识论、科学观、伦理观和审美观等方面都有直接的表现和影响。张世英先生在他所著的《哲学导论》《境界与文化》《美在自由》等著作中，对此做了论述。这里，择其要者做些阐述。

在认识论方面，由于人与世界万物的关系，存在着"主客二分"与"天人合一"这两种根本不同的看法，因此，面对当前的事物，也有两种追问的方式：一种是"主体—客体"（主客二分）的追问方式：外在的客体"是什么"？这是西方传统的概念哲学所采用的、由感性中的东西到理性中的东西的追问方式。它是沿着"纵向路线"，为着对外在的客观事物根本的把握，达到抽象同一性或普遍性概念。另一种是"人—世界"（"天人合一"）的追问方式：人"怎么样"与世界万物融合为一？这是中国传统哲学所采用的、从一些现实事物到另一些现实事物的"横向路线"的追问方式。前者追求的目标是事物之间的"相同"，而后者追求的目标是不同事物之间的"相通"。实现纵向与横向这两种超越所采取的途径也是不同的：西方传统哲学的"纵向超越"主要靠思维，它奉理性、思维为至上；而中国传统哲学所强调的"横向超越"，就不能只靠思维，而要靠想象。想象不是排斥思维，而是超越了思维，它让隐蔽的东西得以"敞亮"，而显示出事物的意义，使人回到了现实。与此相联系，西方传统哲学从"主客二分"的模式出发，认为主体与客体是彼此外在的，它们通过"认识"而得到统一，其真理观就是"符合说"；而中国传统哲学认为，任何客观的事物，都只是因其呈现于人面前而显示其意义。事物在没有被人陈述或判断时，尚处于遮蔽

---

① 张世英：《新哲学讲演录》，广西师范大学出版社，2004，第553~571页。

状态，对人没有意义；而当一个陈述或判断，揭示出事物的本来面目时，事物就达到了"去蔽"的状态而为人所见，这个陈述或判断便是真的。

在科学观方面，西方传统哲学中那种不计较利害、重视纯理论、纯思辨活动本身的兴趣，促进了西方对科学、对科学理论的重视和对逻辑推理的重视。科学不同于技术。技术是与实际的需要紧密联系在一起的。科学当然也与实际有联系，但更强调要有理论、有体系、有逻辑论证，这需要有为学术而学术、为知识而知识的那种所谓"纯理论的兴趣"。恩格斯在《费尔巴哈与德国古典哲学的终结》一书中，特别强调这种"纯理论兴趣"。古希腊人在重视现实生活的同时，更崇尚这种"纯理论兴趣"。有这种特殊兴趣的人，不问实效，不计较个人利害，一心陶醉在这种理性活动之中。西方许多伟大的科学理论就是在这样的兴趣的驱使下产生的。科学家们当初往往并没有考虑到效用，但这种伟大的科学理论产生后却有大用。当然这并不是说科学研究可以脱离实际，尊重"纯理论的兴趣"也决不排斥我们出于实际需要而从事的科研项目；尊重"纯理论的兴趣"也并不意味着在应用某种理论时不考虑人的需要和利害。但是，狭隘的实用主义，急功近利，是很难产生伟大的科学理论的。况且"纯粹科学研究的兴趣"本身就是一个重要的人生价值和意义之所在，就像宗教信仰一样，毫无实效，但信仰宗教的人仍然愿意生死以之。

中国的思想传统重人伦实际、重实用，所以中国很早就在技术方面很先进，这是世界上所公认的。但就科学理论的发展及其系统的形态而言，即使在古代也还是比较差的。其原因之一就在于：中国传统思想缺乏对纯思辨、纯理论的兴趣。中国传统思想不重视形式逻辑，也比较缺乏西方近代重因果推理、重实验观察的精神，这些也是造成中国科学不够发达的原因。中国传统的"万物一体""天人合一"的思想使中国人重"为道"而轻"为学"。孔子之学虽然也包括"为学"与"为道"两个方面，但更重要的方面是"为道"，他认为自己的神圣使命是教人求"仁"，因为"仁"是六艺之本，诸德之帅。孟子继承和发扬了孔子"为道"的方面，荀子继承和发扬了孔子"为学"的方面强调求知，但荀子的影响在中国传统哲学中不及孟子。朱熹有些"为学"的思想，但主要的还是"为道"。中国传统中重"为道"的思想，在给中国人提升高远的精神境界方面有其可取之处，但轻"为学"的思想，轻认识论、方法论，轻理性认识，这却给中国科学的发展带来了不利的影响。另外，中国传统的"万物一体""天人合一"的思想，因偏重对世界的整体把握，缺乏对自然现象作分门别类的深入探讨，往往把各门学科糅合在一起，这也是中国长期不能让科学研究取得深入、系统的发展的一个重要原因。

在伦理观方面，古希腊人虽然重视人在现实世界中的幸福，例如他们提倡的美德：勇敢、富有、荣誉、自信、正义等都与现实的幸福有关，但他们往往还是把不计较实际利害的、纯思辨的、纯理性的活动作为最高的幸福，而现实生活中善恶的标准也要以理性来评判。苏格拉底把德性规定为知识，柏拉图认为人的灵魂来自另一个世界，其归宿也在另一个世界。这些都与他们崇尚超乎时间之外的"超验"概念世界的哲学有很大的关系。中世纪的基督教崇尚信仰，似乎与古希腊崇尚理性正好相反，但两者间也有相通之处。基督教的"上帝"正是柏拉图最高"理念"的人格化的变种。基督教对"超验"的神性整体的追求，是一种对现实世界以外的"彼岸"世界的渴望，它和柏拉图关于人的灵魂的最后归宿在另一个超越的世界中的观点，和古希腊人把不计较利害的纯理性活动视为最高幸福的观点，显然有继承的关系。纯理性活动与基督教的信仰既是相反的两极，但在超越现实利害，崇尚"超验"的世界这一点上却又是一致的。基督教与古希腊哲学都有把精神追求置于物质利益的追求之上的倾向，原因就在于都崇尚"超验"的世界：一个是"超验"的"理念"世界，一个是"超验"的"神性"世界。西方文艺复兴以后的近代哲学虽然赶走了"上帝"，但仍然保留了与上帝同类型的超时间的"超验世界"。"超验"的神性，被代之以"超验"的概念、"超验"的主体，两者都有古希腊思想文化中柏拉图主义的根源，不能把这两者完全对立起来。因为这个缘故，尼采作为一个现代哲学家，在宣判基督教上帝已经死亡的同时，把柏拉图主义以及西方近代哲学所崇奉的"超验"的形而上的所谓"真正世界"，也都一并加以摒弃。当然，基督教的"人人在上帝面前平等"的意识，以及因对上帝感恩而产生的对他人的责任感和忍耐、谦恭等道德意识，还是值得我们重视的。在摆脱中世纪基督教教会的统治以后，西方近代哲学发扬了古希腊的重理性活动的精神，特别强调人的主体性，强调对事物的普遍性的追求。这种近代精神在对待人与自然的关系方面，发展成为所谓"人类中心主义"，后来甚至发展到人对自然为所欲为、无限索取的地步。

中国传统的伦理道德观与西方传统相比，正好相反。"天人合一""万物一体"的哲学不讲超越时间之外的"超验世界"，传统的人生追求都在时间之内的"万物一体"的现实之中。中国人当然也讲理想、讲自我实现。如何实现自我呢？如何把有限的我扩而充之呢？最典型的一个现成的说法就是"三不朽"："大上立德，其次立功，其次立言"。第一是立德，做圣人；第二是立功，成大事业；第三是立言，做大学问。但这三者都讲的是时间上的无限绵延，都不是西方传统思想所讲的超时间的"超验"的世界。这种无限绵延的观点还体现着自强不息的追求精神。融入儒家而成为中国传统哲学的重要内容的易、老之学，特别强调生生不息的道理，认为宇宙是一个变化无疆的大洪流。"生生不息"的"不息"就是无穷无尽之意。

在审美观方面，西方传统的审美观主要是"典型说"，中国传统的审美观主要是"隐秀说"。这是中西哲学在审美观方面的差异。

西方传统哲学长期以来是以不同程度的"主客二分"的思想占主导地位，相应地，"美在自由"的思想也占主导，重理性美（"典型"美）。"典型说"来源于柏拉图的"理念"说，理念、概念被认为是最高的、最真实的。从亚里士多德起，西方美学占主导地位的观点认为，美就是感性的东西，通过具有时间性的现实世界中的东西去体现、显现"超验"的、超时间的概念。这个概念就是典型，就是理想。西方传统艺术哲学基本上就是以这种"典型说"为其核心，认为艺术品或诗就在于从特殊的感性事物中，揭示出它们的本质，形成普遍性的概念。它要求说出事物"是什么"，它的要害是：把审美意识看作是"主体—客体"关系式的认识论。这种学说统治了西方美学思想几千年。虽然西方现当代哲学转而重视超理性之美，审美意识亦得以生活化、现实化，但西方人背负"主客二分"的传统压力毕竟过重，欲达到人与世界融为一体之真切的领悟，却非易事。

西方的"美在自由"思想之"自由"需要经过三重超越：一要超越属于"感性美"的声色之美，通过有限的感性形式达到无限的理性概念，从而产生理性之美，获得较高层次的自由。但"理性美"的无限性仍然具有一定的局限性，因为理性概念必然是对某类事物的界定，只在理性概念中生活的人并非最自由的人，也非达到美之极致。伴随着审美意识的进一步发展，便由"理性美"提升到"超理性之美"，达到"万物一体"的领悟。所谓"超理性"就是一种想象力，这是一种把本身不出场的东西，置于直观中而于在场的东西综合为一体的能力。此种美的境界通过对理性的超越，而比"理性美"的境界更自由，它是人生最充分的自由境界，是一种经得起磨炼的蓬勃奋发、博大高远之境。因此，西方美学应该学习一点中国"意象"说中"彼此融通、浑然一体"的气象，使自由之美更加具体化。

我国文艺理论界近半个世纪以来，曾经广为宣传的也是这种"典型说"。20世纪五六十年代发生的那场关于美学的大讨论，之所以也未能逃脱"主客二分"的关系模式，其理论基础都是从柏拉图到黑格尔的概念哲学。

在中国传统的"万物一体""天人合一"哲学思想的影响下，中国传统的审美观不是像西方传统那样通过现实中感性的东西去显现抽象的概念，把人的自我湮没于"天人合一"的整体之中，重"言外之意"，重含蓄美——"隐秀"美，"美在意象"之说长期占主导地位。而"隐秀"就是通过当前的东西去显现背后隐蔽的东西。这背后隐蔽的东西不是什么"超验"的概念，不是"超验"的神性，而是同样具体的、时间之内的东西。在这种审美观的指导下，就连书法也强调要"藏锋"。与西方传统的典型说相比，中国的"隐秀说"的审美观给人更广阔的想象空间，使人玩味无穷。所谓玩味无穷，其实就是在这种"天人合一、万物一体"的高远境界和无穷的想象空间中纵横驰骋，这是一种审美的享受。西方典型说的审美观虽然也给人以想象的空间，让你通过一个典型人物、典型性格想象到同一个典型、同一个类型下的其他许多具体事例，但典型说的审美观总还是束缚在一个固定的典型、固定的概念框架之内，所以，就一个艺术品给人以想象的空间的大小而言，中国传统的审美观给人的想象空间更为广阔，因而也更有诗意，更能让鉴赏者玩味无穷。中国以诗的国度著称于世，是和这种传统的审美观有着重大的关系。[①] 必须指出，"无我""忘我"的境界固然高远且令人陶醉，但"美在自由"的思想却处于长期受名教纲常的压抑而力求自拔的境地。因此，中国美学应该更多地发掘"意象"说中的自由思想，给"无我"之美，增添一点自我表现的神采。

当今之世，根据一些学者的意见，已经出现了新的"轴心时代"。只是它与前面所说的"轴心时代"相比较，具有不同的特点。在新的"轴心时代"里，由于经济全球化，科技一体化，信息网络的发展，把世界连成了一片，因而世界文化发展的状况，将不是独立发展，而是在相互影响下，形成文化多元、共存的局面，既有趋同的一面，又有特异的一面。它不可能像

---

① 张世英：《境界与文化》，人民出版社，2007，第257～276页。

公元前那样，由少数几个伟大思想家来主导，而是由众多的思想群体来导演未来文化的发展。跨文化与跨学科的研究，将会大大地发展起来。为了适应这种发展趋势，无论在哲学上，还是在整个文化的发展上，我们不仅要奉行"拿来主义"，而且也要实现"送去主义"。主动自觉地把中国优秀的文化，包括古代优秀的哲学"送出去"，使之在世界范围内得到更广泛的传播，并在与西方文化的交流中更好的发展。

第四章
哲学中真善美的统一

　　哲学是智慧之学，它探究的是大智慧，是对人的存在方式及其存在意义的反思。既然如此，肯定会涉及：什么是真？什么是善？什么是美？对于这些问题，可以从认识论（知识论）、伦理学、美学等方面来研究，在这里，我们先分别地对它们进行探讨，然后从整体上探究真善美三者的关系，及其在中西哲学史上的体现。

第一节　求真

　　求真就是指探究宇宙的奥秘，追问人生的意义。哲学以理论的方式来反思世界、反思人生。因此，求真不仅是人类理性与智慧的体现，同时也贯穿整个哲学的发展过程。由于客观的世界是处于不断地流变之中，充满着诸多的不确定因素，求真的过程就是企望消除这种不确定性，但是，这是永远达不到的。即使如此，人类还是在自己的实践活动中，不断地去认识世界、创造世界，并改变着人类自身。

　　人类对宇宙之谜与人生之谜的探求，形成了对世界、对人生的认识，而研究这种认识是否可能，如果可能又是如何可能的、遵循着什么样的规律，则形成了哲学中的认识论。

一　西方哲学史中的认识论

　　前面我们对西方哲学发展历史已经作了简要的阐述，从中我们可以看到西方哲学史中认识论发展的大体脉络。

　　在古代希腊、罗马的哲学中本体论和认识论尚未分化，例如，在亚里士多德那里，当他说"真理是离不开原因的"，"永恒事物的本原就必然永远是最真的本原"时，他是从本体论意义上来说真理；而当他说"是什么说是什么，不是什么则说不是什么"时，那就是从认识论的意义上来说真理了。希腊哲学家对于"真理"与"意见"的区分，是和他们对于"存在的世界"和"现象的世界"的区分联系在一起的。在巴门尼德那里，"真理"就是关于存在者的理性认识，"意见"则是非存在者的感性认识，由于存在是可以被思想的，因而可以得到证明，这样，思想和存在之间就有了"同一性"。以"理念论"著称的柏拉图认为，在灵魂的四种状态中，最高的是"理性"，其次是"理智"，接下来是"信念"，最后是"想象"。这反映了他对认识过程各个不同状态的评价。

西方哲学发展到近代，认识论成为哲学的中心，"经验论"和"唯理论"的争论持续不断，真理问题变得日益重大。一般说来，经验论往往倾向于"真理符合论"（correspondence theory of truth），认为，一种认识是否为真取决于它是否准确地描述实在；而"唯理论"则往往倾向于"真理融贯论"（coherence theory of truth），认为，一种认识是否为真与外在的事实无关，而取决于这个理论系统中各个命题之间是否互相融合。

在现代，西方哲学中实用主义的真理观把"有用性"作为是否真理的标准，认为，真理之所以为真理，因为它是有用的。海德格尔的真理观独树一帜，他从存在主义观点出发，把真理从"符合"变为"显隐"。他认为"真理的本质乃是自由"，而"自由"就是"绽出的、解蔽着的让存在者存在"。换言之，真理的本质就是敞开，它不仅是能够照亮自己的光，而且还是其他存在者的光，因为它也让其他存在者处于敞开状态。这样的发光者，无疑是最原始意义上的自由。

二　西方现代科学哲学家关于知识的学说——以波普尔、库恩、拉卡托斯为例

西方现代科学哲学家对知识增长的模式进行了富有启发性的研究，其中影响较大的有以下几种学说。

（一）波普尔的"证伪主义"

英国的科学哲学家波普尔，作为批判理性主义的创始人，继承了西方唯理论的传统。他深受爱因斯坦"相对论"的影响，认为科学知识的发展是一个不断"证伪"的过程。"科学"与"非科学"的分界的区别，就在于是否可以被"证伪"。凡是不可能被经验证伪的命题，都属于非科学的范

畴。从逻辑上说，"证伪"优于"证实"。有些伪科学的命题，虽然可以被经验"证实"，但终究不是科学的。所以，他的理论被称为"证伪主义"。

当时逻辑实证主义有一个说法，认为"形而上学"是没有意义的，提出"拒绝形而上学"的口号。波普尔不同意这个看法，他认为，形而上学并不是没有意义的，它对科学研究有着启发与指导的意义。他还反对逻辑实证主义关于科学理论来自经验进行归纳的说法，认为科学知识的增长是通过猜测与反驳来实现的。

他提出如下的科学知识增长模式：

$$P_1 \to TT \to EE \to P_2 \quad \to \cdots\cdots$$

其中，P_1 是指"问题"，TT 是指"假设"或"理论"，EE 是指检验及其"证实"或"证伪"，P_2 是指新的"问题"。他认为，科学研究总是从问题开始；根据问题，提出大胆的尝试性的猜测：假设或理论；各种假设或理论互相竞争，新的理论经受检验而得到暂时的确认，最终或者被证实，或者被证伪；之后，又面临着新的问题。如此循环往复，从而不断提高理论的逼近真理的程度（逼真度）。

波普尔把科学知识的发展看成是一个永不止息的动力学系统，以"问题"作为科学发展的动力，充分肯定意识的能动作用，强调科学发展的内在规律性及其"不断革命"的特征。这有其合理之处。固然"问题"的产生自有其实践方面的依据，但把"问题"作为研究的起点，是很有见地的。他的这个模式的不足之处在于，否认科学知识发展的继承性，否定了归纳法的作用，对观察、实验在科学研究中的作用估计不够，无视"证实"与"证伪"之间的复杂性，等等。就总体而言，他的哲学思想是西方科学哲学中从逻辑实证主义到历史主义之间发展的中间环节，在西方现代哲学中有较大的影响。

（二）库恩的"科学革命论"

库恩是美国的科学史家、科学哲学家。他对科学发展史，特别是物理学史有很好的研究，主张科学知识增长的研究要与科学史的研究相结合。他在《科学革命的结构》（1962）一书中，系统地阐述了一种从西方学术界看来十分新颖的科学观。这就是：科学是一定的"科学共同体"按照一套共同遵守的"范式"所进行的专业活动。所谓"范式"（Paradium）是指建立在具体的科学成就上的、科学共同体的共有的信念，包括思想框架、具体范例、发展道路和工作方式等。以此为思路，他提出的科学发展的动态模式是：

前科学→常规科学→反常→危机→科学革命→新的常规科学……
这里所说的"前科学"，是指尚未形成该学科"范式"的原始科学，而"常规科学"则是有了"范式"以后并在一定的"范式"指导下的科学活动。这个时期科学家的活动是按部就班而卓有成效。但是，好景不长，已有的"范式"总有不足以应付新的问题的挑战的时候，这就是"反常"的出现；当"反常"出现多了而又无法消除，就会陷入"危机"，常规的发展暂时中断，最后会导致以新的"范式"取代旧的"范式"的"科学革命"。通过科学革命重新开始了新的常规科学。

库恩认为，科学发展的模式既不是传统的归纳主义的"渐进积累"，也不是波普尔的"不断革命"，而是新旧"范式"不断更替、常规科学与科学革命的相互交替。因此，科学研究既要有"收敛式"的思维，又要有"发散式"的思维，并要在两者之间保持必要的张力。他还认为，科学发现和选择的过程，并不单纯是科学的逻辑论证过程。一种新的理论的提出与评价，首先取决于整个社会的文化背景、科学共同体的偏好以及科学家的个人癖性等。这样，他就把科学活动从认识论范畴放入到人的社会活动及其历史发展过程的范畴，有力地补充了传统的逻辑主义的不足。但是，他在一定程度上把科学发展的历史与科学的逻辑论证对立了起来，认为不同的"范式"只是应付不同问题的工具，它们在逻辑上是"不可通约"的，"范式"之间的转换是"格式塔"式的心理转变。

库恩的科学发展的模式在一定程度上反映了科学发展历史过程中实际存在的量变与质变、肯定与否定的辩证关系，从理论形态上表达了科学家们朴素的科学革命观，这对人们理解历史上的科学革命是有启发的。但是，他在认识论方面只承认知识的相对性，否认科学知识的客观真理性，在"范式"的产生与转换问题上，又夸大了灵感、直觉的作用，这也是需要指出的。

（三）拉卡托斯的"科学研究纲领方法论"

拉卡托斯是匈牙利科学哲学家、数学哲学家。他不满足于推广与应用波普尔的思想，提出有自己独特见解的"科学研究纲领方法论"。他的基本观点是，科学理论的体系不是由一个一个孤立的命题所组成，而是一个有机的整体，是一个研究纲领。个别命题的被证实或被证伪是没有意义的，并不就会导致整个理论体系的改变。而研究纲领是以下列几个互相联系的部分所组成：

A. 由最基本的理论构成的"硬核"。它不容经验反驳；如果放弃了它，就等于放弃了整个研究纲领。

B. 围绕在硬核周围的许多辅助性假设构成的"保护带"。通过对它的调整、修改，以消除研究纲领与经验事实的不一致。

C. 不准放弃或修改研究纲领的硬核的原则——反面启发法。

D. 丰富、完善和发展研究纲领的原则——正面启发法。

拉卡托斯认为，每个时代、每门学科并非仅有一种纲领存在，而是有不同的纲领及其相互之间的竞争。科学的发展就是能对经验事实作出成功预言的进化的研究纲领，通过竞争，取代退化的研究纲领的过程。由此，他提出了这样的科学发展模式：

科学研究纲领的进化阶段→科学研究纲领的退化阶段→新的科学研究纲领的进化阶段取代退化的研究纲领→新的科学研究纲领的进化阶段→……

拉卡托斯认为，新纲领只有继承旧纲领的全部合理的经验内容，并有新的预见，才能取代旧纲领。由于他坚持了科学理论的整体性，肯定了科学研究纲领之间更替的先后连续性与继承性，较好地体现了科学发展中进化与革命、量变与质变的辩证统一，因而他的科学研究纲领理论既不同于波普尔"不断革命"的模式，也不同于库恩把科学发展归结为非理性的信念变换的心理主义。它更合理、更全面，也更切合科学发展的实际。他还认为，感性经验并不能完全证伪某种理论，只有一种具有更多经验内容或具有更大预见性的新理论，才能证伪某种理论并取而代之。他把波普尔的"证伪主义"看作是朴素的证伪主义，把他自己的证伪主义称为精致的证伪主义。

波普尔、库恩、拉卡托斯的上述学说在西方科学哲学中，具有较大影响，值得我们吸收与借鉴。

三　中国哲学史中的认识论（知识论）

前面我们对中国哲学发展历史已经作了简要的阐述，这里仅就中国哲学史中有关认识论发展的大体脉络作出说明。

中国哲学最注重的是人生，但是，要知人，便不能不知天。无论知人，还是知天，都要研究"致知之方"，这样，也就涉及认识论的各种问题。所以，不能说中国哲学完全没有认识论、知识论，尽管这并非中国哲学之所长。中国哲学中，除了"致知之方"以外，还讲究"为学之方"，而这个

"为学之方"就不限于知识方面，既有修养方法，又有研究方法，因为中国哲学的特点之一，就是把致知方法与德行涵养联系在一起的。

中国哲学中认识论（或知识论）发展的大体状况如何？张岱年先生有一段话说得好：

> 先秦时孔子、墨子虽未论及知识，然皆尝论及致知之方。后来的墨家与名家，以及道家的庄子，儒家的荀子，便都很注意知之问题了。宋、明哲学中，程朱、陆王两派的争点之一，也可以说即在致知方法上。[①]

在先秦时期，儒家中的孟子讲"良知""良能"，当然，这是关于是非、善恶的知识，认为它是"天之所与""我固有之"。他对关于客观事物的知识的来源问题，未作明确的阐述。荀子认为，"知"是可能的，并明确主张一切知识都来源于感觉。墨家对于知识问题讲得较多，《墨经》中就有关于一般知识的性质与来源的详细理论。《墨经》以为，人的大部分知识是从"五官"来，有三种来源：闻（听来的、由他人传授的）、说（推论而来的）、亲（直接的经验）。从知识的内容而论，有四个要素：名、实、合（名实相符）、为（实践）。墨家还提出知识标准的"三表"：有本之者，有原之者，有用之者。名家中的公孙龙也论及知识，认为知识有若干因素，仅有一个因素不能成为知识。道家中的庄子，最初对知识有所怀疑，所谓："吾生也有涯，而知也无涯；以有涯随无涯，殆已！"但他并非完全否定知识，肯定"且有真人而后有真知"。

东汉时的王充反对"生而知之"的说法，与荀子一样，认为任何知识均来源于感觉，即使是圣人也不例外。他还注重"效验"，强调凡是理论必须有事实上的证据。

宋、明的哲学家中，最初论及知识的是张载。他把知识分为"见闻之知"与"德性所知"两种，认为前者属于特殊事物的知识，来自感官经验；后者关乎整个宇宙，属于普遍的知识，它来自心的直觉，要以道德修养为基础。

在二程之中，程颢有"以心知天"的说法，而程颐关于知的来源的看

---

① 张岱年：《中国哲学大纲》，江苏教育出版社，2005，第447页。

法，则与张载的看法相同，又有"致知在格物"之说。他认为，在知行关系上，要"以知为本"，有真知则必能实行，"知"是"行"的基础。朱熹发挥了"格物致知"之说，在哲学史上影响很大，但他又认为"心具众理"，事物之理"本亦具于吾心"。他说："知者吾心之知，理者事物之理。以此知彼，自有主宾之辨。"

陆九渊、王阳明关于知识的学说与程、朱不同。陆九渊论知识，专重于内心。他认为，真知之源不在于外，而在于内，"心"中就含有宇宙之理，只需尽心，就可得一切之理。他所讲的这个"理"，其实是人伦之理，是对孟子"良知"学说的继承与发挥。孟子并没有说一切知识都基于良知，而陆氏把"人伦之理"等同于"宇宙之理"；这样，对于宇宙的知识也都来自良知了。王阳明继承并发挥了此说，认为宇宙万理，吾心自有之。他把"心"与"物"视而为一，"能知"与"所知"也是一而不可分，"心外无物"，"我的灵明，便是天地鬼神的主宰"。在知行关系问题上，他主张"知行合一"，认为离行无知，"知是行之始，行是知之成"，"行之明觉精察处便是知，知之真切笃实处便是行"。需要说明的是，他对"行"的理解甚为宽广："一念发动处，便即是行了"，把学问、思辨等思维活动也都算作行，这样难免会导致"以知为行"。

清初的王夫之肯定知之可能，说"心之所知，实无限际。尽其思，则能知一切之理"。他反对陆王"心学"，认为，物之存在不依赖于心，外界的物是独立的。他也不赞成王阳明的"知行合一"说，认为"知"与"行"虽然有密切关系，但两者终究是有分别的，不可以将它们混为一谈。知与行两者"相资以互用"，但是，"知也者，固以行为功者也；行也者，不以知为功者也"，由行可以获知，而有知未必能行，可见"行"还是根本、是基础，不可离"行"以为"知"。

四　对中国古代"格物致知"说的若干探讨

中国古代哲学中，虽然也有关于认识论、知识论方面的深刻见解，但从总体来说，特别是与西方哲学相比较而言，应该说是不够发达的。古代哲学家所提出的"格物致知"说究竟应该如何理解？近来《中华读书报》上，刊载了黄铁军与汤一介两位教授的讨论文章，其中涉及对中国古代"格物致知"说的评价问题，值得人们关注。

2012 年，世界科学界发生的一件大事就是发现了"希格斯玻色子"

（Higgs boson）。这是粒子物理学标准模型预言的 62 种基本粒子中最后未被实验发现并证明的一种。1964 年，英国物理学家彼得·希格斯（P. W. Higgs）预言了这种"自旋为零"的基本粒子的存在，所以用他的名字来命名。由于该粒子的重要性与神秘性，又被称为"上帝粒子"，它是物质的质量之源，是电子和"夸克"等形成质量的基础。北京大学信息科学技术学院的黄铁军教授受此发现的启发，撰写了一篇题为《希格斯玻色子、格物致知与四大皆空》的文章，批评了"格物致知"说在认识上的偏差，并求教于北京大学哲学系的汤一介教授。2013 年 1 月 16 日的《中华读书报》发表了黄教授的文章和汤教授的复信。接着，黄教授又写了《科学与儒学——答汤一介先生复函》一文（见《中华读书报》2013 年 1 月 23 日）。两篇文章和一封复信涉及中西方文化方面的问题颇多，这里不拟一一论及，只能就与"格物致知"有直接关系的某些问题作些阐述。

黄先生在第一篇文章中指出，"格物致知"在《大学》的"三纲八目"中处于基础地位。

> "格物"是修养的根基，"致知"是修养的起点，"格物"是人对万事万物的透彻理解，换言之，《大学》把儒学的根基设定在自然科学上。可惜的是，两千多年来儒学发展更多围绕"修齐治平"（主要是今天的社会学）展开，对"格物"的讨论一直停留在思辨层次，科学意义的"格物致知"在东方一直没有得到充分重视和深入探索，朱熹和王阳明这两大儒学代表人物就集中反映了这个问题。

为了说明朱、王两位先哲对"格物致知"认识上的偏差，黄先生分别作了论述。指出，朱熹的失误首先在于对"物"的理解。"物"本应是指客观世界、客观对象。但朱熹却随意地把客观的"物"推广到"事物"，把"理"从"物理"推广到"做人的道理"，把自然科学的"格物致知"转换成社会科学的"道德规范"。朱熹的第二个失误在于如何"格物"。他不是用实验、分析等方法，而只是祈求"一旦豁然开朗"，而且还仅仅是靠个人之力。王阳明以"亭前竹子"为对象，认真地去"格物"，但他"不是动手做试验来探索竹子的物质组成和生物原理"，而是继续用"内省"的老路，据《传习录》上记载，其结果是：非但没有"豁然开朗"，反而"劳神成疾"。由此，他悟到"格物之功，只在身心上做"，从对外转而向内了。他又用《孟子》中的"所不虑而知者，其良知也"来把"致知"解释为"致良知"，彻底消灭了"格物致知"的原意。

黄先生在第二篇文章中进而指出，"格物致知"是儒学的根基，"是诚意正心的基础，是修齐治平的基础的基础"。黄先生认为，孔子、曾子的"格物致知"是"和近现代科学遥相呼应"的。"格物致知"即寻求隐藏在万事万物背后的"天地大道"，这也是科学最基本的目标。问题是秦汉以降，儒学的传人们对"格物致知"的忽视与扭曲。朱熹是偷换概念，以偏概全，"让儒学退缩到社会学和伦理学范畴"，王阳明是"把物与身、心、意、知混为一谈，主客不分，中国哲学不进反退"。因此，要澄清"格物致知"的原意，"实现现代科学和先秦儒道的对接，或者说东西方的融合"。

黄先生还指出：

> 寻求"天地大道"的"格物致知"过程，就是求真的过程。那么"天地大道"之真面目到底如何？一个字——"空"。佛说"四大皆空"，老子说"万物生于无"，而现代科学则追寻到大爆炸。大爆炸留下来的是我们称为基本粒子的"能量团"，希格斯玻色子是把"能量团"转换成有质量的物质基元的关键。希格斯玻色子的发现，意味着长期以来源自物质的"实在"观念可以放弃了。

从黄先生的上述两篇文章中有关"格物致知"的论述，人们也许会产生这样的问题：先秦时期哲学家（特别是儒家）是从一个什么角度提出"格物致知"学说的？秦汉以降，儒学的传人们是否能说他们"忽视与扭曲"了孔子、曾子的"格物致知"学说？澄清了"格物致知"的原意，是否就可以"实现现代科学和先秦儒道的对接，或者说东西方的融合"？对此，人们完全可以见仁、见智，各抒己见。其实，汤先生的复信已经讲得很明白了。

汤先生认为，佛教的"四大皆空"和老子的"有生于无"，是否可与希格斯玻色子相提并论，"则有待商榷"。汤先生说：

> 在这一点上，我倒认为王阳明所言"仙家说虚，从养生上来；佛家说无，从出离生死苦海上来"更有道理，也就是说，佛老所谈论的"空"和"无"，同儒家一样，主要针对的也还是人生和社会问题，而

没像西方文明、尤其是西方自然科学那样，自觉地将人生、社会与自然剥离、分疏开来，实现主客二分……

顺便说一句：汤先生信中所提到的王阳明，是一位非常重要的明朝的哲学家，过去被冠以主观唯心主义，对他批判甚多，应以全面评价其得失为好。

第二节　向善

善与恶是对应的，善恶问题属于伦理道德的范畴。"道德"（moral）的概念多有歧义，它的语源是拉丁文 moralis，用复数其意为风俗习惯，用单数则为个人的性格和品性。在中文中，"道"与"德"两字的意义不同，可以分开来使用，也可以合起来使用，含义也各异。《论语·述而》中有"志于道，据于德"的说法，其中"道"是指理想的人格或社会图景，"德"是指立身根据和行为准则。《老子》第五十一章有"道生之，德畜之""道之尊，德之贵"的说法，其中"道"是指万物的本体以及事物运动变化所遵循的普遍规律，而"德"与"得"的意义相通、相近，有具体事物特殊性质或对道的认识有得于己的意思。通常所说的"道德"是指人们在社会实践生活中形成的关于善恶、是非的观念、情感和行为习惯，并依靠社会舆论和良心指导与调节人与人、人与社会、人与自然关系的规范体系。

一　西方哲学史中的伦理道德观

在古希腊的柏拉图那里，"善"既是理念世界中最高的理念，是其他理念追求的目的；又是一个国家和一个个人的一种品质，它包含智慧、勇敢、节制和正义四德。在他看来，德性就是知识，"真"与"善"是统一的。因此，真知识必定能够把人们引导到正确的行为；只有无知才是恶的最终原因。例如，一个人之所以表现得勇敢，是因为他具有什么应该害怕、什么不应该害怕的知识，而对可怕事物的无知才使人成为胆小鬼。当然，他的观点未必正确，引起了亚里士多德的诸多批评。

亚里士多德把"善"与"幸福"联系起来，认为，幸福是人最大的、最好的"善"，而至善则是人的行为的最后目的。与柏拉图把善与快乐对立起来不同，他认为，幸福的、有德性的生活必定是快乐的生活。他还把灵魂分为理性的和非理性的两部分，灵魂的纯理性部分是负责沉思、逻辑推理、形成科学理论。对这些能力的把握叫作"理智德性"。此外，人还有伦理德性，如慷慨、节制，等等。思辨、沉思这种理智德性的最高的德性，也是最高尚、最持久、最愉快的幸福。在什么才是真正的幸福的问题上，他反对的是对物质满足的纵欲与禁欲这两个极端，主张"过度和不及都属于恶，中庸才是德性"。

西方近代哲学中，康德的伦理观影响很大。康德对道德的重视，可以从他墓地纪念碑上镌刻的这一段话中得到证明。他说：

> 有两种东西，人们越是经常持久地对之凝神思索，它们就越是使内心充满常新而日增的惊奇和敬畏：我头上的星空和我心中的道德律。对这两者，我不可当做隐蔽在黑暗中或是夸大其辞的东西到我的视野之外去寻求和猜测；我看到它们在我眼前，并把它们直接与我的实存的意识联结起来。[1]

他认为，人与动物不同之处在于，人是按照意志来活动；而意志绝对不是一种非理性的力量，而是"实践理性"。道德的最终目的是追求至善，但善有"意志的善"与"结果的善"两种，只有意志的善才是真正的道德善。因此，行为的道德与否完全取决于行为的动机，道德行为不允许有任何功利的考虑。动机有两种：爱好的动机与责任的动机，道德行为不能出于爱好，只能出于责任。这就是他的道德理论中的"义务论"。他认为，幸福取决于主体的爱好、本能、需求等经验性要素，因而不宜成为普遍的道德法则。但是，幸福原则与德性原则又不是对立的，"纯粹实践理性并不希望人们应当放弃对于幸福的要求，而只是希望一旦谈到职责，人们应当完全不瞻顾幸福"。

西方哲学史中，功利主义的伦理观由来已久。古代的伊壁鸠鲁早就认为，快乐是幸福生活的起点和终点，是最高的、天生的善。近代以来，边沁和穆勒继承了伊壁鸠鲁的思想并加以发展，创立了系统的功利主义。无论是边沁的观点（快乐、幸福就是"善"），还是穆勒的观点（他更强调总体幸福，认为理智的快乐高于感官的快乐），他们的共同之点在于只把行为的后果而不是把行为的动机作为道德判断的依据，这是一种"后果论"的伦理学，它与上述康德的善良意志学说形成了鲜明的对照。

---

[1]　康德：《实践理性批判》，人民出版社，2003，第220页。

二　中国哲学史中的伦理道德观

中国哲学史上儒家讲伦理道德最为详尽，也最为重视。儒家的"天人合一"观中的"天"，具有道德的属性；儒家是通过"天人合一"来为人的道德的来源寻找本体论的根据。

从历史上考察，"天人合一"的思想可以溯源于商代的占卜，大体上从春秋时期起，天人关系的重心已不是讲人与有意志的人格"神"之间的关系，"天"已经开始从超验的"神"的地位，下降到了现实世界。这种转化表现为儒家和道家两种不同类型的"天人合一"观。儒家所讲的"天"，一直保留着西周时期"天"的道德含义，"天"具有道德理性；而道家所讲的"天"，则指的是自然，不具有道德含义。

儒家的"天人合一"说一般都以孟子为倡导者，但从根源上看，还是应该从孔子谈起。孔子少言天道，但还是认为"唯天为大"。但孔子所讲的道德之核心是"仁"，他在讲仁德的根源时，却很难见出有"仁"源于人格神意义之"天"的意思。相反，他把"孝、悌"之类的自然感情，看作是"为仁之本"。孟子的"天"，主要是指有道德含义之天。他的"天人合一"思想讲的是人与"义理之天"的合一。由于人性乃"天之所与我者"①，"仁义礼智，非由外铄我也，我固有之也"。② 故"尽其心者，知其性也；知其性则知天矣"。③ 有"善性"之人，与有"义理"之天，在孟子这里得到了有机的统一，明确地奠定了儒家"天人合一"思想之核心。如果说孔子由于主张"仁"德自"孝悌"亲情始，并由此而推及他人，于是强调了"爱有差等"；那么，孟子则由于主张源于"上下与天地同流"比"孝悌"亲情更根本的"恻隐之心"乃"仁之端"，于是强调了人性中皆有仁义，人人皆可以为"圣人"，人人都是平等的，从而在道德层面上肯定人格上的平等，这是儒家伦理道德思想发展史上的一个大的进步。

老庄的"天人合一"思想不同于孟子。老庄思想中之天，则无论是指自然而然之"道"或指自然本身，皆无人伦道德的含义，反对"以人灭天"。老子说："人法地，地法天，天法道，道法自然"。④ 庄子在老子"道

---

① 《孟子·告子上》。
② 《孟子·告子上》。
③ 《孟子·尽心上》。
④ 《老子》第25章。

论"的基础上，更多地讲人的精神境界。他的"天地与我并生，万物与我为一"① 的精神境界，就是他所明确界定的一种"人与天一也"② 的境界。既然人与天地万物之自然已经合为一体，我与他人、与他物之分，当然都不存在了。他的"蝴蝶梦"就是其"天人合一"境界的最典型、最生动的表现。

汉代的董仲舒在当时"阴阳五行"学说的浓厚气氛下，把孟子的"义理之天"的"义理"，向宗教神学的方向推进。他从"天人相副"的学说出发，认为，天有阴有阳，人与天副，故人亦有性有情，"性"乃天之阳气，表现为仁；"情"乃天之阴气，表现为贪。他把人性分为上、中、下三等，即"圣人之性""中民之性""斗筲之性"。"圣人之性"者与"斗筲之性"者，一为天生的善，一为天生的恶，都无可改变，惟"中民之性"者可经过教化而为善。这种人性论与孔子所谓"唯上智与下愚不移"相近，而与孟子之所谓"人皆可以为尧舜"则相去甚远。他还以"天人相副"为根据，特别提出"三纲"之说，把孔孟的伦理道德思想变成了"贵贱主从"的人伦关系学说。

宋代理学家的"天人合一"说是接着孟子之学讲的，但有了重大发展：一是把孔孟的"上下与天地同流""万物皆备于我"的简单朴素的论断，发展为人"与天地万物为一体"的思想学说；二是把孔孟的"差等之爱"的观点，向着"博爱"思想的方向推进。张载的"民胞物与"思想，可以作为一个很好的例证。这种"民胞物与"之爱，显然不是像孔孟那样，从血缘的亲情推及出来的，而是以"万物一体"为其本体论根源，其重点不在于强调爱之差等，而在于强调爱及他人以至爱及于物。这是儒家伦理道德思想发展史上的一个重大突破。

程颢是宋代道学家中第一个最明确地提出了"仁者以天地万物为一体"的论断。程颢关于"仁"源于"万物一体"之说，显然是对孟子之"万物皆备于我"和张载所谓"天地之塞，吾其体"的更具体而生动的申述和发挥。他的"仁者以天地万物为一体"的命题，足以代表宋明道学关于"仁"德的本体论根源的观点。程颐和朱熹是以"理"作为万物之根本。"理"在程、朱这里，具有道德意义，由此他大讲"存天理、灭人欲"的道德修养

---

① 《庄子·齐物论》。
② 《庄子·山木》。

之方，大讲"三纲""五常"不变之理，集中体现了正统儒家思想的主要特征。

陆王"心学"强调"理"不在心外，"心即是理"。王阳明继承和发展了程颢的"仁者以天地万物为一体"的思想，成了中国哲学史上"天人合一"说之集大成者。他认为，人心即是天地万物之心，是人心使天地万物"发窍"而具有意义；如果离开了人心，天地万物虽然存在，却没有开窍、没有意义。王阳明的"天人合一"思想使人与天地万物之间达到更加融合无间的地步。在大力主张"一体之仁"的博爱思想的同时，他也承认"差等之爱"的空间。人与物虽然同为一体，但对人之爱与对物之爱，应有厚与薄之分；至亲与路人虽然同为一体，但对至亲之爱与对路人之爱，也有厚薄之分。他在宋明道学家中，特别是与朱熹相比，独具反对外在权威和自由独立的思想，而不像朱熹那样受外在的、先在的"理"的束缚。尽管如此，王阳明的"一体之仁"并没有超越儒家传统的等级观念，更谈不上达到近代的人人平等，人人享有基本权利的思想水平。在王阳明之前，南宋的陈亮、叶适早就已经与朱熹等道学家不同，提倡重"人欲"、重功利，反对把"天理"与"人欲"对立起来。叶适主张"人心，众人之同心也，所以就利远害，能成养生送死之事也。"① 他认为，物欲和考虑实际利害，是势所必至的自然本性，是生存之所需，这与理学家认为人欲是邪恶之源的观点不同。叶适从重功利出发，强调"民与君为一"、重天下人之利，这是对先秦以来重义、轻利和宋代理学家"存天理，去人欲"思想的一大突破。

明代后期的李贽，明确地强调"穿衣吃饭"之类的"人伦物理"在人生中的首要地位。他说："穿衣吃饭即是人伦物理"②，人人都应同等享受。由此出发他极力提倡君与民应该平等的思想，这实际上接近了西方近代以功利主义为基础的天赋人权、人人平等的原则精神。李贽所处的时代，资本主义已开始萌芽，李贽重视"一切治生产业等事"的思想观点，标志着时代所要求于人的物质需求的自觉性。但李贽的言论缺乏理论性，而且在当时条件下显得过于偏激。

李贽死后百余年，清代的戴震提出了"达情遂欲"说，对物欲在人生中的重要地位作了更富有理论性的平实论述。戴震认为，人生而后有欲，有

---

① 叶适：《习学记言》。
② 李贽：《焚书·答邓石阳》。

情，有知，这三者是"血气心知之自然也"。他反对宋明理学家的"存天理，去人欲"，而提出了"理存于欲"的新观点。在他看来，无欲无为之理是空无内容的，理或道德法则是以欲和情为基础，理不过是情欲之适当而已。人皆有"遂己之欲""达己之情"的自然本性，这种本性不但不能"去"之、"灭"之，而且应当"遂"之、"达"之。否则，人的这种基本权利都被"去"掉了、"灭"掉了，人根本无法生存。道德（"理"）不过是将己之情欲推而"广之"，以"遂人之欲""达人之情"，使天下人之"欲""无不遂"，天下人之"情""无不达"。戴震的这种以功利主义为基础的"达情遂欲"学说，是对正统儒家压抑人的情欲的思想的否定。

综上所述，儒家讲"天人合一""万物一体"之"仁"的思想，不但为人伦道德找到了深远的根源，提高了中华文化的道德意蕴，而且为人与自然的"和谐相处"提供了理论根据。"万物一体"远不止于人与人"为一体"，而且是人对自然万物产生"仁爱"之根源。今天，我们所热衷讨论的人与自然和谐相处的问题，应该可以从"万物一体"中找到哲学本体论方面的答案。当然，"万物一体"之"仁"，并不等于抹杀人对人的"一体之仁"和人对自然物的"一体之仁"两者间的区别。西方的极端"人类中心主义"只顾人对自然的无情掠夺，相反地，一些神学家所提倡的"非人类中心主义"，又走向另一极端，完全抹杀人与自然物的区别，主张两者同样具有神圣性，具有同等价值。从这方面说，中国儒家传统所强调的"人有义"而"最为天下贵"的思想，可以说是对"非人类中心主义"的理论性批判。但是，中国传统的"万物一体""天人合一"的思想对于人与自然的关系问题，只是一般性地为两者间的和谐相处提供了本体论上的根据，为人与自然和谐相处追寻到了一种人所必须具有的精神境界，却还没有为如何做到人与自然和谐相处，找到一种具体途径及其理论依据。于是，国外的一些思想家提出了"生态伦理""生态中心主义"的概念，这个问题我们在之后将专门加以阐述。

三 伦理道德的黄金律

在古今中外各具特色的道德规范体系中，包括形形色色的道德规范，大体上可以分为两种类型：一种是仅仅适合于某个时期、某些地区、某个民族或某个特定的情况的；另一种是具有很高的普遍性与共通性，因而具有普遍适用性。这种具有普遍性特征的人类道德规范，被称之为"道德黄金律"。

在西方基督教的伦理学中，有所谓"将心比心，推己及人"的内容，其正面的表述是：你若愿意别人对你这样做，你就应该对别人做同样的事情；其负面表述是：你若不愿意别人对你这样做，你就不应该对别人做同样的事情。《圣经》旧约的"利未记"中，记述耶和华的话说："要爱人如己。"新约的"马太福音"中，记述耶稣的话说："你们愿意人怎样对待你们，你们也要怎样对待人。"这是肯定式的、正面的表述。《圣经》后典的"多比书"中记述多比对他儿子的话说："你不愿意别人如何对待你，你就不要以同样的手段去对待别人。"这是否定式的、负面的表述。在"摩西十诫"中，前四条是关于人与神的关系，后六条是关于人与人关系（例如，不可杀人，不可奸淫，不可偷盗，等等），这实际上是关于人与人之间的伦理规范与秩序。

在印度教、佛教、伊斯兰教和其他宗教中，也有各自的关于道德黄金律的表述。例如，具有婆罗门教背景的印度古代史诗《摩珂婆罗多》的"和平篇"中有这样的表述："绝不应该把自己不愿意受到的对待施加于他人"。又如，波斯祆教的教谕是："唯有不将于己不利之事施于他人，人性方可称善。"

在西方国家的正式文献中，也有引用道德黄金律的。例如，法国的1793年宪法，包括《人和公民的权利宣言》的第六条说："自由是所有的人做不损害他人权利之事的权利：其原则为自然；其准则为正义；其保障为法律；其道德界限则存在于下述箴言之中：己所不欲，勿施于人。"1795年宪法所附的《人和公民的权利和义务宣言》的义务部分第二条说："人和公民的一切义务均来自下述铭刻在所有人心中的两条原则：己所不欲，勿施于人；己之所欲，恒施于人。"法国宪法两度引用这个黄金律，与法国大革命时期强调的"自由、平等、博爱"的思想是相关联的。

在中国儒家的伦理学中，孔子提倡并一以贯之的"忠恕之道"是值得特别重视的道德规范。如果说，"忠"所表达的是个人与群体中心相通的规范与要求的话，那么，"恕"所表达的是个人与他人之间的彼此相通。这个"恕"道的正面表述是："己欲立而立人，己欲达而达人"①；其负面表述是

---

① 《论语·雍也》。

"己所不欲，勿施于人"①。此外，在《中庸》第十三章也有类似的表述："忠恕为道不远。施诸己而不愿，亦勿施于人。"

1993 年 8 月 28 日至 9 月 4 日，全球 6500 多名各派别的宗教人士在美国芝加哥召开的"第二届世界宗教议会"制定并通过的《走向世界伦理宣言》中，提出了"普世伦理"的概念，认为道德黄金规律的表述是"每一个人都应该得到符合人性的对待"。许多学者认为，这个表述可以视同于《论语》中的"己所不欲，勿施于人"。中国古代儒家的伦理思想"己所不欲，勿施于人"（do not do to others what you would not have done to you），由此得到了国际社会的普遍认可。

综上所述，可以这样说："己所不欲，勿施于人"既然同样出现于东方和西方，与意识形态无关，"而是不折不扣的普世价值，是世界上多个不同文明在互不知情的年代里各自提出，却又高度一致的道德观念。"② 因此，道德黄金规律是人类都应该遵守的道德原则。

四　从人类中心主义到生态中心主义

20 世纪以来，人类环境恶化，生态系统遭受破坏的严酷事实，引起了更多有识之士的关注。20 世纪 60 年代初，美国女科学家蕾切卡·卡逊出版《寂静的春天》一书，引发了一场环境意识的革命。从那时起，公众对滥用自然资源，对工业生产污染所造成的公害，表现出极大的愤慨。保护环境，维护生态系统，已经不是单纯的自然科学与工业生产的问题，而是一种社会公德，一种为了人类生存而必须肩负的道德责任，它已经列入了伦理道德的范畴。

较早地将环境权作为基本人权见之于正式文件的是 1970 年美国总统尼克松的演说，以及 1972 年联合国通过的《人类环境宣言》。尼克松把"拥有清新的空气、干净的水源和开放的大地"，作为每一个美国人的"与生俱来的权利"（birth right）。而于 1972 年 6 月 5 日至 16 日，在瑞典斯德哥尔摩召开的"人类环境会议"所通过的《人类环境宣言》中，就环境权利问题明确地向全世界宣布："保护和改善人类环境是关系到全世界各国人民的幸福和经济发展的重要问题，也是全世界各国人民的迫切希望和各国政府的责

---

① 《论语·卫灵公》。
② 许明龙：《"己所不欲，勿施于人"与道德黄金律》，《中华读书报》2012 年 6 月 13 日。

137

任。""为了这一代和将来世世代代的利益，地球上的自然资源，必须通过周密计划和适当管理加以保护"。这个宣言实际上为"可持续发展"的思想和战略，奠定了初步的基础，提供了雏形。因为它指出了环境问题，不仅是当代人之间的相互关系问题，而且是当代人与子孙后代的关系问题。也是在1972年，罗马俱乐部发表了研究报告《增长的极限》，第一次提出了地球的极限和人类社会发展极限的观点，警示人们在有限的地球上无止境地追求增长所带来的必然的悲惨后果。

20世纪80年代，人们就开始对工业文明社会进行了初步的反思，各国政府开始将生态保护作为一项重要的施政内容。1981年，美国经济学家莱斯特·R. 布朗在他所写的《建立一个可持续发展的社会》一书中，首先正式提出了"可持续发展"的问题。1987年，联合国环境与发展委员会以《我们共同的未来》为题，发表了研究报告。这个报告对可持续发展作了理论表述，从而形成了人类构建生态文明漫长征途中的另一个纲领性文件。

1992年6月，"联合国环境与发展大会"在巴西的里约热内卢召开。这时，全球的环境继续恶化，如果仅仅就事论事，单纯地重视环境保护，那已经远远不够了，必须把环境问题与发展问题联系起来统一考虑，才能找到环境问题的根源。这已经是国际上越来越多有识之士的共识。这次会议共有183个国家的代表团和联合国及其下属机构等70个国际组织的代表出席了会议，102位国家元首或政府首脑到会讲话。会议通过和签署了《里约热内卢环境与发展宣言》《21世纪议程》《关于森林问题的原则声明》《联合国气候变化框架公约》和《生物多样性公约》等重要文件。随后，我国也制定了《中国21世纪议程》的文件，做出了庄严的承诺。这次会议提出了全球性的"可持续发展"战略，真正拉开了人类自觉改变生产和生活方式，建设生态文明的序幕。

1995年，美国著名作家、评论家罗伊·莫里森在《生态民主》一书中明确地提出了"生态文明"（ecological civilization）的概念，并把"生态文明"作为"工业文明"之后的一种新的文明形式。这就意味着工业文明因面临多重全球性问题而必将发生转型，从而走向新的文明形态。

在此之后，许多国家的学者，包括我国的生态学家们对"生态文明"的界定及其在人类文明中的地位问题，各抒己见，形成了各种不同的观点、理论和主义。在此，我们不必一一详列。从总体上看，"生态文明"概念的核心思想都离不开人类在改造利用自然的同时，要积极改善和优化人与自然的关系，建立良好的生态环境。如果我们以生产方式作为划分人类文明形态的坐标尺，那么，人类文明形态的发展，迄今为止，已经经历过"前文明——农业文明——工业文明"几种形态。"工业文明"是人类历史上已经经历或正在经历的文明形态，而"生态文明"则将是工业文明之后新的人类文明形态。生态文明将是一种科学的、自觉的、可持续发展的文明形态，它应当包括先进的生态伦理观念，发达的生态经济，完善的生态环境管理制度和良好的生态环境，等等。

生态文明是工业文明之后的新的文明形态，从历时性的维度看，它和以往的农业文明、工业文明既有连接之点，更有超越之处。它应当是运用现代生态学的概念来应对工业文明所带来的人与自然关系的紧张局面，强调人与自然、人与人、人与社会关系的和谐，在不断创造文明成果的同时，还要致力于对自然生态的人文关怀。

以往我们常常把"生态"概念与"环境"概念等同使用，但严格说来，两者是不同的。当我们使用"环境"一词时，那就表明是以"人"为中心，人之外的各种自然条件，构成了"环境"。这种说法带有明显的"人类中心主义"的色彩。如果我们使用"生态"这个概念，那就表明人只是生态系统中的一个部分，是生态这个系统中的要素，人是在自然大系统之内的。从这个意义上说，"生态文明"所指的含义应该是：人类在利用自然过程中，维护生态环境整体文明的一种状态。

这就意味着，我们不仅要从"历时性"的维度来考察生态文明在文明系统结构中的地位，还要从"共时性"的维度来进行这种考察，把人与自然的关系，同社会诸要素的经济、政治、伦理、人的消费观念、价值观念等精神层面的方方面面进行综合，全面地加以把握。于是，就有经济文明、政治文明、精神文明、社会文明以及生态文明概念的出现。它们之间相互联系、相互渗透，紧密结合在一起而不可分离。由此可见，生态文明的概念就不再仅仅是一个局部的、技术性的问题，而是一个关于全局的、战略性的问题。生态文明概念的确立，必然会带来价值观和伦理观的巨大转换，意味着人们在观念上要从"人类中心主义"走向"生态中心主义"。

传统的"人类中心主义"的伦理观认为，人类影响自然环境的行为是正当的。之所以说是"正当"的，是因为它有利于人类的福祉，或有利于保护人权，发扬正义。在这种理念的指引下，人类关心动物、关心生命、关心自然界，其目的是为了人类的利益，而不是为了其他生物的利益。而

"非人类中心主义"的伦理观认为，只有在行为的后果有利于生态系统或生命共同体的稳定、繁荣与发展的前提下，人类影响自然环境的行为才有可能是正当的。人类有责任维护生物世界的利益，维护生态系统的完整性，保护野生物种免受人类的干扰而灭绝，保证地球生命尽可能免受环境污染的危害。

人类中心主义的思想早在古希腊时就已萌生，在基督教的教义中也有明确的反映。亚里士多德认为，自然界是有等级结构的，一个等级层次是为了另一个等级层次的目的而存在，例如，植物是为了动物而存在，家畜是为了人们的役使和供人作食物，野生动物也是人类的食物，等等。基督教的教义也宣传人类要统治自然的观点。《圣经·旧约全书·创世纪》讲得十分直白：上帝创造了人类，要"使他们支配统治（dominion over）海里的鱼、空中的鸟、地上的牲畜和地球，以及地上所爬的一切昆虫"。近代工业社会继承了西方的人类中心主义的传统，并发展到了登峰造极的地步。培根的著名口号"知识就是力量"，这个"力量"也是"权力"，要人们运用科技的手段来"征服自然"。在现代社会中，人与自然的关系十分对立，处于非常紧张的状态。人类以征服者的姿态出现，繁殖人口，砍伐原始森林，破坏植被，导致水土流失，良田逐渐退化为沙漠。人类更以发展现代化技术，使石油、煤矿、金属矿藏等自然资源渐渐消耗殆尽，以此建立起来的大工业，又污染了大地、河水、海洋，使地球上许多物种濒于绝种。而生物物种的递减，破坏了地球生物圈的基因库，破坏了生态系统的平衡，导致了整个地球气候的恶化。

严酷的现实一再警示我们，必须清醒地认识到：人不是自然环境的征服者，人类只不过是地球生态系统的一个组成部分，是众多物种中的一个物种。人类不仅与地球上的其他生命是相互依赖、协调发展的，而且与整个自然环境也是相互依赖、协调发展的。因此，人类不但要关心自己的利益，也要关心其他物种、所有生命形式的利益，关心整个生态系统的稳定性和完整性。尊重生命、尊重生命共同体、尊重整个自然界，只有这样，人才能从人类中心主义，走向生态中心主义，进而在实践中推进生态文明的建设。

当代的生态运动中存在着两种伦理思潮：一种是强调保护生态环境、控制人口增长、反对工业污染、保护野生动物，特别是提出了"环境人权"和"代际伦理"的观念，它虽然对人类生态意识的觉醒起了很大的作用，但因其仍然着眼于人类的利益，未能超越人类中心主义，因而具有明显的局限性。因此，这种思潮被称之为"浅层的生态运动"。相对而言，还有被称为"深层生态运动"的另一种思潮，这种思潮的特征是以超越人类中心主义作为立论的出发点。它不仅考虑到人自身的内在价值，而且承认人类以外的动物、生命的共同体，以及整个生态系统都有其内在的价值，而并不仅仅是人类的工具与手段。以上所述的两种伦理思潮实际上代表着眼前与长远、近期与远期两个视角，两者都有其合理性，正确的态度是应该将两者结合起来，使之相互补充。

人类需要经过几千年的劳动包括自然科学的不断进展，才能逐步学会估计自己的生产行动的较远的自然影响，逐步从自然界的盲目状态之下解放出来。在这个过程中，如果人类能愈来愈多地认识和掌握自然的规律，在改造自然界的同时改造自己的认识，那么，也就能愈来愈深刻地认识正确处理人与自然的矛盾的重要性和迫切性。现在，人类终于认识到生态问题的极端重要性，并把生态文明作为推进社会主义建设的战略目标之一，这是来之不易的认识成果。

第三节　审美

美的概念和审美的活动古已有之，但是，"美学"作为哲学的一个分支成为相对独立的学科，创立于西方近代。德国哲学家鲍姆嘉登在 1735 年出版的《关于诗的哲学沉思录》中，首先提出"美学"（Aesthetics）一词，这个词源于希腊文（Aesthesiss），意思是"感性科学"。1750 年，他正式用Aesthetica 称呼他关于感性认识的研究专著，该书的中文译名就叫做"美学"。此书的出版，标志着美学学科的诞生。

一　西方哲学史中的审美观

古希腊早期的哲学家把美理解为事物本身的和谐，或者是美与丑的对立统一（赫拉克利特），或者是事物的数的比例（毕达哥拉斯），而柏拉图的审美观和他的"理念论"是紧密相关的。柏拉图认为，美之所以为美，既与外界事物的性质、特点无关，也不是来自美的对立面——丑。他认为，美的理念的存在是根本的，现实中美的事物只是美的理念的"摹本"，正因为美的事物分有或模仿了美本身，所以才有可能是美的。因此，"美的事物"并不等于"美本身"。审美活动的机制在于：在"美的事物"的引导下，

"回忆"起"美的理念"来。灵魂比肉体更古老、更优秀，因而"心灵美"高于"形体美"。从美的等级来说，自然物是美的理念的模仿，因此，"美的理念"高于"自然美"，艺术家的艺术品又是对自然物的模仿，这样，"艺术美"与"美的理念"就隔了两层，不如"自然美"。

西方近代哲学的审美观从古代的"模仿"说转向"典型"说，注重理性之美，这在康德特别是在黑格尔那里，得到了充分的表现。

康德的美学在西方哲学史上占有重要的地位。在他的哲学体系中，如果说《纯粹理性批判》讲的是"真"，《实践理性批判》讲的是"善"，那么，《判断力批判》就主要讲"美"了。所谓"判断力"（the faculty of judgment）就是把特殊归属于普遍之下的能力。他把判断力分为两种："规定性"的（从普遍到特殊）和"反思性"（从特殊到普遍）的。审美的判断力是"反思性"的，审美判断是单一性的判断，但又带有普遍性，这种普遍性不是客观的、概念的，而是主观的普遍性；或者说，是一种基于共通感的主观必然性。美是"无利害"的，是"无目的"的，即不具有客观的"合目的性"，但审美却涉及主观的目的性，鉴赏对象的形式与鉴赏者的主观能力的协调一致，而引发鉴赏者的一种愉悦感，这就是"无目的性"的"合目的性"。由于审美与客观的概念无涉，所以"它对于认识没有丝毫贡献"；由于它不依赖于完善性概念，它也不同于善。"善"是令人尊敬的东西，而"美"是令人喜欢的东西。凡·高的名作《农夫的鞋》之所以是美的，是因为它带给我们一种与求真与向善不同的引发愉悦之情的美感。

黑格尔作为构建最完备、最庞大的"绝对观念"学说的哲学家，他的审美观与他的哲学体系是相适应的。在他看来，艺术、宗教、哲学三者都是以"绝对观念"为对象，只是在表现"绝对"的方式上有很大的不同。艺术的特征是感性观照，它以直观的方式，通过感性的形象把"绝对"呈现于意识，表现"不可见的"精神。但是，用感性的形式来表现"绝对"，并非是真正适合心灵的表现方式。宗教之所以高于艺术，是因为它是以主体方式呈现于绝对观念，它构成了对艺术的否定。哲学又高于宗教，因为它以最合适"绝对观念"本性的方式把握或表现"绝对"。所以，它又否定了宗教，实现了主体与客体、感性与理性的统一。在黑格尔看来，"概念""理念""理想"这三者之中，理念实际上就是概念，概念有抽象与具体之分，柏拉图的"理念"属于抽象概念，而具体概念则是包含着特殊的普遍。他把艺术作品中的理念称之为"理想"，因为艺术美的理念本身就决定了应当通过什么样的方式显现自己。在艺术美中，美的内容决定了美的形式。他认为，艺术美高于自然美，这点与柏拉图不同。艺术美本身有象征型、古典型、浪漫型的高低之分。在象征型的艺术中，理念与形象的关系是彼此外在的；古典型的艺术之所以比象征型的艺术高明就在于，它以特殊的和抽象的精神（人的精神）找到了这种统一。但是，美的理念是绝对精神，它不能通过任何有限的形象使自身得到完满的表达，于是，精神就离开了外在的世界，重新回到了自身，试图以精神性的东西表现精神。这样，浪漫型艺术又打破了理念与现实的完满统一，而这种超越必然带来它自身乃至整个艺术的解体。这就是"艺术"必须让位于"哲学"的原因所在。因为只有在哲学中，精神才能真正回到自己的家园。

黑格尔之后的西方哲学家中，叔本华的审美观值得重视。他把形而上学分为"本体形而上学""道德伦理形而上学"和"美的形而上学"三个部分，其中，"美的形而上学"是连接"本体形而上学"和"道德伦理形而上学"的重要环节。他特别注重意志的作用，意志即生命意志，它的本质就是源于缺陷的无休止的挣扎。当这种挣扎受到阻碍时就被一定程度的客观化感觉为痛苦，达到目的则叫做满足、安乐和幸福。作为意志的客体化，人生就会本能地围绕着意志转，从而沦为实现意志的手段与工具，从这个意义上说，人生从根本上就是痛苦的。怎么办？审美活动就是要使人从这种痛苦中解脱出来。审美活动之所以能够起到这种作用，是因为在审美活动中，我们就不再是意志的奴隶，也不为个别事务所累，而是以一种宁静的心情直观理念。艺术家的独特作用在于：他们可以借助于这种能力撇开个别事物，洞察其中的理念，并且通过别出心裁的艺术作品，把这一理念复制出来，供人观赏。人们从艺术作品中，能够比从自然和现实中更容易看到理念。艺术家的活动只关注理念，他的作品只复制了理念，排除了一切起干扰作用的偶然性。因此，人们观赏艺术品，实际上是通过艺术家的眼睛来看世界。叔本华还根据我们对审美对象观赏的难易程度，把美区分为"优美""壮美"和"媚美"三种。"优美"是指审美对象迎合着我们的纯粹直观，使人们很容易从对象的形态认出其中的理念。例如，美丽的自然风光给人们的美感就属于此。"壮美"产生于恐怖的环境和宁静的心情两者的对照之中，是主体有意识地、努力地挣脱对象对意志不利的关系。崇山峻岭、埃及金字塔以及远古的巨型废墟等均属于此。"媚美"是指对象迎合乃至激化鉴赏者的意志使之不再成为一个纯粹的认识主体，如静物画中那些酷似真物的食品，当它们引起鉴赏者的食欲时，就断送了审美观赏，也就不成其为艺术了。所以，"媚美"是不配称为艺术的。

二 中国哲学史中的审美观

中国古代哲学中，审美观是其重要的组成部分。长期以来，哲学家和美学家们坚持从个体与社会、人与自然的和谐统一中寻找"美"，认为审美和艺术的价值就在于它们能从精神上有力地促进这种统一的实现。

在先秦时期的儒家中，孔子美学思想的出发点和核心是强调审美在社会生活中的作用，"兴于《诗》，立于礼，成于乐"。① 他把审美取向和道德追求联系在一起，认为艺术要符合"仁"的要求。他第一次深刻地解释了"美"与"善"、"文"与"质"的统一，要求"乐而不淫，哀而不伤"，达到"尽美""尽善"的境地。他把艺术的作用概括为"兴""观""群""怨"，前两者是指艺术抒发情感的特征，后两者是艺术通过情感的感染所产生的社会效应。他在听取诸位弟子言志的谈话中，之所以赞同曾点的意向（"暮春者，春服既成，冠者五六人，童子六七人，浴乎沂，风乎舞雩，咏而归"），是因为曾点所描绘的政治理想，是一种审美的境界。② 孔子在关于"知者乐水，仁者乐山"的论述中，向人们揭示了对自然美的欣赏与鉴赏者主体的道德品格之间的内在关系，审美对象与审美主体的统一。

孟子也把美与道德相联系，他从"性善"论的观点出发，提出"充实之谓美"③的论断，这里所讲的"充实"，就是要把仁、义、礼、智的道德原则扩充到人行为的各个方面。他宣扬儒家所提倡的人格精神的美，认为"理义"可以悦我心，"养吾浩然之气"，既是道德的需要，也是审美的要求。荀子虽然以他的"性恶"论与孟子相对立，但他也是主张道德修养的重要性。他认为，人的美不在于外表容貌，而在于内在的品德学问。既然人性是"恶"，"其善者伪也"，而且"无伪则性不能自美"，所以要通过后天的道德修养，"化性而起伪"。

先秦时期与儒家美学相对立的有墨、法、道诸家，墨、法两家从狭隘的功利主义出发，否定审美与"艺"的作用，墨家的"非乐"就表现得十分

---

① 《论语·泰伯》。
② 《论语·先进》。
③ 《孟子·尽心下》。

明显。真正与儒家相抗衡并产生互补作用的是道家。道家推崇"道"，以之作为哲学的最高范畴。在道家看来，"朴素而天下莫能与之争美"，"淡然无极而众美从之"，真正的美不是感官声色的愉快享受，也不是儒家所说的仁义道德，而是一种同自然无为的"道"合为一体超越人世的利害得失，并在精神上不为任何外物奴役的绝对自由的境界。

老子哲学中的"道"是"有"与"无"的统一，"虚"与"实"的统一，这既是本体论和认识论，也是审美观。有无结合、虚实结合成为中国古典美学的一条重要原则。在老子的美学思想中，"美"与"善"已经区别开来了，而且，"美"是与"丑"相对立的，但是这种对立只是相对的，并且有其虚幻性与不确定性。老子还在"美"之外，第一次提出了"妙"这个概念，作为"道"的属性，后来"妙"的概念得到广泛应用，成为一个重要的美学范畴。

庄子继承并发扬了老子的思想，他肯定"道"在宇宙、人生与社会的终极意义，并强调它的超越性与真实性。他说："天地有大美而不言，四时有明法而不议，万物有成理而不说。圣人者，原天地之美而达万物之理，是故圣人无为，大圣不作，观于天地之谓也。"① 在他看来，天地的大美就是"道"，而"道"是天地的本体，圣人"观于天地"，也就是观"道"。庄子哲学思想的重心，是放在体"道"以后的心灵状态和人生境界上，他着力追求的是个体的内在自由。既然如此，他本无心于艺术，却不期然而然会归于"美"。所谓"道"，实际上就是一种最高的艺术精神；而所谓人生，实际上就是审美的人生。他所追求的最高人生境界是超越主客对立、实现心灵自由的"逍遥"之境。这是一种"道通为一"的多样性统一的境界："天地与我并生，而万物与我为一"②。于是，他提倡"心斋""坐忘"："鱼相忘乎江湖，人相忘乎道术"。既要忘掉身外之物，又要忘掉自我，做一个"游于方内"，一切顺乎自然的人。《庄子》中所说的"神人""真人""至人""圣人"都可以由此而得以理解。他要在乱世时代的痛苦人生中，寻求精神的自由解放。但这种自由解放，既不能求之于现世，也不可能求之于来世。这样，他的哲学指向既不是道德的，也不是宗教的，毋宁说，是审美的。他所寻求的自由解放，也就是他所说"闻道""体道"；也就是以"游"为象

---

① 《庄子·知北游》。

② 《庄子·齐物》。

征的"乘云气，御飞龙，而游乎四海之外"的大超脱的"逍遥游"。而他所谓的"心斋""坐忘"的主体，正是美的"观照"得以成立的主体，也是艺术得以成立的最后根据。因此，从美学的视角来审视、把握并探讨他的哲学思想，是最恰当不过的了。正如李泽厚所说："从所谓宇宙观、认识论去说明理解庄子，似不如从美学上才能真正把握庄子哲学的整体实质。"①

老庄的审美意识的共同之点在于，他们都崇尚素朴自然之美，反对世俗之美，主张"还纯返朴"的"大美"。老子根据他的"复归于朴"的基本思想，反对违背纯朴自然的虚饰华美之美，而主张"返璞归真"的自然而然之美。庄子继承和发挥了老子的观点，反复强调出自自然的真情："真者，精诚之至也。不精不诚，不能动人。……真者，所以受于天地，自然不可易也。故圣人法天贵真，不拘于俗。愚者反此，不能法天而恤于人，不知贵真，禄禄而受变于俗，故不足。"② 情感不真不诚，不是出自内心，则不能动人。庄子这段话虽然不是直接讲审美，但实则抓住了审美意识的要害。庄子特别反对矫揉造作之美，认为只有朴素之美、恬淡无际（"淡然无极"）之美，才堪称最美："天下莫能与争"之美，"众美从之"之美。所以，在庄子看来，美是天生的、自然的、朴素无华的。如果违反自然，就会走向美的反面。要创造一种出自自然真情之美，创造者就必须有一种不同于凡俗的心灵，这种心灵主要是讲审美主体的心态或者说精神状态，是审美主体的自由与审美愉悦两相结合的感情，其核心在于超越、超脱一切有穷、有限的现实之实，而达乎无穷、无限的超越现实之"虚"。"游于虚"乃道家思想所要求于审美意识的核心。他们把真、善、美都包含在"道"之中，并以是否符合"道"作为衡量的标准。庄子虽然持避弃现世的态度，但他并不否定生命。他对自然生命是抱着珍贵爱惜的态度，这就使他对待自然、对待人生，都持审美的态度并充满了感情。在他看来，大自然中的一切，包括理想的人生境界都是美的。当他以审美的眼光来看待周围的一切事物时，它们就呈现出诗意的光辉。这种审美观既是自晋宋以后中国古典诗歌中占显著地位的山水诗的灵魂，又可以成为诗人最后的安身立命之所，诗人的人生家园。

闻一多曾经对老庄思想与儒家思想的区别与矛盾，以及这种矛盾在我们古代士大夫中的突出反映，做出了深刻的分析。他在评论诗人孟浩然时，说

① 李泽厚：《漫述庄禅》，《中国社会科学》1985 年第 1 期。
② 《庄子·渔父》。

过这样一段话：

> 我们似乎为奖励人性中的矛盾，以保证生活的丰富，几千年来一直
> 让儒道两派思想维持着均势，于是读书人便永远在一种心灵的僵局中折
> 磨自己，巢由与伊皋，江湖与魏阙，永远矛盾着，冲突着……今天是伊
> 皋，明天是巢由，后天又是伊皋，这是行为的矛盾。当巢由时向往着伊
> 皋，当了伊皋，又不能忘怀于巢由，这是行为与感情间的矛盾。在这双
> 重矛盾的夹缠中打转，是当时（按指诗人孟浩然所处的唐开元时
> 代——引者）一般的现象。[①]

几千年来，中国读书人的确就是在儒道两家思想的矛盾中生活着。儒家从孔
子起，提倡"学而优则仕"，教导人们学会了这一套谨言慎行的道理和规
矩。但是，不少读书人受不了这些儒家言行规矩的束缚，于是"身在魏阙，
心在江湖"，"当了伊皋，又不能忘怀于巢由"。于是，由学而仕，由仕而
隐，几乎成了中国几千年来一般读书人的人生公式和必由之路：前半生走的
是儒家指引的仕途，后半世走的是道家退隐的道路，而且从深层次来看，特
别是在一些胸臆非凡的诗人那里，即使身在魏阙，而心却在江湖，也就是
说，在走儒家的仕途时，心中已不能忘怀道家的田园。

　　庄子深刻地说明了言与意的关系，指出了意有"不可言传"的道理，
比起儒家以及其他任何派别，他更抓住了艺术之美和审美意识以及创作的基
本特征：形象大于思想；想象重于概念；大巧若拙，言不尽意；用志不纷，
仍凝于神。对于审美，儒家强调的是官能、感情的正常满足和抒发，强调艺
术为社会政治服务的实用功利；而道家强调的是人与外界对象的超功利的
"无为"关系，即"审美"关系。这是内在的、精神的、实质的美，是艺术
创造的非认识性的规律。正如李泽厚所说：

> 如果说，前者（儒家）对后世文艺的影响主要在主题内容方面；
> 那么，后者（道家）则更多在创作规律方面，亦即审美方面。而艺术
> 作为独特的意识形态，重要性恰恰是其审美规律。[②]

[①] 闻一多：《唐诗杂论》，古籍出版社，1956，第33页。
[②] 李泽厚：《美的历程》，天津社会科学院出版社，2001，第89页。

庄子与惠子关于鱼乐的辩论，尽人皆知，可以从不同的角度来解读，它在说明庄子的审美思想方面，也是非常恰当的。庄子与惠子游于濠梁之上，庄子曰："儵鱼出游从容，是鱼之乐也。"惠子曰："子非鱼，安知鱼之乐？"庄子曰："子非我，安知我不知鱼之乐？"① 从辩论的双方来看，惠子强调的是理智精神，以认识判断来衡量庄子的趣味（审美）判断，要求从审美趣味中为认识判断寻找根据。所以他又说："我非子，固不知子矣。子固非鱼也，子之不知鱼之乐，全矣。"从形式逻辑的角度来看，庄子是很难说服惠子接受他的观点的。所以，"庄子曰：请循其本。子曰：'汝安知鱼乐云者，既已知吾知之而问我？我知之濠上也。'" 在这里，有两种"知"：一种是"安知鱼之乐"的知，是认识之知，理智之知；另一种是"我知之濠上也"的知，是把鱼作为审美对象，是"虚静之心"与物的相接后，当下全面而具象的美的观照。"这里安设不下理智、思辨的活动，所以也不能作因果性的追问。庄子的艺术精神发展而为美的观照，得此一故事中的对比，而愈为明显。"②

在《庄子》中，还有许多关于"道"与"技"相互关系的故事。"庖丁解牛"③ "梓庆削木"④ 都是人们熟知的。庖丁之所以能把劳动艺术化，并达到"目无全牛"，"神遇而不以目视"，是因为他"依乎天理"，"好者道也，进乎技矣。"梓庆削木为鐻，"鐻成见者惊犹鬼神"。之所以能如此，是因为他的"齐以静心"，达到忘我的境界，"以天合天"。《庄子》中还有一则专门讲如何评价画史（画家）的，也常为人们所引用："宋元君将画图，众史皆至，受揖而立；舐笔和墨，在外者半。有一史后至者，儃儃然不趋，受揖不立，因之舍。公使人视之，则解衣般礴，臝。君曰：'可矣，是真画者也。'"⑤ 这则故事说明的是，一个大画家所应具有什么样的精神境界。你看，他"儃儃然不趋，受揖不立"，他"解衣般礴，臝"，完全进入了庄子所谓的"心斋""坐忘""主客一体"的境界！这与上述的庖丁、梓庆的"依乎天理""以天合天"，完全是一致的。

魏晋时代，既是社会大动乱，又是思想大解放的时期，也是一个美学自

---

① 《庄子·秋水》。

② 徐复观：《中国艺术精神》，华东师范大学出版社，2001，第60页。

③ 《庄子·养生主》。

④ 《庄子·达生》。

⑤ 《庄子·田子方》。

觉、艺术自觉的时代。这个时期摒弃汉代后期"重善轻美"的传统,转变为"重美轻善",第一次使人格独立、个性自由的追求,得到了空前的张扬。这个时代重在以人为本体生命、内在气质之美,与大自然之美的和谐统一。人的生命之光照亮了宇宙,而自然界则是人的故乡。人们对大自然的亲近和热爱,表现得十分突出。

如前所述,从哲学的层面来看,魏晋时代"玄学"盛行,玄学家们以"三玄"(《老子》《庄子》《周易》)为主要研究对象,他们继承老庄之学,醉心于其中的名言哲理。同时,他们还用老庄思想来解释《周易》与儒家学说,呈现了以道为主、"儒道会通"的趋向。但从艺术的层面来看,我们未尝不可以说,"玄学"实质上是以道家学说,特别是以庄学为中心的。这是许多哲学家和美学家们的共识。

到了魏晋南北朝时期,哲学家和美学家们提出了一批新的美学范畴(如:"意象""风骨""隐秀""神思"等)和著名的美学命题(如:"得意忘象""传神写照""澄怀味象""气韵生动"等),同时,还产生了一批具有严格的理论思辨的专门美学论著(如:嵇康的《声无哀乐论》、陆机的《文赋》、顾恺之的《论画》、宗炳的《画山水序》、王微的《叙画》、谢赫的《古画品录》、刘勰的《文心雕龙》、钟嵘的《诗品》等)。刘义庆所撰的《世说新语》中,记载了当时的名人、逸士,多醉心山水、潇洒人生的有趣故事,从中折射出魏晋时期人们志气宏放、任性不羁、傲然独得、神情豪迈的精神风貌。宗白华先生说得好:

> 晋人的美感和艺术观,就大体而言,是以老庄哲学的宇宙观为基础,富于简淡、玄远的意味,因而奠定了一千五百年来中国美感——尤以表现于山水画、山水诗的基本趋向。[①]

这是很中肯的。

在隋唐五代时期,哲学家和美学家们通过《书谱》(孙过庭)、《历代名画记》(张彦远)、《笔法记》(荆浩)等著作中,在审美意象、审美创造、审美欣赏等方面,又有许多新的命题提出。如在审美意象方面的"同自然之妙有",在审美创造方面的"外师造化,中得心源",在审

---

① 宗白华:《美学散步》,上海人民出版社,1981,第220页。

美欣赏方面的"凝神遐想，妙悟自然，物我两忘，离形去智"等。在这个时期，"境"作为一个美学范畴被提出来了，这是"意境说"诞生的标志。"意境说"是以道家美学为基础的，它在中国古典美学思想体系中占有重要地位，刘禹锡关于"境生于象外"的提法，对"意境说"的内涵，作了进一步的规定。在文艺批评上，皎然论诗体时，把"逸"放在第二位；朱景玄论画时，又在"神""妙""能"三品之外，增加了"逸"品。

宋代美学的主流和文人士大夫的艺术发展分不开，其重要特点是面向现实的人生。高度重视生活情趣，纯任情感自然地流露和表现；推崇平淡天然的美，鄙视宫廷艺术的富丽堂皇、雕琢伪饰；强调直觉、灵感、意境，主张在平淡中见隽永。郭熙在《林泉高致》中提出了"身即山川而取之"的命题，并具体以"三远"（高远、深远、平远）来说山水画的意境："自山下而仰山巅，谓之高远；自山前而窥山后，谓之深远；自近山而望远山，谓之平远。"黄休复在《益州名画录》中，进一步把"逸格"提到"神""妙""能"诸格之上，认为在画中"逸格"最高。当然，宋代美学新倾向中更为著名、更为重要的代表是欧阳修、苏轼等人。欧阳修开风气之先，主张文章应"得之自然"，绘画要画出"萧条淡泊"之意。苏轼推崇"出新意于法度之中，寄妙理于豪放之外"，发展了晚唐以来强调个体的性情、趣味的表现，并赋予它更加自由无羁的色彩。南宋范晞文在论诗歌的审美时提出"情景交融"的见解，认为在诗歌的意象中，"景无情不发，情无景不生"，"情在景中，景在情中"。宋末严羽主张"以禅喻诗"成为宋代的一种风气。到了元代，倪云林赞赏"据于儒，依于道，逃于禅"的人生态度，也就不足为怪了。倪云林提出的"写胸中逸气""逸笔草草，不求形似"的说法，更是强调了主体情感、心灵在艺术中的表现。明代的李贽、汤显祖、黄宗羲、王夫之等人，在美学上也非常强调"情"的作用。王夫之认为，"生理之运行，极情为量"，"情之所至，诗无不至"。他还指出，"情"与"景"两者关系密切，认为"情景名为二，而实不可离"。石涛主张绘画的作用在于"借笔墨以写天地万物而陶泳于我"，并明确提出"我之为我，自有我在"的思想。

中国古代的许多文人雅士，在对待自然物的喜爱中，往往寄托着主体的思想感情。陶渊明的爱菊，林和靖的爱梅，周敦颐的爱莲，尽人皆知。此外，在中国文化发展史上，在历代的文学艺术作品中，有关爱竹的故事和写竹的诗画不可胜数。

东晋王羲之之子王子猷爱竹如命，即使暂时借住在朋友家中，如果无竹，他也要叫仆人种上。为何如此，他竟以"何可一日无此君？"答之。① 后来苏东坡作了解释："可使食无肉，不可居无竹"，因为"无肉令人瘦，无竹令人俗。人瘦尚可肥，士俗不可医"。② 明代思想家李贽认为，王子猷之所以如此，是因为他把竹引为人生独一无二的友伴，"以为可以与我者，唯竹耳"！③

无独有偶。清代画家郑板桥也爱竹，五十余年不画他物，"专画兰竹"，并以"竹"作为人生最佳的居友。他说：

> 十笏茅斋，一方天井，修竹数竿，石笋数尺，其地无多，其费亦无多也。而风中雨中有声，日中月中有影，诗中酒中有情，闲中闷中有伴，非唯我爱竹石，即竹石亦爱我也。④

大自然中，可爱的植物、花卉甚多，为何他们独爱竹？清代学者符曾说："凡花之妙，在于香色。而竹则无色无香，独妙于韵。盖香色易知而韵难知，宜赏韵者鲜矣。"⑤ 人对于包括竹在内的自然物之所以"香色易知而韵难知"，是由于依靠感官便可知其"香色"，而要知其"神韵"则需要靠思想、靠领悟。在你与它相居相伴中，要从对物象的贪欲追逐中解放出来，以同类之心爱之，它才得以与你亲切。只有你在与它的性情往来中，一竿枝叶扶疏的翠竹的风采神韵，才能拨动你心中的琴弦，被你所感悟和生发。竹之为物，虽无香、无色，而独具神韵，故中国历代文人墨客对它情有独钟，亲之，爱之，感之，知之，这难道不可以由此折射出中国文化、中国哲学"天人合一""万物一体"哲理所固有的精神魅力吗？

由此可见，中国古代的审美观与中国传统哲学总体特征是紧密相连的。

三 宗白华对中国古代审美观的论述

对于中国古代的美学思想，现代著名美学家宗白华先生有着深邃的研

---

① 刘义庆：《世说新语·任诞》。
② 苏轼：《于潜僧绿筠轩》。
③ 李贽：《焚书·方竹图卷文》。
④ 郑板桥：《板桥题画·竹石》。
⑤ 符曾：《评竹四十则》。

究。他发现了中国传统艺术美的两大类型，即"错彩镂金"的美与"芙蓉出水"的美，而后者是中国古典艺术所追求的最高美。这两种美的理想在《易经》贲卦中就有它的思想根源，但从历史的发展来说，真正崇尚这种"初发芙蓉"的审美理想却是在魏晋以后。

宗先生认为，这两种美感表现在诗歌、绘画、工艺美术等中国古代艺术的各个方面。像楚国的图案、楚辞、汉赋、六朝骈文、颜延之诗、明清的瓷器，一直存在到今天的刺绣和京剧的舞台服装、诗中的对句、园林中的对联等，都是一种"错彩镂金、雕缋满眼"的美，讲究华丽和雕饰。这种美虽然在中国历史上影响很大，但向来被认为不是艺术的最高境界。而像汉代的铜器、王羲之的书法、顾恺之的画、陶潜的诗、宋代的白瓷，这又是一种美，即"初发芙蓉，自然可爱"的美。这种"初发芙蓉"的美比"错彩镂金"的美，具有更高的境界。宗先生的这一思想揭示了中国艺术的一种内在精神、气质和理念，把握了中国艺术的内在血脉和律动，从而为我们理解和领悟中国艺术提供了直达本质的最直观的路径。

宗先生还深刻地阐发了中国艺术中的时空意识和观念。在建筑和园林上，中西建筑最重要的不同之处是对空间的使用。古代希腊建筑"内部与外部不通透"，对周围的自然风景没有在意，多半是把建筑本身孤立起来欣赏。中国人不同，比如天坛的那个祭天的台，它对着的不是屋顶，而是"一片虚空的天穹，也就是以整个宇宙作为自己的庙宇"。中国的园林采用借景、分景、隔景等手段来创造，扩大空间，达到了"山川俯锈户，日月近雕梁"的艺术意境。在绘画中，中国人的空间观念体现得更为突出。西方油画是在二维的平面上，从固定的角度，用透视的方法，力图表现出一个三维的空间世界来。中国画则不然，用的是散点透视，用抽象的笔墨表达人格心情与意境。"画家的眼睛不是从固定角度集中于一个透视的焦点，而是流动着飘瞥上下四方，一目千里，把握大自然的内部景界组织成一幅气韵生动的艺术画面"[1] 如果说，西洋油画境界是光影的气韵包围着立体雕像的核心，那么，中国画的光是"动荡着全画面的一种形而上的、非写实的宇宙灵气的流行"，[2] 虚白成为一个重要的艺术特征。这种虚空和空白，"在画的

---

[1] 宗白华：《美学散步》，上海人民出版社，1981，第57页。
[2] 宗白华：《美学散步》，上海人民出版社，1981，第85页。

整个的意境上并不是真空，乃正是宇宙灵气往来，生命流动之处。"① "空白在中国画里不复是包举万象位置万物的轮廓，而是溶入万物内部，参加万象之动的虚灵的'道'。"② "道"是中国人独特的宇宙观的展示。老庄认为，"虚"比真实更真实，是一切真实的原因。孔、孟从实际出发，也并不停留于实，而是从实到虚，发展到神妙的意境。从总体而言，道家和儒家都认为，宇宙是虚与实的结合，时间与空间的结合，情与景的结合。所谓"诗中有画"，就是在诗歌流动的时间中，展示了一个个具有空间感的画面；而"画中有诗"则是在画面的空间里，引进时间的感觉。中西绘画在艺术技法等方面的差异，实质上表现的是中西方不同的宇宙观与不同的思维方式。

总之，宗先生的美学思想是与中国传统哲学的整体思考联成一体、互为表里的。他当然也吸收西方的美学思想，例如，叔本华、柏格森以及康德对于本体、生命和时空的理论等。他把西方哲学家的这些理论与《易传》、老庄以及禅宗等思想融会贯通，从具体的作品体悟入手，揭示了中国艺术美的理想，破解了中国艺术中的时空之谜，阐发了关于中国艺术意境的精湛、绝妙的思想。

第四节　真善美的统一

真、善、美，求真、向善、审美，这实际上涉及知识、道德、审美三者的关系。这三者在实际上是统一的，它们之间有着紧密的关系。

求真是向善、审美的认识上的依据与基础，而向善也有助于人们的求真与审美。科学精神要与人文精神（伦理道德、艺术审美等）相结合，才能避免陷入唯科学主义。科学研究本身虽然是一种求真的活动，但科学家除了求真，还要求善与求美，而审美作为最高层次的精神活动，它是以真与善为基础，却又是对真与善的超越。

一　两种哲学思维模式（"天人合一"与"主客二分"）在真善美中的不同体现

由于人与世界万物的关系，存在着"主客二分"与"天人合一"这两

① 宗白华：《美学散步》，上海人民出版社，1981，第148页。
② 宗白华：《美学散步》，上海人民出版社，1981，第122页。

种根本不同的看法，因此，面对当前的事物，也有两种追问的方式：一种是"主客二分"结构的追问方式：外在的客体"是什么"？这是西方传统的概念哲学所采用的由感性中的东西到理性中的东西的追问方式。这是为了对外在的客观事物根本的把握，目的是达到抽象同一性或普遍性概念，以把握事物的"相同"。另一种是"天人合一"结构的追问方式：人"怎么样"与世界万物融合为一？这是从一些现实事物到另一些现实事物的追问方式，其目的是为了把握事物的"相通"。

中国古代庄子与惠施关于"鱼乐"的那个著名辩论，除了前面我们已经讲述的意义之外，还可以从不同事物之间有着"相通"的道理来理解。不妨再完整地引述一下这个故事：

> 庄子与惠子游于濠梁之上。庄子曰："儵鱼出游从容，是鱼之乐也。"惠子曰："子非鱼，安知鱼之乐？"庄子曰"子非我，安知我不知鱼之乐？"惠子曰："我非子，固不知子矣；子固非鱼也，子之不知鱼之乐，全矣！"庄子曰："请循其本。子曰'汝安知鱼乐'云者，既已知吾知之而问我。我知之濠上也。"①

如果只从传统的、习惯的观点来看，鱼与人、庄子与惠施之间，显然是"不相同"的，既然不"相同"，当然也就不"相通"；那么，惠施所说的："子非鱼，安知鱼之乐？"与庄子的辩词："子非我，安知我不知鱼之乐？"这两个命题就都是对的了，都是能够成立的。但是，如果换一个角度，从万物虽然不相同，但却相通的道理来说，那么，庄子就有可能知道鱼之乐，惠施也可以知庄子之知鱼之乐。这样，上述惠施与庄子相互诘问的两个命题，显得没有道理，也都是不能成立的了。这里的关键在于：是否承认不同事物之间尽管它们是不同的，却又是可以相通的。

要把握事物之间是否"相同"，主要靠思维，它奉理性、思维为至上；而如果要探究事物之间是否相通，就不能只靠思维，而要靠"想象"。想象不是排斥思维，而是超越了思维，它让隐蔽的东西得以"敞亮"，而显示出事物的意义，使人回到了现实。从这个意义上说，"想象"能够突破思维的极限和范围。以马致远的小令《秋思》为例，"枯藤、老树、昏鸦，小桥、

---

① 《庄子·秋水》。

流水、人家，古道、西风、瘦马。"这些都是"敞亮""在场"的东西，如果仅止于此，就只是"主客二分"的模式了。但透过这些单独的东西，并把它们联系起来，就可以揭示出漂泊天涯过客的凄苦，这却是"隐蔽""不在场"的了。"夕阳西下，断肠人在天涯"，这就"达到更高的天人合一"的境界。与此相反，如果像旧形而上学那样，从"主客二分"的模式出发，认为彼此外在的主体与客体，它们只能通过认识而得到统一，那就难以理解上述小令中所蕴含的丰富内涵。西方传统哲学所主张的真理观只能是所谓的"符合说"。

西方现当代哲学家海德格尔等人认为，任何客观的事物，都只是因其呈现于人面前而显示其意义。事物在没有被人陈述或判断时，尚处于"遮蔽"状态，对人没有意义；而当一个陈述或判断，揭示出事物的本来面目时，事物就达到了"去蔽"的状态而为人所见，这个陈述或判断便是真的。他们并不否认事物是离开人而独立存在的，但却认为事物的意义，包括事物之"成为真"，是离不开人的揭示。这就是他们所谓"去蔽说"的真理观。

其实，中国古代哲学中，也有类似的情形。为了说明这点，不妨以王阳明《传习录》中记载的一段语录为例：

> 先生游南镇，一友指岩中花树问曰："天下无心外之物，如此花树，在深山中，自开自落，于我心亦何相关？"先生云："尔未看此花时，此花与尔心同归于寂。尔来看此花时，则此花颜色一时明白起来，便知此花不在尔的心外。"①

初看起来，王阳明的这一段语录，似乎存在"把物与身、心、意、知混为一谈"之弊，但是，关键在于如何理解"同归于寂"中的"寂"的含义，"寂"者，无意义之谓也。自然本身无所谓美，当自然与人合一成为整体时，这"一时明白起来"的"此花颜色"，才显现出它对于人的意义来。过去我们曾经把这段话笼统地看作是主观唯心论，这过于简单了。其实，王阳明关心的是人与物交融的现实生活世界，而不是物与人相互隔绝"同归于寂"的抽象之物。

联系到辛弃疾的《浣溪沙·种梅菊》中的说法：

---

① 王阳明：《传习录》。

　　　　自有渊明方有菊，若无和靖便无梅。

如果我们望文生义地理解，很容易把它说成是主观唯心主义的命题，甚至发生这样的诘责：难道没有了陶渊明和林和靖，世界上就没有了菊和梅？但是，这两句话强调的是渊明对于"菊"的象征意义的理解与阐发，和靖对于"梅"的象征意义的理解与阐发。它们并不是说，如果没有了陶渊明，没有了林和靖，作为客观物质的"菊"与"梅"，它们在自然界就不复存在了。

　　由于人与世界万物之间的关系，存在着"主客二分"与"天人合一"这两种根本不同的看法，因此，在伦理观上也就有不同的看法。在人生之初，不能区分主体—客体，故无自我意识，也就没有善恶之分，没有道德意识；随着岁月的增长，逐渐有了主体—客体之分，并进而辨别善恶，也就有了道德的意识和道德实践；只有达到高级的"天人合一"，才能超越道德意识。所谓"超越道德"，不是不讲道德，而是自然地合乎道德。西方从苏格拉底、柏拉图到黑格尔的传统哲学，其主流思想是以追求超感觉的理念作为哲学的最高任务，从而导致轻视情感欲望的道德观。和传统主流思想相对立，卢梭的道德观是置道德于人己一体的"同类感"的基础之上的道德观，他把道德上的"良心"等同于宗教上的"上帝"，其中包含很重要的合理因素。中国人的"天"并不是基督教的上帝，也不是外在于人的彼岸力量，人的道德并不像基督教主张的外在于人的力量所赐予的，它既是"人"性，又是"天"性，是"天"与"人"合而为一。人之所以必须讲道德，在于人与万物（包括人与人）是一体的，"民胞物与"的道德精神正是源于"天人合一""万物一体"的思维模式。要把讲道德、尊重道德看作是"人之所以为人"的根本要义，才能重振道德的权威性。为此，就要培育对"天人合一"或"万物一体"的崇敬之情。

　　由于人与世界万物的关系，存在着"主客二分"与"天人合一"这两种根本不同的看法，因此，在审美观上也有两种不同的看法。如果按"主客二分"关系式的观点来看待人与世界的关系，当然谈不上审美意识；因为审美意识，不能用"主客二分"来解释，而是属于人与世界的融合，或者说是"天人合一"。婴儿处于原始的天人合一境界中，尚无主客之分，可称为"无我"；有了主客二分，有了自我意识，可称为"有我"；超越主客二分，达到高级的天人合一，即达到了"忘我"。《老子》教人复归于婴儿，就是这个意思。审美意识是超越主客的产物，属于忘我或"物我两忘"之境。关于美的本质与特征，西方传统艺术哲学基本上以"典型说"为其核心，认为艺术品或诗就在于从特殊的感性事物中揭示出它们的本质，形成普遍性的概念，它要求说出事物"是什么"，它的要害是：把审美意识看作是"主体—客体"关系式的"认识"的产物。我国文艺理论界近半个世纪以来，曾经广为宣传的也是这种"典型说"。20世纪五六十年代发生的那场关于美学的大讨论，之所以也未能逃脱"主客二分"的关系模式，其理论基础都是从柏拉图到黑格尔的概念哲学。而一些西方现当代哲学家，如海德格尔等人，则要求显示事物是"怎么样"的，也就是要显示事物是怎样从"隐蔽"中构成"显现"于当前的这个样子的。这里的"怎样"不是自然科学意义上的，而是从哲学存在论的意义上，显现出当前在场事物背后的各种关联。

现当代美学上的"显隐说"的审美意识，就是要回复到人与万物一体之本然，从而获得一种"返回家园"之感。以陶渊明的《饮酒》诗为例：

> 结庐在人境，而无车马喧。问君何能尔？心远地自偏。采菊东篱下，悠然见南山。山气日夕佳，飞鸟相与还。此中有真意，欲辨已忘言。

诗中"采菊东篱下，悠然见南山。山气日夕佳，飞鸟相与还。"描写的显然不单纯是自然美，而是诗人与自然合一的整体；它所以敞开的是一个美的、真实的、有诗意的世界。"此中有真意，欲辨已忘言"所谓"真意"，可以说是一种艺术的真实，审美意义的真实，类似海德格尔所说的"显现"或"去蔽"状态，即从有形、有象、有言、有限的在场东西中，显现出无穷无尽、永无止境、无限的境界来。因此，不在场的"意在言外"的艺术，具有最高的审美价值和诗意。陶渊明的田园诗开创了新的审美领域和新的艺术境界。陶诗中的"真"与"自然"对后世影响极大。许多有识之士认为，随着缺乏审美意识或诗意的传统哲学的终结，"诗意哲学"的建立，已经成为时代的潮流。

二　西方哲学史上真善美三者地位的演变

从古至今，哲学家们几乎都肯定真、善、美三者是统一的，但如何统一、三者主从关系又如何，则众说纷纭。但是，美的地位日益提高却是不争的事实。

我们在前面已经说过，古希腊时期把追求知识，求真放在突出的地位，而真又与善密切相关，相对而言，美就被置于三者之后。这种情况从古希腊时期延续到近代的康德以前，都是如此：美是从属于真，从属于善。

康德力图凸显出美的首要地位，在他的哲学体系中，《纯粹理性批判》讲的是"真"，《实践理性批判》讲的是"善"，《判断力批判》就主要讲"美"，审美在他的哲学体系中的地位是突出的。但到了黑格尔，三者的地位又发生了变化，黑格尔认为，绝对观念在艺术中以"直观"的形式认识自己，在宗教中以"表象"的形式认识自己，在哲学中以"概念"的形式认识自己。因此，在哲学与艺术两者之中，哲学属于理性层次，与绝对观念是同一类型，地位最高；艺术属于感性的层次，所以，美高于善，而低于真。

现当代以来，以海德格尔为代表的"显隐说"的美学告诉我们：正是从"在场"的东西中，显现出与之相联系的"不在场"的东西，才能看出一个在场者的真实面貌；反之，把在场者与不在场者割裂开来，则只能得到抽象的东西，根本达不到在场者的具体真理。因此，"美"显然高于"真"，又包含着真。

三 中国古代儒、道、佛三家哲学中的真、善、美

中国古代儒、道、释三家对真、善、美的对待，可以从两个角度来看，一是看这三家对作为真、善、美三者统一的"道心"的理解与解释上；另一个看这三家对作为真、善、美三者关注的重点的差异上。

先看第一点。中国古代哲学中，作为真、善、美三者统一的象征，有一个常见的说法，叫做"道心"；反之，"人心"则代表假、恶、丑，是危险的象征。"道心"，也就是天道，它与"人心"是处于不可调和的对立之中。先秦的《尚书》的《大禹谟》中，对此有过论述："道心惟微，人心惟危，惟精惟一，允撅执中。"这里所说的"中"，就是中庸之道。

在中国古代哲学中，儒、道、释三家对"道心"与"人心"两者的关系，有着不同的理解与解释。

儒家认为，"道心"是人的本然之心，是"先天"的，是以"仁"为根基，这就是孟子"性善"论的由来；而"人心"是后天的，由于受欲望的影响，所以它就使原来的"道心"破损，这就是"人心"趋于恶的依据。

荀子主张"性恶"论，看起来与孟子的"性善"论相反，实际上有着相通之处。孔孟担心"道心"被"人心"污染，所以主张用"礼""乐"的教化来保持并强化"道心"的流行。荀子把"人心"看作是"先天"的，所以有"性恶"之论，但他倡导"化性起伪"，同样主张依靠礼乐之教，来限制"人心"的膨胀，最好把"人心"转化为"道心"。宋儒针对"人心不古"的现实，提出"存天理，灭人欲"的主张（例如，他们认为"饮食者，天理也；要求美味，人欲也。"）试图以"道心"来拯救"人心"。

道家反对"人为"的礼教，主张"道法自然"。为了避免把人与动物等同，老庄提出"致虚极，守静笃"之说。又由于"道"本身是"惟恍惟惚"，通过虚静的方式来"体道"，最为契合。通过虚静的方式"体道"的结果是，达到"见素抱朴，少私寡欲"的境地。

佛家讲"佛性"，这个"佛性"相当于"道心"。儒家孟子认为，人人皆可为圣人；佛家认为，人人（甚至"一阐提"人）都可成佛，因为人人都有"佛性"，只不过凡人之"佛性"即"道心"，被"无明"所遮蔽。这个"无明"可视同于"人心"。只要驱逐"无明"，扫除智慧短浅和各种痛苦所引起的"所知障"和"烦恼障"，就可以呈现佛性。而且，佛家认为，"道心"与"人心"并非两个，而是一个，两者不像儒家、道家那样，认为是对立的。这是佛与儒、道的不同之处。

综观儒家、道家、佛家对于"道心"与"人心"相互关系的观点，有相通之处，亦有不同之点：儒家以"道心"规范"人心"；道家以"道心"来转换"人心"；佛家以"道心"（佛性）来破除"人心"（无明）。[1] 这三家的共同目的是要实现"道心"，以臻于至善，达到"大道流行"，进入圆融、完满之境地。

再看第二点。中国古代哲学中，儒、道、释三家对真、善、美关注的情况并不相同。一般地说，儒家最关注的是伦理道德，一心以道德为人生的最高境界和人生最高意义之所在，无暇顾及或者说不屑顾及自然规律之研究。当然，也并非绝对如此。孔、孟讲"杀身成仁，舍生取义"，看起来是在讲伦理道德，但其中也包含着主张"与理为一"的观念，只是没有明白说出来罢了。《中庸》以诚为"不勉而中，不思而得，从容中道"之境界，也可以说即以"与理为一"作为理想。到了程、朱理学，就清晰地提出"与理

---

① 郭继民：《"道心"、"人心"漫谈》，《中华读书报》2013 年 2 月 27 日。

为一"的观念，并重视"致知穷理"之修养工夫。注重知识与人生的关系，这是程、朱哲学的最大特色。这说明了"善"与"真"之间的内在关系。

道家对科学的重视程度超过儒家，尽管它也以追求人生最高境界、实现理想人格为指归，但它以自然为本，认为人根源于自然，也应回归于自然。因此，道家思想从本质上就蕴含着对自然研究的重视。没有道家的哲学理论基础，很难想象有中国古代的自然科学。但是，道家更为重视的是审美。道家，特别是庄子的审美精神，对中国古代的文学、艺术的影响是巨大而深远的。本书的附录中，专门有一篇文章是讲这个问题，这里就不再展开阐述。

佛家传入中国，融入中华传统文化后，丰富了中国传统哲学的认识论、方法论以及某些科学如天文学、医学方面的内容，但仍然继承了印度佛教的基本思想观点，缺乏对自然规律研究的兴趣。因为它与道家以及魏晋玄学的关系比较密切，所以，它对后来的艺术的许多部门影响，甚为显著。它对当时的美学、艺术所产生的影响，有时是与老庄之学交织在一起的。

例如，顾恺之关于"传神"的提法，实际上是出自佛学。唐代以后，禅宗关于通过直觉、顿悟以求得精神解脱、达到绝对自由的思想，日益渗入文艺和美学领域。王维晚年的诗歌与绘画被认为是禅宗美学思想的最早体现。画家张璪所谓"外师造化，中得心源"的理论，也同禅宗强调"心"的作用有关联。当时绘画与诗歌的关系非常密切，王维作品的特点是"诗中有画，画中有诗"。禅宗思想不但渗入绘画，而且也在诗歌中有明显的流露。晚唐的司空图在《二十四诗品》、宋末的严羽在《沧浪诗话》中，都深受禅宗思想的影响，或以禅宗的哲学作为理论依据。

我们说"庄"与"禅"有密切联系，并不是两者完全一样，它们相通而不等同。禅宗不是以道家那种自然无为的"道"，而是以主体的"心"作为求得解脱的根据。禅宗缺乏道家那种与无限的大自然合而为一的明朗欢快的态度与宏伟气魄。禅宗极大地提高了主体心灵的能动作用，把主体内心的自觉自由作为审美的最高要求，这一点禅学与庄学又有其相似与相通之处。

按照张世英先生在多部著作中一再强调的说法，"天人合一"或"万物一体"是集真、善、美三位于一体的：就某一事物之真实面貌只有在无穷的相互联系、相互作用的"万物一体"之中才能认识到而言，它是真；就"天人合一"或"万物一体"使人有"民胞""物与"的同类感和责任感而言，它是善；就"天人合一"或"万物一体"能通过在场的东西，从而达到不在场的东西，从而使鉴赏者在想象的空间中玩味无穷而言，它是美。人如果能体悟到"天人合一"或"万物一体"，既能融合于物，也能融合于人，参与到无限的整体之中，就能达到自我的真正实现，达到了既真、又善、又美的高远境界。张先生认为，这样的自我实现，既是最高的美，也是最高的善，既是审美意识，也是道德意识，既有审美愉悦感，也有道德责任感。这就是真、善、美三者的统一。

第五章
哲学与科学

在历史的发展中，我们可以看到：哲学和科学的关系一直是密不可分的。这一特点在西方哲学那里尤为明显。全部西方科学都源于希腊人关于宇宙的哲学沉思。恩格斯曾经说过，古代希腊的哲学家几乎同时又是自然科学家。只是到了近代，科学才逐渐从哲学的母腹中分离出来并取得独立，但两者的关系仍然相互联系、相互依赖。科学上每一次革命性的观念变革，都会引发新的哲学思考并改变哲学的形态；同时，科学的本质、科学知识的获得与检验、科学的逻辑结构等问题，仍然是哲学研究的对象，这在西方现代出现的科学哲学家那里尤为显著。

但是，哲学毕竟不能等同于科学，无论从研究的内容上，或是从研究的方法及其结果上，两者的区别是不能否认的。从研究的内容上说，哲学研究的是整体性的问题，而科学研究的问题与哲学相比，总是局部的和有限的。托马斯·内格尔说得很明白，他说：

> 历史学家可能会问在过去的某个时间发生了什么，但是哲学家会问："时间是什么？"数学家可能会探索数之间的关系，但是哲学家会问："数是什么？"物理学家可能会问原子的成分是什么，或者重力由什么引起的，但是哲学家会问："我们怎么知道在我们的心灵之外，会有别的东西存在？"心理学家会去研究孩子是如何学会一门语言的，但是哲学家会问："是什么使得一个词意指某个东西？"①

从研究内容与着重点上说，科学试图解释事物是如何构成、如何运转

---

① 托马斯·内格尔：《你的第一本哲学书》，当代中国出版社，2008，第3页。

的；哲学则将自己的任务集中在事物对我们来说有什么意义上。科学要对从现实引发的问题提出解决的方案；哲学并不提供一劳永逸的解决方案，只是突出了问题的本质，并帮助我们继续追问下去。科学发现使得以后的科学家可以利用以前科学家所找到的解答，使自己的工作变得简单，往后的科学家一般地说，不必去重复过去科学家已经完成了的工作；哲学家的贡献却使得其后致力于思考的人的工作变得更加复杂，也更加丰富，哲学家是唯一愿意承认自己是一无所知的人，至少能够看清自己无知的地方。

从研究的方法及其结果上说，科学在谈论自己的主题时必须采取一种客观化的视角；哲学则总是自觉地保持这样一种意识：知识必然有一个主体。科学要运用各种数学的、逻辑的方法和各种先进的实验手段，从而要得出某些相对确定的结论，以构成该学科的稳固的理论基础，科学研究的结论可以而且必须经过实验的检验，或者被证实，或者被证伪。哲学则不然，它主要靠理性思辨，既运用逻辑，也诉诸直觉，它可以提出许多可以引起人们思索问题，或展开讨论和论证，或陈述直觉领悟，但未必能得出像科学所具有的结论来。即使有时会有某种结论，也会随着人类社会的发展和哲学思维的进步而不断地改变、不断地深入，甚至被扬弃。哲学研究所得出的结论是无法像自然科学那样，用经验事实或者科学实验来检验，这也使得哲学有别于科学。

康德早就发现，哲学是不能单纯地依赖别人的教导，能够被教导的只是如何进行哲学思考；因为哲学并不是传播一种由他人总结出来的知识，而是传授一种方法，一种思考问题、看待问题和论证问题的思路与方法。

第一节 西方哲学对自然科学发展的深刻影响

西方文明中，哲学对自然科学发展的影响，可以从内容与方法两个方面来说明。从内容而言，古希腊的原子论对近代科学的原子论的建立；17 世纪，笛卡尔在哲学上提出运动不灭性的原理对于 19 世纪物理学上能量守恒与相互转化定律的建立，都有着借鉴作用。从研究方法而言，古希腊亚里士多德的逻辑学对于自然科学发展所起的巨大作用，怎么估计都不会过分的。从一定意义上说，没有亚里士多德的逻辑学，也许就不可能有西方后来那样发展的自然科学。到了近代，无论英国培根的经验归纳法，还是法国笛卡尔的逻辑演绎法，以及经验论与唯理论的斗争，其直接的作用都是为自然科学寻求研究方法，为自然科学知识的可靠性提供哲学上的依据。总之，逻辑推演和经验归纳正是西方产生近代自然科学最主要的思维方式。至于康德关于"先天综合判断是否可能"问题的论证，更是与自然科学知识的可靠性的哲学论证紧密相关的。

古代希腊哲学时期，哲学是当时各种知识的总汇，最早的哲学家往往同时也是科学家。欧洲文艺复兴以来，科学虽然逐步从哲学中分化出来，但还随时可以看到两者交错的种种迹象。西方自然科学发展史上那些具有里程碑意义的伟大科学家，都与哲学结下不解之缘。笛卡尔关于机械运动的动量守恒原理，是在《哲学原理》（1644）一书中提出的；拉马克关于生物进化论思想的进一步阐述，则是在《动物哲学》（1809）一书中完成的。

牛顿虽然一方面说要"当心形而上学"；另一方面又把他的经典力学的划时代巨著名为《自然哲学的数学原理》（1687）。爱因斯坦一再声称：哲学是"科学之母"，更是众所周知的事实。所有这些，都不是偶然的。

在科学和哲学尚未完全分化的情况下，哲学以这样或那样的形式代替甚至"统治"科学的状况时有发生，甚至难以完全避免。特别是有些被研究的问题，它本身就带有两重性：既是哲学问题，又是科学问题；有的具体学科或者由于本身的研究尚不成熟，或者由于带有较浓厚的哲学色彩，这时，哲学就往往伸进科学的领域，对许多具体的科学问题，代替科学作出具体的回答，甚至出现哲学包办代替并凌驾于科学之上的情况。黑格尔的自然哲学，就是这种旧的自然哲学中最庞大、最完备，也是最后的一个典型。

由于西方哲学对自然科学发展的深刻影响这个问题在相关章节已经有所论述，这里就不拟展开，而把更多的篇幅用以说明自然科学发展对哲学形态的改变所产生的影响。

第二节　自然科学发展对西方哲学思维方式的巨大作用
——辩证法与形而上学两种思维方式的相互关系

恩格斯曾经非常明确地论述过西方哲学与科学在其发展过程中的密切关系，他说："随着自然科学领域中每一个划时代的发展，唯物主义也必然要改变自己的形式"。[①]

---

① 《马克思恩格斯选集》第 4 卷，人民出版社，1972，第 224 页。

事实正是如此。西方哲学从古代、近代直到现代，经历过两次思维方式的重大转变，究其原因，都是与自然科学的发展直接相关的。

一　西方哲学第一次思维方式的重大转变是从古代朴素的、自发的辩证法，向着机械的、孤立的、静止的形而上学的思维方式的转变

前面说过，古代许多哲学家，特别是早期希腊的自然哲学家，他们的自然观是朴素的唯物主义与自发的辩证法相结合为主要特征的。例如，古希腊人从水、气、火等具体的物质形态（当时，他们误认为"火"也是一种物质形态）中来寻找世界的物质统一性，这不正是一种朴素的唯物主义的自然观吗？又如，古希腊的赫拉克利特，以直观的形式讲到万物的变化，提出对立面的统一与斗争的学说，反映出他辩证思维的自发性。古代哲学的这种特征是与古代自然科学的发展水平相适应的。古代科学，包括古代希腊、中国、印度和中世纪阿拉伯的科学，基本上是处于对现象的描述、经验的总结和猜测性的思辨阶段，主要是以直觉的和零散的形式出现的。

近代自然科学虽然是古代科学的继承与发展，但两者又有着本质上的区别。近代自然科学，特别是其中的物理科学，则是把系统的观察和实验同严密的逻辑体系结合起来，形成以实验事实为根据的系统的科学理论。与近代自然科学发展状况相适应，人们的思维方式理所当然地发生了重要的转变。

近代自然科学刚刚产生时，它是从神学的禁锢中解放出来的。当时，自然科学发展得比较充分的是天文学、力学和数学这三门古老的学科。直到牛顿经典力学的理论体系建立时，无论是研究天体运动，还是研究地面上宏观物体的运动，都是在机械运动的水平上，用力学的规律来把握它们。由于牛顿力学的进一步完善化和它在各个领域的广泛应用，人们往往用力学的尺度去衡量一切，用力学的原理去解释一切自然现象。久而久之，这种状况就在人们的思想上形成了一种机械的自然观：一切运动都归结为机械运动，一切运动的原因都归结为某种"力"。自然界在人们的心目中就是一架按照力学规律运动着的大机器，动植物和人也不例外。笛卡尔在17世纪时就把有机物同无机物混为一谈，提出了"动物是机器"的著名论断。18世纪法国唯物主义哲学家拉美特利干脆把一本专著的书名叫作：《人是机器》。他认为，与动物相比，人不过是一架更精致、更加复杂的机器。他说"难道人因此就不是一台机器？比最完善的动物再多几个齿轮，再多几条弹簧，脑子和心脏的距离成比例地更接近一些，因此所接受的血液更充足一些，于是那个理

性就产生了"。他的结论是："人体是一架会自己发动自己的机器：一架永动机的活生生的模型。"① 这种典型的机械唯物主义的自然观，正是由当时自然科学发展的水平决定的。正如恩格斯所指出的：

> 因为那时在所有的自然科学中达到了某种完善地步的只有力学，……化学刚刚处于幼稚的燃素说的形态中。生物学尚在襁褓中；对植物和动物的机体只作过极粗浅的研究，并用纯粹机械的原因来加以解释。

恩格斯认为，在这种情况下，机械论观点的产生是"不可避免的局限性"。②

近代自然科学发展的前期，多数自然科学部门还处于搜集经验材料的阶段，自然科学家采用的研究方法主要是观察实验、解剖分析和归纳推理。在分门别类地搜集材料的过程中，往往容易产生这样的弊病：

> 看到一个一个的事物，忘了它们的互相的联系；看到它们的存在，忘了它们的产生和消失；看到它们的静止，忘了它们的运动；因为它只见树木，不见森林。③

这种考察事物的方法，被培根、洛克等人从自然科学移植到哲学中以后，就形成了形而上学唯物主义的自然观。这种形而上学自然观的总观点的中心是"自然界的绝对不变性这样一个见解。不管自然界本身是怎样产生的，只要它一旦存在，那么在它存在的时候它始终就是这样"。④ 在那时的人们看来，无论是恒星、行星、地球上的五大洲、山岭、河流、动物、植物都是一成不变地以既定的方式存在下去。

既然一切事物都是一成不变的，都是某种一下子造成的东西，那么，为什么天体会运动呢？行星轨道的切线力是从哪里来的呢？动植物的物种又是如何产生的呢？在这些问题面前，许多卓有成就的科学家都感到困惑不解，最后只好用造物主的"第一推动"（如牛顿）和神创的"第一物种"（如林

---

① 北京大学哲学系外国哲学史教研室编译：《西方哲学原著选读》下卷，商务印书馆，1982，第122、107页。
② 《马克思恩格斯选集》第4卷，人民出版社，1972，第224页。
③ 《马克思恩格斯选集》第3卷，人民出版社，1972，第61页。
④ 恩格斯：《自然辩证法》，人民出版社，1984，第9页。

奈）来搪塞。恩格斯指出："哥白尼在这一时期的开端给神学写了绝交书；牛顿却以关于神的第一次推动的假设结束了这个时期。"① 形而上学的思维方式必然要导致唯心主义的世界观，这就是当时科学与哲学发展的一个难以避免的结局。

看来，既然当时的形而上学自然观的形成是由于科学发展水平和科学研究方法所决定的，那么，要克服形而上学自然观，就只能靠自然科学的进一步发展了。

二　西方哲学第二次思维方式的重大转变是从机械的、孤立的、静止的形而上学的思维方式，向着以自然科学的发展为基础，以现代形态的辩证法的思维方式的转变

尽管形而上学自然观统治自然科学领域达 200 多年之久，但是，自然科学发展的步伐是不可能停止的。因此，18 世纪下半叶，特别是 19 世纪以后，随着自然科学技术的全面发展，机械的、孤立的、静止的形而上学思维方式要重新被辩证法的思维方式所代替，也是历史的必然了。

19 世纪以后，自然科学已经从前期的以"搜集材料"为主，转变为以"整理材料"为主，从经验自然科学转变为理论自然科学。这种转变，既是 19 世纪之前自然科学发展的必然结果，又是促使 19 世纪之后科学技术全面发展的原因。19 世纪自然科学理论发展中，出现了一系列重大的突破。主要的有：康德—拉普拉斯的太阳系形成的原始星云假说、赖尔的地质变化的渐变论、能量守恒与相互转化定律、人工合成尿素、细胞学说和达尔文进化论的建立，等等。这一系列伟大成就曾被恩格斯称之为打破僵硬的形而上学自然观的一个又一个缺口的重型炮弹。恩格斯还把其中的能量守恒与相互转化定律、细胞学说与达尔文进化论称之为 19 世纪自然科学中的三大发现。由于有了这一系列的重大发现，人们不仅看到了自然界各个领域之间的联系，而且看到了自然界各个领域内部各个过程之间的联系。也就是说，不仅看到了事物之间在空间上的紧密联系，而且看到事物自身在时间中的历史发展。在这种情况下：

> 新的自然观的基本点是完备了：一切僵硬的东西溶化了，一切固定的东西消散了，一切被当作永久存在的特殊东西变成了转瞬即逝的东

---

① 恩格斯：《自然辩证法》，人民出版社，1984，第 10 页。

西，整个自然界被证明是在永恒的流动和循环中运动着。①

这里所讲的"新的自然观"，是以自然科学的发展为基础，以现代形态的辩证法的思维方式为特征。它是马克思主义整个世界观的重要基石。

从古代的朴素的、自发的辩证法思维方式，到近代前期的机械的、孤立的、静止的形而上学思维方式，这是人类哲学思维方式的第一次转变；从近代前期的机械的、孤立的、静止的形而上学思维方式，到19世纪中叶的现代形态的辩证法思维方式，这是人类哲学思维方式的第二次转变。经过这两次转变，使我们似乎又回到了古代希腊哲学的伟大创立者的观点那里去了。但这不是简单的重复，而是在更高级的基础上复归，是"否定之否定"。之所以能够如此，是因为近代自然科学与古代科学是建立在不同的研究方法的基础之上，两者之间有一个"本质的差别：在希腊人那里是天才的直觉的东西，在我们这里是严格科学的以经验为依据的研究的结果，因而也就具有确定得多和明白得多的形式"。② 由此可见，近代科学技术，它的研究成果以及它的研究方法，不仅为近代工业社会提供了物质文明的强大动力，而且还为人类思维方式的改变，为人类社会的精神文明的发展，提供了科学前提。这种哲学思维方式的改变与自然科学发展的水平与方法的直接关联，在西方哲学发展史上表现得非常明显。

至此，我们在西方哲学的发展史上看到了两种"否定之否定"：一种是从追问"存在"到追问"存在者"，再到追问"存在"；另一种是从古代朴素的辩证法到机械的、形而上学思维方式，再到科学形态的辩证法思维方式。前者属于"本体论"（我们在第二章中已经阐述），而后者则属于"方法论"。然而，本体论与方法论本来是分不开的：追问"存在"，本身就是一种整体观点，它是符合辩证法的；而追问"存在者"，本身就是一种违反整体观点的形而上学思维方式，因而也是不符合辩证法的。

第三节 西方近代科学与宗教的关系
——以牛顿的"第一推动力"为例

在欧洲历史上，近代自然科学为了自身的发展，必须从神学的束缚中解

---

① 恩格斯：《自然辩证法》，人民出版社，1984，第15页。
② 恩格斯：《自然辩证法》，人民出版社，1984，第15页。

放出来，为争取自己的生存权利而斗争。1543 年，哥白尼在《天体运行论》中，以"太阳中心说"取代了古代托勒密的"地球中心说"。它不仅是天文学上的一场革命，而且还具有强烈的反对宗教的性质，是自然科学摆脱神学而独立的解放宣言。其结果是：哥白尼学说的拥护者布鲁诺被活活地烧死，伽利略被处以终身监禁。这充分说明了科学与宗教关系中的对立性质。

科学与宗教的关系中，除了对立的一面以外，还有其相互妥协与相互依赖的一面。这可以用牛顿的"第一推动力"为例。牛顿是近代经典力学的集大成者，他以力学的三大基本定律和万有引力定律成功地解释了宏观物体的机械运动。但是，在说明行星沿着椭圆形轨道而作绕日运动时，切线力从何而来的问题上，他无法在这个力学系统内得到说明，从而陷入了困境。最后他明确地承认："没有神力之助，我不知道自然界中还有什么力量竟能促使这种横向运动。"这就是著名的关于"第一推动力"的假设。众所周知，牛顿作为一位伟大的近代自然科学家，他一直强调要用观察和实验来建立自然科学定律，反对"没有任何实验证明的臆断或猜测"。既然如此，他又为什么会提出关于"第一推动力"的假设呢？这是耐人寻味的。恩格斯曾经这样说："如果我们以现有状态的永恒性为前提，我们就需要有一个第一推动，上帝。"[1] 换句话说，只要仍然坚持用静止的观点看问题，就必然要陷入承认上帝的神学之中。

对此，恩格斯以十分感叹的口气写道：

> 科学还深深地禁锢在神学之中。它到处寻找，并且找到了一种不能从自然界本身来说明的外来的推动力作为最后的原因。如果牛顿所夸张地命名为万有引力的吸引被当作物质的本质的特性，那末首先造成行星轨道的未被说明的切线力是从哪里来的呢？……对于这样的问题，自然科学只是常常以万物的创造者对此负责来回答。哥白尼在这一时期的开端给神学写了绝交书；牛顿却以关于神的第一次推动力的假设结束了这一时期。[2]

我们知道，康德于 1755 年出版的《自然通史和天体论》中，正是用太

---

[1] 恩格斯：《自然辩证法》，人民出版社，1984，第 254 页。
[2] 恩格斯：《自然辩证法》，人民出版社，1984，第 10 页。

阳系逐渐形成的"原始星云说"解释了太阳系的生成，从而取消了牛顿的"第一推动力"的假设。

在自然科学与宗教关系中，除了科学家有时要求助于神学之外，神学家有时为了"论证"上帝的存在，也需要利用自然科学。牛顿是在 1686 年出版了他的力学代表作：《自然哲学之数学原理》，该书的有关材料曾被当时的一些神学家为了说明上帝的存在所引用。其中有一位名字叫做"本特利"的牧师，还专门写信向牛顿请教。牛顿在 1692 年到 1693 年期间，曾经精心写了四封回信，关于"第一推动力"的假设正在其中。这也说明科学家与神学家、科学与宗教之间的复杂关系。

第四节　当代著名科学家与东方哲学智慧
——以普利戈金、玻尔、哈肯、卡普拉等人为例

西方现当代的一批在自然科学前沿卓有成效的科学家，他们所创立的自然科学理论，无法与近代哲学所形成的理论框架相适应，而面临着科学基本观念的变革。他们不满意西方近代哲学所具有的机械论和孤立、静止的思维方式，非常推崇中国古代哲学，特别是老庄哲学，并一再强调要向中国哲学寻求哲学支持。普利戈金、玻尔、哈肯、卡普拉等人就是这方面非常有说服力的例子。具体分析这些例子，对于进一步说明哲学与科学的关系是很有意义的事情。

普利戈金（I. Prigogine）又译普里戈金，是当代比利时著名科学家、诺贝尔奖金获得者，"耗散结构理论"的创立者。这个理论认为，一个远离平衡态的开放系统（包括力学、物理学、化学、生物和某些社会、经济系统），当其变化达到一定的阈值，通过涨落有可能发生突变，由原来的混沌无序状态，转变为一种在空间、时间或功能上的有序状态。由于它需要与外界交换物质与能量才能维持，所以叫"耗散结构"。系统的这种自行产生组织性的行为，叫做自组织现象；因而耗散结构理论又称非平衡系统的"自组织理论"。它以时间的不可逆和系统的复杂性为出发点，分析自然界发展的方向性，从而把历史的因素引入了物理学。这个理论表明：自然界中的进化与退化，可以在不同条件下存在于同一个总过程之中。这就在不违反热力学第二定律的前提下，解决了进化与退化的矛盾，从而把在 19 世纪曾经困惑着科学家的物理学规律（在孤立系统中物质运动会自发地走向无序）同

生物学规律（生命现象的发展会自发地走向有序）存在着相反方向的矛盾统一了起来。

此外，在20世纪六七十年代，德国物理学家哈肯（H. Haken）创立了"协同学"（Synergetics），物理化学家艾根（M. Eigen）创立了"超循环理论"。这些自组织理论深刻地揭示了系统的自组织现象和过程所遵循的从混沌无序的初态向稳定有序的终态演化的客观规律，把动力学规律与统计规律、确定性与随机性、可逆与不可逆、必然与偶然等统一起来。这不仅是20世纪以来继"相对论"和"量子力学"创立之后，自然科学理论发展的重大突破，它不仅带来了现代自然科学思想的深刻变革，而且在哲学上也有不可估量的意义。

普利戈金在《从混沌到有序》《从存在到演化》等论著中，精辟地分析了西方近代科学思想发展中的一系列重大问题。他认为，以牛顿力学为代表的西方近代科学曾经有过它们的黄金时代。牛顿用他的经典力学把天上世界和地上世界统一成为整个的宇宙，但却不可避免地造就了机械论的自然观，把一切物理和化学现象都归结为"力"，自然界被过分地简单化了。这种自然观把自然界描述为一个静态的、沉寂的世界，它不承认演化，否认时间的不可逆，无视随机性，并认为我们在认识自然的活动中只能充当旁观者。他还认为，从更广泛的意义上说，凡是对自然界作静态的、可逆的、严格机械论的、简单化的描述，并把观察者与自然界截然区分的观点，都属于机械论。以此作为衡量的标准，相对论与量子力学仍属于"存在的物理学"而不是"演化的物理学"，至多是从前者向后者过渡的一个中间环节。由于自然界是自组织的"有机体"，而不是"力的世界"。因此，当代科学思想变革的实质，就是要用有机论来代替机械论。他说：

> 自然的过程包含着随机性和不可逆性的基本要素。这就导致了一种新的物质观，在其中，物质不再是机械论世界观中所描述的那种被动的实体，而是与自发的活性相连的。这个转变是如此深远，所以我们在序言中指出，我们真的能够说到的是人与自然的新的对话。[①]

普利戈金在进行科学思想的研究时，有一个极其重要的发现。这就是：

---

① 普利戈金、斯唐热：《从混沌到有序》，上海译文出版社，1987，第42页。

中国古代辩证自然观的核心是注重自然界的整体性和有机性，具有自发的自组织的观点；它与牛顿的机械论的世界观属于两种不同的哲学传统。因此，耗散结构理论等有关自组织理论的新学科，就其哲学思想、科学传统而言，和中国古代的哲学思想更为接近。他说：

> 经典的西方科学和中国的自然观长期以来是格格不入的。西方科学向来是强调实体（如原子、分子、基本粒子、生物分子学），而中国的自然观则以"关系"为基础，因而是以关于物理世界的更为"有组织的"观点为基础。
>
> 中国传统的学术思想是着重于研究整体性和自发性，研究协调和协和。现代科学的发展，近十年物理学和数学的研究，如托姆的突变理论、重整化群、分支点理论等，都更符合中国的哲学思想。[1]

这就是他所以推崇中国古代哲学思想的深层原因。

20 世纪 20 年代以后，《老子》《庄子》在西方非常流行。量子力学创始人之一，丹麦著名物理学家玻尔在 1937 年春访问我国时发现，他自以为最得意的科学创见"互补原理"（又称"并协原理"），在中国古代文明中早就是一块哲学的基石，而"太极图"就是互补原理最好的标志和象征；以至于他把太极图放在象征他所获得最高荣誉的纪念碑纹章图案的中心。他说，"中国古代哲学中的一些互补关系"是"令人难忘的"。[2]

现代协同学也是自组织理论深入发展而产生的一个新学科，它的创始人哈肯说："协同学含有中国基本思维的一些特点。事实上，对自然的整体理解是中国哲学的一个核心部分。"[3] 哈肯曾经多次访问我国，中国听众对他演讲内容的深刻理解使他非常感动。他认为，之所以能够这样："其原因之一可能是强调整体性的中国传统思想具有悠久的历史。确实，当我们研究复杂系统时，这种方法变得至关重要了。"[4]

突变理论的创始人托姆，说得十分直截了当："在老子的理论中，有很大一部分是关于突变理论的启蒙论述。我相信今天中国许多喜欢这个学说的

---

① 普利戈金：《从存在到演化》中译本序，上海科技出版社，1986。
② 玻尔：《原子物理和人类知识续编》，商务印书馆，1978，第 19 页。
③ 哈肯：《协同学——自然成功的奥秘》序，上海科学普及出版社，1988。
④ 哈肯：《信息与自组织》中译本序，四川教育出版社，1988。

科学天才，会了解突变理论是如何证实这些发源于中国的古老学说的。"①
为我国科技界所熟知的李约瑟（J. Needham）认为，西方自然观中的机械论
观点已经严重束缚了科学的发展，现代科学已到了必须吸收东方自然观合理
思想的时候了。1958年，他在讨论中国传统与现代文化的关系时，曾经深
刻地指出：

> 现代科学对于人类文明所起的最大作用就是使整个世界在地面上统
> 一起来。人类在向文化更高级的组织和联合形式进展的过程中，在当前
> 我们所面临的许多统一任务之中，我想最重要的任务莫过于欧美文化和
> 中国文化的汇合了。我们愈深入地研究过这两种文化，就愈深刻地感到
> 他们就像两个不同的作曲家所谱写的两部交响乐曲，而其基本的旋律却
> 是完全一致的。②

美国物理学家卡普拉的看法和李约瑟非常一致。他认为，西方文化的世
界观基础是机械论，片面推崇阳性价值，是一种"阳性文化"；而中国古代
自然观有着丰富的有机论思想，属"阴性文化"。根据阴阳互补的原则，西
方应主动吸取东方文化的营养，以达到阴阳平衡，他说："在诸伟大传统
中，依我看，道家提供了最深刻并且最完善的生态智慧，它强调在自然的循
环过程中，人和社会的一切现象和潜在两者的基本一致。"③ 根据他对中国
古代哲学的这种评价，他预测："在最近的阶段里，西方科学又最终克服这
种观念（指机械论）而返回到早期希腊与东方哲学上来。"④ 美国科学史家
萨顿认为，在科学发展史中，曾出现几次东方智慧的大浪潮。他热情地
疾呼：

> 不要忘记东西方之间曾经有过协调，不要忘记我们的灵感多次来自
> 东方，为什么这不会再次发生？伟大的思想很可能有机会悄悄地从东方
> 来到我们这里，我们必须伸开双臂欢迎它。⑤

---

① 赵松年：《突变理论：形成、发展与应用》，《世界科学》1989年第4期。
② 李约瑟：《四海之内》，三联书店，1987，第94页。
③ 董光璧：《当代新道家卡普拉》，《自然辩证法研究》1991年第2期。
④ 灌耕编译《现代物理学与东方神秘主义》，四川人民出版社，1984，第7页。
⑤ 萨顿：《科学与生命》，商务印书馆，1987，第140~141页。

在以上我们列举的几位西方自然科学家（包括自然科学史家）的相关言论中，可以发现，他们不仅对老庄哲学情有独钟，而且对中国古代哲学，对整个东方哲学，都是持认同的态度的。

当然，西方学者赞赏中国古代哲学，西方文化向东方文化的回顾，并不是向古代世界的简单重复，而是一种否定之否定，是在更高的基础上的"复归"。在这种复归的过程中，应该吸收西方在过去几百年中科学发展的伟大成就和西方文化中的一切精华，从而把人类文化的发展推向一个更高的阶段。现在，从世界科学文化发展的全局来看，机械论将被有机论所取代，近代科学传统将被现代科学传统所取代，而现代传统中将包含中国古代辩证的、自然主义的自然观的许多合理思想。经过理论加工的同现代科学与现代哲学相结合的中国古代的自然哲学中的精华成分，将成为新的科学传统的一个组成部分。但是，在21世纪，新的科学传统既不是古代东方的，也不是近代西方的，而是东西方互补的汇合了两者长处的崭新的科学传统。这也是毫无疑义的。

第五节　中国古代哲学对科学发展的影响
——关于整体思维的若干分析

一　中国古代自然哲学的基本观点

在中国古代儒、道、佛三家的哲学中，科学在佛家中不占重要地位，在儒家中更没有重要位置。道家虽然并不把科学当作人生追求的最高目标，但科学在道家中仍然占有相当重要的地位，自然哲学仍然是其中的一个重要的组成部分。

宇宙起源或本原的问题是自然哲学研究的首要的问题，也是历代哲学争论的中心之一。春秋战国时期，人们普遍地以自然化的"天地"代替人格化"天帝"的地位。哲学家们纷纷提出了各种不同类型的宇宙发生论，初步形成了以"道"为核心，以太极、气、阴阳、五行、八卦诸说为线索，以道家、儒家的自然哲学为支柱的独具特色的自然哲学体系。

中国古代的辩证法思想中，在先秦时期就有两个完整的体系，一个是《老子》，一是《易传》。有的学者认为，《易传》所代表的辩证法是"阳性"的，强调的是：天行健，君子以自强不息；而《老子》所代表的辩证法是"阴性"的，主张以柔弱胜刚强，上善若水。两者性质各异，却又有相通之处。古人说"易老相通"这是有根据的，《易传》具有儒家的某些重要的思想特征，但同时又在某些方面表现出对老子思想的继承和发展。这些都是必须承认的。由于道家学派更注重对自然界的观察和研究，因此，道家的自然哲学比起儒家，相对地会更加丰富一些，这也是无可否认的。

在对自然界的看法上，当时人们比较普遍地接受这样一种关于宇宙发生秩序的观点：天生阳气，地生阴气，二气相合，产生万物。但进一步的看法则存在分歧：有一部分人认为，在天地之前，还有一个更早的存在物。例如，《老子》以"道"为本原，提出"道生一，一生二，二生三，三生万物"；《易·系辞传》以"太极"为本原，提出"太极生两仪，两仪生四象，四象生八卦"的宇宙进化图式。另一些人却不这样认为，例如，《管子》的《内业》等四篇以"精气"为本原，《水地》篇则以水为本原。

中国古代自然哲学的基本观点或基础原理是阴阳五行学说。这是许多中国哲学史研究者的共识。

阴阳是由人类本身男女的性经验的正负投影而来的，据考证，它在哲学上是作为基本的范畴使用，始于公元前3世纪的《易经》之中。在自然界，"阴"是山或谷有阴影的一面，"阳"是有日光的一面。从"阴"可以引出冷、云、雨、黑暗等，从"阳"则可以引出阳光、温暖、明亮等。在《易经》中，有64个由阴与阳交互组成的卦。当然，这个过程还可以延伸下去，128卦，以至于无限。除《易经》外，《墨经》中有"回于天地之间，包于四海之内，天壤之情，阴阳之和"，以及圣王要"节四时、调阴阳"的说法，而《老子》中关于"万物负阴而抱阳，冲气以为和"的论断，更为人们所熟知。董仲舒在《春秋繁露》中进而提出："天之常道，相反之物也不得两起。"阴与阳"并行而不同路，交会而各代理"。这说明：阴与阳可以互相交替着占据主导地位。尽管董仲舒的哲学思想中有诸多失误之处，但阴阳的各自优势作波浪式交替的说法，具有相当多的科学意味。

"五行"学说在汉代确立后一直流传下来，经久不衰。现代的习惯说法是以金、木、水、火、土为序，但从宇宙起源的顺序看，应该是水、火、木、金、土。五行之间，既相生，又相克。相生的顺序是：木、火、土、金、水；相克的顺序是：木、金、火、水、土。"五行"与西方古代哲学中曾经出现的"元素"说的不同之点在于：它们不是实指五种物质，而是五种属性或功能。它们可以与一年之中的季节、空间的方位、天干、地支、星辰、音律、人的五脏、五官、情绪以及人类社会中的许多事物、现象等相对应。

从历史上看，阴阳五行学说虽然有可能导致荒谬，但就其总体而言，还是"有助于科学思想的发展"。①

二　先秦时期儒家、墨家、名家与科学技术

儒家特别重视伦理道德的研究，主要讲人伦社会，始终把注意力集中于人类社会，以道德为人生的最高境界和人生最高意义之所在，讲的都是些"应然"的道德规范、道德教条，而非"已然"的客观法则。因而对自然科学技术发展的促进作用相对不足，这应该是事实。但如果说它"与科学史几乎毫不相关"，则失之偏颇。事实上中国古代的科学家大都是在儒家文化的背景下成长起来的，因而他们不仅在人格操守和价值观方面受到儒家思想的影响，而且儒家的自然观，特别是儒家的许多经典中蕴含的科学技术知识，实际上成为他们在各个自然科学领域进行研究的、不可或缺的基础。

在先秦的诸子百家中，墨家和名家对科学的发展也有各自的贡献。墨家比较重视逻辑，他们通过其概念化的模式得到了他们自己的演绎和归纳，和同时期的古希腊一样，达到了非常高的科学理论水准。李约瑟曾经在《中华科学文明史》中有这样的说法：如果墨家的逻辑和道家的自然主义相融合，中国可能早已越过科学的门槛。他这个想法虽然很诱人，但并不现实，因为历史不容假设，这一切并没有发生。

名家对逻辑也有相当深入的研究，从公孙龙关于"白马非马"、惠施关于"天与地卑，山与泽平""日方中方睨，物方生方死"等命题中，不难看出他们已经接触并探讨了一般与个别和时空的相对性等问题，遗憾的是名家这种对逻辑的研究，未能在以后的日子里继续下去。中国古代哲学中继续得到发展的是辩证法，而不是形式逻辑。

印度佛教融入中华传统文化后，丰富了中国传统哲学的认识论、方法论以及某些科学如天文学、医学方面的内容，但仍然继承了先前印度佛教的基本思想观点，缺乏对自然规律研究的兴趣。因此，我们在这里着重讲的是道家思想对古代科学技术发展的影响。

---

① 李约瑟著，柯林·罗南改编《中华科学文明史》第 1 卷，上海人民出版社，2001，第 175 页。

三　道家的自然观与古代科学技术

中国古代的道家认为，人根源于自然，也应回归自然。因此，道家思想从本质上就蕴含着对自然研究的重视。没有道家的哲学理论基础，很难想象有中国古代的自然科学。在道家思想的来源中包含"方术"，而方术与早期的科学技术是不可分的。

《老子》对"道"的描述，为我们提供了一个由正反两面相互依存、相互转化而构成的包罗万象的整体的图案。老子认为，天地万物都由这个作为整体的"道"而产生，强调联系，强调在"一"中研究"多"，在整体中研究万物之"所以然"。这正是科学精神的重要哲学前提。与"道"的整体观相联系的是，道家把"道"看作法则、规律，这就与以探索法则、规律为己任的科学产生了更直接的关系，因为科学与探索是密不可分的。

关于"道"与万物的关系，《老子》中说得十分明确：

> 道生之，德育之，物形之，势成之。是以万物莫不尊道而贵德。……生而不有，为而不恃，长而不宰，是谓玄德。[1] 夫物芸芸，各复归其根。归根曰静，静曰复命。复命曰常，知常曰明。不知常妄，妄作凶。知常容，容乃公。公乃全，全乃天，天乃道，道乃久，没身不殆。[2]

这里所讲的"常"，指法则、规律，知常者明，依常而行，则"没身不殆"；反之，违常妄为则凶。"道"既是无所不包的整体，故"道"之动力，即在万物之内，即是"反者道之动"中所说的"反"，它是天地万物运动变化之最高法则。老子说，"吾不知其名，字之曰道，强为之明曰大。大曰逝，逝曰远，远曰反"。[3] 事物变化发展至极，便走向反面，这就是"物极必反"。它既是自然的最高法则，也是人生的最高法则。

在《老子》之后，有西汉淮南王刘安主持倡导编纂的《淮南子》，此书继承和发展了老子的思想，构建了自然法则和社会法则、自然科学与社会科

---

① 《老子》第 51 章。
② 《老子》第 16 章。
③ 《老子》第 25 章。

学相结合的科学体系，是一部百科全书式的科学著作。在天文学、物理学、化学、农学、生物学、医学等自然科学方面，都有精彩的论述。

在道家心目中，宇宙乃是一个阴、阳（正、反）和合而且有序的体系，正反两个方面是相依相存的。《老子》说："万物负阴而抱阳，冲气以为和"。① 万物都是"阴阳和合"的统一体。抓住了阴阳，也就抓住了全宇宙的秩序。探索宇宙之阴阳和合有序，似乎是中国古代科学家从事科学研究的一种原动力。

《老子》说："道法自然。"② "自然"在这里不是指今天所谓自然界，而是自然而然、究竟至极之意。"道"之外别无他物，没有什么比"道"更高的原则来说明"道"之原因、缘由。总之，在道家看来，宇宙和人体都无需一个有意识的操纵者，他们把自然界看作是一个无需神来安排的有机整体。对宇宙法则本身有热切追求的兴趣而不假外求，这正是一种科学的精神。毫无疑义，老子关于"道法自然"的思想，为科学精神提供了有力的理论依据。

既然如此，又如何解释老子所说的："为学日益，为道日损"③ 呢？《老子》虽然重"为道"而轻"为学"，甚至还出现过像"智慧出，有大伪"等弃智的言论，但这并不意味着《老子》完全抛弃知识，特别是并不意味着《老子》抛弃关于自然的知识。《老子》说："使我介然有知，行于大道"。④ 这就是说，只有明确平实的知识，才能"行于大道"，具体知识是得道的前提条件。所谓"为学日益"，正是说，对于具体知识的学问，要在积累（"日益"）方面下工夫，但是，仅仅停留于具体知识，还不是"为道"。要达到"与道合一"的境地，还需在"为学"基础上进一步在"为道"方面下工夫。所谓"损之又损，以至于无为"，可见"为道日损"的意思，就是从"有为"进入"无为"。这里所说的"损"，不是简单的摒弃，而是一种超越，即经过具体知识而又超越具体知识，进入"道"的层面。在《老子》中，"智"似乎染上了"伪""巧""利"的色彩，它已经不是"价值中立"的科学知识，而具有伦理道德上之"恶"的内涵，似乎成为用心机，耍权术，玩弄技巧权诈的同义语。这种意义上的"智"，当然是乱世之根

---

① 《老子》第 43 章。
② 《老子》第 25 章。
③ 《老子》第 48 章。
④ 《老子》第 53 章。

源，所以，老子把"复归于婴儿"作为自己的最高境界。当然，《老子》也还讲了许多像"使民无知无欲"等"愚"民之类的话，这里也的确有反对知识、反对欲望之意。这也是无可讳言的。

庄子继承并发展了老子的"道"的范畴，《庄子》书中关于宇宙起源的理论最为丰富，最富思辨性。他知识广阔，文笔汪洋恣肆、诙诡谲奇，是中国哲学史中不多见的最有特色的哲学家。他的自然观中充满着辩证法的思想光辉。

庄子用自然主义的观点说明自然界所发生的种种变化。《庄子·天运》有这样一段话：

> 天其运乎？地其处乎？日月争于其所乎？孰主张是？孰纲维是？孰居无事而行是？意者其有机缄而不得已邪？意者其运转而不能自已邪？云者为雨乎？雨者为云乎？孰隆施是？孰居无事淫乐而劝是？风起北方，一西一东，有上彷徨，孰嘘吸是？孰居无事而披拂是？敢问何故？[1]

在这里，庄子根据他所考察的诸多的自然现象，提出了一系列自然科学的问题：天是运转的吗？地是静止的吗？日月是相互争夺它们的位置吗？谁主宰和施行这些？谁为之树立纲维？谁闲着无聊而去干这些事？是本身机缄而使它们不能自已，还是它们的运转根本无法停下来呢？云层是为了降雨吗？降雨是为了云层吗？风从北方吹起，忽西忽东，在上空回转往来，有谁嘘吸着？所以这些，究竟是什么缘故呢？《庄子》以虚拟寓设的人物"巫咸祒"对此作了回答：

> 天有六极五常，帝王顺之则治，逆之则凶。九洛之事，治成德备，监照下土，天下戴之，此谓上皇。[2]

这就是说，并没有什么东西在主宰，完全是事物自己的自然运动。人们只有顺着这个自然之理，才能功成而德备，实现天下安治。这种用自然原因来解

---

[1] 《庄子·天运》。
[2] 《庄子·天运》。

释一切自然现象的自然主义思想，是庄子辩证自然观的基本点。

庄子的这种自然主义思想是同他从老子那里继承来的"无为"思想紧密相连的。他认为，万物所遵循的"道"，其根本的属性就是无为。"道"对万物的基本态度不是有意识的主宰，而是任其自然。他说："道不私，故无名。无名故无为，无为而无不为。"① "无为"不是什么都不做，而是一种自然的状态。他还说："天无为以之清，地无为以之宁，故两无为相合，万物皆化生！……天地无为而无不为也。"② 就是说，天无为却自然清虚，地无为却自然宁静，天地无为而相合，万物乃变化生长。

庄子和老子一样，他所说的"无"并非空无一物，而是无形的状态、混沌的状态。他说："泰初有无，无有无名；一之所起，有一而未形。"（《庄子·天地》）在他看来，世界的原始材料是无形的，没有名称。这是一种未分化的混沌世界。从无形到有形，从冥暗到显明，是万物生长发展的过程，也是"道"运行的体现。

总之，老庄哲学表达了对当时有等级差异的社会制度的不满，主张返璞归真，回归到原始状态的社会去。这种主张理所当然无法实现。但他们描写的作为"道"的根本属性的自然无为，以及"道"所展现的混沌状态，却有着经久的意义。

道教对老子的"道"增添了宗教崇拜的感情色彩，并继承和发展了《老子》"长生久视之道"的思想，希冀长生成仙，积极探讨长生之道，热心于炼丹，这对于中国医学、化学的发展，起了很大的促进作用。尽管道教的成仙理论本身，从根本上讲是不能成立的，但道教人物由此而在医学、化学以及天文、历算等自然科学方面所做出的贡献，却是很大的，特别是针对我国古代官方学术一向忽视自然科学研究的传统来说，具有重要的历史意义。

四　中国古代的整体思维与古代科学技术

中国同古埃及、巴比伦一样，是个有着悠久历史的文明古国。这些国家在古代不仅在某些学科上做出了令人叹服的贡献，而且还有着高度发展的技术成就。埃及的几何学和巴比伦的占星术，对数学与天文学的贡献是人所共

---

① 《庄子·则阳》。
② 《庄子·至乐》。

知的。埃及的金字塔、狮身人面像、巨大的神庙都是天文、数学与建筑知识技术的有机结合。

中国早在公元前约 21～16 世纪的黄帝时代，就有了从传说中的神农氏、有巢氏、燧人氏那里世代继承下来的、相当发展的农副业生产、制陶、冶炼等技术了。

在上述这些科学技术的背后依托着什么样的文化背景？取得这些成就在思维方式上有着什么样的特点？纪树立先生在《整体思维与形式思维》一文中，把它们定义为一种"原始思维"，这种思维也可以说是一种还没有从行动中分化出来的"前思维"，或者如同马克思所说的，是"一个混沌的关于整体的表象"。这些科学知识和高超的技艺都是建立在人间—天上、现世—来世的直接关联的观念上，反映了这些古代民族所特有的"天人合一"的文化理念。① 由这种"原始思维"方式所规定的原始科学，是"中国科学和西方科学的共同祖先"。当人类逐步从原始的整体表象中挣扎出来以后，似乎是沿着两个方向往更高级的思维提升：一个方向是继续对世界进行整体的把握，从原始思维的"整体表象"提升到"整体思维"；中国科学技术的发展大体上走的是这一条道路。另一个方向是直接跃进到逻辑运演的"形式思维"，众所周知，这是西方科学技术所走的道路。我们在前面论述西方哲学史的章节中已经有所说明，这里不再重复。

虽然原始思维的"整体表象"与"整体思维"都是从整体视角出发，但两者之间是有区别的，区别在于"它们代表着人类思维发展的不同阶段，标志着人类自觉性的不同水平：从一种半本能的行为模式跃升到一种自觉意识的理论思维形式"。前者是"物我不分的原始浑沌"，后者则已经"把自己同自然界初步分离出来"了。② 笔者在此愿意强调的是：这种分化仅仅是"初步"，因为中国古代占主导地位的思维方式一直是"天人合一"，如果主体完全与客体相对立，自我完全从自然界中分化出来，那就不是"天人合一"的思维方式，而是"主客二分"的思维方式了。

---

① 纪树立：《整体思维与形式思维》，载李志林等著《中西哲学比较面面观》，华东师范大学出版社，1988，第 57～59 页。
② 纪树立：《整体思维与形式思维》，载李志林等著《中西哲学比较面面观》，华东师范大学出版社，1988，第 60～61 页。

中国古代整体思维的本体论的根据就是人们耳熟能详的"天人合一"，在这个思维模式中，人与自然、主体与客体、心与物的统一是不言而喻的。本体论、认识论、价值论浑然一体，不可分割。作为整体思维形式的基本出发点的是"阴阳学说"，它是人类的心灵透过现象世界对宇宙本质的直接把握和直觉领悟，是在类比的基础上，把人类的两性关系外化与放大到宇宙的整体性思维的成果。《易经》的"八卦"系统以"阴"和"阳"两种抽象符号的排比来推演整个宇宙的结构及其现象；而"五行"系统所演示的则是阴阳相互消长引起的转化过程。"五行"与其说是五种物质，毋宁说是五种属性与功能，它涉及运动的形态和对人的不同作用。当阴阳五行纳入了"气"这种本体结构形态与运动形态时，我们看到了古代哲学思维中的"整体论"或"有机论"，也可以说是一种原始的系统论。因为这个系统在实际上已经透露了某种程度的自我调节的思想，而五行的"相生"与"相克"则把这种反馈调节具体化了。

在这个整体性的大系统中，"天"与"人"的关系是最基本、最广泛的，中国古代的"天人合一"，在有的哲学家那里是以"天人感应"来表达，又增添了若干神秘的色彩。无论是"天人合一"还是"天人感应"，都绝不仅仅是精神世界中的哲学玄想。

> 它直接调节着全部中国科学的生长。天文历算几乎是直接记录和运用这种感应的；炼丹的成败大致也主要取决于术士甚至委托人的心境和品行；中国医学的基本思想是调节天人关系以及由此引起的人体内部脏腑经络之间的关系。这应当说是中国科学思想一个最根本的特点。①

这种调节中国古代科学发展的整体思维，不是把研究对象从普遍联系中抽取出来，加以简化之后再进行研究，而是面对这个无所不包的整体并参与其中，直接去感受与领悟。这就是我们所理解的"整体思维"与"形式思维"的不同之处。这两种思维的本体论依据分别是我们在前面一再提到的"天人合一"与"主客二分"这两种人与世界关系的基本模式。

---

① 纪树立：《整体思维与形式思维》，载李志林等著《中西哲学比较面面观》，华东师范大学出版社，1988，第 64～65 页。

以这种整体思维为特征的中国古代科学，当然难以通过抽象思维的逻辑过程，找出若干最简单的规定，再运用归纳或演绎，构建出合乎逻辑的理论体系。它总是经常超出"逻辑—语言"的表达范围，而走向"书不尽言，言不尽意"的境地。

中国古代哲学发展的早期，就有关于"言"与"意"的区别问题。《老子》开篇第一章就有关于"道可道，非常道；名可名，非常名"的论断，庄子在"意之所随者，不可言传也"，"可以言论者，物之粗也；可以意致者，物之精也"的论述中，把"言"与"意"进一步区别开来。到了魏晋玄学时代，这个问题以更尖锐的形式突现出来。王弼等人强调言不尽意，贵在意会；得意忘言，贵在得意。在西方科学中，可以通过语言文字表达出来的"言传"知识，当然基本上都是属于逻辑思维的产物，都是通过归纳或演绎推理得出的。但是，中国哲学和科学中所说的"不可言传"的知识，是无法进入逻辑程序的。怎么办？只能依靠"会通其意"，即"意会"。显而易见，这就表明在言语—逻辑之外，还有一个更加广阔的、人们可以认识的世界，这就是"意会"知识的世界，也是我们平常所说的"体会""体验"或"领悟"等。

既然这种"意会"的知识是从"体会""体验"或"领悟"中得来，当然可以更多地与经验技巧相融合，而不一定都要经过严格的逻辑程序。这样，整体思维虽然没有遵循严格的逻辑程序去重建合乎逻辑的理论体系，而是与经验技能相结合，融汇成具有自身特色的科学成就。这种"整体思维"与"经验技能"两维互补的思维结构，是中国古代科学发展赖以实现的独特的思维结构。

这就是中国古代整体思维、直觉思维对科学发展所产生的影响。

懂得了这个特色，就可以理解：为什么中国古代科学发展的先后顺序，不像西方科学那样，先从研究最简单的机械运动形式开始，然后再遵循简单到复杂的原则，再到物理、化学、生物等运动形式；而是一开始就可以在研究复杂的生命运动形式的农学、医学中取得卓然的成就。

懂得了这个特色，就可以理解：为什么中国古代足以自豪的"四大发明"都是技术工艺形态的科学，而不以抽象思维为特征、逻辑理论为框架的理论自然科学。

懂得了这个特色，就可以理解：为什么说，中国古代科学与西方传统科学走的不是同一条道路，它们之间是难以直接进行简单的比较。

第六节 "李约瑟问题"再思考：现代自然 科学为什么出现在西方

前面在阐述中国古代"天人合一"思想时，我们曾经说到季羡林先生的观点。他认为，"天人合一"思想不仅是中国古代的基本哲学思想，而且为东方许多民族所共同倡导，实际上是东方文化的精粹。此外，他还预言，未来世界文化发展的趋向是："三十年河西"与"三十年河东"，东方文化会起到引领潮流的作用。当然，学术界有不少人并不以为然。这个分歧实质上牵涉到这样一个问题：如何正确地评价中国古代"天人合一"式的综合的思维方式？在世界文化未来的发展中，能不能原封不动地继续使用？如果不能，那又是为什么？

在本书前面的篇章中，我们实际上已经回答了这个问题。在谈到西方哲学的特点时，曾经指出，西方近代自然科学的发展是与西方近代哲学"主客二分"的思维方式分不开的：没有西方近代哲学的"主客二分"的思维方式，就不可能有西方近代自然科学的发展。在谈到著名的西方自然科学家赞赏、推崇中国古代"天人合一"式的哲学思想时，我们也指出，不能把中国古代初级的"天人合一"式的哲学思想混同、或者等同于现代的高级的"天人合一"式的哲学思想。此外，我们在前面有关章节的阐述中，还不止一次地强调：中国古代在"天人合一"的哲学思想框架下，以"整体思维"为特征的中国古代科学走的是与以"形式思维"为特征的西方科学不同的思维道路。

所有这些，都会牵涉到一个在学术界大家都熟悉的问题，也就是人们常常提到的"李约瑟问题"：既然中国古代科学技术曾长期比西方遥遥领先，为何近代科学却没有在中国出现呢？

如果我们从更开阔的视野来看，不难发现：李约瑟并非最早提出这个问题的人，在"李约瑟问题"提出（1954）之前，国际或国内的一些学者，也已经提出了类似的问题。

一 "任鸿隽问题"和"冯友兰—爱因斯坦问题"

任鸿隽是中国科学社的创始人，作为中国近代科学的先驱他早在1915年《科学》杂志的创刊号上，就发表了题为《说中国之无科学的原因》一文，他认为，中国之无科学，"第一非天之降才尔殊，第二非社会限制独酷。一言蔽之曰，未得科学之研究方法而已。"他所说的科学方法就是指"演绎法"与"归纳法"。这两种逻辑方法对于科学而言，"如鸟之两翼，失其一则无为用也"。他把科学分为"广义"与"狭义"两种，凡是具有分门别类的特征的知识，都可属于"广义"的科学。只有由"演绎法"与"归纳法"组织起来的、有系统的知识，才可以称之真正的科学，也就是他所说的"狭义"科学。他所谓的"中国无科学"，正是在这个意义上说的。有的学者把这称之为"任鸿隽问题"。① 1921 年，正在美国哥伦比亚大学攻读博士的冯友兰，在该系的讨论会上，宣读了一篇题为《中国为何无科学——对于中国哲学之历史及其结果之一解释》。此文后来在 1922 年 4 月发表于美国的《国际伦理学杂志》（三十二卷三号）上。事隔 70 多年之后，冯先生在《三松堂自序》中这样回忆道：

> 这篇文章的大概意思是：中国所以没有近代自然科学，是因为中国的哲学向来认为，人应该求幸福于内心，不应该向外界寻求幸福。近代科学的作用不外两种，一种求认识自然界的知识，另一种是求统治自然界的权力。西方近代哲学的一个创始人笛卡尔说："知识是确切"；另一位创始人培根说："知识是权力"。这两句话说的就是这两种作用。如果有人仅只是求幸福于内心，也就用不着控制自然界的权力，也用不着认识自然界的确切知识。②

正是因为东西方人在追求幸福的倾向上有如此的差异，所以，中国人虽然顺从自然，却没有发现逻辑方法；而西方人对抗自然却发现了逻辑方法。至于东西方人在追求幸福的倾向上，之所以有"向内"与"向外"的差别，则与他们各自的生存环境密切相关。中国是以农业为主的大陆国家，希腊是以商业为主的海洋国家。这点他在《中国哲学简史》中作了详细的说明。

爱因斯坦在 1953 年给美国学者斯威策（J. S. Switzer）的信中对中西科学进行比较，他写道："西方科学的发展是以两个伟大的成就为基础：希腊哲学家发明形式逻辑体系（在欧几里得几何中），以及（在文艺复兴时期）

---

① 陈晓平：《论"冯友兰—爱因斯坦问题"》，《中华读书报》2012 年 10 月 10 日。
② 冯友兰：《三松堂自序》，人民出版社，1998，第 192～193 页。

发现通过系统的实验可能找出因果关系。在我看来，中国的贤哲没有走上这两步，那是用不着惊奇的。"

从这封信中可以看出，爱因斯坦是非常重视西方科学中的用于数学的演绎逻辑和用于实验的归纳逻辑，因为数学与实验的结合，本来就是西方近代自然科学才具有的研究方法。这个方法西方人发现了，而中国人却没有发现，爱因斯坦认为，"那是用不着惊奇的"。实际上，如上所述，冯友兰也已经用自己的理解，回答了这个问题。从这个意义上说，爱因斯坦问题与冯友兰的问题存在着内在的联系。爱因斯坦认为中国没有科学，这里的"科学"是指现代科学，也就是任鸿隽所说的"狭义"的科学。这一点与冯友兰的问题中所指的是一致的。至于爱因斯坦是否知道冯友兰的文章并受其影响，我们无法做出证据确凿的断定，但从冯友兰的文章和相关的观点在西方的影响来看，也许我们并不需要去排除这种可能性。所以，有的学者把两人的观点联系起来，称之为"冯友兰—爱因斯坦问题"。①

二 "李约瑟问题"的提出与表述

所谓"李约瑟问题"，是指英国科学家和科学史家李约瑟（Joseph Needham）在研究、论著中国古代科技史时提出的一个问题。他是在 1954 年出版的英文著作《中国科学技术史》（*Science and Civilisation in China*，直译为《中国的科学与文明》）第 1 卷中正式表述这个问题的："既然中国古代科学技术曾长期比西方遥遥领先，为何近代科学却没有在中国出现？"对于这个问题的表述，有各种不同的版本，但意思都大同小异。如果更详细一点，是这样表述的：

中国的科学为什么持续停留在经验阶段，并且只有原始型的或中古型的理论？如果事情确实是这样，那末在科学技术发明的许多方面，中国人又怎样成功地走在那些创造出著名"希腊奇迹"的传奇式人物的前面，和拥有古代西方世界全部文化财富的阿拉伯人并驾齐驱，并在 3 到 13 世纪之间保持一个西方所望尘莫及的科学技术水平？中国在理论和几何学方法体系方面所存在的弱点为什么没有妨碍各种科学发现和技

---

① 陈晓平：《论"冯友兰—爱因斯坦问题"》，《中华读书报》2012 年 10 月 10 日。

术发明？中国这些发明和发现往往远远超过同时代的欧洲，特别是在15世纪之前更是如此。欧洲在16世纪以后就诞生了近代科学，这种科学已经被证明是形成近代世界秩序的基本因素之一，而中国文明却未能在亚洲产生与此相似的近代科学，其阻碍因素是什么？

显而易见，这里所说的"科学"，不是任鸿隽所说的"狭义"的科学，而是接近于"广义"的科学。由此可见，只要把"科学"界定为"狭义"的科学，"李约瑟问题"与前面说的"任鸿隽问题"（即"为什么中国无科学"）是相容的。因此，有的学者认为，应该把"李约瑟问题"，更确切地称为"任鸿隽—李约瑟问题"。①

"李约瑟问题"提出后，许多研究者曾经从中国古代的经济状况、政治制度、文化结构、思维方法等不同的方面进行了探讨，也得出不少有益的答案。但是，始终未能圆满地画上句号。由于"李约瑟问题"本身蕴含着把"广义"科学与"狭义"科学在一定程度上相混淆，这就使他无法充分认识到冯友兰和爱因斯坦已经比他更早地、也更深刻地提出了类似的问题。他认为，爱因斯坦贬低了中国古代科学，而冯先生的问题也"根本便提错了，中国缺少的不是科学，而是现代科学"。实际上，冯友兰和爱因斯坦所讲的"中国无科学"，都是说中国古代没有"狭义"的科学，并没有否认中国古代有"广义"的科学。

其实，中国古代拥有的只是如他自己所说的"停留在经验阶段，并且只有原始型的或中古型的理论"，这只是广义上的科学，与西方用于数学的演绎逻辑和用于实验的归纳逻辑的近代科学，完全不可同日而语。这样，人们对"李约瑟问题"发生质疑，也就是不可避免的了。

三　对"李约瑟问题"的质疑

2009年4月三联书店出版的陈方正先生写的一部西方科学史著作，名为《继承与叛逆——现代科学为何出现于西方》。此书应当引起人们的注意，它从另外一个崭新的视角对"李约瑟问题"问题作出了回答。有的评论者认为，该书最重要的新颖之处在于："作者摆脱了'为何近代科学却没有在中国出现'这个虚幻的问题之后，转而关注'现代科学为何出现于西

---

① 陈晓平：《论"冯友兰—爱因斯坦问题"》，《中华读书报》2012年10月10日。

方'这件事情。"① 该书作者的这个思路与美国教授席文的想法颇为吻合。这位以研究中国科学史著称的美国学者针对李约瑟所提出的问题，明确指出，关于历史上未曾发生的问题，我们恐怕很难找出其原因来，与其追究"现代科学为何未出现在中国"，不如去研究"现代科学为何出现在西方"。②

为什么该书的作者要摆脱"为何近代科学却没有在中国出现"这个问题？那是因为这个问题是个"虚幻的问题"，或者说，是个"伪问题"。何以见得？因为这个问题的前提并不能够成立。"李约瑟问题"的前提是：中国古代科学技术曾长期比西方遥遥领先，正是在认定了这个前提的基础上，才有可能来提出后面的问题，即："为何近代科学却没有在中国出现？"那么，李约瑟所认定的这个前提"中国古代科学技术曾长期比西方遥遥领先"，是否成立呢？这个前提是否因为是李约瑟说的就自然而然地成立而无须加以论证呢？

"中国古代科学技术曾长期比西方遥遥领先"这句话其实还暗含着另外一个前提，就是：古代中国与古代西方的科技是可以通约的，可以直接拿来比较的。但是，这个前提是需要论证的。事实上，该书作者就不认同李约瑟的这种观点，他认为，自然科学的研究传统无不扎根于其独特的文化整体之中，绝不可能离开其文化母体而被充分认识。古代世界出现的几个古老的文明民族，他们的科学技术发展所走的路径是互不相同的，因而是不可比的。正如余英时在该书序言中所说：中西两种科学，"同名而异实"，不能用同一标准加以测量或比较，犹如围棋与象棋都是"棋"类而各自规则不同，既然我们不可能说"某一围棋手的'棋艺'曾长期领先某一象棋手"，当然也不可能说"中国古代科学技术曾长期比西方遥遥领先"这样的话了，中西科学之间也就"无从发生'领先'与'落后'的问题"。③"李约瑟问题"之所以会被李约瑟提出来，当然是由于他认为，古代中国在科技发展方面所走的道路与西方所走的是同样的道路，而且是走到了前面。早在 1974 年，他就说过，如果"现代科学"可以看作是"大海"的话，那么，一切民族的文化和在古代所发展的科学则是千百条的"河川"，最终都将汇入"现代科学"这个"大海"之中，都会做出自己的贡献，这就叫做"百川朝宗于

---

① 江晓原：《中国的"川"有没有入世界的"海"？——评陈方正〈继承与叛逆〉》，《南方周末》2010 年 1 月 14 日。

② *China Review International*，Vol. 12，No. 2，Fall 2005，p. 300.

③ 余英时：《陈方正〈继承与叛逆〉》序，三联书店，2009。

海"。而余英时却认为，到19世纪时，"中国原有的科技成就在西方最新的发现和发明面前已经'瞠乎后矣'，因此并未发生多少接引的作用。李约瑟所想象的'百川朝宗于海'的状况根本未曾出现。"《继承与叛逆》一书的作者显然和余英时的观点是一致的。他认为，现代科学之所以出现在西方而不曾出现在中国，这都是必然的。

西方的古代和西方的现代是一脉相承的，古希腊所固有的科学精神和理性主义的传统与西方近现代科学成就之间，有着一条思维模式和科学传统的"纽带"，这条"纽带"是不可能被割断的。西方科学从古代希腊到现代，作为一个完整的学术体系，它"是一脉相承、推陈出新而发展出来的"。与此相应，中国古代的科学是与中国古代的哲学观念与思维方式相匹配的。通过前面我们对西方哲学与中国哲学思想发展史的分别的阐述，以及对西方哲学特点中哲学与科学之间密切相关状况的分析，细心的读者自然会发现这一点的。

由此我们也可以理解，长期以来以"天人合一"思维模式为主导的中国古代哲学，以直觉思维和综合方法为特征的中国古代科学技术，尽管曾经出现过国人引为自豪的"四大发明"，但由于缺乏近代科学所持有的研究方法，虽有技术层面的发明而短于对基本原理的精确探讨，它们与西方近现代科学之间，存在非常明显的差别。徐光启这位曾由利玛窦口授译出《几何原本》的明末著名学者，在比较了中国《九章算术》与西方数学之后，明确指出："其法略同，其义全阙。"这里的"法"似可指计算技术的运用，"义"似可指原理的推导证明。由此我们还可以理解，为了发展我国现代科学技术事业，我们多么需要学习西方的科学技术，而要达到这个目的，就要学习西方的"主客二分"的思维模式以及由此而来的一整套研究方法。

由此我们还可以理解，季先生所说的那个未来的"三十年河东"，为什么不应该是简单地回到原来的"三十年河东"，而应该是在批判地吸收了"三十年河西"之后的更为高级的"三十年河东"了！如果一定要说"河西""河东"的话，这个新的"河东"，应当是建立在中西文化、中西哲学融会贯通的基础之上的。

第七节　科学精神与人文精神的辨证统一
——二十世纪二三十年代"科玄论战"的启示

中国思想文化界于20世纪20年代初曾经出现过一场关于"科学与玄

学"的论战，它是"五四"新文化运动以后各主要思想派别有关哲学、科学和东西文化的一次全面论战，距今 90 多年了。现在，当我们讨论哲学与科学的相互关系这个话题时，回顾那场论战并对它深入反思，仍然具有重要的理论价值和重大的现实意义。

一 论战的缘起与发展的过程

新文化运动的兴起，标志着当时爱国进步人士向西方学习的认识从以往的器具、制度的层面，深入到思想文化的层面。新文化运动的要点是民主与科学，它也代表着一种人生态度和生活方式。在那时，"科学"一词在人们特别是追求进步的青年人的心中，具有至高无上的意义。对于这些状况，不同的人当然会有不同的看法，甚至产生观点的对立。从这个意义上说，发生科学与人生观问题的论战，就不是什么偶然的事情，是有它的历史必然性。

这场论战的产生还有其直接的起因。1918 年 12 月 28 日，在戊戌变法时期力主采取西学的梁启超率领蒋百里、丁文江、张君劢等七人赴欧洲游历。面对第一次世界大战所造成的巨大的物质破坏和精神创伤，在悲观气氛的感染下，他开始怀疑西方文明，却增强了对中国文化价值的信心。在著名的《欧游心影录》中，他说，既然欧洲文明的核心是科学精神，现在西方出现的社会危机，就足以证明"科学的破产"。据此，他对"科学能否解决人生观问题"提出质疑，这在思想界就形成了对科学的两种不同观点，从而成为"科学与玄学"论战的直接先导。

"科学与玄学"的论战，简称"科玄论战"，即"科学与人生观"的论战。"玄学"是中国古代哲学在特定历史阶段的表现形态，而"人生观"就属于哲学的范畴。就此而言，这场论战也可以说是一场关于科学与哲学关系的讨论。

1923 年 2 月，北京大学教授张君劢在清华作了题为《人生观》的讲演（发表在《清华周刊》272 期），由此引发了这场论战。当时，爱因斯坦的"相对论"已经在中国知识界中得到传播，张君劢接触到这个理论并触发了他的思考。他认为，不能用绝对的态度来观察世界，科学与人生观属于两个不同的世界，科学只能在物质世界里起作用，不能过分地强调科学的功能与作用。由于人是活的有机体，它不受机械因果律的支配。因而，在人的精神领域内，科学是无能为力的，科学不能解决人生观的问题。同年 4 月，地质学家丁文江（丁在君）发表了反驳的文章，题为《玄学与科学——评张君劢的〈人生观〉》（北京《努力周刊》第 48、49 期）。文章讲述了八个问题：人生观能否同科学分家、科学的智识论、张君劢的人生观与科学、科学与玄学战争的历史、中外合璧式的玄学及其流毒、对于科学的误解、欧洲文化破产的责任、中国的"精神文明"。他主张科学可以支配人生观，认为玄学是科学的对头，提出了"打倒玄学鬼"的口号。这场论战就这样发生了。

丁文江的文章发表后，张君劢又发表长文答辩：《再论人生观与科学并答丁在君》（上、中、下三篇），而丁文江则还之以《玄学与科学——答张君劢》。一时，思想学术界名流在不同报刊上发表文章，参加讨论，逐步形成了以张君劢、梁启超为代表的"玄学派"，以丁文江、胡适、唐钺、吴稚晖等人为代表的"科学派"。

1923 年 11 月，上海亚东图书馆编辑出版了《科学与人生观》一书，分上、下两册，由陈独秀、胡适作序。同年 12 月，上海泰东图书馆出版了内容基本相同的《人生观之论战》文集，由张君劢作序。这是论战的第一段落，"科学派"由于受到多数参与者的认同而取得了胜利。但是，论战并没有结束。

陈独秀在序言中，运用唯物史观对张君劢、梁启超、丁文江、胡适都进行了批评。他指出，唯有唯物史观才能科学地解决人生观问题。这又引起了胡适、张君劢、梁启超的批驳。胡适写了《答陈独秀先生》，张君劢也在为《人生观之论战》的序言中批评陈独秀。于是，陈独秀又发表了《答适之》《答张君劢及梁任公》。而后，瞿秋白在《新青年》上也发表了《自由世界与必然世界》《实验主义与革命哲学》与之相呼应。于是，论战进入了一个新的阶段，从论战双方的阵容和主张的观点来看，都有了不容忽视的变化。已经从科学派与玄学派的争论，深入发展为唯物史观与不同派别的唯心主义之间争论。从而使这场论战在中国现代文化思想史上的意义，更加深化了。

二　论战中所涉及的几个主要问题

这次论战所涉及的问题很多，涉及科学与人生观的许多方面。主要的有以下这些：

在"科学能否支配人生观"这个问题上，玄学派认为，科学不能支配人生观。张君劢所持的理由是：第一，科学是客观的，而人生观是主观的；

第二，科学为论理的方法所支配，而人生观则起于直觉；第三，科学可以从分析方法下手，而人生规则为综合的；第四，科学为因果律所支配，而人生规则为自由意志的；第五，科学起于对象之相同现象，而人生观起于人格之单一性。他的结论是："科学之为用，专注于向外"，因此，"科学无论如何发达，而人生问题之解决，唯赖诸人类之自身而已"。[①]

针对这些观点，丁文江指出："科学不但无所谓向外，而且是教育同修养最好的工具，因为天天求真理，时时想破除成见，不但使学科学的人有求真理的能力，而且有爱真理的诚心。无论遇见什么事，都能平心静气去分析研究，从复杂中求简单，从紊乱中求秩序；拿论理来训练他的意想，而意想力愈增；用经验来指示他的直觉，而直觉力愈活。了然于宇宙生物心理种种关系，才能够真知道生活的乐趣。"[②] 化学家任鸿隽（叔永）也认为，科学不但能够间接地改变人生观，而且，"科学自身可以发生各种伟大高尚的人生观"，"这种合理的人生观，也是科学研究的结果。"[③] 在"能否有科学的人生观、其内容是什么"的问题上，玄学派既然否认科学支配人生观，当然要否认有科学的人生观。张君劢在《再论人生观与科学并答丁在君》中指出，"经验界之知识为因果的，人生之进化为自由的"，"人生之自由自在，不受机械律之支配。"[④] 既然在身、心、社会、历史的领域内，因果律已经无效了，当然也就不可能有什么"科学的人生观"了。

科学派既然相信，世上一切事物都能用科学来解决，当然可以有"科学的人生观"。王星拱说："科学是凭借因果和齐一两个原理而构造起来的；人生问题无论为生命之观念或生活之态度，都逃不出这两个原理的金刚圈，所以科学可以解决人生问题。"[⑤] 那么，科学的人生观究竟有些什么样的内容呢？丁文江等人没有说，胡适在所写的序言中，提出了他自称为"自然主义的人生观"。他概括了自然科学的新成就，并且着重指出，生物和人类社会是演进的；一切心理现象都是有因的；道德礼教是变迁的，而变迁的原

---

① 张君劢：《人生观》，载《科学与人生观》，山东人民出版社，1997，第35~39页。
② 丁文江：《玄学与科学》，载《科学与人生观》，山东人民出版社，1997，第53~54页。
③ 任叔永：《人生观的科学或科学的人生观》，载《科学与人生观》，山东人民出版社，1997，第129~131页。
④ 张君劢：《再论人生观与科学并答丁在君》，载《科学与人生观》，山东人民出版社，1997，第100页。
⑤ 张君劢、丁文江、胡适、梁启超、陈独秀：《科学与人生观》，山东人民出版社，1997，第285~286页。

因是可以用科学的方法寻求出来的。① 他还指出，因果的大法，固然支配着人的一切生活，但又不见得束缚人的自由；因为，人可以"运用他的智能，创造新因以求新果"。②

在"欧战的危机与科学的社会效果"问题上，玄学派的看法可以从梁启超在《欧游心影录》一书中看出，他认为，西方近代依靠科学而建立起一种纯物质的机械的人生观，这种人生观否定了自由意志，否定了道德责任，造成了"弱肉强食"的"抢面包吃"的社会，"欧洲人做了一场科学万能的大梦，到如今却叫起科学破产来。"③ 既然现在西方正打算向东方学习，东方当然就用不着向西方学习了。

丁文江指出，战争的责任不在于科学。他说，欧洲文化纵然是破产（目前并无此事），科学绝对不负这种责任，因为破产的原因是国际战争。1923 年 11 月，胡适在《科学与人生观》序中指出：梁启超、张君劢菲薄科学，是对新文化运动提倡科学的反动。他指出，现代的中国急需发展科学，不但需要发展以科学为基础的实业，而且还需要用科学精神、科学方法来建立人生观，使科学和科学的人生观成为人们的普遍信仰。他说："中国此时还不曾享受着科学的赐福，更谈不到科学带来的'灾难'。我们试睁开眼看看：这遍地的乩坛道院，这遍地的仙方鬼照相，这样不发达的交通，这样不发达的实业，——我们那里配排斥科学？"④

在物质文明与精神文明的关系问题上，张君劢认为，西洋的物质文明"已成大疑问"，因此，要以中国的"精神文明"来补救西洋的"物质文明"。丁文江对此作了反驳，他以中国历史上的事实，揭露张君劢所谓的"精神文明"曾经导致的严重后果：宋朝提倡内功理学，一般士大夫没有能力，没有常识，其结果为蒙古人所灭，汉族文化遭到极大的摧残。这样，"精神文明"又在哪里？

三　陈独秀、瞿秋白等人对科玄两派的批评

陈独秀早在新文化运动初期，就高举起科学与民主的大旗，主张科学信

① 张君劢、丁文江、胡适、梁启超、陈独秀：《科学与人生观》，山东人民出版社，1997，第 23 ~ 25 页。
② 张君劢、丁文江、胡适、梁启超、陈独秀：《科学与人生观》，山东人民出版社，1997，第 25 页。
③ 梁启超：《梁启超哲学思想文选》，北京大学出版社，1984，第 260 ~ 262 页。
④ 张君劢、丁文江、胡适、梁启超、陈独秀：《科学与人生观》，山东人民出版社，1997，第 12 ~ 13、23 ~ 25 页。

仰可以代替宗教，解决社会和人生问题。在这次论战中，他借为《科学与人生观》作序的机会，大力宣传并运用了马克思主义的唯物史观。他和瞿秋白等人，正是运用了唯物史观既批评了张君劢、梁启超的"自由意志论"，又批评了丁文江的"存疑唯心论"和胡适的实用主义、多元论历史观，从而把论战大大地推向前进。

陈独秀批评丁文江关于"宇宙间有不可知的部分而存疑"的所谓"存疑的唯心论"，说，"存疑唯心论"之所以是十分有害的，是因为这种观点是为神灵、上帝留下了地盘，并为张君劢的"自由意志"安置了处所。所以，丁文江"他的思想之根底，仍和张君劢走的是一条道路"。① 这样一来，科学派所推崇的科学，就不是"玄学家最大的敌人"，而变成是玄学家最大的朋友了。陈独秀还指出，丁文江把欧洲文化破产的责任归于玄学家、政治家、教育家身上，同玄学家把它归于科学与文明一样，都是不符合事实的。发动欧战的真正原因，是两大资本集团为争夺世界市场而进行的，是经济利益所决定的。

但是，胡适并不赞成唯物史观，写了《答陈独秀先生》一文，进行反驳。他说，现在讨论的是人生观，历史观只是人生观的一个部分；况且，推动历史变化的不仅是经济的力量，还应当包括思想、言论、知识、教育等因素的力量。因此，坚持唯物史观，至多只能解释人生观的大部分问题。于是，陈独秀又写了《答适之》，他说："'唯物的历史观'是我们的根本思想，名为历史观，其实不限于历史，并应用于人生观及社会观。……我明明说'只有客观的物质原因可以变动社会，可以解释历史，可以支配人生观'，何尝专指历史？"② 瞿秋白认为，在这场论战所涉及的许多问题中，最重要的是"承认社会现象有因果律与否，承认意志自由与否"，其余的都是枝节。他在《自由世界与必然世界》一文中，根据恩格斯的思想，深入地阐发了社会发展的客观规律性以及必然与意志自由的辩证关系。他说："社会现象的最后原因，精确些说，是生产力……是中国经济的变迁"。③ 他还指出，自由是历史发展之必然产物，"人的意志愈根据于事实，则愈自由；人的意志若超越因果律，愈不根据于事实，则愈不自由。"人类只有根据社会发展规律，有意识地创造自己的历史时，才能实现"从必然世界至自由世界之一跃"。④

---

① 陈独秀：《陈独秀著作选》第 2 卷，上海人民出版社，1993，第 553 页。
② 陈独秀：《陈独秀著作选》第 2 卷，上海人民出版社，1993，第 573 页。
③ 转引自许全兴等《中国现代哲学史》，北京大学出版社，1992，第 197 页。
④ 转引自许全兴等《中国现代哲学史》，北京大学出版社，1992，第 198 页。

四　"科玄论战"的反思：正确估量科学的社会功能

"科玄论战"是中国现代思想史上关于科学与人生观关系问题的大讨论。论战的问题虽然很多，集中到一点，就是究竟用信仰科学的决定论，还是用信仰自由意志的形而上学（玄学）来指导人生？因为科学的、理性的人生观更符合当时变革中国社会的需要，更符合向往未来、追求进步的人们的要求，所以，一切爱国、有正义感的人们，特别是知识分子，在国难当头、救亡图存的严峻的形势下，选择这种人生观当属情理之中。科学派之所以在论战中取胜，实与此有关。由于"科学与人生观"的论战是在中国走向现代化的进程中发生的，这个进程本身就具有两重性：一方面，人类在科学、经济、社会等各个领域都获得了历史性的进步；另一方面，在突出工具理性的同时，使社会面临技术的专制，从而导致天人关系的失衡，人的自身的内在价值也受到冲击。玄学派正是根据人们在现代化进程中所产生的种种反感和怀疑，以批判现代化进程中的负面效应，反思人生问题的面目出现的。但是，从本质上说，他们仍属于"中体西用"论的范畴，固守原来的价值体系，只是引入了西方的"生命哲学"等思潮。他们在对现代化进程中的弊端的批判走向了对传统价值体系认同的路途中，错误地走向了否定现代科学、反对工业化的道路。他们不仅过分强调"人生之自由自在，不受机械律之支配"，在哲学根本立场上有"唯意志论"的缺陷；而且，由于他们相信精神实体是人类历史的存在和发展的最深刻的根源，因而在解释社会和人的实践时，容易陷入唯心主义的历史观。玄学派虽然有上述的不妥和失误，但他们与科学派所争论的诸多问题即使是在当今，也仍然保持着它的生命力。他们对非理性因素的重视与强调等，比起科学派貌似乐观却比较简单的决定论观点，论证要远为深刻，也更符合当今的思潮。

科学派在论战中指责"玄学与科学为敌，有误青年"，赢得了广大知识青年的同情与支持，这也与时代的潮流和中国当时救亡图存的实际密切相关。近代西方的科学知识、科学精神、科学方法，对落后的中国来说，是新鲜的和先进的东西。坚持用"科学的人生观"指导自己行动的导向，曾经使得许多有志之士和热血青年，由此接受了作为科学形态的马克思主义，走上了革命的道路。尽管科学派的成员并不那么赞成马克思主义，但上述历史进程中所蕴含的客观逻辑，却是不以人的意志为转移的。诚然，科学派所倡导的人生观较少涉及情感、意志等内容，但其中所体现的积极进取、奋发图强、面向未来的精神，与玄学派排斥科学理智注重个人内省的人生观相比，更能为有志之士所接受。毋庸讳言，科学派在理论上也有其严重的缺陷。就人作为主体而言，不仅具有理智的品格，而且具有情感、意志的品格，人在本质上是知、情、意的统一。如果只用科学的因果律和决定论，是难以完全解释各种不同的人生观的。科学派只看到自然规律对主体的限定，没有认识到人类社会历史规律对于主体的制约，没有从社会制度方面说明社会人生问题的原因。

陈独秀、瞿秋白等人是支持科学派的，在崇尚科学、倡导科学的人生观方面，两者基本上是一致的。由于陈、瞿是以唯物史观为指导，他们同实用主义又有着根本的区别。陈独秀注意到一般规律的特殊表现，避免了科学派把社会历史领域的因果律简单化的弊病；瞿秋白在批评唯意志论时，指出了经济条件是历史的最终动因，也是意志的最后根源。在这些问题上，他们两人都超越了科学派。但是，陈独秀在对规律的机械性的理解与对主体性特别是对主体选择自由估计不足；瞿秋白忽视了偶然性的意义，理论上潜藏着发展为宿命论的可能。这些又都表明：作为早期的马克思主义者，由于自身的局限，他们离开科学派却并不会太远。

在这场论战中，从一定意义上说，科学派取得了胜利，它标志着中国社会的前进和中国思想界的进步，反映了在传统的价值系统和人生哲学动摇甚至溃决的情况下，中国现代思想界希望按照现代科学的价值观，从理论基础上重新建构现代人生哲学的一次影响深远的努力。今天，我们当然更要大力发展科学技术，进一步提倡科学精神，这是毫无疑义的。问题在于，在我们确立和培育社会主义市场经济的过程中，西方资本主义现代化进程中存在的人文精神危机，在我们这里已露苗头。这些年来，不少人物质欲望恶性膨胀，精神追求和道德理想出现滑坡，就很值得我们注意。西方在资本主义现代化进程中出现的重理工、轻人文，科学主义与人文主义思潮对立的历史教训，我们应当吸取。我们现在从事的建设中国特色社会主义的事业，不仅在于对自然与社会的改造，而且在于同时改造人的自身。我们要培养的是一代新人，这种人不仅要有高度的科学精神，而且要有深厚的人文素质，这才不致沦为目光短浅的实用主义者、狭隘的功利主义者，甚至拜金主义者、个人主义者。为此，我们在提倡科学精神的同时，要加强人文素质的培养。人文社会科学固然有其价值性，同时又有其科学性，它同样要以事实为依据，以实践为标准；自然科学和技术本身也并不排斥人文精神，西方社会之所以出现人文危机，并不像梁启超所认为的那样，是由于科学发展的结果，而是资本主义制度和它片面追求经济效益的表现。

总之，当我们对 90 多年前发生的"科玄论战"进行回顾与反思时，不能否认他们提出的问题所具有的重要意义。科学技术的发展固然可以促进经济社会的进步与繁荣，但并不能完全解决人的生存价值问题。无论在西方，还是在中国，人本主义与科学主义之争并没有结束。当我们高扬科学精神，大力加强人文精神的培育时，要真正把两者有机地结合起来。因为我们提倡的人文精神，应该是具有现代科学（自然科学和社会科学）意识的人文精神；我们提倡的科学精神，应该是充满高度人文关怀的科学精神。现代科学技术的发展，在越来越广泛而深刻的领域和层次上提出了人类精神文化与伦理方面的问题，科学与道德的关系越来越复杂，科学与文化在其他领域的联系越来越密切了。因此，有效地实现自然科学与人文社会科学的汇合，科学精神与人文精神的贯通，就越来越具有特殊的意义。只有自然科学家与人文社会科学家的广泛沟通与通力合作，才能有效地解决人类所共同面临的种种全新而复杂的科学与文化问题。

五 再对"科学主义"作些分析

什么是科学主义呢？通常可以在两种意义上使用这个概念。一种是从纯学术的意义上，指某一种哲学派别，例如，当代西方哲学中与人文主义相对应的科学主义派别；另一种是从社会政治思潮的意义上来说的。这里是指后者。

"科学主义"又可称为"唯科学主义"，实际上是一回事，是同一个外文词 scientism 的不同译法。它的内涵有两点：一是从科学的社会功能而言，指"科学万能论"；二是认为自然科学的研究方法，能够也应该运用于包括哲学和所有人文科学研究领域的这样一种观点。

郭颖颐说：

> 一般地说，唯科学主义是一种从传统与遗产中兴起的信仰形式，科学本身的有限原则，在传统与遗产中得到普遍应用，并成为文化设定及该文化的公理。更严格地说，唯科学主义（形容词是"唯科学的" scientistic）可定义为是那种把所有的实在都置于自然秩序之内，并相信仅有科学方法才能认识这种秩序的所有方面（即生物的、社会的、物

理的或心理的方面）的观点。①

从上述的意义说，科学就不仅仅是为了解决认识问题，而是一种普遍的价值体系和普遍适用的原则。用"科学主义"的视角来看待科学，科学的社会功能以及它的研究方法的适用范围，都会被放大到极限。

从"科玄论战"的实际来看，玄学派实质上是否认社会历史领域有客观规律，要把科学排除在探讨人生观问题之外，认为人生观问题似乎只能是宗教与玄学的事，科学是无能为力的。而科学派则与之相反，认为科学可以支配人生观问题，人的精神与社会历史诸领域也受因果律的支配。近些年来，人们有时会听到这样一种观点：认为当年科学派取得了论战的胜利，实际上也是"科学主义"的胜利；中国早期的马克思主义者陈独秀、瞿秋白等人，由于支持了科学派，从而给马克思主义带来了"科学主义"的流弊。这些说法是缺乏具体分析的。

有一个基本的事情是我们必须看到的：那就是对科学的重视是与当时我国所面临的爱国救亡的严峻形势与人们要求思想启蒙的强烈愿望分不开的。科学，作为现代文明的同义词，被看作批判传统价值观、重建现代人生观和价值观的工具，并取得了"至高无上"的地位，甚至出现了某种"科学崇拜"的倾向。

胡适在为论战的文集《科学与人生观》写的序言中，有这样的描述：

> 这三十年来，有一个名词在国内几乎做到了无上尊严的地位；无论懂与不懂的人，无论守旧和维新的人，都不敢公然对他表示轻视或戏侮的态度。那个名词就是"科学"。这样几乎全国一致的崇信，究竟有无价值，那是另一问题。我们至少可以说，自从中国讲变法维新以来，没有一个自命为新人物的人敢公然毁谤"科学"的。②

他在《我们对于西洋文明的态度》中，甚至还这样说："我们也许不轻易信仰上帝的万能了，我们却信仰科学的方法是万能的"。③ 从上述的描述和认

---

① 〔美〕郭颖颐：《中国现代思想中的唯科学主义》，江苏人民出版社，1989，第17页。
② 胡适：《科学与人生观》序，《胡适文集》第3卷，北京大学出版社，1998，第152页。
③ 胡适：《我们对于西洋近代文明的态度》，《胡适文集》第4卷，北京大学出版社，1998，第9页。

定中，人们不难看出：科学和科学方法，在包括胡适本人在内的科学派，以及新文化运动拥护者那里占有多么崇高的地位。由此也就可以理解：在科学派的心目中，科学已经不只是实证的具体知识形态，而被提升到价值—信仰体系的高度，赋予了某种世界观的意义。随着科学向知识、生活、政治等各个领域的渗入，科学方法也成为一种具有普遍性的行之有效的绝对准则。从这个意义上，我们虽然不能把科学派的主张等同于"科学主义"，但至少可以说，在科学派的基本观点中，难以避免具有某种科学主义的倾向。

至于陈独秀，他在新文化运动中，虽然支持了科学派，但由于他还是以唯物主义历史观作为指导，正确地处理了科学等文化要素与经济基础的关系的。他说：

> 世界上无论如何彻底的唯物论者，断不能不承认有心的现象即精神现象这种事实；唯物史观的哲学者也并不是不重视思想、文化、宗教、道德、教育等心的现象之存在，惟只承认他们都是经济上面之建筑物，而非基础本身。[①]

根据这个原理，他指出，虽然科学对社会有巨大的影响，但社会对科学的影响更大，我们必须揭示社会发展的一般规律，才能从根本上说明人生观问题。他还认为，要变革社会，只有科学是不够的。1915年，他在《青年杂志》（《新青年》的前身）创刊号的《敬告青年》中，就指出，"国人而欲脱蒙昧时代，羞为浅化之民，则急起直追，当以科学和人权并重。"（那时，民主与人权是一个意思的概念，科学与人权并重，也可以理解为科学与民主并重）在新文化运动中，他在高举科学旗帜的同时，还高举了民主的旗帜，这足以表明，他同"科学万能论"是划清了界线的。而且，科学在他的心目中，不仅与人生，而且与整个社会，与当时的革命斗争，都是息息相关的。在他看来，新文化运动同爱国图存、变革社会，是相互推动的。

从马克思主义的观点来看，人世间的许多现象和问题，有着与自然界不同的特殊性，社会发展的规律与自然界发展的规律是不能等同的。因此，成功地应用于认识自然的自然科学的研究方法，未必能完全有效地认识人文现象，解决人生观问题；探讨人生的意义和价值，追求真、善、美的人生观，

---

① 陈独秀：《答适之》，《陈独秀著作选》第2卷，上海人民出版社，1993，第573页。

只靠自然科学就不够了，还要有人文社会科学的有力配合。而自然科学与人文社会科学的相互渗透，本来就是现代科学发展中整体化趋势的最重要的表现。马克思早在 1844 年就预言：

> 历史本身是自然的历史即自然界成为人这一过程的一个现实部分。自然科学往后将包括关于人的科学，正如关于人的科学将包括自然科学一样，这将是一门科学。①

列宁根据 20 世纪初期科学发展的形势，也明确指出：在马克思那个时代，就已经出现"从自然科学奔向社会科学的强大潮流"，在二十世纪，"这个潮流也同样强大，甚至可以说更加强大了"。懂得了这一点，就不难理解：我们提倡科学精神与人文精神的结合，不仅是现实的需要，也是科学本身发展的客观规律所要求的，也是可能做到的。

马克思和列宁的这些看法，已经被 20 世纪后半叶现代科学技术的发展所检验。现代系统论、信息论、控制论这些科技成果表明，自然规律与社会规律之间，虽然有其各自的特殊性，不可等同；但也有其相通之处，并可以用统一的理论与方法加以研究。而现代系统论、信息论、控制论的研究对象并不以某一种运动形式为限，而是以不同的运动形式中所共同具有的属性作为自己的研究对象。这就打破了不同运动形式之间的不可逾越的鸿沟，展现出科学技术整体化的趋势。

美国科学家凯文·凯利在其新作《科技想要什么》中定义了一个新名词"technium"。这个"technium"是指一个技术系统，它不仅包含我们通常所说的特定科技（如汽车、雷达、计算机等技术），也包括围绕技术的整个系统——文化、艺术和社会结构。更重要的是，他还认为，他所定义的"technium"还是一个生命系统，以类似于人类进化的方式在进化。要指出的是，他在这里所说的"生命"并不是我们以往认识的有血有肉的生命体：他说："无论生命的定义是什么，其本质都不在于 DNA、机体组织或肉体这样的物质，而在于看不见的能量分配和物质形式中包含的信息。同样，随着科技的物质面罩被揭开，我们可以看到，它的内核也是观念和信息。生命和科技似乎都是以非物质的信息流为基础的。"他认为，既然"technium"是

---

① 《马克思恩格斯全集》第 42 卷，人民出版社，1979，第 128 页。

与人类一起进化的，那它就不是晚近数百年、几千年的产物，而是伴随着生命的演化数十亿年的整个过程。在漫长的生物进化中，猿人、智人和现代人与环境的关系以及与外在世界的关系，其实无一不与"technium"的酝酿、发展、演化息息相关。"technium"貌似拥有了自己的自主进化能力，孕育出自己的倾向性、组织性和活力，与生物界和人类交织缠绕、共生演化。现代科技正是循着这样的思路进行着探索，例如，计算机科学家就在模仿DNA的形成和运转方式作为新一代计算机的研究方向，而某些研究也表明，自组织的集成电路可能有一定的自我进化能力。实际上，上个世纪所出现的一批"自组织理论"的前沿学科，也已经在不同的角度提示：传统科学技术原来所研究的一些被认为是非生命的现象和生命现象之间，是具备着某些共同的基本属性的。[①] 凯文·凯利的上述看法可供参考。

---

① 薇言：《与人类一起进化：科技到底想要什么》，《中华读书报》2012 年 1 月 11 日。

第六章
哲学与宗教

哲学与宗教的关系既密切而又相当复杂。在探究人生意义提升思想境界，关注人安身立命和致力终极关怀方面，哲学与宗教之间，有其相同或相似之处。即使宗教之中蕴含着哲学的思辨，但是，哲学并不等于宗教。

黑格尔说："哲学与艺术，尤其是与宗教，皆共同具有完全普遍的对象作为内容。"他又解释说："在宗教里各民族无疑地业已表示出他们对于世界的本质，对于自然的和精神的实体，以及人与这本质关系的看法。这里，绝对本质就是他们的意识的对象。"[①] 黑格尔讲的是哲学与宗教的相同之处。

哲学与宗教的区别在于：哲学是通过"理性"来把握、思考它所研究的对象；而宗教则通过"信仰"来接受、靠近它所崇拜的对象。这个崇拜的对象，无论是西方的"上帝"，还是东方的"神"，都是有人格的。哲学的理性要诉诸逻辑和论证，除此之外，它绝不承认任何外在的权威；而信仰恰恰就是对外在权威的维护与服从。对于上帝的创世说、基督死而复活说，因为都是《圣经》中记载的，因而是不容置疑的。经院哲学之父安瑟尔谟说得非常清楚："我绝不是理解了才能信仰，而是信仰了才能理解。"[②] 宗教思维的特征是用"上帝"来回答宇宙、人类的产生及其意义，一旦给出了"上帝"这样崇高的回答，就有理由停止对意义的追问了；而哲学对宇宙、人类的产生及其意义的追问，是不会也不应该有止境的。宗教许诺拯救灵魂，唤醒身体；哲学则既不能拯救灵魂，也不能使人的肉体死而复活。总之，哲学给人智慧，宗教使人信仰。

---

① 黑格尔：《哲学史讲演录》第1卷，商务印书馆，1959，第62、63页。
② 北京大学哲学系外国哲学史教研室编译《西方哲学原著选读》上卷，商务印书馆，1981，第286页。

这里所说的"信仰"（faith）一词，源自拉丁文 fides，有信任、忠诚之义。在唐朝翻译的《华严经》中有"人天等类同信仰"之句，唐朝僧人所著的《法苑珠林》中也有"生无信仰心，恒被他笑具（料）"之说，均含有信奉、仰慕之意。《简明大不列颠百科全书》第 8 卷上说得更具体：信仰是"指在无充分的理智认识足以保证一个命题为真实的情况下，就对它予以接受和同意的一种心理状态"。① 这是信仰一词的一般含义，它适用于宗教领域，又不限于此。

从历史上看，哲学与宗教的关系是非常复杂的。很多哲学家，无论是西方的，还是中国的，他们本身也许就是宗教徒，或者出入于宗教；而神学家，特别是西方基督教产生以后的很多神学家，他们为了说明神的存在，又往往试图借助于哲学上的论证来加强宗教合理性的宣传。

由于宗教的教义与信条中，包含着人们对美好世界的诉求，劝导人们弃恶行善，救助弱小，这又是维护社会稳定和安宁的一种积极力量，符合社会发展的某种需要。因此，宗教不会很快消亡，而在相当长的历史时期内有其存在的合理性。这就是我们需要对之进行研究的依据。

第一节　宗教的含义与世界性宗教的主要流派

"宗教"一词最初来自佛教。作为佛教的专门术语，自证为"宗"，化他为"教"。有一个创始人，有一个崇拜对象为"宗"；有一群追随者，有一定的祭祀仪式为"教"。这就是"宗教"。在西方文化中，宗教 religion 是从拉丁词"re"和"legere"演变而来的，意思是"再"和"聚集"，意思是说，一群人为了一个目的而聚集在一起，为了同一个信仰而达到了不畏生死的地步。

宗教是"人"与"神"之间的相互关系，是人的内心世界的至高至善与外面世界的至高至善的契合。马克思说得好：是"人创造了宗教"，"而不是宗教创造人"，宗教，归根到底是，还没有获得自己或已经再度丧失自身的"人的自我意识和自我感觉"。② 恩格斯也说得很对：宗教是"支配着人们日常生活的外部力量在人们头脑中幻想的反映，在这种反映中，人间的

① 《简明大不列颠百科全书》第 8 卷，中国大百科全书出版社，1986，第 659 页。
② 《马克思恩格斯选集》第 1 卷，人民出版社，1995，第 1 页。

力量采取了超人间力量的形式"。① 最初的宗教与神话、巫术、图腾崇拜等纠缠在一起，后来逐渐从多神崇拜发展到一神崇拜，由部落宗教发展到民族宗教，以至于世界性的宗教。而且宗教的产生与人类对"死亡"的思考有关，不论世界上哪个地方，在历史上什么时候，宗教的一个意义就在于赋予死亡的意义。如果没有死亡，就不会有各种各样与死亡有关的神灵。宗教在其发展过程中，有一个由低到高的过程。低层次的宗派迷信的色彩浓厚，其信奉者常常以达到某种功利为目的，追求快乐，逃避痛苦，对人性的弱点、人类本能的需求往往不加以压制，缺乏正义感，甚至与人类的不良习性或罪恶同流合污。如果又具有瓦解人类的普遍价值的品行，就沦落为邪教了。而高层次的宗教则不同，它要求信奉者以有限的生命与无限的终极实在相会，不计较现世的功利，有正义感，不与人间邪恶妥协，愿意承受痛苦，承认人性的弱点，努力向善，在改造与超越自己的过程中，追求自我价值的完满实现。一般说来，宗教都具有宗教情感，它包括敬畏感、依赖感、安宁感、神秘感。

宗教是信仰者生命过程中不可缺少的维度，神是人自己本质的异化；同时，宗教也会带来一些消极的影响。因此，马克思和恩格斯对宗教是持批判的态度，马克思曾经说过：

> 宗教里的苦难既是现实的苦难的表现，又是对这种苦难的抗议。宗教是被压迫生灵的叹息，是无情世界的心境，正像它是无精神活力的制度的精神一样。宗教是人民的鸦片。②

恩格斯也说：

> 宗教按其本质来说就是剥夺人和大自然的全部内容，把它转给彼岸世界的幻影，然后彼岸之神大发慈悲，把一部分恩典还给人和大自然。③

总之，在他们看来，宗教是颠倒了的世界和世界观，它对人民的危害是

---

① 《马克思恩格斯选集》第3卷，人民出版社，1995，第375页。
② 《马克思恩格斯选集》第1卷，人民出版社，1995，第2页。
③ 《马克思恩格斯全集》第1卷，人民出版社，1995，第647页。

不言而喻的。

一般来说,低层次的宗教信仰更多地与偶像崇拜相关,与功利、仪式以及神秘性因素相关,而高层次的宗教则更多地依赖于经典、集体以及伦理的形式。当今具有世界性的规模与意义的三大宗教都达到了高层次。它们是:基督教、佛教和伊斯兰教。

第二节 基督教与西方文明

一 基督教的产生与发展

基督教最初产生于犹太教,并从中承袭了源自古代希伯来文明及与之相关的古巴比伦、古埃及、古代波斯和古希腊罗马文明中的一些宗教观念和神话传说而形成。按照基督教传统的说法,其宗教是在古罗马时期由耶稣基督及其门徒在巴勒斯坦创立,耶稣出生于犹太耶路撒冷南部,其养父是木匠,传为犹太民族大卫王的后裔,其母马利亚为童贞女受"圣灵降孕"而生耶稣。他是"神的独生子",为拯救世人而生,故有"救世主"之称。30岁开始宣传上帝的"福音",招收了彼得、约翰、马太、西门等12个门徒,在告别性的"最后晚餐"后被其门徒犹大出卖,罗马总督处之极刑,钉在十字架上受难而死。他在死后复活,向其门徒和信众布道40天,于第40天升天,第50天差遣圣灵降临。门徒领受圣灵而开始传教,建立了早期的教会。

基督教共分三大派系:天主教、新教和东正教。"新教"是与"旧教"的天主教相区别而言,是16世纪欧洲宗教改革的产物。"东正教"源自古代东罗马帝国的基督教,以君士坦丁堡为中心,与罗马天主教相抗衡。包括希腊正教、俄罗斯正教等。这样,基督教有广义与狭义之分。广义的基督教与英语中的Christianity相对应,是所有以耶稣基督为救世主的教派和宗教的总称;狭义的基督教则与英语中的Protestant相对应,专指基督教中的新教。

目前基督教按其信仰人数与地域分布而言,已经成为世界上最大的宗教。信徒总人数约为20亿人(其中天主教徒约11亿人,新教徒约7亿人,东正教徒约2.16亿人),占世界人口的33%,占世界宗教徒总数的44%。基督教在中国的传播最早可追溯到唐朝,明清之际耶稣会士来华,开始了近代基督教在中国传教活动,其中以利玛窦(M. Ricci, 1552~1610)的影响为最大。

中国社会科学院向社会发布《中国宗教问题蓝皮书》中提到，基督教人口的迅速增长是一个客观存在但并未得到足够关注的新现象。基督教首先在农村兴起，1997 年前后开始从农村走向城市。如果说，农村的信徒是老人多；那么，城市的信徒则是大学生多，年轻人多，中产阶级和知识分子多。

另据一些基督教研究者分析，基督教在我国兴起的大背景是，20 世纪 80 年代理想主义的失落和市场经济的发展，现实主义和经商风潮的裹挟，伴随着物质的满足，精神处于失落状态。90 年代以后新的大学生、年轻人和知识分子，面对市场经济的猛烈冲击和人文主义的深刻危机，不少人为了探索真理，追求终极关怀而开始迈步走向基督教的信仰领域。基督教兴起的另一背景是，中国向世界开放，国际之间文化交流日益频繁，受基督教影响的机会也随之增多。再加上 90 年代中期以来，伴随着城市化进程中人员流动的加剧，一些基督教人口也从农村流向城市。在城市化不断深化的过程中，社会经济转型带来的快节奏和巨大的生存、心理压力，也是一种不容忽视的催化因素。而当人们需要用信仰来作为生存的支撑的时候，基督教就成为一种选择。[①]

二　基督教的经典与教义

基督教的正式经典为《圣经》，包括《旧约全书》和《新约全书》两大部分。《旧约全书》本来是犹太教的经典，由基督教所继承，约有 39 卷，929 章；《新约全书》是基督教本身的经典，用希腊文写成，共 27 卷，约 260 章，分"福音""使徒行传""使徒书信""启示录"四个部分。

基督教的基本教义中最根本的是论述上帝的存在及其属性，认为，上帝是至高无上的唯一的神，具有自有、永有、无限、绝对、超然、自由、仁爱、全善、全在、全知、全能等属性。

上帝既是神，又包括"圣父""圣子""圣灵"的"三位一体"。还有：上帝"六日创世"、人性"原罪"、靠信仰"救赎"、世界终结、末日审判等，都属于该教派的教义，但由于解释的不同，歧义很多，这也成为产生众多小教派的原因。

根据《圣经·旧约·创世记》所载，上帝在六天之内创造了万物：第

---

① 沈颖：《没想到信基督教的人多了》，《南方周末》2009 年 12 月 31 日。

一天造出了光，第二天造出了天，第三天造出了地、海、植物，第四天造出了太阳、月亮和众星，第五天造出了水中的动物和飞鸟，第六天造出了地上的动物和人。上帝是按照他的形象，以泥土来造人，并且朝泥人鼻孔吹一口生气。这第一个人是男人。然后又从他身上取出肋骨，造了一个女人。这就是亚当和夏娃。上帝允许这两人随意采食"伊甸园"中的果实，唯独不能吃能够辨别善恶之树（智慧）的果实，"吃了你就必死无疑"。① 女人在蛇的唆使下，不但她自己吃了"智慧果"，还唆使男人吃，从而两人眼睛明亮，知道善恶，成为真正意义上的人。但因违反了上帝的禁令，犯了"原罪"，被赶出乐园。这样，人的一生都要通过信仰上帝而赎罪了。

就劝人为善而言，基督教从犹太教那里承袭了"摩西十诫"，它本身的教义中有要教徒达到"谨慎、正义、勇敢、节制"的劝勉，还有"信仰、希望、仁爱"三种神学美德之说。"信"即信仰，指人对神而言；"望"即期望、愿望之意，是对未来的美好憧憬；"爱"是双向的，既有上帝对人之爱，也有人对上帝、人对世人之爱。这种仁爱之心是基督教自身倡导的要点，也是一个重要的驱动力。再加上基督教和现代日常生活关系比较紧密，它对人生意义的思考，对终极问题的关怀，都比较切合现代人的生存体验和表达方式。在人与人之间比较冷漠，缺乏爱的环境中，基督教比较强调爱、平等、尊重、宽恕等。这些理念特别容易为弱势群体、尤其为知识分子所认同。2008 年 1000 亿汶川地震捐款中，有 115 亿是由基督教的教徒所奉献。无怪乎有人在广泛地调查之后，深有感触地说："信教是人们内心的一种体验，在我看来，它就是一种生活。"

三　基督教与中国古代文化和古代哲学

基督教的教义所体现的哲学思想与中国古代文化和古代哲学之间，既有重大差别，又有一定程度的交汇。这特别突出地表现在基督教的"创世观"与"护佑观"上面。

前面我们已经对上帝"六日创世"的过程作了描述，从中我们可以看到：上帝是从"无"（ex nihilo）中创造世界，不是给混沌的质料以某种形式与目的，而是既创造存在物的质料，也创造存在物的本质规定性。这个被上帝凭着自由意志创造出来的世界，是真实的、有序的，是一个有始有终的

---

① 段琦编：《圣经故事》，译林出版社，2006，第 6 页。

有限世界。上帝本身则是绝对自主和完美无缺的。具有心灵的"人"，作为上帝的最满意、最宠爱的被创造者，负有保管其他自然资源与生物的责任。但是，人因违反上帝的意志而堕落，犯了"原罪"。这就需要上帝的"救赎"。上帝不仅是"创世"的主，而且是"救赎"的主。上帝为了救世救民，让作为与上帝"三位一体"的耶稣基督献身"十字架"，之后出现了第三天"复活"升天的奇迹。人类如能相信上帝，将来就可永远生活在天堂里享福，反之，只能在地狱里永远受苦。这就是《圣经》中告诉我们的基督教的"创世观"与"护佑观"。

相比之下，中国古代文化和古代哲学中，虽然也讲"天帝""天命"，有时甚至还非常虔诚、认真，但到周朝以后，随着诸子百家的兴起，特别是儒家、道家哲学思想的产生，虽然还没有彻底地否定具有人格意义的"天帝"或"上帝"以及"天命"之类的说法，但对"怪力乱神"却采取了存疑和审慎的态度，哲学思考的重点已经转向"天道"与"人道"之间关系的思考。两汉以后，虽然产生了道教，并从印度传入了佛教，神仙、佛也受到人们的崇拜，在民间的宗教信仰中处在至高无上的地位。但是，在有学识的人的心目中和正规的宗教信仰里，神仙和佛陀并没有处于最高的地位。处于最高的地位是"道"，而且这个"道"是内在于世界的，这样，就不存在像基督教中所说的上帝从"无"中创造世界的问题。

在道家的学说中，"道"处于最高地位，虽然《老子》中有关于"天下万物生于有，有生于无"① 的说法，但这个"无"，不是基督教说的上帝从"无"中创造世界的那个"无"，而是"寂兮寥兮，独立而不改，周行而不殆，可以为天下母"② 的"无"。这个"无"就是"道"。

在儒家学说中，有关宇宙的生成是这样表述的："太极生两仪，两仪生四象"，以及"阴阳五行，相生相克"之类。

总之，在儒道两家看来，宇宙是由"道"所制约的无始无终的过程。作为内在于世界的本体的——"道"，它支配世界，但不超越世界。所有这些都与上帝从"无"中创世的基督教教义格格不入。

即使是外来的佛教，它也与基督教创世说不同。佛教认为，万物都因缘而生。世界的整体是无始无终的，万物互为因缘，并以某种形式而相互转

---

① 《老子》第 40 章。
② 《老子》第 25 章。

化。因此，佛教并不去追溯"第一因"或"最终因"，一切都处于永无休止的轮回之中。

在中国古代文化与哲学中，虽然也涉及超自然力量对人的命运的支配的说法，但具体观点与基督教的"护佑观"相去甚远。在基督教那里，上帝是人格的神，他创造了世界万物并且创造了人，他操纵着人：会因人的罪恶而震怒，也会因人的苦难而怜悯，爱人和拯救人。

在中国的道家看来，道是没有人格的、没有情感的。道既不爱物，也不恨物，从不凭感情意志行事，而是虚而不屈，"无为而不为"。因此，道家从不祈求天神的保佑，而是遵循天道，归根复命："人法地，地法天，天法道，道法自然"。[1]儒家讲"天命"、相信"天命"，但儒家所说的"天命"不是殷商时代那种作为上帝意旨的"天命"，而是以阴阳五行化生万物的"道"或"理"。儒家主张"顺天意，尽人事"，"谋事在人，成事在天"。儒家也讲"仁"与"爱"，但它不是来自一个有人格、有感情的上帝，而是指"道"本身的生生之大德。宇宙的本体或本心就是"仁"，通过道德修养，人的本心可以体悟到"道"，与之为一，这就是中国古代思想家、哲学家所常讲的"天人合一"。

综上所述，我们从基督教的教义所体现的"创世观""护佑观"与中国古代文化和古代哲学相关思想的对比中，不难看出：西方的传统文化是以"神人之际"为主轴，而中国的传统文化是以"天人之际"为主轴。在这里，"天"与"神"的内涵是不同的。[2]

四　基督教对欧洲乃至世界文化的影响

基督教对世界文化的影响，首先表现在教育上。在基督教的倡导与参与下，欧洲中世纪的学校得以形成，并率先设立了分科教育，由此开始了向高等教育的发展过渡。12世纪前后，欧洲最早的一批大学就是从基督教修道院和教堂学校发展而来的。这些大学延续至今，为人类教育的发展进步做出了重要贡献。随着基督教传教范围的扩大和欧洲向外移民，其他各洲也相继出现了体现新的教育理念的大学。著名的哈佛大学、耶鲁大学、芝加哥大学

---

①　《老子》第25章。
②　张庆熊：《"神人之际"和"天人之际"》，载王晓朝等主编《沟通中西文化》，广西师范大学出版社，2006，第166~181页。

等现代世界的第一流大学，就是新教徒在北美资助或创办的。中国北方的燕京大学、辅仁大学，南方的震旦大学、圣约翰大学、金陵大学等约 20 所大学是在华基督教会创办的。这些大学在中国高等教育史上的作用，也是不可抹杀的。

基督教思想与西方传统哲学的关系十分密切。前面我们在阐述西方中世纪哲学时就已经指出，无论是"教父哲学"，还是"经院哲学"都囿于基督教的思想教义，哲学研究在很大程度上是为神学服务的。著名的"唯名论"与"唯实论"之争，就是围绕上帝的存在这个主题而进行的。许多著名的哲学家，同时也是神学家。如果说，奥古斯丁是接受了新柏拉图主义以发展基督教的教义的话，那么，托马斯·阿奎那的神学体系的形成，则更多地得益于亚里士多德的哲学思想。

在近代，基督教思想与西方哲学也交织发展、融贯互摄。基督教关于上帝的神灵世界与人间的世俗世界的两分法，和西方近代哲学的"主客二分"的两分法，是完全契合的。在现代，值得提到的是尼采对基督教的看法。尼采从自我意识出发，提出"上帝死了"的口号，否定基督教和上帝。尼采先是在《快乐的知识》所列的三则格言里提出这一论断，然后又在长诗《查拉图斯特拉如是说》（1883～1885）中，借纪元前伊朗宗教预言家的口吻，向天主教的"奴隶道德"挑战，高调声称"上帝死了"！尼采认为，上帝不是别的，只是一个粗暴的命令，即：你不要思想！可以想象的是，尼采的这个向西方世界发出的"警世通言"，会被天主教视为一个患癫狂症的谵妄。不可否认，基督教哲学仍然是西方整个哲学中的一个很活跃的重要组成部分。

基督教思想与科学的发展，就其基本倾向来说，两者是对立的，冲突的。特别是在中世纪，自然科学的研究只能在基督教神学的框架下进行，教会对于超出《圣经》教义的研究成果，会宣布其为"异端邪说"而加以限制和禁止。直到近代初期，拥护哥白尼的"太阳中心说"的布鲁诺、伽利略还遭受教会的残酷迫害，就是众所周知的极端事例。后来的情况有所变化。出现了教会的神职人员向科学家咨询某些科学问题，而科学家本人也把科学上无法解决的难题交给上帝的事实。牛顿关于神的"第一次推动"的假设，是其中的一个例子。随着科学的发展，特别在现代，宗教家在宣传神学的时候，一般并不与科学相抵触。虽然宗教与科学冲突的事情时有发生，但从总体上来说，基督教是寻求与科学调和，并运用科学发展的成果来修正、完善其信仰体系，形成两者既相互矛盾，又相互补充的复杂而微妙的局面。不仅科学家中有宗教徒，神学家中也出现了某些认同科学的言论。

基督教思想对西方文学艺术发展的巨大影响，是显而易见的。中世纪早期的欧洲文学主要表现为教会文学，多数是基督故事、圣徒传、祈祷文以及反映内心体验的"忏悔""告白"等灵修文学。从体裁上说，有诗歌、散文、史诗等。中世纪鼎盛时期的"骑士文学""梦幻文学"，近代以来的神秘主义文学、禁欲主义文学、"清教文学""感伤文学"，以及现代的象征主义文学等，都不同程度地受到基督教思想的影响，浸润着基督教精神。至于基督教对艺术的巨大影响，更是到处可见：以《圣经》为题材的绘画、雕塑几乎占据了整个造型艺术的领域；"教堂建筑"以各种造型（"罗马式""哥特式"等等）把基督教的理念与建筑艺术完美地结合在一起；而"教堂音乐"则是基督教思想与音乐艺术有机结合的典型表达。

第三节　印度佛教和佛教的中国化

一　佛教在印度的创立

佛教创立于公元前 6 世纪的古印度，创始者全名是 Siddhartha Gautama of the Sakyas，其中，悉达多（Siddhartha）为名，乔达摩（Gautama）为姓。传说他是净饭王太子，释迦（Sakyas）是他家庭所属的族名，释迦牟尼是对他的尊称，是"释迦族的圣人"的意思。

悉达多王子在幼年时就有沉思的习惯，很早有了出家的念头，后来终于舍弃王位，出家修行，经历六年的艰苦辛酸，彻底觉悟而成了佛陀。他成佛处的那棵树，得到了"菩提树"之名。（"菩提"就是"觉"的意思）

释迦牟尼成佛后的 50 年，从未间断说法传道。他逝世（"涅槃"）后，佛教很快就分成许多部派。一般把他在世时的佛教称为"原始佛教"，逝世后到公元 1～2 世纪称为"部派佛教"。公元 1～2 世纪时，有了"大乘佛教"的出现，就把"部派佛教"改称"小乘佛教"。大乘佛教不仅求"自我解脱"而且要"普度众生"，而小乘佛教则只讲"自我解脱"。"小乘佛教"（安世高系）重禅法，"大乘佛教"（支娄迦谶系）讲"般若学"。

释迦牟尼创立佛教活动的时间大约相当于我国的春秋战国时期，当时印度思想界有两大潮流，一个是正统的婆罗门教的思想潮流，一个是异端的反婆罗门教的思想潮流，据说有 96 种之多，佛教属于其中之一。婆罗门教虽是多神教，但又带着一神教的色彩。它主张"梵我不二"，把"梵"抽象起来作为宇宙的本体和宇宙生成的最高原理。

释迦牟尼的佛教认为，人生是个大的"苦海"，他的教义就是教人们如何脱离苦海。人生要从苦海中挣脱出来，最根本的办法就是要纠正人对现实世界的颠倒与妄想，从"破除我执"入手，去掉贪恋、执著，通过所谓的"戒"（戒除一些行为）、"定"（禅定）、"慧"（智慧）而达到"涅槃寂静"的境界。要认识到现实世界是由各种因（Hetu）、缘（Paccaya）的聚合、互存而成的，它是不真实的，没有一种独立的主体性，而且是刹那生灭的。这就是佛教中所说的"不真""无常""无我"。

这个"不真"，就是所谓"空"。这里所讲的"空"，当然不是把现象世界的暂存状态或虚幻状态彻底地否定掉，也是不能离开所对应的"有"的。在他们那里，想象的假"有"与它的本性的真"空"是联系在一起的。既不能用本性的真"空"，来否定现象的假"有"；也不能用现象的假"有"，来否定本性的真"空"。当佛教注重在"修正"时，主要是一种主观的精神活动和体验，并不注重对"神"的崇拜。但是，作为一种宗教，如果没有对"神"的崇拜的思想，就无法保持。随着佛教的进一步发展，种种超自然的世界，种种能支配天地万物的"神"，越来越处于被推崇的地位，现实的苦海世界与超现实的、极乐的、彼岸世界的对立，就越来越严重。一句话，世界被两重化了。

释迦牟尼逝世后，他的众多弟子记诵其毕生的言行，所说的称"经"，主张的戒律称"律"，解释教理的论著称"论"。经、律、论合称"三藏"。印度古代的俗语是"巴利语"，雅语是"梵文"。中国汉译的佛经，从梵文翻译的居多，而藏译佛经似乎全是从梵文翻译的。

二 佛教的传入及其中国化

佛教究竟何时传入中国？学术界有种种说法，主张早的说法认为是在西汉哀帝时就有佛教的传入，但佛教正式传入中国并发生影响的，当在东汉明帝永平中（公元 58～75）遣使西域之后。史籍记载，东汉明帝永平七年（公元 64）派遣使者 12 人前往西域求佛法，公元 67 年，他们和两位印度僧人以白马驮运经书和佛像回到洛阳，建造了中国第一个佛教寺院，即今日还存在的"白马寺"。

佛教传入中国后，就面临着如何中国化的问题。它的教义与中国本土的儒家所坚持的观念或做法，本来有着尖锐的冲突。后来佛家主动加以调整，以"出世"之法，做"入世"之事，以屈求伸，使之能被儒家思想所接受。总的来说，经历了从依附到冲突，最后到融合的过程。

佛教作为外来的宗教，要在中国本土扎根需要有个过渡的环节，而老庄哲学所开启、并为玄学所继承并发展了的自然、自由和无限的文化精神，恰好是佛教得以生存和流传的"人文水土"。道家讲"无"，佛家讲"空"，两者品味相同，声气相投，有其不少相通之处。"于是，道家之'天地与万物''圣人与百姓'等说法，也就不断地输入佛典之中；'独照''无念'之类的佛语，也就成为道家之'见独''无为'的同义语。"① 于是，佛之禅学与道之玄学，密切地联系起来，出现了"谈玄"与"悟空"相通、名士与高僧合流。当然，两者还是有差异的。老庄（特别是庄子）所树立并张扬的是某种理想人格，齐生死、泯主客等，主要仍是相对主义的理性论证与思辨探讨；而禅学所强调的是某种经验性质的心灵体验，对所要论证的事情，更多的是直观领悟与直觉灵感。

印度佛教开始传入中国后，就其实际的发生的过程来说，先是依附于汉朝的方术，到魏晋时又依附于魏晋玄学。在汉朝时，佛教所讲的"神不灭""因果报应"与中国原有的一些思想是类似的。"神不灭"与中国原来的"有鬼论"是对应的，而"因果报应"与中国原有的"福善祸淫"相贯通。《易·坤卦·文言》中就有"积善之家，必有余庆；积不善之家，必有余殃"的说法。到了魏晋玄学大为流行时期，玄学讲"无"与"有"的关系，佛教讲"空"与"有"的关系，两者也比较接近。这时他们用的是"格义"和"连类"的方法。"格义"就是用中国的思想来比配印度的观念，"连类"就是用佛教的观念来比附老庄思想。

当时般若学中有三家："本无""心无""即色"。"本无"是指"一切诸法，本性空寂"，以"无"或"空"作为万有之本体，先于"万有"而存在，这就与王弼、何晏、张湛的"贵无"相接近。当然，王弼的以无为本，这个"无"是离不开"有"的，而张湛所说的"无"是在"有"之外、之上的。"心无"是指"无心于万物，万物未尝无"，无心即空心，故

---

① 李哲良：《中国佛文化漫笔》，东方出版中心，1999，第43页。

又说"空心不空色"，这里的"空心"的意思是说"于物上不起执心"。"心无"与嵇康、阮籍的"无心"相接近，郭象也认为，圣人无心而顺物，"随变所适，而不荷其累"。"即色"是指"色不自有，虽色而空。故曰色即为空，色复异空"。意思是说，物理的现象是没有本体的，是不真实的；这里的"空"是本体，既然"色"没有本体，当然就"异于"空了。这与郭象的思想有相似之处，但郭象以万物"各适其性"为"逍遥"，佛学家支道林认为，如果能"物物而不物于物"，以不变应万变，才能算是"逍遥"。以上般若学所讨论的问题，实际上也是玄学家讨论的问题。

如果说，在佛教传入的"格义时期"（佛道时期），人们只是用道家的思想，去比附印度佛学的思想观念；那么，到了两晋时期，随着"玄学"思想的流行，以及士大夫与僧人交往的密切，人们就开始用玄学的方法，对印度佛学思想作深层义理方面的了解，是谓"佛玄时期"。

前面提到，"小乘佛教"（安世高系）重禅法，"大乘佛教"（支娄迦谶系）讲般若学。安世高这一系对宇宙人生的学说以"元气"为根本，说"元气"即"五行"，即"五阴"（后译为"五蕴"：色、受、想、行、识），这种说法与神仙家的"养生"术和汉朝流行的医学理论非常相似。"大乘佛教"支娄迦谶这一系译《般若波罗蜜经》为《大明度无极经》，这种改动是迎合以老庄思想为核心的玄学。把"般若"解为"大明"，"波罗蜜"解为"度无极"，这是和《老子》一书中所说的："知常曰明""复归于无极"密切相连的。

在东晋之末刘宋之初，随着佛经翻译的增多，僧人对佛教各派的理论理解的不断深入，印度文化与中国文化的固有矛盾和冲突就成为不可避免的了。例如，"沙门应否向帝王致敬""神灭与神不灭""有没有因果报应"等问题提出来了。这些问题涉及中国原有文化中的"出世"与"入世"的关系，要不要"忠君"、要不要尽"孝道"，怎样看待"形"与"神"的关系、"因果"与"自然"的关系，等等。由于出现了这些矛盾和冲突，北魏的太武帝、北周的武帝的"灭佛"事件就可以理解了。

这样，佛教要继续在中国存在与发展，就面临着印度文化与中国文化能否融合以及如何融合的问题。

例如，佛教认为出家的"僧人"高于在世的"俗人"，僧人见了王者不必跪拜，这种"无君无父"的主张与中国传统的政治观念是不相容的。于是，一些佛教领袖提出了让步的办法以求适应。道安认识到："不依国主，则法事难立"，法果吹捧当时的统治者"明睿好道，即是当今如来，沙门宜应尽礼"，"能弘道者人主也。我非拜天子，乃是礼佛耳!"

又如，"出家"与"孝道"就是个尖锐矛盾，"不孝有三，无后为大"，出家人如何传宗接代，遵守孝道？为此，佛教反复强调，并不是让所有人都出家，只不过让少部分人出家，而且要征得父母同意。如果一家中有好几个儿子，只有一个人出家就不致绝后。

又如，佛教将作为儒家伦理根本的"五常"塞进自己的体系，并与佛教的"五戒"加以比附。"五戒"之一的"不杀生"等同于"仁"；"五戒"之二的"不偷盗"等同于"义"；"五戒"之三的"不邪淫"等同于"礼"；"五戒"之四的"不妄语"等同于"信"；"五戒"之五的"不饮酒"等同于"智"。这样一来，"如来"与"周礼"之间，"出处诚异，终期则同"。

又如，佛教本来认为，佛是人而不是神，不能主宰人间的吉凶祸福，但为了与中国人固有的鬼神观念相适应，也把不灭的灵魂作为轮回的主体，把不朽的神性作为解脱的根据。

这些变化表明，佛教朝着世俗化的方向发展。佛教作为宗教，当然是超越世间的，但又不完全离开世间。信仰佛教与"忠君""孝父""治身""治国"并不矛盾，这就是"世间法即佛法，佛法即世间法"。

隋唐时期是佛教在中国的鼎盛时期，佛教的中国化，除了佛学义理的中国化之外，还表现为中国本土极有影响的佛教宗派的建立，以及佛教向朝鲜、日本等地的传播。当时流行的宗派有八个，著名的有以智顗为代表的"天台宗"、以玄奘为代表的"唯识宗"（又名"法相宗""瑜伽宗"）、以法藏为代表的"华严宗"和以慧能为代表的"禅宗"，此外，还有法性宗（又名"三论宗"）、净土宗、律宗、密宗。其中尤以禅宗的影响最大，它创立宗派是在唐初，衰败于两宋之际，兴盛时间有500多年，流传范围最广。它不仅吸收了老庄（特别是庄子）的"任自然"的思想，而且也把儒家的"忠孝"思想纳入其体系之中。这样，就成为中国化程度最高的宗派，并且和儒、道的关系相当融洽。

中国传统哲学历来以"心性"问题作为讨论的重要问题，孟子的"尽心、知性、知天"为此奠定了理论基础。当时佛教的一些宗派中，也有对"心性"问题非常重视的。天台宗有所谓"一念三千"，华严宗有融"佛性"于"真心"，禅宗则更认为，"佛性"即人之"本心"（本性）。他们在不同程度上吸收了中国"体用如一"的思维方式，以"理事无碍""事事无碍"的理论来论证"佛性"的普遍性。

佛教在中国的传播与扎根，与统治者的热心支持、倡导分不开。东晋诸帝均信佛，尤以明帝、简文帝、孝武帝为最，南朝的宋文帝甚至还让个别名僧参与朝政。梁武帝更是历史上著名的佛教皇帝。他先后多次舍身寺院，并下令以佛教为国教。当时江南佛寺多达 500 余所，造佛像、讲经法蔚然成风。中国北部是由少数民族统治的地区，虽有北魏太武帝、北周武帝两次灭佛事件，但十六国统治者大都崇信佛教。北魏统治者在大同云岗、洛阳龙门开凿佛教石窟，雕刻佛像，影响极大。这一时期，洛阳城内及四郊佛寺多达 1300 余所，整个江北则达 3 万余所，僧尼有 200 万人之众。唐朝实行的儒、道、释三教调和政策，更为佛教的传播打开了方便之门。

两种不同的文化要能够融合，当然不是单向的吸收，而是双向的吸收，这样才能相互促进与发展。宋朝出现的"理学"或"道学"，不仅吸收了先秦时期老庄的学说，而且还吸收了佛教的"心性"学说和"理事"思想。程朱理学主要吸收了华严宗的"理事无碍"的思想，提出"人人一太极，物物一太极"和"理一分殊"等思想，建立了以"理"为本的形而上学体系；陆王心学主要吸收了禅宗的心性学说，从而提出"吾心便是宇宙""心外无物"等思想，建立了以"心"为本的形而上学体系。宋明理学之所以成为儒家思想发展中的新形态，实与吸收佛教的思想关系甚大。

回顾印度佛教中国化的过程，正如汤一介先生所说的，外来思想要在中国立足、生根并得以发展，首先是要"依附于中国原有的思想文化"，除了社会现实的需要之外，不仅要和"原有思想文化自身发展的某一方面可能出现的结果大体相符合"，而且还要在某一方面"超出原有思想文化的方面"，这样才能"对原有文化起刺激作用"，从而它自己也会随之产生深刻影响并得到重大的发展。[①]

三　中国化佛教——禅宗

"禅"是梵文"禅那"的音译，汉语意译为"思维修"，意为"静虑"，包括"静其思虑"与"静中思虑"。前者属"止"（"定"），后者属"观"（"慧"）。故"禅"又可称"禅定"或"禅观"，乃佛教徒修习的基本功，能制伏烦恼，引发智慧，其基本纲领是"见性""顿悟"。

---

① 汤一介：《佛教与中国文化》，宗教文化出版社，1999，第 24～30 页。

提起禅宗的传法，人们总会想到"世尊拈花，迦叶微笑"的故事，根据南宋时成书的《联灯会要》的记载：

> 世尊在灵山会上，拈花示众。众皆默然，唯迦叶破颜微笑。世尊云："吾有正法眼藏，涅槃妙心，实相无相，微妙法门，不立文字，教外别传，付嘱摩诃迦叶。"[1]

这个故事是否符合史实，我们可以存而不论，但"不立文字，教外别传"之语，倒也符合菩提达摩的风格。

中国的禅宗相传是印度禅僧菩提达摩到中国后所创立，因此，达摩被尊为初祖，他"一苇渡江"来到中国，下传慧可、僧璨、道信，五祖弘忍后，分为慧能的"南宗"和神秀的"北宗"两派。

据《坛经》等相关资料记载，慧能初见五祖时，弘忍说："汝是岭南人，又是獦獠（蛮人），如何能做佛！"慧能说："人虽有南北，佛性本无南北。獦獠身与和尚不同，佛性有何差别？"弘忍为考验众僧禅解的深浅，挑选继承人，命各人作偈呈验。神秀作偈云：

> 身是菩提树，心如明镜台，时时勤拂拭，莫使惹尘埃。

慧能以为不深刻，也作一偈云：

> 菩提本无树，明镜亦非台，本来无一物，何处有尘埃？

另一说法是：

> 菩提本无树，明镜亦非台，佛性常清静，何处惹尘埃？

慧能此偈赢得了弘忍认可，授以衣钵，并催他速离南归。回到曹溪后隐遁十几年。后来到广州法性寺，印宗法师讲经时，听众为风动与幡动引起辩论，慧能说："不是风动，不是幡动，仁者心动。"印宗为他剃度，从此正

---

① 《联灯会要》。

式为出家人，取代神秀而成为弘忍的继承人，这就是禅宗的六祖。

以慧能为代表的禅宗继承并发挥了"一切众生皆有佛性，人人都可成佛"这个大乘佛经的共同思想，提倡直指人心，明心见性，见性成佛，认为佛性人人共有，人世间即出世间，"凡夫即佛"。神秀曾得弘忍器重，他重视打坐，力主"渐修"成佛。但慧能强调精神的顿悟，认为，众生可以不必经历漫长的修炼，只要能够将固有的佛性（灵明觉知）唤醒，使之明白起来，当下即可成佛。慧能说："菩提只向心觅，何劳向外求玄？所说依此修行，西方只在眼前。"（《坛经·疑问品》）此为"自悟""顿悟"之说，讲的是理性的直觉，它是最方便、最简易、最快速的成佛法门。它一方面，使众多的俗人变成了僧人；另一方面，也启迪某些进步的思想家怀疑传统、反对权威。禅宗不仅讲"出世"，而且讲"入世"，这在《六祖坛经》中就讲得很清楚："佛法在世间，不离世间觉，离世求菩提，恰如觅兔角"。禅宗的上述说法，在调和佛家的"出世"与儒家的"入世"，佛家的非理性与儒家的理性原则之间的矛盾中，起着关键性的作用。

慧能逝世后，南宗成为禅宗的正统，受到唐朝皇室的重视，并在士大夫和劳动群众中发生广泛影响。这样，它和中国其他各个佛教宗派以及印度原来的佛教都有不同，是中国佛教史，乃至世界佛教史上的一次空前的大改革。这种改革的结果使佛教逐步完成了其中国化的历程，从印度的佛教转化为中国佛教。从此，佛学就成为中国古代文化、古代哲学的一个重要的组成部分了。它不仅影响了古代哲学的发展，而且也在文学艺术中打上了显著的烙印。唐诗中关于"清晨入古寺，初日照高林。曲径通幽处，禅房花木深。山光悦鸟性，潭影空人心。万籁此皆寂，惟闻钟磬音。"① 的诗句，就是很典型的例证。

慧能创立的禅宗是彻底中国化的佛教，它使中国佛教发展到顶峰。他曾启迪后来某些进步政治家和思想家，推动他们怀疑传统，反对权威，抨击封建专制制度，他的思想给中国哲学带来了深远的影响。唐代李翱的《复性书》可以说是"禅"影响"儒"的产物。宋明以来的理学家，虽然都反对佛教，但是他们的思想深处，又都受到了佛教包括禅宗的影响。如前所述，朱熹的"理一分殊"与华严宗"理事无碍，事事无碍"思想关系密切，而"一旦豁然贯通"的工夫，则脱胎于禅宗的"顿悟说"。王阳明的"心外无

---

① 常健：《破山寺后禅院》。

物"是禅宗"心性生万物"思想的翻版。此外，禅宗思想还是近代资产阶级改良派谭嗣同建立"仁学"体系的思想渊源之一，并对资产阶级革命思想家章太炎也产生过影响。佛教的慈悲、平等、无常、无我的思想，在当时的知识界中起着启发和鼓舞的作用。

四 《坛经》的思想特色和《金刚经》的无言意蕴

禅宗思想的宗旨是"见性成佛"，《坛经》是禅宗的经典。性本清净、反求诸己的心性学说，超二元对立的思维方式，是它的基本特征。

据研究者统计，敦煌本《坛经》全文约12000字，其中"自"出现187次，频率高为1.6%，"自"的同义词"我"出现31次，"吾"出现59次，以上三项合计为277次，频率为2.3%。"自"也是理解《坛经》主旨的突破口。要修道成佛，突出强调的是"自"悟，立足"自身""自性""自心""自度""自成"。对"自"的强调，体现了《坛经》的世俗意识，不再把成佛神圣化。佛在世间，佛法也在世间，"迷则佛众生，悟则众生佛"。对"自"的强调，还体现了《坛经》的主体精神。所谓主体精神，归根到底，就是让人成为真正的人，做到遇强不卑，逢弱不亢。成人即成佛，"仰止唯佛陀，完成在人格，人成即佛成，是名真现实"。处于封建等级的时代，《坛经》的主体精神高扬了独立意识，促进了个性解放，从而深深地影响着文人士大夫阶层，也为佛教的中国化奠定了人才基础。

《金刚经》是又一部著名的佛教经典，禅宗六祖慧能最初就是听别人朗读此经而有所悟的。学者李劼认为，此经之妙在于它的"无言意蕴"。他说，"不求甚解，在读书似乎是蔽障，在诵经却绝对是前提。诵读《金刚经》不需要如何深刻的理解，而只求心境的安宁。诵读之际，物我两忘，浑浑然不知置身何时何地。仿佛幽深的山谷，有鸟儿啁啾；宛如无垠的沙丘，风声鸣响在浩渺的远方；繁星点点的太空，静谧是升华，也是飘落。有人于诵读间闻到一阵清香，固然是欣喜，却不必着意。"书本通常是以文字表达什么意思，而《金刚经》的意蕴却是在文字之外的。"绝对不可以用'知识'这样的概念来涵盖。"因为"知识不等于智慧。智慧是另一种维度，介于人与神之间，或者说介于天、地、人的三维空间，与生命和宇宙相对称的高维时空之间。书本，或者说文字，通常会让人远离自然。惟有《金刚经》，可以把人带回自然。""《金刚经》之于生命修炼的奥义，不在于追求什么境界，而在于自由本身的实现。就《金刚经》的本真意蕴而言，是不能讲说的，也不可讲说。"所以，听人讲说《金刚经》，不如自己大声诵读一遍《金刚经》。李劼对《金刚经》的这般理解，深得佛经的个中三昧。

五　禅宗的"自我"与"真我"

为了进一步说明《坛经》的思想特色，弄清什么是禅宗的"自我"与"真我"？不妨对唐代禅师青原惟信的一段话作些分析。这段话见于《五灯会元》卷十七，也被日本当代禅学教授阿部正雄在其著作《禅与西方思想》一书中引述过。原文是：

> 老僧三十年前来参禅时，见山是山，见水是水。及至后来，亲见知识，有个入处。见山不是山，见水不是水。而今得个休歇处，依前见山只是山，见水只是水。大众，这三般见解，是同是别？有人缁素得出，许汝亲见老僧。①

在青原惟信的这段话中，山水的"变化"经历了三个过程，分别是：第一阶段，见山是山、见水是水；第二阶段，见山不是山，见水不是水；第三阶段，见山只是山，见水只是水。乍一看来，肯定让人纳闷：山水竟然如此多变！怎么能够在骤然之间就改变了它们的形态啊！殊不知，其实改变的并不是山水的形态，而是我们看待事物的角度与观念，或者说是人们对世界的不同的领悟。

禅宗认为，日常生活中的"自我"是实体性的自我，在自我意识中，这种"自我"是被认识的对象，是被对象化了的。而且，这种"自我"总是与他人、他物相对而言的。当我说"我意识到我"这句话时，后面那个"我"，是被认识、被意识的对象，他人及我们自己都可以包含在这个作为认识对象的"我"之中。而前面那个"我"就不同了，它是认识活动、意识活动的主体。可以说，它是永远都不可能被认识、被意识的对象。为什么说它是"永远都不可能被认识、被意识"的呢？因为它一旦成为被认识、被意识的对象，那么，谁来对它进行认识呢？换言之，只要它成为认识对象，它就变成了客体，这样，还是要有个对它进行认识的主体。而在实际中主持我们认识活动的主体，又逃避我们的认识，躲藏起来了，既然如此，它

①《五灯会元》卷十七。

就永远都不可能被认识、被意识了。通常我们说的"主体"是相对于"客体"而言的，这种永远都不可能被认识、被意识的对象，它根本就不在主客关系之中，如果仍旧称之为"主体"当然不妥。禅宗把它称之为"真我"。这种"真我"，既非实体，也不和世界万物和"自我"相对立，禅宗又把它叫做"空"。这个"空"，不是乌有和空虚，而且不是超验的与世界对立的实体，从这个意义上说，"真我"也可称为"无我"。

在西方近代哲学史上，康德与尼采也曾试图将作为实在主体的"我"与作为逻辑主体的"我"相区分，但都不及禅宗深刻。康德曾经指出，自我只能是进行认识的主体，而不能是被认识的对象。而且这个主体不是实在性的东西，只是"逻辑上设定"的。从这个意义上说，康德所主张的主体是"空灵"的。但是，他却又认定"自我"是完全不可知的"物自身"。在他那里，实在性并没有完全被克服，仍然没有脱离"主客二分"的模式，并以新的形式保留了二元论和超验性。尼采否定了主体的实在性与物质客体的实体性，从而否定了整个主客关系式，但他的"强力意志"说仍然属于传统的形而上学范围。他把"强力意志"看成是世界背后甚至是上帝背后的基本原则，这说明他也没有完全摆脱实体性而达到空灵性。这便是禅宗与康德、尼采的最大区别，也是禅宗比他们高明之处。

当代日本的禅学教授阿部正雄在他的著作中，在引用了前面青原惟信的那段话之后，对之进行了如下的解释。

为什么青原惟信说"三十年前来参禅时，见山是山，见水是水"？这是因为，在"主客二分"的关系式内，"自我"实体化了自己，也实体化了客体，事物与事物之间相互对立。"主客二分"中的"自我"，站在事物（客体）之外看待事物。这样，不仅主体与客体是外在的、对立的，事物彼此之间也是外在的、对立的：见山是山，见水是水。阿部正雄认为，要克服"主客二分"的对立，就必须经过"见山不是山、见水不是水"这阶段的认识才有可能。

在第二阶段中，"见山不是山，见水不是水"，这是对第一阶段"见山是山，见水是水"的"否定性认识"。这个否定性的认识虽然是重要的、必要的，然而，这还不是超越自我的最高境界。如果仅仅停留于此，"人们仍易于把无我客体化，把无我执著为有别于自我的一种东西"[1]，这样，将会

---

① 阿部正雄：《禅与西方思想》，上海译文出版社，1989，第12页。

把"无我"与"自我"简单地对立起来，还是未能最终摆脱"主客二分"式的实体性、二元性和超验性。

只有到了第三阶段"见山只是山，见水只是水"的高度，只有认识到万物各有个性特征，认识到是自己决定自己，不受制、不附属于任何超验的绝对或上帝，事物之间没有高低贵贱之分；万事万物相互融合，且又各自保持独特性，这才是"万物一体"的最高境界。这便是青原惟信的"见山只是山，见水只是水"的内在含义。

我国著名学者庞朴对此也有所见，他把青原惟信这句话和《庄子·养生主》中"庖丁解牛"的故事联系起来解释，别有一番趣味。

他认为，庖丁解牛也有三个阶段，是个正、反、合的发展过程：第一阶段，牛是一个混沌，人是一个莽汉，以物观物，所以不得要领而入其门；第二阶段，人是只知分解世界的理智主体，而牛是已被分解开来的合成物，成为呈现在人面前的、被动消极的客体，主客是不再统一的对立两极；第三阶段，牛是"天理"，人是"神欲"，能心神自运，进入了"以天合天"的境界，故而"肢经肯綮之未尝"。在这三个阶段中，第一和第三阶段，牛都是"全牛"，只有在第二阶段"未尝见全牛也"。但是，第一和第三阶段，并不等同，第一阶段是个生手，面对混沌之牛，困难重重，每个月就要换一把刀；第三阶段则完全不同："以神遇而不以目视，官知止而神欲行。"因而游刃有余，已经用了十九年的刀，还如同新的一样。这时已经由"技"而进入"道"，与第一阶段相比，完全是两种境界了。在第二阶段虽然"未尝见全牛"，但每年还得换一把刀。这个阶段比第一阶段虽有长进，但也无法与第三阶段相比。

庞朴"以庄解禅"，根据"庖丁解牛"的故事来解读青原惟信的那段话，他说：

"见山是山，见水是水"者，山水对于见者只是一个混沌（庖丁所见无非牛者），见者对于山水也只是一个莽汉（牛之所见无非庖丁者）；彼此互相外在，也互相不可分别地内在于一个自然中。"亲见知识，有个入处"非常重要，入不去则仍然留在外边，一无所得；入去了将亲见知识，指佛学所谓的善知识，即令我得入真实道、如来地的趋向。只是此时所见的山水，不复再是山水，而是虚妄（未尝见全牛也）。世界被二元化为现象与本质，人则陷进了利害是非的纠缠，自然与人处于直接对立之中。

因此还得要跳出来，"得个休歇处"，为其无为，从心所欲（官知止而神欲行），安而行之（因其固然）。那时将"依前见山只是山，见水只是水"，重新回到大自然的本然，人在天地怀里，天地在人心中。[①]

这段话把庄子的"道"与禅宗的"真我"联系起来，讲得十分清楚了。

第四节　伊斯兰教

伊斯兰教是阿拉伯文"伊斯兰"的音意合译词，它的原意为："和平""顺从"。意思是顺从和信仰宇宙独一的最高主宰安拉及其意志，以求得人世的和平与安宁。"安拉"是阿拉伯文的译音词，在通行汉语的地区，被译称为"真主"。

"安拉"是最高的实在，万物的创造主，唯一的真宰。它独一无偶，全知全能，普仁特慈，又威严无比，善恶必报。信仰安拉的人被称为"穆斯林"（Muslim），意思是信仰并顺从安拉的人。

伊斯兰教在7世纪时兴起于阿拉伯半岛的麦加城，创始人是穆罕默德（约570~632）。《古兰经》是该教派的经典，分30卷，114章，6200余节。其基本内容是要求信仰安拉，信仰经典，信仰安拉向人间派遣的使者和供安拉差使的天使，以及信仰安拉在世界末日对人的审判和安拉对世间的一切安排。

伊斯兰教本身就是政治性的宗教，与政治的密切关系自不待言。它对经济也有影响，强调世人只能暂时地、相对地占有财产，一切财产都是安拉的。在道德方面，主张善有善报，恶有恶报。伊斯兰教对文化的影响不仅表现在史学、文学、语言学、语法学等学科，特别表现在适应宗教而建立的教法学、法理学、圣训学、经注学、诵经学、教义学等学科中。

第五节　中国道教

一　道教的产生

道教产生于东汉的中、晚期，是我国现有合法的宗教中唯一土生土长的

---

① 庞朴：《解牛之解》，《学术月刊》1994年第3期。

大型宗教。它继承先秦以来的黄老思想，并且掺和古代民间巫术与神仙方术而成。它奉老子为教主，把道家的"道"予以神学的解释，结合儒学，融合佛学而形成的独特的道教理论。

东汉顺帝时，张陵倡导"五斗米道"，奉老子为教主，道教逐渐形成。东汉灵帝时，张角创立的"太平道"为早期道教的另一重要派别。道教的基本信仰是老庄哲学所倡导的核心范畴"道"；同时，又把老子加以神化，称之为"天尊"。道教自东汉形成后，经两晋、南北朝得到进一步的发展，到隋、唐、宋、元更加兴盛。唐朝时，由于皇帝姓李，大力提倡道教，道教几乎成了唐朝的国教。到明代中叶以后，才逐渐走向衰落。其中最著名的思想家和实践家有两晋之际的葛洪（代表作有《抱朴子》内外篇）和南朝齐梁时的陶弘景（代表作有《真诰》《养性延命录》等）。

道教是多神教，其至上神，早期为太上老君，后来是三清尊神。道教信仰的最高目标是：长生不死、得道成仙；治病健身、驱邪除祟，以求福康。它并不追求死后灵魂得救，而主张以现实的生命为起点，性命双修，形神相守，使生命不断优化，最后脱胎换骨，羽化成仙。为达此目的，炼丹和符箓是最重要的两件事，遂分为"炼丹派"和"符箓派"。炼丹派先外丹，后内丹，演化出全真派，重点在北方；符箓派汇合为正一道，重点在南方。前者必须出家，后者可以结婚生子。道教的道士人数并不多，与基督教、佛教都无法相比，但其文化影响却是全国性的，对中国的政治、哲学、道德、科技和文学艺术都有广泛的渗透与推动。

二　道教和道家学说的联系与区别

道教与道家有着历史上的渊源关系，两者都推崇"道"。老子不仅是道家学说的创始人，也是道教的教主。汉末的早期道教还不是成仙的宗教，而是救世的宗教。到了东晋时期，随着玄学历史使命的终结，生死解脱问题成为时代的课题而被突出地提出，道教也就从"救世"的宗教转变为"成仙的宗教"。神仙道教哲学思想的代表人物有东晋葛洪和陶弘景等人，葛洪可以说是其集大成者。他在理论上提出了"玄"的概念，"玄者，自然之始祖，而万殊之大宗也"，把它看作是一个超自然的、神秘主义的本体，是产生宇宙万物的根源。要修仙的人，对于这个"玄道"，感到深不可测，高不可攀，只有用"冥思玄想"去探求。在葛洪看来，"玄"也就是"道"，说"凡言道者，上自二仪，下逮万物，莫不由之"。无论是"玄"还是"道"，虽然字面上不同，其含义是相同的。由此可以看出，老庄玄学对于道教哲学的建立所起的重大作用。

然而，道家与道教毕竟是不同的。"道"在道家那里是哲学范畴，而在道教那里就成为人格化了的神；老子的"道"在道教那里已经发展、转化为"大道"，被视之为造化之根，神明之本，天地之元，是一种人格化了的神，成为道士们敬畏、崇拜的对象。老子要求人要"同于道"，要顺从于道、融合于道，是一种"无为"的精神；而道教要求人"为道"，则是一种"有为"的精神。道教是要按自然的法则来主宰自然，"知自然之道不可违，因而制之"①。因此，道教的口号是："我命在我不在天"。② 可见道家在顺应自然方面讲得比较多，道教则接着道家之"道"讲，在顺应自然的基础上，较多地讲人的"主体性"，这是道教对道家思想的发展，是道教独特的科学精神之所在。

老子在道家那里是人，在道教那里就变成了"天尊"。道家以超脱、豁达、顺从的态度对待人的生存与死亡。《庄子》中庄子妻死而"鼓盆而歌"的记述，是个明显的例证。《庄子》还说："若生死为徒，吾又何患？"由此可见，道家对死亡的到来，在心灵上是平静的。而道教则不然，提倡修炼丹药，举行祈祷、礼忏等宗教形式，宣扬以神秘方术求得长生不死、羽化登仙。

道教作为一种宗教，还有一整套宗教的仪式和教规。它规定了许多"戒律"，戒是"禁恶"的意思，与之相对的是"劝善"。劝善和禁恶的内容很多，具体说法也不统一。"戒律"有五戒、八戒、十戒、十二戒，二十七戒，乃至有一百八十戒之多。例如，"老君五戒"中就有不得杀生、不得荤酒、不得口是心非、不得偷盗、不得邪淫等。又如，《玉清经》的十戒里，有"不得违戾父母师长，反逆不孝"和"不得叛逆君主，谋害家国"两戒，它与"洞玄灵宝"十善中的"一念孝顺父母""二念忠事君师"相对应，等等。道教认为，人间的善恶行为，必定获得天上神灵的祸福报应。这既说明了宗教的善恶观与世俗的善恶观的一致性，也体现着维护神学尊严和社会纲常秩序的永恒性。

在道家思想影响下的古代科学的某种程度的发达，是否也是由于受了

---

① 《阴阳经》。
② 葛洪：《抱朴子·黄白篇》。

"道法自然"的原则的推动呢？是否也是出于对这个作为究竟至极、和谐有序的"道"的敬羡崇拜之情呢？都是值得探讨的问题。道家的"道"后来在道教那里发展转变为"大道"而具有人格神的色彩，这固然是对道家思想的背离；但从另一个角度来看，也不过是对道家的"道"增添了一份敬畏、崇拜之情。就这一点来说，由道家到道教的转化，也可算是由对"道"的理性说明，到对"道"的敬畏、崇拜的宗教感情的转化。而道教在科学方面的成就则是与道士们对"大道"的这种宗教感情分不开的。

三　中西宗教的若干比较

在讲完基督教、佛教、道教等主要宗教之后，不妨顺便对中西宗教作一比较。

先从总体上看一下中国文明与西方文明在历史进程中的一个巨大差别。中国文明基本上是单一文化发展的历史，其间虽有外来宗教的输入，但很顺利地就被强大的本土文化所吸收、所融化。相比之下，西方文明的发展要复杂得多。从古希腊起，就已经包含了多种文化的因素。犹太—基督教文化与希腊罗马文化之间的冲突与融合、伊斯兰文明与西方文明的冲突、基督教内部的分裂与冲突，都直接或间接地影响到西方宗教的发展。因此，长期以来，西方出现的是宗教战争与宗教革命，在基督教化之后，西方的其他宗教根本没有立足之地。在严酷的宗教专制的覆盖之下，即使是异端，也只有像路德教那样通过造反和政治力量的参与之后，才能获得生存与发展的权利。像中国那样，几种宗教在一千多年的时间里面并存于世的现象，甚至在相当长的时期内，竟然出现儒、道、释三家合流的局面，这对于那个时代的西方来说，的确是匪夷所思。

同样是东方文化的中国与佛教发源地的印度，也有一些差别。印度文化的主体与宗教文化有关，而且，印度的宗教又和印度传统的哲学思想有关。印度传统的哲学思想主张万物有灵，万物平等，万物轮回。印度文化的特点是"苦感文化"。如果说，西方流行"罪感文化"，认为人生来是有罪的，每个礼拜要到教堂赎罪；中国流行"乐感文化"，相信对酒当歌人生几何："煮牛宰羊且为乐""莫使金樽空对月"；印度流行的"苦感文化"，认为人越受苦，精神越升华，离神就越近，来世也就越幸福。正因为印度宣导苦感文化，即使在现代，大多数人仍奉行素食主义，不断有人加入苦行僧的行列。此外，印度文化是张扬个性，强调存异的文化。正由于这些文化特质使得印度包容了那么多不可思议的冲突与矛盾后，仍能平和安静，充满人性。

对待生与死的认识和态度，是宗教中的一个十分重要的问题。印度的婆罗门教和印度佛教的特点之一是抹杀生与死的界限，认为，常人活着与死后都在同样的"三界六道"中。这是一种"以死后为取向"的宗教，它们认为，每个活着的人的首要课题是，如何摆脱死后进入轮回；它们主张生命的无限和永不消亡，这样一来自然就给此生带来了巨大压力。

基督教同样也有一种"以死后世界为取向"的精神传统。它主张，每个人的灵魂都是不死的，所以活着的主要目的就是为了死后更好地"活着"。这样，死亡并不可怕，而死时得不到宽恕，那才是最可怕的。

道家严格说来并没有什么死后世界的明确概念，或者说，死后世界还是这个世界，所以道教希望通过"长生不死"，把我们永远停留在这个世界上。和儒家一样，道家的整个世界是以"天地"为准的，并没有超出西方哲学所讲的感性经验世界。因此，道家被人们说成是"出世"的，但如果以其他宗教传统作为标准来衡量，则可以说是入世的，因为它并没有对此岸或此世持否定态度，也没有以死后世界为取向，来塑造现世生活。当然，这并不是说，道家没有彼岸，而是认为，彼岸即在此岸中。但这个彼岸，不是现成的前提，它需要人通过努力来达到，通过超越小我、趋向自然的过程中来"体验"。在庄子等人看来，"永恒""不朽"这些人生应该追求的最高理想，只有在人与"天地"合一的境界中才能实现。总的来说，几千年来，在中国传统观念中，并没有关于死后世界的完整清晰的学说，因而基本上不按照死后世界的目标来组织和安排此世的生活。道家是如此，儒家也不例外。只是在对待死的态度上，儒家、道家以及道教各不相同罢了。

儒家对于死的态度是非常独特的：一方面，儒家对于人死后的存在及其居留于其中的世界"敬而远之"。孔子甚至在被逼问，不得不回答的情况下，也只用"未知生，焉知死"这样的措辞敷衍了事，可见其对死后的世界并没有什么确实可靠的知识。但是，另一方面，却又把祭祀鬼神（死者）看得无比重要，认为它是确立人生信念、强化人生责任、整顿人生秩序等，为人生此世服务的最佳方式。因而，祭礼在中国非常发达。

从前面所说，不同的宗教在对待生与死的不同态度中，也可以看出它们对整个世界的观点。中国古代的儒道释三家所思考的世界是统一的世界，并不像西方从柏拉图开始就明确有两个世界的划分。西方近代哲学以"主客二分"为基本特征。基督教把现实的世界与上帝的"神灵世界"分得非常清楚，人死之后能不能升天堂，是由上帝来决定的。而道教、中国化的佛教，人能否"成仙""成佛"主要靠自己，人人心中有佛性，此岸世界与彼岸世界的界线比较模糊。这种状况与中国古代哲学思想中的"天人合一"观念有着密切的关联。

第六节　中国古代儒、道、佛三者的关系

在中国历史的长期发展中，先秦时期只有作为哲学不同派别的儒家与道家，两汉以来，有了土生土长的道教和从印度传入又经过中国化了的佛教。这样，就发生了儒、道、释三家的关系问题。儒家开始是以学术派别的面貌出现的，后来是否发展成为宗教？这个问题在学术界至今仍然见仁、见智，看法不一。这里我们暂且存而不论。如果说儒家因其具有教化的功能，因而也兼有宗教的某些职能，这样说，也未尝不可。

一　"儒"与"道"的融合

"儒"与"道"融合的历史，由来已久。在《史记》中关于孔子向老子问礼的说法，早为人们所熟知。从战国时的"稷下学宫"开始，儒与道的融合已经是不可否认的事实。无论是孟子的心性论、荀子的天道观，还是董仲舒的天人观，都在不同程度上吸收了"黄老道家"之学。

儒与道的融合，到了魏晋时期"玄学"的产生，更是在广度和深度上到达了一个划时代的转折点，有了明显的体现。因为魏晋玄学本身就是儒与道思想内在融合的产物。前面我们已经讲到，玄学家们以"三玄"（《老子》《庄子》《周易》）为主要研究对象，他们继承老庄之学，醉心于其中的名言哲理，还用老庄思想来解释《周易》与儒家学说。王弼以道家的自然观为指导思想而写成的《周易注》，此外，他所写的《论语释疑》以及郭象写的《论语体略》等，是以"本末""体用"的方法来解释外在的"纲常名教"与人类内在的"自然本性"之间的关系，将本体论思想引入了研究儒家思想的特定领域。上述这些著作在诸家学说中影响很大。由于道家崇尚人性的自然，这个观点在道家哲学思想中处于主导的处置，因此，"玄学"实质上就是老庄之学，它被人们视为"新道家"而不是"新儒家"。但同时又必须

指出的是，不少玄学家虽然在理论上标榜老庄，但其儒家情结却又挥之不去，呈现了"儒道会通"的趋向；从这个意义上说，"玄学"又不能完全等同于老庄之学。无论是王弼，还是郭象，他们的哲学思想都具有既用儒家思想来解释道家思想，又有用道家思想来改造、消化儒家思想的明显的特点。即使在玄学衰落之后，它仍然深刻地影响着南北朝、隋唐儒学的发展方向，并为宋明理学的形成提供了思想资源。

宋朝理学兴起时，《周易》是其发挥新思想的主要经典，并分为"象数"与"义理"两大派。王弼的易学思想直接影响了义理派的胡瑗、程颐、杨万里等人。例如，程颐的具有奠基意义的代表作《伊川易传》，就是王弼的解易方法的继承与发展。玄学对中国文化的渗透还表现于它直接影响着中华民族的性格。道家的人生处世哲学已经深深融入中国人的血液之中，并落实到社会文化生活的方方面面和文学艺术的各种形式的作品里。在唐初，当时道教的"道性论"对以后宋朝的许多儒家，特别是程颢的"性理学"的影响也是十分巨大的。两者之间都是"依靠那颗伟大的'心'来解决问题，而且同样追求一个无意于心定而心自然静定的精神境界"。①

宋明理学就是在融会佛、道的思想成果的基础上，使传统的天人关系的思维模式得到了丰富和发展，并且较为完整地论证了人性的各个层面。它把佛教、道家的超越情性转化为人的道德情性，使道德情性也获得了与佛教、道家相似的超越性。

二　佛教与玄学的内在联系与相通之处

佛教虽然早在汉朝就传入了中国，但并没有被当时中国的思想界所理解，只是把它看作是一种来自西北少数民族的方术，把僧人看作是来自西域近乎乞丐的胡人术士，称之为"乞胡"。

魏晋玄学产生之后，情况就起了变化。因为老庄哲学所开启并为玄学所继承并发展了的自然、自由和无限的文化精神，恰好是佛教得以生存和流传所必需的。玄学关于宇宙本体"有无"关系的哲学思辨，又给大乘佛教的发育提供了合适的文化条件。道家讲"无"，佛家讲"空"，两者品位相同，声气相投，自有其不少相通之处。事实上，当时的中国僧人和信徒要理解佛教中的"空"这个核心的哲学范畴及相关的概念时，只能把它置于玄学的

① 卢国龙：《中国重玄学》，人民中国出版社，1993，第317页。

知识背景下，用玄学的近似范畴、概念来理解。"于是，道家之'天地与万物''圣人与百姓'等说法，也就不断地输入佛典之中；'独照''无念'之类的佛语，也就成为道家之'见独''无为'的同义语。"① 于是，玄学便成为佛学的先导，为佛学的传播做好了前提准备。佛学与玄学的关系日益密切地联系起来，出现了"谈玄"与"悟空"相通，名士与高僧合流的局面。

这正如汤用彤先生在《魏晋玄学论稿》中所说：佛教这种外来的思想，是"先受玄学的洗礼"之后，"才能为我国人士所接受"。从这个意义上说，"魏晋时代的佛学也可说是玄学"。② 再加上这个时期出现的社会崩溃与精神危机，在这种情况下，传统的文化价值受到了挑战，而旨在解决生命终极关怀的宗教，自然就有了得以发展的大好契机。

前面已经提到，在两晋时期，"般若"学者僧肇和"涅槃"学者竺道生他们一方面用玄学的方法对印度佛学思想作深层义理的了解，另一方面，他们对于玄学的根本问题也作了进一步的发挥。在玄学中，本来就有"贵无"与"崇有"之别；而且玄学讲的"无"与佛教讲的"空"，两者又是相通的。僧肇把"出世"与"入世"这个印度佛学中的基本问题，转化为宇宙本体论问题，并且调和了"出世"与"入世"、"俗谛"与"真谛"、动与静的两极对立，把"无"与"有"统一起来。他认为，"贵无"与"崇有"各执一端，都有偏颇，其真谛应是"合有与无为一"。僧肇虽然是一位佛学的学者，但所讨论的还是玄学的问题，所使用的概念也是玄学的，所以，他的思想可以说既是玄学的终结，又是佛学的开始。竺道生受玄学思想影响很深，他首倡的"一阐提人皆有佛性"和"顿悟成佛"的观点，正是玄学思想与印度佛学思想相融合的产物。

综上所述，佛教的中国化，说到底，就是要与中国传统的文化相融合。外来的佛教、佛学之所以能够在中国本土扎根下来并得以中国化，就思想层面而言，其中起着最大作用的是老庄道学和魏晋玄学。"如果说伦理价值层面主要是与儒家思想结合的话，那么，在更广阔的哲学领域，从宇宙论、认识论到生命哲学，无疑是与老庄玄学的融合。"③

---

① 李哲良：《中国佛文化漫笔》，东方出版中心，1999，第43页。
② 汤用彤：《魏晋玄学论稿》，三联书店，2009，第133页。
③ 王晓毅：《国学举要》，湖北教育出版社，2002，第193页。

三　道教与佛教之间的矛盾斗争与融合会通

道教是中国的宗教，佛教是外来的宗教，教义不同，矛盾斗争在所难免。东汉时，佛教传入后，中国即有"老子入夷狄为浮屠"的传说。西晋时，还出现《老子化胡经》。佛教传入东土之初，正是道家学说受到朝廷尊崇的时代。所以，佛学只能作为一种神学，依附于道家学说之中；佛教也不得不依附于黄老道术，作为神仙方技之一种。它的各种仪式也只能效法道教而存在。

东汉末年，太平道的黄巾起义席卷全国。太平道所信奉的《太平经》中，也采纳了佛教的部分义理。当黄巾起义失败之后，统治者为了巩固政权而开始扶植佛教。在魏晋南北朝的数百年期间，佛教得到了大规模的发展。即使如此，道教与佛教的矛盾斗争并未消弭，佛道的盛衰，其实都是统治者采取的抑扬手段所致。排佛事件的产生，从表面上看，大多起因于道教徒对皇帝的挑唆，实质上都是统治者出于政治上的考虑所致。

必须指出，道教在排佛的同时，却又吸收佛教的有关内容。例如，北魏时嵩山道士寇谦之就取法了佛教的宗教仪式，制定乐章诵诫新法，以重建北天师道，传播道教。反过来，佛教理论中也有道教理论的渗透，两者存在着相互影响、相互渗透的情况。隋朝时天台宗的大师智𫖮撰《修习止观坐禅法要》中，就吸收了道教修炼内丹的说法。

总之，道教与佛教就是在既相互排斥，又相互吸收的态势中得到了各自的发展。到了宋、金、元时期，北方广大地区，流行着全真道，宣传三教融合，同时崇拜老子、孔子、释迦牟尼，劝人诵习道家的《道德经》、儒家的《孝经》和佛教的《般若心经》，形成儒、道、佛三者平等合一的形势。

在中国文化、中国哲学长期发展的过程中，儒家学说、道家学说和道教以及中国化了的佛教和佛学是中国文化、中国哲学里面鼎足而立的三大支柱，"如果没有佛教的传入，没有中国文化接纳佛教的这样一个历史，那么，中国文化的面貌可能就不是现在这个样子。"① 季羡林先生说得好："历史不断发展，不断地融入，这是没有时间界限的。儒家、道家是传统文化，佛家也是啊，把佛家排除在外，是不对的。"②

---

① 楼宇烈：《中国的品格》，当代中国出版社，2007，第180～181页。
② 季羡林研究所编《季羡林说国学》，中国书店，2007，第2页。

四　儒、道、佛的各自功能与整体作用

综观中国古代哲学与宗教的发展历史，我们完全可以说，中国传统文化的主体是由儒、道、释三家共同构成的，而且在相当长的时间内又形成了鼎足而立的态势。其中儒家为主，道、佛为翼，相互影响，相互促进，在冲突中融合，在融合中发展，在发展中致用。

儒、道、佛三家在历史上无论治世、济世、救世，都于世有补，于治有益，因而都在不同程度上为统治者所欢迎。这是它们相同之处，但同中有异。宋明以来，在"内在修养"的层面上，它们各自都通过理论的阐发，从而提高了理论思维的层次，同时还增强了实践的修持，发挥其"外在致用"之功能。儒家讲存心养性，安身立命，王道仁政，世界大同；道家修心养性，归真摄生，道通天地，德普人间；佛家讲明心见性，解脱往生，众生平等，人间净土。在传统文化的发展中，三家共同发挥作用，但又显现其各自的特色。儒家宣传敬天法祖，博施济众，内圣外王，经世治用；道家宣扬性命双修，功行双全，返璞归真，长生成仙；佛家宣传普度众生，往生极乐，真如护国，正法治世。

儒、道、佛三家对人生的看法，都给人以教益与启迪。有的学者根据自身的觉解与体验，认为"儒家教人提得起，开拓进取；道家教人放得下，自然潇洒；佛家教人想得开，脱离苦海"。①

第七节　蔡元培的"以美育代宗教"说

"以美育代宗教"——这是蔡元培先生的一个著名论断。蔡先生不仅是一位著名的教育家，也是造诣很深的伦理学家、美学家。几十年中，他热心传播美学思想，普及美学知识，积极倡导、组织美育研究和美育实施，堪称中国现代美学的奠基人，有人把他称为"中国美育之父"。1917 年 4 月 8 日，他在"北京神州学会"发表讲演，正式提出"以美育代宗教"的主张。同年 8 月，他在《新青年》第 3 卷第 6 号又发表了《以美育代宗教说》一文，重申了他的观点。

当然，提出"以美育代宗教"，并非用一个学科去代替另一个学科，而

---

① 周立升：《对儒道释的证悟》，《中华读书报》2012 年 8 月 22 日。

是涉及人的世界观的培养和教育问题。当时，中国政治腐败，社会黑暗，广大民众对生活感到绝望，想从宗教中寻求精神上的安慰；而统治者为了从精神上奴役人民，也大力提倡宗教。"以美育代宗教"就是在这样的背景下提出来的。它是现代新文化运动的组成部分，作为思想启蒙的有效手段而载入史册的。

蔡先生认为，宗教与美育虽然有着本质区别，例如，美育是自由的，而宗教是强制的；美育是进步的，而宗教是保守的；美育是普及的，而宗教是"有界"的。但是，宗教与艺术、宗教意识与审美意识之间，是相互交织的。他从宗教的产生及与科学、艺术由合而分的历史，阐明了美育能够代替宗教的理由。他说："各种民族都有一个时代，教育权完全委于宗教家；所以宗教中兼含着智育、德育、美育的元素"。① 这是人类发展初期处于愚昧状态的情况。但是，随着社会的发展，宗教的垄断地位逐步被打破了。自然科学的独立和长足的进步，使"宗教上所有的解说，在现代多不能成立，所以智育与宗教无关"。② 而伦理学、历史学、社会学、民族学等学科的出现，使得德育"也与宗教无关"了。换句话说，由于人类知识的进步，宗教的影响越来越小，艺术的影响越来越大。诚然，宗教艺术给世界艺术宝库增添过光彩，宗教精神也曾经为艺术的发展，提供一定的刺激。但是，自从文艺复兴后，艺术内容由宗教转向了人文。从此，美学便开始了摆脱宗教的过程，而只有舍弃了宗教的纯粹美学，才具有陶冶人的性情的作用。

当然，提出"以美育代宗教"并非要取消宗教，而是以自由反对强制、以进步反对保守、以普及反对局限的一种文化变革。蔡先生的结论是："不能以宗教充美育，而只能以美育代宗教"。③ 以美育代宗教，并不意味着要改变我国的宗教政策，而是要充分发挥美学（文学艺术）在陶冶性情、完善人格、净化灵魂、改造社会方面的巨大社会功能。

20 世纪初，是中国走向现代社会的重要转折时期，西方的民主与科学被引进了，原来作为信仰的中国儒家道统固然不行，而西方的功利主义和个人主义也得不到中国人民的认同，把宗教（无论哪一种）作为旗帜来号召

① 蔡元培：《蔡元培美学文选》，北京大学出版社，1983，第 179 页。
② 蔡元培：《蔡元培美学文选》，北京大学出版社，1983，第 180 页。
③ 蔡元培：《蔡元培美学文选》，北京大学出版社，1983，第 180 页。

群众更是行不通的。在这种情况下，正如有的研究者所指出的，"在诸多的学说中，似乎只有美学能够沟通古今两个时代，沟通中西两个世界。中国本来就是个很富有美学传统的国家，西方的美学虽然与中国美学在体系上有很大不同，但所要研究所要解决的问题是共同的，都试图构建一个包含真善而又超过真善，包含功利而又超过功利的人生境界。"① 而提倡美学、加强美育，正好成为提高国民素质进而缔造理想社会的恰当的途径。

但是，也有学者不以为然，认为"以美育代宗教"的主张，"本质上仍属于'五四'时期在中国广为流行的科学主义与进步主义思潮"，反映了"五四"启蒙的"偏颇"的一面。由于"科学、哲学与神学的正当关系同样是兼容，而不是取代"，因而"无论将蔡元培的美育纳入科学范畴还是哲学范畴，所谓'美育代宗教'的提法都是错误的"。② 这个看法不失为一家之言，是可以研究的，这里姑且存而不论。

从近代以来的世界历史进程看，当一个国家进入现代经济快速增长、致力于经济与科技发展的时候，加强美育和整个人文学科的建设，更多地关注人们的心灵世界，对于防止在经济急速增长的同时，普遍出现的精神文化危机和心灵世界混乱（如：拜金主义泛滥，物质欲望膨胀，精神追求和道德理想出现滑坡，等等），具有十分重要的意义。有鉴于此，许多有识之士提出：要用"美感教育"，冲淡以至洗刷低级的物质追求，树立高尚的理想和信念。在这种情况下，20 世纪初蔡先生提出的"以美育代宗教"的主张所具有的现实意义，应该是不容否认的。

第八节　宗教与无神论

人类在不断发展科学的同时，又总是伴随着宗教上的需要，对宗教的理解会随着社会的发展和科学的进步而不断地变化。如果我们把宗教最基本的特征与含义界定为：能意识到自身的有限性的人对最高、最完满的无限性的敬畏、仰望和崇拜之情，那么，从这个意义上说，无论科学如何发达，科学追问的极限之处总是存在着由宗教来回答问题的空间。

---

① 陈望衡：《20 世纪中国美学本体论问题》，湖南教育出版社，2001，第 44 页。
② 周小安：《美育可以代宗教吗?》，载王晓朝等主编《沟通中西文化》，广西师范大学出版社，2006，第 39～53 页。

一　斯宾诺莎的"上帝"和爱因斯坦的"宇宙宗教"

在人们通常的理解中，科学与宗教是对立的。那么，作为20世纪最伟大的科学家爱因斯坦，他会相信宗教吗？他信仰的又是一种什么样的宗教呢？

爱因斯坦曾经以非常明确的语言说：

> 我信仰斯宾诺莎的那个在存在事物的有秩序的和谐中显示出来的上帝，而不是信仰那个同人类的命运和行为有牵累的上帝。[①]

爱因斯坦在这一段话中告诉我们有两个意思：其一，他所说的"上帝"与斯宾诺莎所说的"上帝"是相通的；其二，他并不相信"那个同人类的命运和行为有牵累的上帝"。在第一个意思中，我们要了解的是：斯宾诺莎所说的"上帝"，究竟是什么？第二个意思非常明确，他绝不是传统意义上的崇拜人格化上帝的宗教徒。

斯宾诺莎哲学的中心范畴是"实体"，他曾经说过："神或实体，具有无限多的属性，而它的每一个属性各表示其永恒无限的本质，必然存在。"[②]在他那里，"神的自然化"与"自然的神化"是合二为一的。这样一来，神、自然、实体，这三者是统一的。"神"既是科学认识的对象，又是道德信仰的对象；它既是活生生的自然全体，又是最高伦理的善，最圆满的存在。这种特殊的"泛神论"哲学不仅影响了后来的德国古典哲学和浪漫主义文学，而且也深刻影响了爱因斯坦，催生了他的宗教感情。

作为一位自然科学家，爱因斯坦理所当然地崇拜自然界，信仰自然界客观存在的必然规律，坚守人类的理性主义，而他的宗教感情是与此并行不悖的。因此，他无法想象那个创造世界的救世主，也无法设想能够有以人的面貌显示自己人格的"上帝"！他内心的上帝，既是对大自然的热爱和迷恋，又表现为对宇宙的永恒秘密和世界神奇结构的好奇和惊奇感。对于存在中所显示的秩序和合理性，他始终持有"尊敬的赞赏心情"，并且每每地感到"深挚的崇敬"。这就是爱因斯坦所说的"宇宙宗教"，它实际

---

① 爱因斯坦：《爱因斯坦文集》第1卷，商务印书馆，1977，第243页。
② 斯宾诺莎：《伦理学》，贺麟译，商务印书馆，1959，第10页。

上是爱因斯坦对宇宙的最后秘密的沉思的产物。这种"宇宙宗教"的感情给了他进行科学探索的强大动力，并提升了他的思想境界，以至于他深情地说：

> 我不能设想一位真正的科学家没有这样深挚的信仰。这种情况可以用这样一个形象来比喻：科学没有宗教就像瘸子，宗教没有科学就像瞎子。[1]

二　能够有"无神论的宗教"吗?

张世英先生是熟知爱因斯坦的，而且也受其影响。前面已经说过，张先生是以倡导新的"天人合一"哲学观而被学人认同的哲学家，也有着与"宇宙宗教"相类似的宗教观。他曾经明确指出，中国古代思想家所讲的"万物一体"，讲的是万物虽然不同却能一体相通，所谓"天人合一"是包括在这个大的概念中的，"民胞物与"则是"万物一体"的本体论观点在人与人和人与自然关系方面的一种应用性的说法。他在《哲学导论》《新哲学讲演录》等著作中，反复说明这种"万物一体"观，是集真、善、美三位于一体的：就某一事物之真实面貌只有在无穷的相互联系、相互作用的"万物一体"之中才能认识到而言，它是真；就"天人合一"或"万物一体"使人有"民胞物与"的同类感和责任感而言，它是善；就"天人合一"或"万物一体"能通过在场的东西，从而达到不在场的东西，从而使鉴赏者在想象的空间中玩味无穷而言，它是美。人如果能体悟到"天人合一"或"万物一体"，既能融合于物，也能融合于人，参与到无限的整体之中，就能够产生一种令人敬爱、仰慕的宏伟气魄和胸怀达到了既真又善又美的高远境界。[2]

张先生认为，有了对中国传统哲学所讲的"天人合一""万物一体"的领悟，再加上对它的敬畏、仰望和崇拜之情，"就足以构成一种宗教"。他把这种"对高远境界的崇敬之情也可以叫作一种'宗教'的感情"，称之为"无神论的宗教感情"（atheistic religious feelings），并且明确表示：只

---

① 爱因斯坦：《爱因斯坦文集》第3卷，商务印书馆，1979，第182页。
② 张世英：《哲学导论》，北京大学出版社，2002，第232页。

要我们把"万物一体"当作我们所敬畏、仰望和崇拜的一种最高的境界或目标，它就是我们的"上帝"。这是一种无神论的宗教观。他认为，如果仅仅把"万物一体"的感情当作审美性和伦理性的对象，是远远不够的，应该"像宗教信仰那样做到赴汤蹈火、生死以之的态度，而这种精神与感情正是我们民族所需要的"。① "无神论宗教"的提法是张先生的独创。显而易见，他所说的"宗教"也不是通常所理解的那种人格神意义下的宗教，而是一种类似于爱因斯坦的"宇宙宗教"那样的"无神论的宗教"。两者名称不同，基本精神是一致的。正因为如此，张先生在他的许多著作和论文中，才把爱因斯坦的"宇宙宗教"作为"无神论的宗教"的一个绝好的例证。

---

① 张世英：《境界与文化》，人民出版社，2007，序，第3页，第88、91页。

第七章
哲学与人生境界

　　哲学作为人类的一种特有的智慧，按照世界观与方法论相统一的原理，当然能够起着指导实践的作用。但是，哲学作为人类的安身立命的理论，更应当强调的是它在提高人生境界方面的功效。

　　中国传统思想之所以爱讲"境界"，与其重人生、重生活实践，以"天人合一"的思维模式为主导有密切的关系。而以"主客二分"思维模式为主导的西方传统哲学，虽然把认识活动放在突出的地位，但人却在实际上脱离了活生生的"生活世界"。到了现当代，才由狄尔泰、胡塞尔等人明确地提出了"生活世界"的概念。

　　以下我们先对当代哲学家关于人生境界的论述作些阐释，进而论及提高人生境界的问题。

第一节　当代哲学家关于人生境界的论述

　　"境界"一词有多种的含义。《诗·大雅·江汉》"于疆于理"句，汉郑玄笺云："正其境界，修其分理。"说的是地域的范围。两汉以后，佛经翻译成风，"境界"一词频频出现。佛学中出现的"境界"，是指"六识"（眼识、耳识、鼻识、舌识、身识、意识）所辨别的各自对象，分别为色、声、香、味、触、法。例如，眼识能视"色"，色即成为"眼识"的境界；其中"法"作为意识的境界，范围最广，包括人的一切认识对象。[①] 中国古典诗词也讲"境界"，实际上是艺术的"意境"，泛指情景交融的艺术形象。

---

　　① 《辞海》，上海辞书出版社，1999，第421、672页。

一　王国维论"有我"与"无我"的人生境界

王国维在《人间词话》中所讲的"境界",既有艺术方面的意义,如说"词以境界为最上。有境界则自成高格,自有名句";也有人生修养方面的意义,如说"古今之大事业、大学问者,必经过三种之境界"。[①]

王国维在《静安文集续编·自序二》中曾经说到他30岁时对哲学的看法:

> 哲学上之说,大都可爱者不可信,可信者不可爱。余知真理,而余又爱其谬误。伟大之形而上学,高严之伦理学,与纯粹之美学,此吾人所酷嗜也。然求其可信者,宁在知识论上之实证论,伦理学上之快乐论,与美学上之经验论。知其可信而不能爱;觉其可爱而不能信。此近二三年中最大之烦闷。

王国维后来从研究哲学转向研究文学。在《人间词话》中,他曾经从文学的视角,把"有我之境"与"无我之境"、"优美"与"壮美"联系起来分析,他说:

> 有有我之境,有无我之境。"泪眼问花花不语,乱红飞过秋千去""可堪孤馆闭春寒,杜鹃声里斜阳暮",有我之境也。"采菊东篱下,悠然见南山""寒波淡淡起,白鸟悠悠下",无我之境也。有我之境,以我观物,故物皆著我之色彩。无我之境,以物观物,故不知何者为我,何者为物。古人为词,写有我之境者为多,然未始不能写无我之境,此在豪杰之士能自树立耳。……无我之境,人惟于静中得之。有我之境,于由动之静时得之。故一优美,一宏壮也。[②]

这里所说的"宏壮"就是通常所说的"壮美",王国维认为,"优美"与"壮美"的区别,就是"无我之境"与"有我之境"的区别。他所谓

---

① 王国维:《人间词话》,上海古籍出版社,1998,第1、6页。
② 王国维:《人间词话》,上海古籍出版社,1998,第1～2页。

"无我之境"是指"我"消融于天地万物之中，只见有"东篱"与"南山"①，"寒波"与"白鸟"②，自然就不必有"我"了，这就是"以物观物"。这样的"无我之境"不是无感情、无个性的境界，而是一种对"无利害关系"之外物静观而产生的物我浑化的"优美之境"。而"有我之境"所面对的是"外物大不利于人"的情状，必然会产生"泪眼问花花不语，乱红飞过秋千去"③"可堪孤馆闭春寒，杜鹃声里斜阳暮"④所描写的孤独、寂寞、无可奈何和无限凄婉之感。此之谓"以我观物"，这个"我"与外物存在着对立的关系。王国维的美学思想深受叔本华影响，而后者认为，人有生活之欲，又受意志支配，难以绝灭欲念、进入物我浑然之境。所以，真正达到"无我之境"比处于"有我之境"要困难得多。这就是王国维说的"古人为词，写有我之境者为多"的原因所在。王国维先生关于"有我""无我"的论述，词句隽永，意境悠远，给人以无限的想象，他虽然讲的是"词话"，却带有普遍的意蕴。如果用前面我们所说的两种哲学思维模式来说，"有我之境"指的是"主客二分"，而"无我之境"即"天人合一"。

二 冯友兰的"人生境界"学说

冯友兰先生在他所著"贞元六书"之一的《新原人》中，系统地论述了关于人生境界的学说。据说，他曾经表示：他生平立说，其他的都可以丢，唯独关于境界之说不可以丢，由此可知他对这个学说的重视。

他指出，宇宙及其间的事物，对于每个人固然相同，但随着各个人的"觉解"的程度不同，对于各个人的意义也就随之不同，因而也就有了各自不同的人生境界："仁者见之谓之仁，智者见之谓之智"。"觉"是自觉，"解"是了解。宇宙间的事物，本来无所谓"意义"，但有了人对它的"觉解"，则有了意义了。学习哲学，并不是为了单纯地获取知识，主要的是为了加深对事物的觉解，以增长智慧，陶冶情趣，提高人生境界，达到"安身立命"。

冯先生认为，人生的境界大致可以有四种，简述如下：

自然境界。在此境界中的人，宇宙及其万物对于他来说，没有清楚的

---

① 陶渊明：《饮酒》。

② 元好问：《颖亭留别》。

③ 冯延巳：《鹊踏枝》。

④ 秦观：《踏莎行》。

"觉解"，似乎只是一个"混沌"。虽然不能说是"不识不知"，亦可以说是"不著不察"，只能"率性而行""顺习而行"或"照例行事"。处在这个境界中的人，并不仅限于那些尚未开化的社会中的人，也不限于从事简单工作的人。即使某些有杰出表现的人，如果他们在生活中缺乏明确的认识，"随大流"，"行乎其所不得不行，止乎其所不得不止"，也仍然属于这个境界中。从一个人的生长过程来说，缺乏知识的婴儿也是处于这个境界。

功利境界。生活在这个境界中的人，对于自己的行为已经有了清楚的"觉解"，能通过自觉的行为来谋求自身的利益。动物的"为利"仅是一种本能，而人却可以是一种自觉的行为。处在自然境界中的人，虽然也可以"为利"，但并不自觉。这就是两者的区别之处。所以，"功利境界"高于"自然境界"。"为利"也可以说是"为我"，有的人积极地"为我"，他们"争名于朝，争利于野"，其结果也可能使社会得利，他们的行为可能是"功在天下，利在万世"，他们自己也可能是历史上的英雄人物，但就其人生境界而言，仍然属于"功利境界"。在现实社会中，这种人所占的比例是相当大的。

道德境界。生活在这个境界中的人，其行为的特征是"行义"。"义"与"利"是相反相成的。求自己的利的行为，是"为利"的行为；求社会的利的行为，是"行义"的行为。"为利"可以说是"为私"，"行义"可以说是"为公"。处于此境界中的人，了解到人的社会性，并不把个人与社会加以对立，能够做到"尽人伦、尽职分"。如果一个人的行为的目的是"为公"，而不是"为私"，是"奉献"而不是"占有"。在这种前提下，他的行为有时即使是"取"，但最终的目的也还是在于"与"。反之，如果虽然做的是"道德"之事，目的却是为了私利，那他仍然是处于功利境界之中。

天地境界。这是人自觉到与整个宇宙合为一体的境界，是人生的最高境界。达到这种境界的人，即谓之"圣人"。具有这种境界的人，不仅要"尽伦尽职"，要"行义"，而且要"事天"。而"事天"是以"知天"为前提，要对宇宙和人生有最终的"觉解"。这样的人虽然只有七尺之躯，但可以"与天地参"；虽上寿不过百年，而可以"与天地比寿，与日月齐光"。这样的人，不仅可以"知天""事天""乐天"，而且可以"同天"了。这似乎又是一种"混沌"："万物与我同体""上下与天地同流"，但是，这种境界有别于自然境界，它是在高级基础上的回复。一个有天地境界的人对于自己的行为和外界的事物，都自觉有一种新的意义和精神之乐。

上述四种境界是有着高低之别的，它是以达到某种境界所需要的、人的"觉解"的多少为标准的。自然境界中的人，需要的"觉解"最少，功利境界需要较多的"觉解"，道德境界需要更多的"觉解"，而天地境界则需要最多的"觉解"。对于这四种境界的区别，儒家能清楚地区分自然境界与道德境界，而看不清楚道德境界与天地境界之不同。道家对于道德境界与天地境界之不同，能够看得清楚，但天地境界与自然境界的分别，则往往看不清楚。不同境界中的人，在宇宙中的地位是不同的：生活在道德境界中的人，可以说处于"贤人"的地位；而处于天地境界中的人，可以说处于"圣人"的地位。

人所实际享受的那一部分世界，可以有大有小。随着境界的提高而不断地扩大。庄子说："乘云气，御飞龙，而游乎四海之外。""乘天地之正，御六气之变，以游无穷。"这是用诗的语言，形容在天地境界中的人所能有的享受。

当一个人的精神世界充实的时候，其实就是他最富有的时候。从这个意义上说，贫穷不是悲剧，有精神追求的人，生活完全可以过得像贵族一样。

不管世事如何变迁，在这个宇宙里，最能打动人心的力量，还是那份能穿透时间的虔诚和纯粹。以功利之心求"学术"者，必难得其功利；以审美之心爱其学术者，则必将得其意外之收获。

在自然境界中，人不知有"我"；在功利境界中，人知有"我"；在道德境界和天地境界中的人可以说是"无我"，但所无之我，并不是人的"真我"。人的"真我"，必在道德境界中得以发展，必在天地境界中，得到了完全的发展。从这个意义上说，在道德境界和天地境界中的人，可以说是"无我"而"有我"；在天地境界中的人，"大无我"而"有大我"。

自然境界和功利境界是自然的产物，人不必努力就可以得到；道德境界和天地境界是"精神的创造"，必待人之努力，而后可以有之。人在婴儿时，其境界是自然境界；及至成人时，其境界是功利境界。此后若不努力，也许终身就处于此。若能努力，则可能达到道德境界，乃至于天地境界。在不同境界中的人，可以做相同的事情，哪怕是非常普通之事；虽然如此，这些相同的事情对于他们可以有不同的意义，从而显现出不同的人生境界。

冯先生对人生境界的论述是以中国传统哲学关于心、性的学说作为立论依据的。他用现代的理性来思考人生境界问题，把人性的完善和人的本质的深化与人类所创造的文化联系起来，使之具有现代文化理论的特色。这就为我们今天所进行社会主义的文化建设事业，以及人的道德培养和人格塑造，提供了有益的参照与借鉴。

三　张世英的"人生境界"学说

张世英先生在西南联合大学读书时，曾经是冯先生的学生。张先生关于人生境界的学说在许多论著中都有不同程度的涉及，在《中西文化与自我》一书中讲得尤为系统、详尽。他认为，个人的精神境界的形成，具有其各自的独特性与客观性，按照各式各样的标准，可以有不同的分类。如果按其实现人生意义、价值高低的标准，以及人生与世界的关系的不同类型的发展过程（从原始的"天人合一"到"主客二分"，再到高级的"天人合一"），可以分为四种境界：

第一种境界，即最低的境界，是"欲求的境界"，人在这种境界中，只知道满足个人生存所必需的最低欲望，孟子所谓"食色，性也"，大概就是指的这种境界，这种境界，"其去禽兽也几希"。第一种境界中的人，在人与世界的关系中，属于原始的"天人合一"。

第二种境界是"求实的境界"。这种境界则进入了"主客二分"的模式，人有了自我意识，能分清我与物、我与他人，能把自己当作主体，把他人、他物当作客体，人在这种境界中，不再只是满足于最低的生存欲望，而是更进而要求理解外在的客观事物（客体）的秩序——规律，这种要求就是一种科学追求的精神，也可以说是一种"求实"的精神。随着科学追求的进展，也随着个人的日益社会化（socialization），人同时逐渐领悟到天地万物之间的相互联系、相互作用、相互影响。其中不仅包括领悟人与自然之间的相通，而且包括领悟人与人之间的相通，而对于人与人之间的相通的领悟，很自然地使人产生了"同类感"，从而也产生了道德意识。这样，人就从第二种境界进入了第三种境界。

第三种境界是"道德的境界"。人在这种境界中，以对"万物一体""万物相通"的领悟，作为自己精神追求的最高目标，作为自己所"应该"做之事而为之奋斗不已。由于"道德境界"是以现实与理想之间存在着距离为前提，以主客尚未达到最终的融合为一为前提，所以它还是属于"主客二分"的关系。但道德的实现与完成，就意味着开始进入了人生的第四种境界。

第四种境界是"审美的境界"。"审美的境界"属于高级的"天人合一"的模式，它包摄道德而又超越道德、高于道德。在"审美境界"中，人不再只是出于道德义务的强制（尽管这是一种自愿的强制）而做某事，不再只是为了"应该"而做某事，而是完全处于一种人与世界融合为一的自然而然的境界之中。"自然而然"不同于"应然而然"，后者尚有不自由的因素，前者则是完全的自由。"审美境界"中的人，必然合乎道德，必然做着道德上应该之事，但他是"自然"地做着"应该"之事，而无任何强制之意；"自然"在这里就是"自由"。美有"优美"与"崇高美"之分，张先生认为，崇高美高于优美，它是审美境界的极致。具体地说，崇高美就是对万物相通之"一体"的一种"崇敬"之感。①

这四种境界在个人实际的人生中，彼此的关系是错综复杂的。一般地说，人往往是四种境界同时具有，大概不会有人低级到完全和禽兽一样，只有"欲求的境界"，而没有丝毫更高的境界；也不可能有人只有最高的"审美境界"，而无饮食男女之事的"欲求境界"。事实是，各种境界的比例关系在不同人身上会有不同表现：有的人以这种境界占主导地位，有的人以另一种境界占主导地位。不同民族、不同时代的文化，其占主导地位的境界也各不相同。

对照以上两位先生的四种境界的论述，我们可以看到：冯先生的"自然境界"与张先生的"欲求的境界"大体相当；冯先生的"天地境界"与张先生的"审美的境界"也很接近；两位先生都讲到"道德境界"；不同的是，冯先生讲了"功利境界"，张先生讲了"求实的境界"，而这两者也有相通之处：因为张先生所讲的"求实境界"，主要是指科学追求的精神，而科学追求的精神，既有非功利的一面，也有功利的一面。更重要的是，张先生所讲的四种境界是在他所提出的"天人合一"与"主客二分"这两种模式的理论框架中来阐述的，这一点正是他的独特之处。

四 海德格尔论"人诗意地栖居"

人们常以诗来喻人生。诗的最高境界是由自由而生的真、善、美相一致的境界。德国著名诗人荷尔德林（1770~1843）提出，人应该"诗意地栖

---

① 张世英：《哲学导论》，北京大学出版社，2002，第19~25、69~77页；《中西文化与自我》，人民出版社，2011，第183~198页。

居"：整个诗句是："人充满劳绩，然而诗意地，栖居在这片大地之上。"海德格尔非常欣赏这个提法，并且解释说：荷尔德林之意在于表达"人自由自在地创造自己生活"，而这正是生活的本质。一个诗人倘若愈是诗意，也就会愈是自由。[①] 换句话说，诗意地生活，也就是自由自在地生活，这正是人的本性，也是人的生存的最佳状态。

　　海德格尔的这个说法与中国古代儒、道、释三家先哲的言论中随处可见。孔子说："饭疏食饮水，曲肱而枕之，乐亦在其中矣。不义而富且贵，于我如浮云。"[②] 他强调的是君子的人格。庄子以其"逍遥游"表达了人生的理想境界。他说："夫列子御风而行，泠然善也，旬有五日而后反。彼于致福者，未数数然也。此虽免乎行，犹有所待者也。若夫乘天地之正，而御六气之辩，以游无穷者，彼且恶乎待哉！故曰：至人无己，神人无功，圣人无名。"[③] 宋代严羽认为，诗的玄妙之处犹如："羚羊挂角，无迹可求，故其妙处，透彻玲珑，不可凑泊，如空中之音、相中之色、水中之月，镜中之花，言有尽而意无穷。"[④] 这是以禅境喻诗境、说人生。

第二节　提高人生境界：超越自我之路

　　在前面几位哲学家关于人生境界的学说中，我们不难发现：处于不同境界中的人，或者说，从不同的哲学思维模式来看，对"自我"的界定和理解是不一样的。而且，"我"的意义也不同。

　　从冯先生的四种境界学说来看，"我"的意义至少有两层：一是"有私"，一是"主宰"。就"有私"的意义来说，在自然境界中的人，不知有"我"，在功利境界中的人有"我"，在道德、天地这两种境界中的人，都是无"我"的。所不同的是：道德境界中的无"我"，是需要努力的；而天地境界中的无"我"，是不需要努力的。就"主宰"的意义来说，在自然境界中的人无"我"，在功利境界中的人有"我"，在道德、天地这两种境界中的人，都是真正地有"我"，但又有所区别：道德境界中的人是他自己的"主宰"，而天地境界中的人，不仅是他自己的主宰，还是全宇宙的主宰。

---

① 海德格尔：《海德格尔存在哲学》，九州出版社，2004，第246页。

② 《论语·述而》。

③ 《庄子·逍遥游》。

④ 《沧浪诗话》。

　　从张先生关于两种哲学思维模式学说来说，在原始的"天人合一"中，人不知有"我"，高级的"天人合一"的模式中，人与世界融合为一，也可以说是无"我"。在"主客二分"的思维模式中，自我觉醒，个性解放，当然有"我"。

　　那么，要提高人生境界，究竟要怎么做：要"有我"，还是"无我"？应该是既"无我"而又"有我"。提倡"无我"是为了淡泊名利，超越自我，达到物我为一的高远的境界；提倡"有我"是为了自我觉醒、个性解放、人格独立、思想自由，充分地发挥人的主观能动作用。

　　以下"超越自我，物我为一"，是从"天人合一"的视角来说的；"自我觉醒，个性解放"是从"主客二分"的视角来说的；而无论从哪个视角来说，"人格独立、思想自由"却是都要坚持的，是人之为人的必需的生存状态，也是作为社会良知的知识分子群体应有的社会责任和道德担当。

一　超越自我，物我为一

　　中华传统文化的儒、道、佛三大家，它们在文化活动的方面上各有所重：儒家重道德，以道德为人生的最高境界；佛家重宗教，以宗教为人生的最高境界。道家为达到"与道合一"的人生最高目标，不仅要求超越科学，而且要求超越道德，即站在"与道合一"的人生最高境界的基础上，以"上善""上德"对待世俗之善与不善、德与不德。这是一种既超越科学、又超越道德的人生最高境界，类似前面讲的"天地境界"。这种境界也可以说是"审美境界"，而最能以这种境界概括其指归的是道家，特别是庄子。中国是诗的国度，中国传统文化往往是把诗意的境界或者说审美的境界，亦即超越功利、高远旷达的境界，视为人生最后的安身立命之所。道家所讲的这种审美境界，不仅为道家及其影响下的道教人物所追求，而且那些先"儒"而后"道"的人，也把道家的这种境界，作为自己最终的人生家园。这既说明了追求"天地境界"或"审美"的高远境界是人性或人的精神发展之普遍必然性；也说明了作为中华古代文化的儒、道两家，在这个方面是相通、相融的。

　　庄子在老子"道论"的基础上，不仅从"道"的本体意义和本原意义上发展了老子的人与自然合一的"天人合一"思想，而且把老子关于"玄同"的思想，发展成为"天地与我并生，而万物与我为一"的"天人合一"的精神境界。这种境界比起老子的"玄同"境界来，更具诗意，它把我们带入了一个"腾云驾雾，游乎八极"之外，羽化而登仙的境地。这些对人与宇宙、自然融合为一的描绘在他的"蝴蝶梦"中尤其得到了美化。"庄周梦为蝴蝶，栩栩然蝴蝶也。……不知周之梦为蝴蝶与？蝴蝶之梦为周与？"①庄周与蝴蝶一也，是庄子对"天人合一"境界的最形象最生动的描述。

在中华古代文化中，儒家虽亦言境界，但主要讲人伦道德的境界，是讲"实"；道家虽亦言人事，言实，但它着重推天道以明人事，天道仍居于本根的地位，所以主要是讲"虚"。从这个意义上来说，儒与道两家是人性之中的"虚"与"实"这两个方面在文化层面的反映。道家所讲的这个"虚"，在某种意义上说，就是要超越自我，做到物我为一。这种境界在古代的诗词中有充分的体现。

以苏东坡词《定风波》为例。

　　莫听穿林打叶声，何妨吟啸且徐行。竹杖芒鞋轻胜马，谁怕？一蓑烟雨任平生！料峭春风吹酒醒，微冷，山头斜照却相迎。回首向来萧瑟处，归去，也无风雨也无晴。

小序写道："三月七日沙湖道中遇雨。雨具先去，同行皆狼狈，余独不觉。已雨遂晴，故作此。"人们不难从中体会到作者那种人与物俱化，任天而动的哲思和不避风雨、忧乐两忘、达观自适的人生态度。

再看陶渊明诗《饮酒》，其五曰：

　　结庐在人境，而无车马喧。问君何能尔？心远地自偏。采菊东篱下，悠然见南山。山气日夕佳，飞鸟相与还。此中有真意，欲辨已忘言。

诗中所说的"真意"，即合乎自然。由于人与自然已经冥合一体，主观的意识已不复存在，想要说而无可说，也就"欲辨已忘言"了。

这种超越自我、物我为一的境界，不仅存在于诗人的"艺术世界"之中，在人们的"生活世界"中，也是实实在在地可以为人们所领悟的。

前些时候，在网络中恰好看到一篇题为《建立自我，追求无我——李

---

① 《庄子·齐物论》。

嘉诚是怎样请人吃饭的》的文章，作者是冯仑。他在文章中叙述了他去香港时和李嘉诚先生一起吃饭的故事。李先生76岁，是华人世界的财富状元，也是人们的偶像。作者写道："一般伟大的人物都会等大家到来坐好，然后才会缓缓过来，然后讲几句话，如果要吃饭，他一定坐在主桌，有个名签，然后我们企业界20多人中相对伟大的人，坐在他边上，其余人坐在其他桌，饭还没有吃完，李大爷就应该走了。如果他是这样，我们也不会怪他，因为他是伟大的人。"但是，实际的情况并非如此：李先生在门口待着，然后给来宾发名片，发名片后，每一个人抽了一个签，这个签就是一个号，就是来宾照相站的位置，是随便抽的。李先生用心良苦，这样做是为了让大家都舒服，否则，怎么站呢？抽号照相后又抽个号，说是吃饭的位置，又是为了让大家舒服。最后，大家让李先生说几句，他先用普通话说，也没有什么讲的，主要和大家见面，后来大家还是让他讲，他说，我就把生活当中的一些体会与大家分享。因为来宾中有外国人，所以李先生又看着他们，用英语讲了几句，接着又用粤语讲了几句，把全场的人都照顾到了。他讲的是"建立自我，追求无我"。"建立自我"就是让自己强大起来，"追求无我"就是把自己融入生活和社会当中，不要给大家压力，让大家感觉不到他的存在，来接纳他、欢迎他。但李先生吃了一会儿，起来了，说抱歉，他要到其他另外桌子坐一会儿。他在一个桌子坐15分钟，总共4桌，每桌15分钟，正好一小时。临走的时候，他说，一定要与大家告别握手，每个人都要握到，包括边上的服务人员，然后送大家到电梯口，直到电梯关上才走。这就是他追求"无我"，在这个过程中得到充分体现。这篇文章的作者在描述了当时的情景后，不无感慨地写道："一个成功的人对生活的态度非常重要。比如我们在生活中经常看到一些人，做一些事情偶有所得，有点成功，他的自我就会让别人不舒服：他的存在让你感到压力，他的行为让你感到自卑，他的言论让你感到渺小，他的财富让你感到恶心，最后他的自我使别人无处藏身。李先生不一样，他在建立'自我'的同时，要追求'无我'。这是一种生活的态度，对钱的看法，对人生，对周围世界怎么相处。"

二 自我觉醒，个性解放

在张世英先生所著的《中西文化与自我》（2011）一书中，作者从"自我"观的角度探讨了中西文化的差异，审视了中华传统文化最具标志性的特点，并阐述了他关于中华文化未来的发展道路的若干思考。全书新见迭出，许多观点言人所未言，从而也使他的哲学观得到进一步的深化与发展。

以往人们一般认为，"本质"就是指普遍性，张先生把自然领域与人文领域作了区别，认为，"本质"不只是指普遍性，在人文领域"本质"主要指个体性（个性）和主体性（独立的创造性和自由）。这就顺理成章地得出了"从自然到人文是一个由以普遍性为本质到以个体性为本质的转化过程"的论断。作者指出，每个民族、每种文化，都有"我们""自我""他人"三种观念，每个人也都会言说"我们""我""他"。三者互不分离，结合为一个整体。但不同民族、不同文化的个人心目中，三者所占的地位各不相同，这是各种文化特征的重要标志。西方传统文化，特别是文艺复兴以后，其特点是以"自我"占优先地位，每个人都着重于实现其不同于群体的独特性或者说"个性"。其优点是个体性自我的独立创造性和个性解放；缺点或流弊是唯我独尊、个人主义、极端的人类中心主义，等等。中国传统却与之相反。它的重要特点是重群体意识，以个人所属群体之"我们"占优先地位。其优点是，一事当前，大家群策群力，表现出狮子般的威力；缺点或流弊是，个体性自我被湮没于社会群体（在封建等级制的社会，就是名教纲常的社会群体）之中。如果说，西方人的"自我观"是"独立型的自我"的话，中国人的"自我观"则是"互倚型的自我"。早在20多年前，张先生就指出了中国传统思维方式的缺点是重原始的"天人合一"，不重"主客二分"，从而也不重理性思维，不重个人自我的创造性和独立自主性，这是中国文化传统中科学不能快速发达和个人自由思想比较薄弱的思想根源。张先生认为，未来世界文化和哲学的发展趋势，应该是中西文化和哲学的相互融汇和相互会通，不可能、也不应该彼此代替。向西方学习，提倡科学和民主，就要学习西方近代充分发展了的"主客二分"的思维模式和科学分析方法。未来中国哲学的发展，既要继承"天人合一"思想的积极方面，又要学习"主客二分"思维之长处，还要吸收西方现当代哲学的有益因素，以构建适应世界潮流和符合中国国情的新哲学。这才是真正弘扬中华文化一条可行的光明大道。

纵观历史，中国人的自我觉醒和个性解放的历史进程特别漫长、曲折而艰苦。在第四篇中，张先生特别着重描述了被鲁迅称之为"中国的灵魂"的诸如屈原、司马迁等人为伸张个性，求得自我解放所遭受的悲惨命运，强调中华儿女要有浓厚的忧患意识，清醒地意识到自我觉醒的历史进程之缓慢、曲折和艰苦。"'东方睡狮'之彻底觉醒，中华文化之光辉未来，还有待于更进一步的个体性自我的大解放。"① 张先生在《中西文化与自我》一书中大大地歌颂了"中国的灵魂"，认为，弘扬中国传统文化，首先就要充分重视弘扬自我的独立自主性和创造性，以激发当今人们的理性自觉，争取进一步的个性解放。张先生指出，"西方文字，'我'字大写，中国人则爱自称'鄙人'。在世界文化发展的洪流中，我们中国人也该改变一下老传统，在世界文化史上堂堂正正地写上一个大写的'我'字，做一个大写的人。"②

张先生在与法国哲学家（Joel Bellassen）的一次对话中还说：

> 中国要学习西方的"主客二分"，强调有自我。……中国人爱讲我跟社会群体不可分，这是它的优点，大家群策群力而为之，表现出狮子般的威力。但是，自我被湮没在群体之中。……中国历史上，凡强调自我的人，都没有好下场。屈原强调独立自我，结果投汨罗江；司马迁强调独立自我，结果被阉割了。没有自我觉醒，中国的启蒙运动就很难。……真正尊重他人，要和自我联系起来。尊重他人，就是尊重他的自我。要承认我有自我，他人也有自我……③

张先生这番话，把道理讲得十分清楚了。

当然，人是在现实的社会中生活的，要做到自我独立、个性解放是不能完全无视社会发展的实际状况的。众所周知，马克思曾经根据生产关系的不同类型，把人类社会划分为五种形态。在《政治经济学批判（1857～1858年草稿）》中，马克思又以人的发展为特征，把社会发展分为三种形态。他说：

> 人的依赖关系（起初完全是自然发生的），是最初的社会形态，在这种形态下，人的生产能力只是在狭窄的范围内和孤立的地点上发展着。以物的依赖性为基础的人的独立性是第二大形态，在这种形态下，才形成普遍的社会物质变换，全面的关系，多方面的需求以及全面的能

---

① 张世英：《中西文化与自我》，人民出版社，2011，第 3 页。
② 张世英：《中西文化与自我》，人民出版社，2011，第 81 页。
③ 计亚男：《中法哲学家眼中的"天人合一"》，《中华读书报》2013 年 2 月 6 日。

力的体系。建立在个人全面发展和他们共同的生产能力成为他们的社会
财富这一基础上的自由个性，是第三阶段，第二个阶段为第三个阶段创
造条件。①

在这里，马克思说的第一种形态是"人的依赖关系"，这种关系"起初完全
是自然发生的，是最初的社会形态，在这种形态下，人的生产能力只是在狭
窄的范围内和孤立的地点上发展着"。第二种形态是"以物的依赖性为基础
的人的独立性"，"在这种形态下，才形成普遍的社会物质变换，全面的关
系，多方面的需求以及全面的能力的体系。"第三种形态是"建立在个人全
面发展和他们共同的生产能力成为他们的社会财富这一基础上的自由个
性"。按照马克思的看法，"第二个阶段为第三个阶段创造条件"，我国当前
社会又正好处于第二个阶段向第三个阶段的发展过程中，因此，正确处理
"物的依赖性"与"人的独立性"的关系极为重要。这就要求我们在现实的
生活中，既要充分认识到"物的依赖性"的客观存在，坚持社会发展的规
律，不断促进社会的进步；又要充分尊重"人的独立性"，尊重人的需求，
重视人的素质的全面提高。

三 人格独立、思想自由

人之所以为人，人之尊严，就在于人能够劳动，能够思想。17 世纪法
国著名思想家帕斯卡尔说过一段引人深思的话，他说：

> 人只不过是一根苇草，是自然界最脆弱的东西；但他是一根能思想
> 的苇草。用不着整个宇宙都拿起武器才能毁灭他；一口气、一滴水就足
> 以致他死命了。然而，纵使宇宙毁灭了他，人却仍然要比致他于死命的
> 东西更高贵得多；因为他知道自己要死亡，而宇宙对此却是一无
> 所知。②

恩格斯曾把人的思维比喻为宇宙间"最美丽的花朵"，中国古代哲人也
有"人为万物之灵"的说法。人是什么？何以能成为万物之灵？就是因为

① 马克思、恩格斯：《马克思恩格斯全集》第 46 卷（上），人民出版社，1980，第 104 页。
② 帕斯卡尔：《思想录》，商务印书馆，1987，第 157 页。

人有思想。这是大自然漫长的进化过程中赋予人类的最珍贵的礼物。人类之所以能够走出原始的蛮荒，在文明的道路上阔步前进，正是凭借着思想的力量。从这个意义上，帕斯卡尔认为，人类的"全部的尊严就在于思想"，为了不断地提高自己，"我们要努力好好地思想"。而能够"好好地思想"的前提是：思想自由。

在中国古代，自由的精神集中表现于庄子的"有待"与"无待"之说。庄子认为，世俗之人，以私己为重，以获得功名、利禄为自由自在，实际上，这种自由自在都"有所待"，即有待于满足私己的功名、利禄之获得。只有根本不受限制，才是真正的自由自在或逍遥，这就要求"无所待"——不依赖任何外在的东西。如果能"乘"天地之正理，"御"阴阳风雨晦明之变化，一句话，顺乎自然之法则，达到"天人合一"的境界，则可以不依赖世俗间任何东西的限制，这才是真正的自由和逍遥。这样，审美的特点与自由的特点实系一件事的两个方面。庄子所主张的人与自然合一的"天人合一"境界中，自然法则不是一种外在的东西，而只能被动地加以接受；相反，人是自然而然地顺应自然法则，是一种最高的、最充分的自由。自然而然，既是自由，也是审美。

自由的精神表现于知识分子身上，就是思想自由，具有学术争鸣的决心与勇气。在近现代，知识分子中竭力倡导思想自由的不乏其人。陈寅恪在为《海宁王静安先生纪念碑》中写道：

> 士之读书治学，盖将以脱心志于俗谛之桎梏，真理因得以发扬。思想而不自由，毋宁死耳！斯古今仁圣所同殉之精义，夫岂庸鄙之敢望。……先生之著述，或有时而不章；先生之学说，或有时可商；惟此独立之精神，自由之思想，历千万祀，与天壤而同久，共三光而永光。①

1953年中央历史研究委员会决定，请陈寅恪出任中国科学院历史研究所第二所所长。在1953年12月1日，陈寅恪在《对科学院的答复》里，提出了"允许中古史研究所不宗奉马列主义，并不学习政治"的条件。他认为，研究学术，最重要的是要具有自由的意志和独立的精神，所以，他说：

---

① 转引自刘正、黄鸣《闲话陈寅恪》，百花文艺出版社，2011，第106～107页。

"士之读书治学，盖将以脱心志于俗缔之桎梏。"他所说的"俗缔"，在当时即指三民主义而言。他说：

> 必须脱掉俗缔之桎梏，真理才能发扬。受俗缔之桎梏，没有自己思想，没有独立精神，即不能发扬真理，即不能研究学术。……我决不反对现政权，在宣统三年时就在瑞士读过《资本论》原文。但我认为不能先存马列主义的见解，再研究学术。[①]

陈寅恪在这里所说的"不能先存马列主义的见解"，不应该产生不应有的误解。众所周知，马克思主义是党和国家的行动指导思想，既然他声称"决不反对现政权，在宣统三年时就在瑞士读过《资本论》原文"，从政治层面上说，不能理解为他在反对马克思主义。从科学研究的层面上说，这里存在着一个从实际出发，还是从原则出发的分野。恩格斯在《反杜林论》中，曾经批判过杜林从原则出发的、先验论的"世界图式论"，坚持要从实际出发，认为原则应该是科学研究的"结果"，而不能当作"单纯的证明工具"。凡读过马克思主义著作的人，一定熟知恩格斯的这个观点。对于陈寅恪所说的"不能先存马列主义的见解，再研究学术"，也应作如是理解。

蔡元培1917年1月4日就任北大校长后，就提出了"囊括大典，网罗众家，思想自由，兼容并包"十六字办学方针。梅贻琦先生受命回国任清华大学校长，于1931年12月3日到职视事的当天，在全校大会上发表的著名的"就职演说"中曾经说过这样的话："一个大学之所以为大学，全在于有没有好教授。孟子说'所谓故国者，非谓有乔木之谓也，有世臣之谓也'。我现在可以仿照说，'所谓大学者，非谓有大楼之谓也，有大师之谓也'。我们的知识，固赖于教授的教导指点，就是我们的精神修养，亦全赖有教授的 inspiration。"[②] 今天，我国高校在物质条件方面，早已今非昔比。大楼林立，大师安在？2005年，温家宝总理去看望钱学森先生时，钱老深有感慨地说，"这么多年培养的学生，还没哪一个的学术成就能跟民国时代培养的大师相比！"并且发问："为什么我们的学校总是培养不出杰出人才？"这的确是一个摆在中国教育界乃至社会各界面前无法回避而

---

① 转引自刘正、黄鸣《闲话陈寅恪》，百花洲文艺出版社，2011，第139～140页。
② 梅贻琦的讲话载《国立清华大学校刊》，1931年12月4日。

又需要认真回答的问题。其实，杰出人才的成长自有其一定的社会条件和
生态环境。有了杰出人才的成长，然后才谈得上发现与选拔。否则，即使
有"伯乐"和"九方皋"，也是枉然！在加强社会主义文化建设的今天，
按理说，我们比其他任何时候都更应该也更有条件回答"钱学森之问"，
更应该培养出数量更多、水平更高的名家乃至大师，使大学成为传承文
化、造就人才、服务社会的科学殿堂，让学校成为万千学子寄托期望并终
生怀念的精神家园。

据报载：温家宝在同南开中学的师生们谈心时，曾经这样说："中国需
要教育，更需要有理想、有本领、勇于献身的青年，这是中国命脉之所在。
张伯苓先生自创办南开之日起，就善于借鉴世界优秀文明成果，紧密结合中
国国情，坚持自主办学，重视教育改革和创新，提倡个性教育和多样化教
育，推崇'独立之精神、自由之思想'，努力培养全面发展的人才。"① 但实
际情况并不尽如人意。即使像北京大学这样富有思想自由的优良传统的百年
老校，也不例外。有鉴于此，许多有识之士，无不感到忧虑。例如，汤一介
先生在一篇文章中就曾经讲过下面的一段话：

> 北大之所以为北大，就在于蔡先生提倡的"学术自由""兼容并
> 包"。然而多少年来，北大这一真精神被摧残殆尽矣。五十余年来，北
> 大当局（当然也是最高党政当局）总是排斥北大的"学术自由"和
> "兼容并包"。特别在"六四风波"之后，北大校长曾在一次会议上公
> 开说："在五四时期提倡'学术自由''兼容并包'是对的，现在已有
> 马克思主义指导，再提'学术自由''兼容并包'就不对了。"其后，
> 在庆祝北大建校一百周年时，北大提出的北大的精神是"爱国、进步、
> 科学、民主"。如果一般地说，任何大学把"爱国、进步、科学、民
> 主"作为其学校精神都是应该的，……北大作为北大与国内其他大学
> 的精神自应有其特殊性，也不应为怪吧！一个国家，就其政治方面说，
> 有个什么指导思想也许还可以，但也不应不允许讨论和有不同意见；但
> 学术上决不能有什么指导思想，只应是"自由研究""自由讨论"，因
> 为有"自由"才有创造力，才有科学上的创新，学术上的出新。再进
> 一步考察，北京大学近几十年来，对文科不重视，其最主要的问题就在

---

① 温家宝：《同南开中学的师生们谈心》，《天津日报》2011 年 10 月 30 日。

于用所谓的"指导思想""主旋律"等等把"自由思想"和"兼容并包"给扼杀了。①

这段话里实际上解释了：陈寅恪为什么竟然会提出"允许中古史研究所不宗奉马列主义，并不学习政治"这个似乎"大逆不道"的"无理"的条件。汤先生是北京大学著名学者、资深教授，他的话虽然逆耳，但却值得人们深思。

在传统中国，自我的价值虽然是自足的，却不是自明的，需要放置在"家—国—天下"的伦理脉络中才能得到确认。人们对中国古代文人精神品格所谓"士人风骨"的推崇，直到今天仍有许多值得称道之处。但是，这种士人风骨局限于正统的忠君观念的框架内，尽管其精神可嘉，事迹可叹，但与现代知识分子应有的独立的人格，自由的思想，怀疑的精神和批判的意识相去甚远，有着本质的区别。

对于深受儒家传统影响的中国人来说，他们心目中的"自我"，并非西方启蒙传统所产生的，基于个人权利的"原子式"个人，而是需要一己"小我"通过"大我"的实现，进而确证自身价值的"自我"。在这样的文化背景下，强调人格独立、思想自由尤其重要。这是人之为人的必需的生存状态，也是知识分子作为社会良知这个社会角色所应有社会责任和道德担当。

---

① 汤一介：《汤用彤与胡适》，载《中国哲学史》2002年第4期。

余　论
中国哲学的未来及其他

我们在前面分别阐述了哲学与科学、哲学与宗教的关系，但没有论及哲学与语言、哲学与政治的关系；在阐述哲学史的时候，对中西哲学作了比较，但没有进一步讨论中国哲学的未来发展。这些问题其实都很重要，只是篇幅有限，无法展开来阐述。现在，都把它们放在"余论"这个题目下，简要地讲一讲以下几个问题。

第一节　哲学与语言，思与诗

语言是人的本质力量中不可缺少的重要内容，是人的生活的一种基本需要。作为文化和社会现象，语言以其特有的方式表达生命、传承生命、理解生命，以实现人类的发展。

西方和中国对于语言的认识与评价，既有相同的方面，又有其明显的差异。据《圣经》记载，上帝用六日创造了包括人在内的万物，但在创造万物之先，"圣言"就已经存在，神创造万物用的是语言，语言是与神在一起的。这正如《约翰福音》所说的："太初有言，言与神同在，言就是神。"许多民族的创世神话中，都充满着对语言的崇拜，这是语言的本质所决定的。马克思曾经指出语言的本质，认为"语言是一种实践的、既为别人存在并仅仅因此也为我自己存在的、现实的意识"。①

西方哲学在古代是以本体论研究为重点，近代以来，转向认识论和知识论。在20世纪，实现了所谓"语言学转向"（Linguistic Turn），把语言看作是人区别于动物的关键所在。许多哲学家认为，语言展现的是人的生活世

---

① 《马克思恩格斯全集》第3卷，人民出版社，1960，第34页。

256

界，以及人对生活世界的理解。卡尔纳普反对形而上学，把哲学归结为句法研究、语义分析，维特根斯坦把哲学弄成语言用法的纠误，说"语言是我们的界限"。海德格尔说："存在在思维中形成语言，语言是存在之家"，这实际上是说：不是"人说语言"，而是"语言说人"。德里达说："文本之外无他物"，保罗·利科说："人即语言"，美国的理查德·罗蒂说："没有语言之后的存在"，等等。分析哲学成为英美哲学的主流，语言哲学统领了一切。

中国古代先民对语言文字也心存敬畏，《淮南子》中曾有："昔者仓颉作书而天雨粟、鬼夜哭"之记载。相对而言，中国古代的哲学家对语言却采取了非常审慎、严格、怀疑甚至告诫的态度。《论语》中充满了诸如："君子讷于言，而敏于行""巧言令色鲜矣仁""听其言而观其行""刚毅木讷近仁"以及"天何言哉"等。《老子》则有"道可道，非常道，名可名，非常名"，"知者不言，言者不知"的说法。《庄子》明确地指出，"天地有大美而不言，四时有明法而不议，万物有成理而不说"，又说："道不可闻，闻而非也；道不可见，见而非也；道不可言，言而非也"。禅宗更是"不立文字"，"读无字书"，"以心印心"。他们认为"言不尽意"，注重"言外之意"，主张"得意忘言"。

根据中西哲学对语言如此不同的态度，李泽厚先生在《中国哲学如何登场?》中说，这反映了希腊哲学与《易经》的不同，即：

逻辑—理性—语言——"两个世界"
行动—生命—情理——"一个世界"

前者是希腊哲学，柏拉图明确地提出"理念世界"与"现象世界"的对立；后者是《易经》，提出"天行健，君子以自强不息"，重视行动。

李先生的这些分析实际上揭示了"主客二分"与"天人合一"两种思维方式在语言问题上的显著差异。

李先生说，他"不大相信语言是人的家园或人的根本"这个论断，提出了这样的问题：能不能让哲学"走出语言"？哲学当然要用语言，所谓"走出语言"不是让人不用语言，而是说"让人不要被语言的牢笼框住"，而是强调"有比语言更根本的东西"。[①]

---

① 李泽厚：《中国哲学如何登场?》，上海译文出版社，2012，第1~3页。

人通过语言进行思维活动，思维与语言密切相连。对生活的思考是人的生存本质，也是人比动物高明之所在。哲学思考是最高意义的思考，既然哲学不能等同于科学，哲学之思也就不等于科学之思。人生是诗，人生的最高境界是审美，海德格尔说过，"我们思考哲学的谈话必然要涉及思与诗的关系"，哲学之思与诗相关联，这是不言而喻的。但是，哲学又等同于诗，而是"诗意之思"。李泽厚认为，哲学是"科学"加"诗"。也许这就是"思"与"诗"的关系，哲学与科学，哲学与诗的关系吧。

第二节　哲学与政治，哲学家与政治家

哲学和政治两者都属于"上层建筑"的范畴，它们与经济基础不同，是由经济基础所制约、所决定，又反作用于经济基础。这些都是马克思主义唯物史观的基本常识。但哲学和政治又不能等同，政治是经济的集中反映，和经济的关系非常紧密；而哲学按照恩格斯的说法，是远离经济基础的，是"更高地悬浮于空中的思想领域"。恩格斯说：

> 每一时代的哲学作为分工的一个特定的领域，都是由它的先驱者传给它而它便由以出发的特定的思想资料作为前提。①

哲学的这些特点使它和政治有所区别，不能把两者捆绑在一起。但是，在实际生活中，却难以做到。因为"你不找政治，而政治却要常常来找你"。

在中国先秦时期，诸子百家蜂起，并没有统一的政治戒律加以约束，他们是独立自由的。汉武帝之后，儒学定于一尊，虽然如此，但对孔孟之道的传承和解释权是在硕学大儒，而不在皇帝。因为没有出现过"君师合一"，所以，也就不存在什么"汉武帝思想"或"唐太宗理论"之说。在学术层面，多少还有一定的独立性，即使同样是在"注六经"，也有不同的学派，没有搞成什么"舆论一律"。

中国古代没有出现"哲学"之名称，当然也没有什么哲学家，当时做学问的学者们都可以统称为"士"。他们的精神传统是：以天下为己任，忧

---

① 恩格斯：《致康拉德·施米特》，1890年10月27日，载《马克思恩格斯全集》第37卷，第489～490页。

国忧民，重名节，讲骨气。"富贵不能淫、贫贱不能移、威武不能屈"，"三军可以夺帅，匹夫不可夺志"是这个群体赖以立身的道德准则。此外，在中国古代社会，还有一个"颂圣文化"的传统，把忠君与爱国合二为一，为了忠君，"虽九死其犹未悔"，即使遭受冤屈，也要承认"臣服罪当今，天王圣明"。进入近代，西学东渐，情况有了变化，在西方文化的影响下，告别了"颂圣文化"，而依然忧国忧民，重名节，还从西方引进了"人格独立、思想自由"以及"社会良知"，以与原有的"威武不能屈"互通而加强。只是在 20 世纪的下半叶乃至如今，国内外客观形势发生了翻天覆地的变化，忧国忧民的"家国情怀"在相当部分人中虽然依旧，但知识成了"原罪"，而"颂圣文化"的传统却大为发扬，颂明君、颂盛世，许多人明知其非，却言不由衷。那么，如何摆正学术（特别是社会科学）与政治的关系，而不至于捆绑在一起呢？这是学者们的一个难以解决、十分纠结的问题。

既然哲学与政治并不等同，那么，哲学理论的探讨就不该政治化，这是顺理成章的。但是，在"左"的路线的统治下，很难做到这一点。20 世纪五六十年代，我国哲学领域内的三次大的论战都被政治化了，而且杨献珍先生就是作为被整肃的一方。

第一次论战发生在 1953 年和 1955 年，正是过渡时期总路线提出前后的敏感时期。当时杨献珍先生先后写了《关于新民主主义社会的基础与上层建筑的问题》和《关于中华人民共和国在过渡时期的基础与上层建筑的问题》两篇长文，提出新民主主义社会和过渡时期的经济基础应由当时存在的，包括私人经济在内的"五种经济成分"所构成。这个观点被称为"综合经济基础论"，继而被指责为继续主张新民主主义秩序，与过渡时期要实行对农业、手工业和资本主义工商业社会主义改造的总路线唱对台戏。与他观点不同的另一方，只承认社会主义经济是当时社会的经济基础，被称为"单一经济基础论"。

第二次论战是从对"思维与存在的同一性"这个提法的不同看法引起的。杨献珍先生认为，黑格尔说的"思维与存在的同一性"，是把思维与存在两者等同起来，因而是唯心主义的命题。由于他从思维与存在关系的角度，批评了社会上普遍存在的"共产风""浮夸风"，从而被延伸为反对"大跃进"。与他观点不同的另一方，以恩格斯肯定了"思维与存在的同一性"这个命题为理由，实际上是大力支持了当时的"大跃进"。

第三次论战发生在 1963 年和 1964 年。杨献珍先生当时给中央党校学员讲课中提出："事物既是一分为二的，也是合二而一的。""对立统一规律也可用合二而一来表述。"很快，这个提法就演化为反对一分为二、反对阶级斗争，主张"阶级调和论"。再和反对"大跃进"联系起来，就变成康生所说的："杨献珍和彭德怀一文一武，一个在山下，一个在山上，互相配合，向党进攻。"与他观点不同的另一方则只承认一分为二，不承认、甚至反对合二而一。

发生在 20 世纪 50 年代和 60 年代的上述三次哲学论战，上年纪的人一定记忆犹新，而年轻人可能感到匪夷所思。哲学上的不同见解和争论，其中有的问题固然不可避免地会反映政治上的不同主张，但是，哲学问题毕竟不能等同于政治问题，更不能无限地上纲上线，把哲学上的探讨与争论演变为政治上的批判与讨伐，并进而从组织上实行严厉制裁。遗憾的是，在理论上的真理只属于最高的政治权力所有者的那个年代，权力意志是可以决定是非曲直的，以政治批判来代替理论争论的事实，确实曾经屡次三番地发生在具有几千年文明史的神州大地上。这段历史告诉我们，再也不能把政治等同于哲学，并用政治来代替哲学了。

哲学不能等同于政治，哲学家与政治家也不能加以等同，道理是一样的。许多有识之士认为，哲学理论可以多种多样、百家争鸣，而政治家、革命家则要求意志集中、行动统一。两者不能混为一谈。中国古代儒家主张"学而优则仕"，"学成文武艺，卖给帝王家"，所以，许多优秀的学者都想着"应帝王"，想做"帝王之师"。

李泽厚先生在他的论著中，多次讲到这一点。他说：

> 理论是需要长期讨论和反复争辩的，革命或政治决定则即便激烈争辩也必须尽快确定方案，鼓励执行。由于经常把革命或政治、军事、经济的暂时成就当成了理论的永远正确，这会导致巨大失误，特别当理论与革命、政治在人格上和思想上合为一体的时候，情况更糟糕。
>
> 哲学家不能去做什么"哲学王"，也不应追求成为"帝王师"。这样，理论才可能独立发展。①

李先生的话绝非想象中的空穴来风，而是针对现实情况的经验之谈。

---

① 李泽厚：《中国哲学如何登场？》，上海译文出版社，2012，第 52～53 页。

不久前，资中筠先生在文章中指出：

> 知识分子需要自己解放自己，争取人格独立，减少依附性，坚决抵制颂圣文化，摆脱祈盼或仰望"明君"的情结，努力面向公众，理直气壮地弘扬普世价值：人权、法治、自由、平等、宪政、民主，这可以说是今天的"道统"，是自救与救国的需要，无关"西化"或外部压力。[①]

资中筠先生的这番话也是切中时弊、有感而发的肺腑之言。

第三节　中国哲学发展的未来

关于中西文化、中西哲学的发展趋势，德国哲学家莱布尼茨早在1697年出版的《中国近事》的序言中就有所论述。他说，除了西方的欧洲之外，还有东方的中国，"当这两个文明程度最高和相隔最远的民族携起手来的时候，也会把它们两者之间的所有民族都带入一种更合乎理性的生活。"中国现代学者钱钟书先生在《谈艺录·序》中谈到东西方文化时曾说："东海西海，心理攸同；南学北学，道术未裂。"无独有偶，费孝通先生也说过，全球化时代人类文明的愿景应该是："各美其美，美人之美，美美与共，天下大同。"钱先生关于"东海西海"之说，实际上在告诉我们，只有东西文化共同联合在一起，如同一个"太极图"那样，才能形成人类文化的一个整体。中国文化和东方文化不能单独成为这个整体，西方文化也不能单独成为这个整体，狭隘的国粹主义和欧洲中心主义都是不可取的。现在，事实上是西方文化处于主导地位，我们应当如何站在一个相对平和的心态上去达到趋同性与特异性的统一？这是一个值得认真思考的重大课题。

李泽厚和刘绪源两位先生在近期有两本书面世，书名为：《该中国哲学登场了？》和《中国哲学如何登场？》，分别是李泽厚2010年和2011年的谈话录。关于中国哲学未来发展的问题，李泽厚在阐述了西方古代的柏拉图，西方近代的笛卡尔、黑格尔和西方后现代的海德格尔、德里达哲学之后，发表了这样的见解：

[①]　资中筠：《士人风骨》，广西师范大学出版社，2011，第22~23页。

　　海德格尔之后，该是中国哲学登场出手的时候了。我以前讲虽然海德格尔喜欢过老子，但不应拿老子来附会类比，而应由孔子即中国传统来消化海德格尔，现在似乎是时候了？……让哲学主题回到世间人际的情感中来吧，让哲学形式回到日常生活中来吧。以眷恋、珍惜、感伤、了悟来替代那空洞而不可解决的"畏"和"烦"，来替代由它而激发出的后现代的"碎片""当下"。不是一切已成碎片只有当下真实，不是不可言说的存在神秘，不是绝对律令的上帝，而是人类自身实存与宇宙协同共在，才是根本所在。①

李泽厚先生是主张"情本体"的，"情本体"是以中国传统为基础，但却具有一种世界性的视角。他认为，"情本体"本来就"在伦常日用之中"，它不是传统意义上的"本体"，之所以仍然名之为"本体"，"不过是指它即人生的真谛、存在的真实、最后的意义，如此而已"。②

　　李泽厚先生在这两本书所阐述的观点，人们完全可以见仁、见智。他关于中国哲学如何登场的议论，再一次把中国哲学未来发展的问题提到了人们的面前。其实这个问题是许多学者都非常关心的问题。

　　冯友兰先生在他的一生中，始终有一个强烈的文化使命感和终极关怀，那就是"阐旧邦以辅新命"。他一生最佩服张载的这样一句话："为天地立心，为生民立命，为往圣继绝学，为万世开太平。"中国的复兴，中国文化、中国哲学的现代化，是他的崇高使命与终生追求。他认为，中国传统的古典哲学是我们创造现代哲学的一个重要来源，学习西方是要学习其现代化的文化精神和科学的思维方法，不可能也不必要去学习他们民族性的、个性的东西。如果我们能够在向西方学习的基础上，再调动中国传统文化、传统哲学中的积极的因素，把中西文化、中西哲学中最优秀的部分融合起来，就一定能创造出一个新的文化、新的哲学来。这个新的文化、新的哲学它既是现代的，又是中国的。

　　张世英先生从"主客二分"与"天人合一"（或"万物一体"）这两种不同的思维模式的关系，阐述了中国未来哲学的发展方向。他认为，西方近代哲学的"主客二分"式和主体性，由于它被抬高到唯一至尊的地位，从

---

① 李泽厚：《该中国哲学登场了？》，上海译文出版社，2011，第5页。
② 李泽厚：《该中国哲学登场了？》，上海译文出版社，2011，第75页。

而在现当代日益显露其弊端，例如物欲横流、环境污染，反而造成了物统治人的现象，使人丧失了精神上的自由。本来这并非主客关系式和主体性哲学之过，然而，中国学术界有一种意见，认为这是由于"主客二分"的思维方式强调人与自然斗争的结果，因而应该反对西方近代的"主客二分"式，用中国传统的"天人合一"来代替它，以达到与自然和谐相处。其实，要想与自然和谐相处，就更应该依靠"主客二分"的思维方式，以认识自然规律，支配自然。否则，不重视自然科学，忽视自然的必然性、规律性，自然就会报复人，人与自然反而不能和谐相处。

我们今天非常迫切地需要发展科学事业。既然如此，理所当然地需要有经世致用的哲学观点和"主客二分"的思维方式，但这只是问题的一个方面；问题的另一方面，现在人们过分地热衷于功利追求，对自然采取人类中心主义，对人采取自我中心主义，破坏了人与人、人与自然之间的和谐，其后果是极为严重的。针对这种状况，张先生认为，应当在重视实用的同时，更多地提倡在马克思主义哲学的指导下，批判地继承古代传统哲学中的"万物一体""天人合一"的思想，并加以改造与发展。那么，这种新的"万物一体""天人合一"境界，就不是抛弃主客关系，不是不要知识，不是不要功利追求；而是包括主客关系，却又超越之；需要知识和规律性，而又超越之；既讲功利，而又超越功利追求。①

总之，我们要正确地对待中国传统哲学，正确地对待西方近代的"主客二分"式的哲学原则，正确地对待西方现当代哲学，走出一条既与西方现当代哲学相通，而又具有鲜明中国民族特点的哲学发展之路。我们要从中国的实际出发，在马克思主义哲学的指导下，古为今用，西为中用。中国哲学未来的发展，应该是中西哲学的结合与会通；未来的中国哲学，将是中西结合、中西会通的新哲学。

---

① 张世英：《哲学导论》，北京大学出版社，2002，第403～404、12页。

附录一　海德格尔何以赞赏老庄哲学?

作为西方现当代最重要哲学家的海德格尔,何以赞赏中国古代的老庄哲学呢? 这是一个耐人寻味的问题。本文试图对此给予初步的回答。

海德格尔及西方现当代人文主义思潮

马丁·海德格尔 (Martin Heidergger),现当代德国哲学家,1889 年 9 月 26 日出生于德国西南角巴登州的梅斯基尔希 (Messkirch) 镇。1909 年他进入弗赖堡大学研读神学,想实现做神父的梦想。不久,他阅读了现象学创始人 E. 胡塞尔 (E. Husserl) 写的《逻辑研究》一书,并被它所吸引。在 1909 ~ 1911 年之间,他特别关注"语言与存在之间的关系";为此,阅读了 W. 狄尔泰和 F. 施莱尔马赫的解释学著作。从此他放弃神学而以哲学为他的专业。在相继取得博士学位、讲师资格后,曾跟随胡塞尔在弗赖堡大学执教。1923 年起,担任马堡大学的教授。同年,开始撰写他的最重要著作《存在与时间》。这部著作于 1927 年,在胡塞尔主编的《哲学与现象学研究年鉴》上首次发表。虽然此书由于某种内在的困难,未能按照原来的计划全部完成。但还是在短期内获得了巨大的国际影响,从而奠定了他一生哲学活动的基础。1928 年,他回到弗赖堡大学,接替退休的胡塞尔任哲学讲座教授。1929 年,他出版了《康德与形而上学问题》,表明他与康德《纯粹理性批判》的创造性对话如何从思想上打开了"存在"与"时间"的道路。这本书和后来出版的《现象学基本问题》,在一定程度上填补了《存在与时间》原计划中的空白。以 20 世纪 30 年代初的《真理的本性》发表为标志,海德格尔的思想发生了"转向"(Kehre),此后,他所关心的问题和所用的术语都有较大的改变。1933 年希特勒上台,海德格尔曾一度追随法西斯,参加国家社会党,并被任命为弗赖堡大学校长,一年后辞职。因这段历史,他曾被列为审查对象。战后，退休回故乡从事著述，1976 年病逝。

海德格尔被视为开辟了现象学运动的一个新方向，并被奉为存在主义哲学的创始人和主要代表，同时也是西方现当代人文主义思潮的一位重要代表。

在已经过去的 20 世纪里，西方资本主义社会发生了巨大的变化。社会内部经济危机的不断发生，两次世界大战造成的巨大破坏，及其给人民群众所带来的深重灾难，使人们对理性产生了怀疑。在这样的社会背景下，以反理性为特征的（诸如唯意志主义、存在主义、弗洛伊德主义等）种种社会思潮的相继产生，也就是可以理解的了。

作为西方人本主义核心流派的存在主义，它的产生并不是凭空的。19世纪丹麦哲学家克尔凯郭尔，以及德国哲学家尼采、胡塞尔、狄尔泰等都为之提供了思想资料。在这个学派的许多成员中，起核心作用的主要代表是海德格尔和萨特。他们以存在主义的观点，批评了西方自柏拉图到黑格尔的传统哲学。他们和许多西方现当代哲学家（特别是欧洲大陆的一些人文主义思想家）一样，认为西方传统的哲学应当"终结"，并把自己的思想称为"后哲学"（After Philosophy）。这种动态值得我们高度重视和认真研究。

所谓西方传统哲学是指自苏格拉底、柏拉图以来，直至黑格尔为止的哲学；从古代到近代，时间跨度很大。古希腊哲学家柏拉图提出"理念论"，开启了"主体—客体"式思想的先河；而明确地把主体与客体对立起来，以"主客二分"式的主体性作为哲学主导原则的，则是笛卡尔为真正开创者的近代哲学。其中，黑格尔是这种思想的集大成者。这种哲学把思维、存在、普遍性、特殊性、本质、现象、一、多、质、量、必然、自由等一系列概念，当作独立于人以外的东西来加以追求。所以，它又被称为"概念哲学"。

西方现当代哲学家则与之相反，他们主张终结这种"概念哲学"，大多数人都贬低以至反对主体与客体的对立，强调人与世界万物的融合。他们的共同倾向是超越"主体—客体"式，达到一种类似中国古代的"天人合一"或"万物一体"的境界。而海德格尔正是这种思潮的一个主要代表，也可以说，他是一个划时代的人物。

海德格尔关于人与世界的关系的基本观点

海德格尔在人与世界的关系上，有着和西方传统哲学完全不同的观点。

他认为，我们通常说，人"在世界之中存在"（In – der – Welt – sein）。这句话中的"在之中"（In – Sein），就有两种不同的含义，实际上反映了关于人和世界的关系的两种不同的理解。按照第一种含义来理解，人在世界之中的"在之中"，是指人在认识世界万物之先，早已经融合于世界万物之中；人要认识世界，首先就要有与世界万物打交道的活动。按照第二种含义来理解，"在之中"是指两个现成的彼此外在的东西，其中一个在另一个"之中"。例如，水在杯子"之中"，衣服在柜子"之中"，等等。这样，人在世界之中，就等于说，人本来是独立于世界的，世界是碰巧附加给人的。① 这就必然产生一个问题：人是如何认识世界的呢？西方传统哲学所持的就是这第二种观点，而西方现当代哲学则主张第一种观点。

当然，上述两种关于人与世界关系的观点，不是并列或互相排斥的，后者是以前者为基础，前者是后者之可能发生的前提。换句话说，人之所以有可能认识世界万物，是因为人一向就已经生活于、实践于世界万物之中。只有这样，人才有可能作为主体而认识客体，从而实现主体与客体的统一。

人与世界万物的关系，是血肉相连的关系。没有世界万物，则没有人；而没有人，世界万物也就没有意义了。海德格尔认为，人与世界的关系即"此在与世界"的关系，就类似灵魂与肉体的关系：没有世界万物，人这个灵魂就成了魂不附体的"幽灵"；而没有人，世界万物就成了无灵魂的"躯壳"。由此看来，人与世界万物的关系是内在的，人作为万物之灵魂，确有高于其他万物的卓越之处，但绝对不能像西方的"人类中心主义"所说的那样，把物（客体）看作被人（主体）认识与征服的对象。人与万物的关系，不是对象性的关系，而是相通相融、共处互动的关系。这种关系类似于中国古代哲学所说的"天人合一"或"万物一体"。

中国古代虽然也有"天人相分"的思想，但长期是以"天人合一"或"万物一体"的思想为主导。儒家、道家都讲"天人合一"，区别在于儒家赋予"天"以道德的意义；道家的"道"是宇宙万物之根本，人亦以"道"为本。"道法自然"，它没有道德意义。因此，同儒家哲学相比较，老庄哲学更接近于海德格尔的观点，而海德格尔也更赞赏老庄的"天人合一"思想。

---

① 海德格尔：《存在与时间》，三联书店，1999，第 61 ~ 73 页。

海德格尔的道家情缘

海德格尔是在第二次世界大战之后，才比较多地公开谈论中国的老庄哲学。但是他在 1930 年之前，就已经认真阅读过《老子》《庄子》，并产生了思想上的共鸣。

1930 年 10 月 8 日，海德格尔在不来梅（Bremen）做了题为《真理的本性》的演讲。第二天，又在克尔勒（Kellner）家中举办讲座。当讨论的话题涉及"一个人是否将自己放到另一个人的地位上去"时，遇到了困难。海德格尔当场向克尔勒索取一本德文本的《庄子》，读出《秋水》中有关"庄子与惠施濠上观鱼"那一段，以说明他的观点。"它一下子就更强地吸引住了所有的在场者。就是那些还不理解'真理的本性'的演讲的人，思索这个中国故事，就会知道海德格尔的本意了。"①《庄子》不是一本易读的书，如果海德格尔没有经过长期的、反复的阅读和思考，绝不可能贴切地引用其中的寓言来阐发自己的思想。

前面已经说过，在人与世界万物的关系问题上，存在着"天人合一"与"主客二分"这两种根本不同的看法。因此，面对当前的事物，也有两种追问的方式。西方现当代的哲学家所采用的，是从一些现实事物到另一些现实事物的"横向路线"的追问方式（它要求回答：人"怎么样"与世界万物融合为一）；这就有别于西方传统的"概念哲学"采用的由感性中的东西到理性中的东西，沿着"纵深路线"的追问方式（它要求回答：外在的客体"是什么"）。这后一种追问方式的目的，是要寻求外在的客观事物的根底，达到抽象同一性或普遍性概念，以把握事物的"相同"。而海德格尔所讲的从"显现"或"在场"（presence）的东西到"隐蔽"或"不在场"（absence）的东西的追问，是属于"横向路线"的追问方式，它并不摒弃概念、普遍性，而是要超越"在场"的"事理"，进入"不在场"的"事理"，以把握世界万物的"相通"，达到万物一体的境界。《庄子·秋水》中记载的庄子与惠施关于鱼乐的那个著名辩论，就是说明"相同"与"相通"的关系的绝妙的例子。如果只从鱼与人、庄子与惠施之间的不"相同"而

---

① H. 比采特：《不来梅的朋友们》，载《回忆马丁·海德格尔》（*Erinnerung an Martin Heidegger*），ed. Guenther Neske, Pfullingen：Neske, 1977, pp. 183 – 184。

言，既然不"相同"，当然也就不"相通"，那么，惠施所说的："子非鱼，安知鱼之乐？"与庄子的辩词："子非我，安知我不知鱼之乐？"两者都是能够成立的。但是，如果从万物虽然不"相同"但却"相通"的道理来说，不仅庄子可以知鱼之乐，而且惠施也可以知庄子之知鱼之乐了。这样一来，上述惠施与庄子所说的那些话，就都不能成立了。

海德格尔在讲话或文章中，引用中国道家言论的例子还有一些，这只是其中的一个典型的事例罢了。

1946 年春天，海德格尔在弗赖堡市中心的木材市场与中国学者萧师毅相遇，由此引发了他们当年夏天合作翻译《老子》的一段重要经历。他们并不参照其他人的翻译，直接与《老子》打交道。而且在开始时，没有按照原著的先后顺序，首先着手于那些直接涉及"道"的章节。这里，我们不必过多地介绍细节，只要引用两段话就够了。

一段是萧师毅说的：

> 海德格尔实质上是在考察，深入地、不知疲倦地、无情地询问。他追究原文中的符号关系，这些关系之间的隐秘的相互引发（interplay），以及在这种相互引发中产生的每一种可想象得出的意义的上下文。只有各种意义的完全整合到位，才使他敢于去决定一个思想形式的轮廓，并由此去将中文原文的多层含义清楚地、和谐地转化为西方的语言。①

另一段是波格勒说的：

> 虽然这次对老子的翻译没有进行很久，它却是一个要使西方哲学的源头与伟大的东方传统中的一个源头相遭遇的努力。这次经历在一个关键的形势中改变了海德格尔的语言，并给了他的思想一个新的方向。②

从萧师毅和波格勒的话中可以看出，海德格尔不是一般的翻译者，而是全身心地与老子进行思想交流；而且，这种思想交流对海德格尔具有极其重

---

① 葛瑞汉·帕克斯：《海德格尔与亚洲思想》（*Heidegger and Asian Thought*），ed. G. Parkes, Honolulu：University of Hawaii Press，1987，p. 96。

② 葛瑞汉·帕克斯：《海德格尔与亚洲思想》（*Heidegger and Asian Thought*），ed. G. Parkes, Honolulu：University of Hawaii Press，1987，p. 52。

要的意义！

据萧师毅的回忆，海德格尔在书房中挂着他请萧师毅写的一对条幅，内容是《老子》第十五章中的两句话："孰能浊以止，静之徐清？孰能安以久，动之徐生？"萧师毅还在中间加一横批："天道"。①

上述种种事实足以说明，海德格尔对中国道家思想的重视，以及道家思想对他产生的深刻影响。

海德格尔哲学与老庄哲学的比较

海德格尔之所以如此赞赏老庄哲学，主要是因为两者之间有着诸多共同或相似之点。当然，这不等于说：两者完全是一回事。相反地，两者也存在着重大的区别。为了把问题说清楚，首先必须以中西哲学发展的全局作为背景，判定它们各自所处的地位。

从人与世界万物的关系来说，有"天人合一"与"主客二分"这样两种根本不同的看法。它们在哲学思想的发展史上，表现为三个不同的发展阶段。

从西方哲学史来看，在苏格拉底、柏拉图以前，属于第一阶段。这个时候，哲学思想的主流是关注人与世界万物的和谐，有着类似中国古代"天人合一"的思想。柏拉图提出"理念论"，从认识论的角度讲客观的"理念"是认识的目标，从而开启了"主体—客体"或"主客二分"式思想的先河，这是第二阶段。这个阶段还包括了从笛卡尔到黑格尔的整个西方近代哲学，它的原则都是"主体—客体"式的。他们所讲的"主客二分"，并不是只讲对立而不讲统一；但问题在于，这种统一是两个东西处于外在关系的基础上的统一。西方现当代的人文主义思潮，批判了第二阶段的"主客二分"的弊病，使哲学思想的发展进入了第三阶段。这个阶段的"天人合一"是高级的形态的，它不是完全否定"主客二分"，而是包含并超越之。这样，整个西方哲学史的发展，呈现出否定之否定的态势。

从中国哲学史来看，占古代哲学主导地位的是原始的"天人合一"思

---

① 葛瑞汉·帕克斯：《海德格尔与亚洲思想》（*Heidegger and Asian Thought*），ed. G. Parkes, Honolulu：University of Hawaii Press, 1987, p. 100。

想，缺乏或较少区分主体与客体的思想。明清之际以后的近代哲学家中，王船山第一次比较明确提出了类似"主客二分"的主张。鸦片战争失败之后，中国人民深受到帝国主义的侵略，一批先进思想家们意识到，传统的那种不分主体与客体的"万物一体"或"天人合一"思想，固然有引人进入高远境界的魅力，但缺乏实用价值，无助于认识自然、发展科学，从而意味愈受到批判。例如，谭嗣同主张区分我与非我，强调"心之力"；梁启超大力介绍并赞赏笛卡尔和康德的主客关系和主体性哲学；孙中山的精神物质二元论，更是明确地宣扬西方主客二分的思想。这是当时为了救亡图存、学习西方近代民主与科学的必然要求。

老庄哲学和海德格尔哲学，他们分别处于上述中国哲学发展的第一阶段，和西方哲学发展的第三阶段。他们之间的最基本的相似之点在于，他们都主张"天人合一"。这里我们不妨说得具体一些，例如：

海德格尔的基本观点正如上述，他主张人与世界万物和谐相处，融合在一起。老庄也持类似的观点。《老子》提出"人法地、地法天，天法道，道法自然"。《庄子》认为，"汝身非汝有"，"是天地之委形也"；"生非汝有，是天地之委和也；性命非汝有，是天地之委顺也；子孙非汝有，是天地之委蜕也。"他们都认为，人的一切都不能独立于自然，都是自然之物。

海德格尔说，人不是孤立的，而是"在世界之中存在"，要与人、与物打交道，"沉沦"（verfallen）是必然的。"沉沦"属于"非本真状态"，有"沉沦"则有"操心"（sorge，care），因此，"操心"就是人生在世的基本状态。面对这种情况，要不甘从俗，不甘沉沦，以"获得自己本身"；否则，就会"丧失自己本身"。道家及其先驱杨朱，早就提出要"全性葆真，不以物累形"的主张，《老子》说："贵以身为天下，若可寄天下；爱以身为天下，若可托天下。"老庄的著作中之所以一再强调"贵身""贵生轻利"，是要求人们选择"为己"而不是"丧己"的道路。这里所说的"为己"，非自私自利之谓也，是指"欲得之于己"而为学，则"终至于成物"之意。它类似海德格尔所说的"获得自己本身"。反之，"丧己"是指"欲见知于人"而追逐名利。它类似海德格尔所说的"丧失自己本身"。

海德格尔主张超出主客二分的思维模式，反对把自我当作世界之外的旁

---

① 海德格尔：《存在与时间》，三联书店，1999，第209～213页。

中西哲学的交流与会通

的思想家！西方的许多获得诺贝尔奖的著名自然科学家，都曾经异口同声地赞赏中国古代哲学，有人（例如美国物理学家卡普拉）甚至直截了当地把道家的"道"，同现代物理学联系起来。即使如此，也只能说明两者之间的某种类似，而不是完全等同。

但是，近年以来，有这样一种情况似乎值得我们重视。每当我们说到继承古代优秀的文化传统时，有人就会认为，现当代西方自然科学的某些思想，或人文主义思潮中的许多合理的东西，在中国古代哲学（包括老庄思想在内）中，都"早已有之"了。这种看法是错误而有害的。因为它把现代自然科学思想，以及西方现当代的哲学中的某些合理的东西，跟我国古代哲学，特别道家的以"天人合一"的自然观，加以等同、混为一谈了。

中国古代传统哲学的主导原则是原始的"天人合一"，由于它缺乏明确的"主客二分"观念，不重视认识论的研究，严重影响了科学的发展。所以，我们在批判地吸取中国传统的天人合一思想合理之处的同时，要避免其缺点，把西方近代的主客关系思维方式补充进来，使两者相结合。一个民族或整个人类的思想发展，只有在经历了"主体—客体"关系之后，才有可能进入高级的"天人合一"的阶段。在主客二分的思想原则没有充分发展，并亟须发展科学、弘扬科学精神的中国，想用传统的天人合一，代替和排斥主客关系的思维方式，并从原始的"天人合一"直接进入西方的后现代的高级的"天人合一"阶段，不仅是不应该的，也是办不到的。对此，我们应该有十分清醒的认识。

这里有一个如何正确理解和正确对待中西文化、中西哲学的问题。北京大学外国哲学研究所教授、我国研究黑格尔哲学的著名专家张世英老先生，他对中西哲学问题，有一段话讲得很精彩，特引用如下，并以它作为本文的结束：

> 中国传统给了中国人太多的自满自足，现在大家已经躁动起来了；西方传统给了西方人太多的追求索取，现在他们却在向往安宁。中西哲学都正处于安宁与不安宁的烦恼和困惑之中。但烦恼会给我们带来希望，困惑会让我们选择。一个人只要肯认真严肃地思考时代和各自国度向自己提出的种种问题，他就是一个有哲学头脑的人，一个过着充实生活的人。哲学不是什么需要中西哲学家们携起手来、共同攻关的课题或

学科，我们应该在相互交流和彼此对话中进行各自的创作。①

我以为，对于海德格尔哲学，对于中国古代传统哲学，包括老、庄的哲学思想，就应当持这样的认识和心态。

（原载《福建省委党校学报》2004 年第 3 期，

在收入本书时略作修改）

---

① 张世英：《天人之际——中西哲学的困惑与选择》，人民出版社，1995，第 6 页。

附录二　庄子美学精神与古代山水画

先秦的道家中，老庄都推崇"道"，把它作为哲学的最高范畴。老子的学注重的是对宇宙、社会人生的观察，立足于社会批判，它与自然哲学、政治哲学有更多的关联；其政治哲学甚至也可以被法家思想所吸收。庄子将老子对外部世界"道"的关注，转移到对个体内在自由的要求，从而改变了道家思想的发展方向。他的思想对后世中国知识分子人格志趣与文化精神的影响极大至深。本文不拟全面论述庄子的哲学思想，仅就他哲学的美学实质，与其对中国古代山水画的影响做一些探讨。

庄子哲学的美学实质

庄子继承并发挥了老子的思想，他肯定"道"在宇宙、人生与社会的终极意义，并强调它的超越性与真实性。他说：

> 夫道有情有信，无为无形，可传而不可受，可得而不可见，自本自根，未有天地，自古以固存，神鬼神帝，生天生地，在太极之先而不为高，在六极之下而不为深，先天地生而不为久，长于上古而不为老。[1]

庄子所追求的最高人生境界是超越主客对立，实现心灵自由的"逍遥"之境。这是一种"道通为一"的、多样性统一的境界："天地与我并生，而万物与我为一"。[2] 于是，他提倡"心斋""坐忘"，"鱼相忘乎江湖，人相忘乎道术"，既要忘掉身外之物，又要忘掉自我，做一个"游于方内"、一切顺乎自然的人。

---

① 《庄子·大宗师》。
② 《庄子·齐物》。

华的，反对人为的雕琢。《庄子》中关于"中央之帝"混沌，因被凿七窍而死的故事①，充分说明违反自然，就会走向美的反面。

庄子说：

> 可以言论者，物之粗也；可以意致者，物之精也；言之所不能论，意之所不能察致者，不期精粗焉。
>
> 世之所贵道者，书也；书不过语，语有贵也。语之所贵者，意也；意有所随，意之所随者，不可言传也。而世因贵言传书。世虽贵之，我犹不足贵也，为其贵非其贵也。②

这些看似很费解的说法，却深刻地说明了言与意的关系，指出了意有"不可言传"的道理，它比儒家以及其他任何派别更抓住了艺术之美和审美意识以及创作的基本特征：形象大于思想；想象重于概念；大巧若拙，言不尽意；用志不纷，仍凝于神。对于审美，儒家强调的是官能、感情的正常满足和抒发，强调艺术为社会政治服务的实用功利；而道家强调的是人与外界对象的超功利的"无为"关系，即"审美"关系。这是内在的、精神的、实质的美，是艺术创造的非认识性的规律。"如果说，前者（儒家）对后世文艺的影响主要在主题内容方面；那么，后者（道家）则更多在创作规律方面，亦即审美方面。而艺术作为独特的意识形态，重要性恰恰是其审美规律。"③ 最能说明庄子的审美思想的，莫过于他与惠子关于鱼乐的辩论了。"庄子与惠子游于濠梁之上。庄子曰：'鯈鱼出游从容，是鱼之乐也。'惠子曰：'子非鱼，安知鱼之乐？'庄子曰：'子非我，安知我不知鱼之乐？'"从辩论的双方来看，惠子强调的是理智精神，以认识判断来衡量庄子的趣味（审美）判断，要求从审美趣味中为认识判断寻找根据。所以他又说："我非子，固不知子矣。子固非鱼也，子之不知鱼之乐，全矣。"从形式逻辑的角度来看，庄子是很难说服惠子接受他的观点的。所以，"庄子曰：'请循

---

① 《庄子·应帝王》："南海之帝为儵，北海之帝为忽，中央之帝为混沌。儵与忽时相遇于混沌之地，混沌待之甚善。儵与忽谋报混沌之德，曰：'人皆有七窍以视听食息，此独无有，尝试凿之。'日凿一窍，七日而混沌死。"

② 《庄子·秋水》、《庄子·天道》。

③ 李泽厚：《美的历程》，天津社会科学院出版社，2001，第89页。

其本。子曰：汝安知鱼乐云者，既已知吾知之而问我？我知之濠上也。'"①
在这里，有两种"知"：一种是"安知鱼之乐"的知，是认识之知，理智之
知；另一种是"我知之濠上也"的知，是把鱼作为审美对象，是"虚静之
心"与物的相接后，当下全面而具象的美的观照。"这里安设不下理智、思
辨的活动，所以也不能作因果性的追问。庄子的艺术精神发展而为美的观
照，得此一故事中的对比，而愈为明显。"② 在《庄子》中，有许多关于
"道"与"技"相互关系的故事。"庖丁解牛"（故事见《庄子·养生主》）、
"梓庆削木"（故事见《庄子·达生》）都是人们熟知的。庖丁之所以能把
劳动艺术化，并达到"目无全牛"，"神遇而不以目视"，是因为他"依乎天
理"，"好者道也，进乎技矣。"梓庆削木为鐻，"鐻成见者惊犹鬼神"。之所
以能如此，是因为他的"齐以静心"，达到忘我的境界，"以天合天"。

　　《庄子》中还有一则专门讲如何评价画史（画家）的，也常为人们所
引用：

　　　　宋元君将画图，众史皆至，受揖而立；舐笔和墨，在外者半。有一
　　史后至者，儃儃然不趋，受揖不立，因之舍。公使人视之，则解衣般
　　礴，赢。君曰："可矣，是真画者也。"③

　　这则故事说明的是，一个大画家所应具有什么样的精神境界。你看，他
"儃儃然不趋，受揖不立"，他"解衣般礴，赢"，完全进入了庄子所谓的
"心斋""坐忘""主客一体"的境界！这与上述的庖丁、梓庆的"依乎天
理""以天合天"，完全是一致的。

庄、玄、禅的三重奏与古代山水画的发轫

　　魏晋时代，既是社会大动乱，又是思想大解放的时期。人格独立、个性
自由的追求，得到了空前的张扬。这时"玄学"盛行，以何晏、王弼、阮
籍、嵇康、向秀、郭象为主要代表。玄学家们以"三玄"（《老子》《庄子》

---

① 《庄子·秋水》。
② 徐复观：《中国艺术精神》，华东师范大学出版社，2001，第60页。
③ 《庄子·田子方》。

《周易》）为主要研究对象，他们继承老庄之学，醉心于其中的名言哲理。同时，他们还用老庄思想来解释《周易》与儒家学说，呈现了以道为主、"儒道会通"的趋向。但从艺术的层面来看，我们未尝不可以说，"玄学"实质上是以道家学说特别是以庄学为中心的。

秦汉时期的哲学，注重的是宇宙生成问题，魏晋玄学则主要讨论宇宙本体问题。"有无之辩"是其中心问题。在老子那里，"道"是有与无的统一；何晏与王弼认为，整个世界"以无为本""以有为末"。王弼将老子学说中的"道"改造为"无"，与"贵无论"相反，裴頠、郭象提出了"崇有论"，他们要消除"无"与"有"的对立，将"无"的境界化为"有"的实践。

"竹林七贤"代表人物嵇康等人，提出"越名教而任自然"的主张，表现了明显的"反儒"性质。阮籍说："夫大人者，乃与造物同体，天地并生，逍遥浮世，与道俱成，变化聚散，不常其形。"这种"逍遥浮世、与道俱成"的自由境界，也就是美的境界。庄学对他们的影响，由此可见。王弼则强调"名教本于自然"，认为，作为"本"或"体"的"自然"，与作为"末"或"用"的"名教"，两者是本与末、体与用的关系，是可以统一的，只有将"名教"置于"自然"之上，社会纲常才能再来。郭象提出的是"名教即自然"的理论，他把庄子纯粹出于天然的"自然"，改造成是合乎人性的"自然"，从而把儒家的"名教"（人道）原则，与道家的"自然"（天道）原则统一了起来。

佛教早在汉朝就传入了中国，但作为外来的宗教，要在中国本土扎根也并非易事。而老庄哲学所开启、并为玄学所继承并发展了的自然、自由和无限的文化精神，恰好是佛教得以生存的和流传的人文水土。道家讲"无"，佛家出"空"，两者品味相同，声气相投，有其不少相通之处。"于是，道家之'天地与万物''圣人与百姓'等说法，也就不断地输入佛典之中；'独照''无念'之类的佛语，也就成为道家之'见独''无为'的同义语。"于是，佛之"禅学"与道之"玄学"，密切地联系起来，出现了"谈玄"与"悟空"相通、名士与高僧合流。

当然，两者还是有差异的。老庄（特别是庄子）所树立并张扬的是某

---

① 阮籍：《大人先生传》。
② 李维民：《中国佛文化海卷》，东方出版中心，1999，第43页。

...

这是很中肯的

在道家"天人合一"的思维模式中，自然与人本为一体，魏晋时代重在以人为本体生命、内在气质之美，与大自然之美的和谐统一，人的生命之

1　徐复观：《中国艺术精神》，华东师范大学出版社，2001，第228～229页。
2　宗白华：《美学散步》，上海人民出版社，1981，第220页。

光照亮了宇宙，而自然界则是人的故乡。人们对大自然的亲近和热爱，表现得十分突出。阮籍登临山水，尽日忘归。王羲之既去官，游名山，泛沧海，叹曰："我卒当以乐死！"

根据《世说新语·言语第二》载："顾长康（顾恺之）从会稽还。人问山川之美，顾云：千岩竞秀，万壑争流，草木葱茏其上，若云兴霞蔚。"王子敬云："从山阴道上行，山川自相映发，使人应接不暇。若春秋之际，尤难为怀！"王羲之曰："从山阴道上行，如在镜中游！""简文帝（东晋）入华林园，顾谓左右曰：'会心处不必在远，翳然林水，便自有濠、濮间想也，觉鸟兽禽鱼，自来亲人！'"从这些记载中，可以看出魏晋人对大自然的亲切感情，以及对大自然之美的由衷的赞叹！

《世说新语·任诞第二十三》还收入了不少潇洒人生的故事，其中有这样一则："王子猷（王徽之，字子猷，是王羲之的第五子）居山阴，夜大雪，眠觉，开室命酌酒，四望皎然。因起仿徨，咏左思《招隐》诗，忽忆戴安道。时戴在剡，即便夜乘小船就之。经宿方至，造门不前而返。人问其故，王曰：'吾本乘兴而来，兴尽而返，何必见戴！'"王子猷这种完全不拘泥于目的，只寄兴于生活过程本身价值的行为，确实别具一格，充分显示了晋人唯美的生活态度，是庄子美学精神的极好注释。

在庄学、玄学、禅学的影响下，魏晋南北朝时期出现的一大批著名的画家，无论他们的作品还是画论，都洋溢着庄学的艺术精神。中国山水画在秦汉时代，是当作背景来陪衬人物的，有所谓"人大于山、水不容泛"的现象，显得简略粗糙；到了魏晋南北朝，山水画渐多，但还处于稚拙阶段。尽管如此，山水画的专业艺术家和创作理论，却发轫于魏晋南北朝。东晋时杰出画家顾恺之、南朝的陆探微、张僧繇，在当时和后代画界都有极高声誉，被后人并称为"六朝三大家"（六朝是指建都于建康的东吴、东晋以及南朝的宋、齐、梁、陈等六个朝代）。后来又加上唐朝的吴道子，并称"画家四祖"。顾恺之的画论提出"以形写神"为中心，副之以"迁想妙得"等，认为画家必须通过对客观事物的认识，了解人的内心世界，然后才能达到"以形写神"的艺术效果。他和宗炳、王微的画论，以能表现物象的内在精神气质为艺术要旨，表现的是文人士大夫的思想和情怀，成为后世"文人画"的远祖。

山水画出现后，中国画的观念发生了变化。人一旦在审美中将自己的情感投射到山水上去，山水就拟人化了。从泛神论的观点看来，山水不再是单纯的自然物了，而成为人与自然的交会点，从而与人的主观审美意识密切相关了。东晋末年的大画家王微认为，只有反映自然景观的作品，才有可能属于符合天人之道的上乘之作。他在《叙画》中说："望秋云神飞扬，临春风思浩荡，虽有金石之乐，珪璋之琛，岂能仿佛之哉！"他认为，"秋云""春风"等自然景观给人们带来的审美愉悦感受，远远胜于"金石之乐"和"珪璋之琛"。南朝的宗炳在《画山水序》中也指出，画山水是"峰岫峣嶷，云林森渺"，"圣人含道映物，贤者澄怀味像"，"圣人以神法道而贤者通，山水以形媚道而仁者乐"。宗炳本人一生热爱自然山水，"眷恋庐、衡，契阔荆、巫，不知老之将至"。他绘所游山川于壁上，对着弹琴说："抚琴动操，欲令众山皆响！"又曰："老病俱至，名山恐难遍游，唯当澄怀观道，卧以游之！"他认为，画山水是"心所盘桓，目所绸缪，以形写形，以色貌色"，必须"万趣融其神思"，然后就会觉得无比的"畅神"。宗炳的这种思想对后人影响深远。

例如，王维在《山水论》中说："山借树为衣，树借山以为骨，树不可繁，要见山之秀丽；山不可乱，须显树之精神。"在讲到山水的四季景色时，他还说："春景则雾锁烟笼，长烟引素，水如蓝染，山色渐青；夏景则古木蔽天，绿水无波，穿云瀑布，近水幽亭；秋景则天如水色，簇簇幽林，雁鸿秋水，芦岛沙汀；冬景则借地为雪，樵者负薪，渔舟倚岸，水浅沙平。"如果说，这种讲法还只是四时之景色变化，在画家心目中的主观反映的话；那么，郭熙在《林泉高致》中的讲法，拟人化的色彩更为浓厚了："真山水之烟岚，四时不同，春山淡冶而如笑，夏山苍翠而如滴，秋山明净而如妆；冬山惨淡而如睡。"这就把"景"与"情"完全融为一体了。又说："山水有可行者，有可望者，有可游者，有可居者"。按照这种观念，回过头来看张璪早先所说的"外师造化，中得心源"八字，就会有新的理解了。所谓"外师造化"，实际上可以看作是人与自然相交融的"造化"；所谓"心源"，也就是人与自然相交融的"心源"。既然人与自然是融为一体的，画家们当然可以说："山性即我性，山情即我情"，"水性即我性，水情即我情"了。

活动于南朝的齐、梁间的谢赫，他在《古画品录》中提出著名的绘画"六法"：气韵生动、骨法用笔、应物象形、随类赋彩、经营位置、传移摹写，把"气韵生动"摆在首位，千百年来一直是绘画批评和创作的最高法则。此外，陈朝时的姚最在顺应潮流的同时，又有玄赏迁想、澄怀味象、得意志高的文学思想的回潮。他重视"妙悟生知"和"心师造化"的思想，推崇"应手而运、不加点治"的创作，也是庄学的艺术精神在绘画领域中的具体表现。

庄子的审美精神对古代山水画的影响

道家思想，尤其是庄子（庄与禅又有相通之处）的审美意识，对后来的文学艺术许多领域的发展，特别对古代绘画的产生与发展，有着深远的影响。

中国古代绘画历史悠久，画种众多，人物、山水、花鸟，不一而足。由魏晋开始的人物画，固然以其对传神（气韵生动）的追求，反映了庄学对之所以产生的影响；花鸟画"虽至精妙，一览得尽"；但最适宜于安顿自己恬然生命的，竟是于自然的山水来。这才是庄子的美学精神所不期然而然的归结之地。因此，山水画的成立，使绘画同庄学精神得到了进一步的追近；而画家在空灵意境上的追求，以及画面上大块的留白，颜色上以水墨代替五彩，使庄学的审美精神的表达，得到更加淋漓尽致的发挥。

为了具体地说明上述观点，我们不妨回顾一下历史，看一看古代的山水画是怎样发展的，在这个发展过程中，水墨画又是怎样受到文人、逸士的喜爱的？这样，我们对庄子美学精神与古代山水画的影响，就会有更具体的理解了。

前面已经讲过，山水画的专业艺术家和创作理论，已发轫于观贫的北朝。但只是到了中唐前后，山水画才取得了真正的独立。当时有一批诗画兼长的士大夫文人，政治上一度失意而退隐山水田园，亦禅亦道。其中最有代表性的当推将"诗"的意境与"画"的意境给以融化（诗中有画、画中有诗）的王维，和以"外师造化，中得心源"为绘画秘诀的张璪。唐以后的五代时期的画作中，也体现出的一种浓厚的自然主义的韵味。

宋代统一后，绘画艺术空前繁荣。以苏轼、黄庭坚、米芾、文同为代表的一批文人，竭力推动了水墨画的发展；并为后来出现的"文人画"的产生，做了一定的准备。苏轼鼓吹庄子和禅宗关于人与宇宙合一的精神，提倡平淡天然的美，高度赞赏"寄至味于淡泊"；而在这"淡泊之美"中，渗入了他对整个宇宙与人生的意义和价值的一种无法解脱的怀疑与感伤。山水画在北宋日趋成熟，最为突出的是郭熙，他把人与自然融为一体

公撇笔法，木石用金钗股、屋漏痕之遗意"。此后，郑板桥、徐渭等人的画，其中所充满的浓郁的书法味，更是人所共知了。由于书、画用笔之同一，"画画"也可以称之为"写画"。中国画从此获得了表达心意的最便捷的语言，画家们可以畅快淋漓、自由自在地表达自己的感情了。作为中国中晚期成熟绘画的主流的"文人画"，就是以此为基点，从而取得了中国古代绘画艺术的高度成就。

元初，文人山水画以钱选和赵孟𫖯为代表。赵孟𫖯书画兼优，学养精深，重视从大自然中吸取艺术营养，说："久知图画非儿戏，到处云山是我师"。元代中后期的黄公望、王蒙、吴镇、倪瓒被称为"元四家"。倪瓒提出的所谓"聊以为写胸中之逸气耳，岂复较其似与非"，"所谓画者，不过逸笔草草，不求形似，聊以自娱耳"的说法，把文人山水画推向高峰。

在"文人画"中，形似、写实被放到了次要的地位，突出强调了主体的情感与心灵在艺术中的直接表露，是庄与禅的美学思想在艺术实践中的进一步发挥。

元代盛行文人画的这种以通过自然界山水来表达主观心境趋势，发展至明清，便形成了一股巨大的浪漫主义洪流。如果说在元代倪云林等人那里，形似还基本上存在的话；那么，到了"四位画僧"（石涛、朱耷、髡残、弘仁）以及"扬州八怪"（李鱓、汪士慎、金农、黄慎、李方膺、郑燮、高翔、罗聘）那里，"形似"便进一步被抛弃，主观的意兴心情压倒了一切，艺术家的个性特征，更有了充分的发展，空前地突出起来了。

老、庄认为道是有与无的统一。老子说："有无相生"，"虚而不屈，动而愈出。"庄子说："瞻彼阙者，虚室生白"，又说"唯道集虚"。中国人对"道"的体验，是"于空寂处见流行，于流行处见空寂"，这正是中国人的生命情调和艺术意境的实相。老、庄认为"虚"比"实"更真实，是一切真实的原因，没有虚空存在，万物就不能生长，就没有生命的活跃。宗白华说得好：

> 化景物为情思，这是艺术中虚实结合的正确定义。以虚为虚，就是完全的虚无；以实为实，景物就是死的，不能动人；唯有以实为虚，化实为虚，才能有无穷的意味，幽远的境界。①

---

① 宗白华：《美学散步》，上海人民出版社，1981，第41页。

中国画是线条，线条之间就是空白。画家依据上述这种意识追求空灵的意境，构造他的空间境界，大胆留白。所有这些，都和西方传统的依据科学精神的空间表现，有着极大的不同。

文学艺术家创造的形象是"实"，但是，引起我们的想象却是"虚"，而由形象产生的"意象""境界"就是虚与实的结合。一个文学艺术作品，没有欣赏者的想象力的活跃，那就是死的、没有生命的。一张画好的画，可以使你神游；而之所以能够让人神游，就有赖于"虚静之心"。

正因为如此，精神的淡泊，就成为艺术空灵化的基本条件。萧条淡泊，闲和宁静，是艺术人格的心襟气象。这胸襟，这气象，能令人"事外有远致"，艺术上的神韵也就油然而生。欧阳修说得最好："萧条淡泊，此难画之意，画家得之，览者未必识也。故飞动迟速，意浅之物易见，而闲和严静，趣远之心难形。"所以，中国山水画趋向简淡，然而在简淡中却包含着无穷的境界。

在这方面，历史上的许多画家有非常深刻的论述。例如，清人笪重光在《小山画谱》中说："空本难图，实景清而空景现。神无可绘，真景逼而神境生。位置相戾，有画处多属赘疣。虚实相生，无画处皆成妙境。"清代画家方士庶在《天慵庵随笔》中说："山川草木，造化自然，此实境也；画家因心造境，以手运心，此虚境也。虚而为实，在笔墨有无间，——故古人笔墨具此山苍木秀、水活石润，于天地之外，别构一种灵奇。"这些话都是对于虚实结合的很好说明。

总之，艺术家创造的境界尽管也取之于自然界，但他在笔墨之间所表现的"山苍木秀、水活石润"，是世界上所没有的新的美景、新的境界，也是庄学的审美精神的艺术体现。

（原载《福建师大学报》2007 年第 6 期，
在收入本书时略作修改）

附录三 坚守独立思考的学术争鸣之道

——1957 年中国哲学史座谈会的回顾与反思

2012 年 10 月下旬，我以校友、系友的身份，参加了北京大学哲学系成立 100 周年庆典。在为举办这个庆典而推出的一系列学术著作中，有一本题为《守道 1957——1957 年中国哲学史座谈会实录与反思》由世纪出版集团上海人民出版社出版社寄来的样书。在此之前，该书的编者之一的张翼星先生就向我透露了这个信息，很快我就看到了出版社寄来的样书。该书除了原原本本地再现了由《哲学研究》编辑部编，科学出版社 1957 年出版的《中国哲学史问题讨论专辑》之外，还增加了两个部分新内容。一是"1957 年中国哲学史会议实录"，它提供了当时的若干背景资料；二是"回顾与反思"，收入近来 10 多位学者写的 15 篇论文和新发现的资料。这些文章从不同的视角，就如何对待哲学与政治的关系、如何对待中国的哲学传统和文化传统、如何看待教条主义以及如何看待唯物主义与唯心主义的关系等问题，进行了有益的探索，阐述了不少富有启发性的看法。披阅之后，让我倍感亲切，感慨万千。

说它亲切，那是因为 50 多年前召开此会时，我作为在读的高年级本科学生，有幸得以列席旁听。我和藏清亮同学（两人合作，由我执笔）在会后写的一篇文章，也被收入《中国哲学史问题讨论专辑》中。半个多世纪过去了，当年出版的《专辑》已不容易看到，这段在一定程度上承载着反对"左"的教条主义，体现"百家争鸣"盛会的历史，也几近湮没了。现在能够见到此书，当年的许多情景，禁不住又呈现在我的眼前。

那是一次在难得的、短暂的历史机遇期中召开的学术盛会。说它是"难得的、短暂的历史机遇期"，并非危言耸听。众所周知，前苏共中央政治局委员日丹诺夫，在他亲自主持召开的对《西欧哲学史》（亚历山大洛夫答）讨论会（1947年6月24日）上，根据恩格斯关于哲学基本问题和两个大军阵营对立问题的观点，给哲学史下了一个定义，即"科学的哲学史，是科学的唯物主义批判观及其规律的胚胎、发生与发展的历史。唯物主义既是从唯心主义派别斗争中生长和发展起来的，那么，哲学史也就是唯物主义为唯心主义斗争并战胜唯心主义的历史"。他还认为，唯物主义总是与进步、革命相联系，唯心主义一般地总是与落后、反动联系在一起的。[1] 此论的高论一出，前苏联的哲学界和中国哲学界，都奉为经典，坚决照办。于是，在中国哲学史的教学与研究中，先填好了框框然后再设法装上去。生硬地，不恰当地用唯物打了一套唯心主义的牵强附会来。这样不仅使许多原本中国哲学史学问搞得支离破碎，而且有不被列入唯心主义的重要学问家，不管他们在历史的发展中有没有过进步和重大的积极作用，都要一概率否定它，只简单地批上一顶"唯心主义"的帽子判定他的死罪，全然无视及映的哲学史发展和哲学思想的全貌。

"百花齐放、百家争鸣"作为繁荣艺术和科学工作的基本方针，是1956年4月由毛泽东在政治局会议讨论决策的问题。提出。5月26日，中共中央宣传部长，代表党中央又在怀仁堂，作了以"百花齐放，百家争鸣"为题的讲话，正式向全国学界下，1957年1月22-26日，北京大学哲学系召开了"中国哲学史座谈会"，参加会议的有各地哲学工作者，围绕唯物主义和唯心主义学习史研究等问题进行讨论。会议讨论之所以主要是，是有它的历史与学术背景的缘故，因为1952年时，全国高等学校实行院系大调整，把北京大学、清华大学、燕京大学、武汉大学、南京大学、中山大学等校的哲学系都合并到北京大学来，北大哲学系成为当时高校中仅存的一个哲学系，所以，这个会议并不局限于一个学校，实际上是全国性的会议。

在"关于唯心主义哲学的评价"问题上，坚持认为"唯心主义哲学中有好东西"的是贺麟先生和陈修斋先生。贺先生亲自听了陆定一的报告后，特地找了他的学生陈修斋。根据他的观点，以贺麟、陈修斋两人的名义，写了题为《为什么要有宣传唯心主义的自由？》的文章，发表在创办不久的《哲学研究》1956年第3期上。该文对唯心主义评价中的教条主义倾向和形

---

[1] 日丹诺夫：《在关于亚历山大洛夫著〈西欧哲学史〉讨论会上的发言》，人民出版社，1954，第4~5页。

而上学思维方法，提出了大胆而尖锐的批评，明确肯定了古典唯心主义哲学家的重要著作的价值和合理因素。在那次座谈会上，贺先生发言指出，哲学史虽然是唯物主义与唯心主义斗争的历史，但这种斗争与"宗教上的斗争，政治上的斗争却有很大的区别"。唯物主义者与唯心主义者的关系，"也不就是革命与反革命的关系"，"有时是'青出于蓝而胜于蓝'的关系，不是红与白的关系"。唯物主义与唯心主义之间，既有"互相斗争的一面，也有互相吸收利用凭借的一面"，两者之间的斗争是一个曲折的、矛盾发展的过程，"并不是唯物主义永远打胜仗"，"唯物主义也有被较晚、较发展的唯心主义代替的时候，唯心主义也有被较晚的唯物主义代替的时候。"① 贺先生上述的观点，遭到了中共中央政治研究室的关锋的尖锐的批判。关锋认为，"唯物主义和唯心主义是敌对的，其界限是分明的，斗争是尖锐的、没有妥协余地的"。他还指出，贺先生的"'青出于蓝而胜于蓝'的议论，正是和他的唯物主义、唯心主义并没有严格、分明的界限的观点一脉相通的。""按着他对于唯物主义和唯心主义的统一性的了解，实质上就否定了它们之间的斗争性，它们的根本的敌对性。"② 针对关锋的批评，贺先生作了反批评，他再次着重谈了《关于对哲学史上唯心主义的评价问题》。他认为，唯心主义有好、有坏的提法，黑格尔说过，列宁也同意，而且还指出"聪明的唯心论比愚蠢的唯物论更接近聪明的唯物论"。贺先生认为，有的"唯心论者与唯物论者之间是朋友师生的关系，这并不妨碍他们在思想上的激烈尖锐的斗争。因为朋友师生（甚或今我与昨我）之间的学术思想的论辩与斗争可以达到非常深入细致、尖锐、激烈和艰苦的地步"。他还直言不讳："我对好的唯心主义是有感情的，这是对优秀文化遗产有感情。"③ 这句发自肺腑的话，清楚地表明了他之所以肯定好的唯心主义的真实目的。贺先生的学生陈修斋先生在会上发表了支持贺先生观点的意见，会后又写出《关于对唯心主义的估计问题的一些意见》一文，对"唯心主义中有好的东西"这个论断的具体含义，做出细致的说明。④

在"中国古代哲学遗产的继承"问题上，主要是围绕着冯友兰先生提出的"抽象继承法"展开讨论的。冯先生在当时发表的第一篇文章《关于

---

① 赵修义、张翼星编《守道1957》，上海人民出版社，2012，第194~198页。
② 赵修义、张翼星编《守道1957》，上海人民出版社，2012，第209~216页。
③ 赵修义、张翼星编《守道1957》，上海人民出版社，2012，第202~206页。
④ 赵修义、张翼星编《守道1957》，上海人民出版社，2012，第224~232页。

中国哲学史研究的两个问题》中一针见血地指出："我们近来的哲学史工作，大概用的是形而上学的方法，把哲学史中的唯物论和唯心论的斗争，简单化、庸俗化了，使本来是内容丰富生动的哲学史，变成贫乏死板。"① 因为中国古代的哲学家，不是属于奴隶主就是属于封建地主阶级，他们的哲学是为统治阶级服务的，尽是应该抛弃的糟粕，还有什么可以继承的呢？为了解决这个问题，冯先生提出要区别哲学命题的"具体意义"和"抽象意义"。由于哲学命题的具体意义是"跟这些命题的哲学家所处的具体的社会情况有直接关系的，这是不能继承的，我们所能继承的只是它们的抽象意义"。这就是后来被人们概括的、著名的"抽象继承法"。这个"抽象继承法"与贺麟先生上述对唯心主义评价问题之所以紧密相关，是因为"抽象继承法"与冯先生在20世纪三四十年代建立的"新理学"的哲学思想体系之间，存在着某种思想上的关联。有人认为，"抽象继承法"与"理在事先"是一脉相承的。"理在事中"与"理在事先"的关系，是唯物主义与唯心主义的斗争。在阶级警惕性无比高涨、大讲阶级斗争的年代，理所当然地成为事关"哲学的党性原则"的人问题。会议上冯先生的观点属于少数派，争论虽然不可避免，但基本上还能做到平等讨论，允许申辩。

正因为如此，座谈会主要筹办者之一的汪子嵩先生在1994年曾经为北大哲学系建系80周年写了一篇题为《一次争鸣的讨论会》的文章，发表在《读书》1994年第9期上，他认为，1957年召开的中国哲学史问题讨论会还算是"建国后近30年中仅有的一次基本上做到自由争鸣的讨论会"。

但是，这次会议结束后不久，"反右"斗争开始，在此之后，冯先生的这个观点被诬为"资产阶级伪科学"，遭到从上到下、持久不断的批判。贺先生对政治上敏感的哲学问题，只能保持缄默，埋头于纯学术的研究，专门从事翻译和讲授西方哲学。在1966年开始的"十年动乱"中，他们都难逃厄运，被迫中断了一切学术工作。直到1975年以后，特别是1978年党的十一届三中全会以后，贺先生才取得恢复研究和翻译工作，出版译著的权利；冯先生又重新投入中国哲学史的著述。

冯先生在晚年曾经亲笔书写一副对联用以自勉，联曰："阐旧邦以辅新命，极高明而道中庸"。他说，此联的意思出自《诗经》："周虽旧邦，其命维新。"所谓"旧邦"指源远流长的中国文化传统，"新命"指现代化和建

① 赵修义、张翼星编《守道1957》，上海人民出版社，2012，第71页。

设社会主义，"阐旧邦以辅新命"就是要这个特点发扬起来，"把中国古典哲学中的有永久价值的东西，阐发出来，以作为中国哲学发展的养料"，"马克思主义在中国也要接上中国古典哲学，作为来源之一，才会成为中国的马克思主义"。[1]他的一生著述，可用"三史释今古，六书纪贞元"加以概括。（"三史"是指《中国哲学史》[两卷]、《中国哲学简史》和《中国哲学史新编》[七卷]；"贞元六书"指他抗日战争期间所著的六本书：《新理学》《新事论》《新世训》《新原人》《新原道》《新知言》）在全国即将解放的前夕，他不顾友人的劝阻，毅然决然地放弃在美国优越的物质生活回到祖国，后又拒绝去南京，坚决留在北平，以迎接新中国的诞生。从那时起，他就给自己立下了以新的思想重新改写中国哲学史的宏愿。在包括"十年动乱"在内的40年的漫长岁月中，他历尽艰辛、备受磨难，用他的全部心血，在去世前的几个月，终于写完了长达150余万言的七卷本巨著《中国哲学史新编》。他认为，1957年的那次会议批评他的人，只说明应该"继承什么"，他关切的是"怎样继承"，这是传统哲学之所以具有当代价值所要解决的方法论问题。因此，有的学者说，"抽象继承法是从一个特定角度出发，对思想传承过程的独到观察和如实刻画，说抽象继承法是这次座谈会的一个重要创获，实不为过。"[2]

哲学上的唯物与唯心的斗争之所以被视为"你死我活"的"阶级关系"，除了用特定时期的政治背景来解释之外，从思想根源来说，实则与多年以来流行的"对立面的统一是相对的，对立面的斗争是绝对的"这个观点有关。这个观点并非出自马克思、恩格斯，只是列宁《谈谈辩证法问题》一文中有此一说，但列宁同时又特地声称："在（客观的）辩证法中，相对和绝对的差别也是相对的。"这就意味着：不能把他所说的"对立面的斗争是绝对的"这个命题加以绝对化。毛泽东关于对立面斗争的绝对性和对立面统一的相对性的论断，以及后来把共产党的哲学说成是"斗争哲学"，只讲"一分为二"，否定"合二而一"，是对列宁上述思想的继承与向"左"的方向的发展。在那次会议上，一些人之所以从极"左"的方面看待唯物、唯心的斗争，把唯心主义打入十八层地狱，其理论根据就是这个"斗争的绝对性"！在《守道1957》一书中，梁志学、陈霞写的《论对立面的统一

① 冯友兰：《三松堂自序》，人民出版社，1998，第372、404页。
② 赵修义、张翼星编《守道1957》，上海人民出版社，2012，第642页。

气息，是当时政治上"左"的产物和表现。贺麟先生对此深有体会。1957年4月24日他在《人民日报》上发表的题为《必须集中反对教条主义》的文章，指出：

> 教条主义者气焰太盛，使人不敢"放"不敢"鸣"。教条主义即使不会断送科学研究，至少也会大大妨害社会主义文化建设。
>
> 教条主义者虽然以正统的马克思主义者自居，但实际上却是陷入形而上学和唯心主义的反马克思主义者。
>
> 教条主义者每每是应时主义者。他善于看行情，从个人崇拜出发，去揣测领导意图，随意解释教条，并随意在经典著作中挑选适合自己意见的词句。[①]

不久，关锋在《哲学研究》1958年第1期发表了《反对哲学史工作中的修正主义》一文，给会议扣了三顶大帽子：①"修正"马克思主义关于"哲学基本问题"的原理，混淆唯物主义和唯心主义的两条路线；②"修正"马克思主义关于"马克思主义出现以前没有唯物史观"的原理；③"修正"马克思主义关于"哲学的阶级性"的原理。[②]此后，"左"的思潮长期肆虐于神州大地，即使这样，那次会议和自然科学界的生物遗传学会议一样，作为"百家争鸣"的一种尝试，作为当代中国哲学演进历史中异乎寻常的一件大事，已永远载入中国学术发展的史册。在摆脱哲学与政治捆绑之后，近30年来，我国哲学界对那次会议上所提出的问题的研究，不断有所进展，已经大大地深入了。人们对于唯心主义也比较地能够以理性的态度来对待了。这是一个很难得的进步。

在哲学史上有所谓"时间在先"与"逻辑在先"的区分，从本体论的视角来看，"时间在先"的东西，并不等于也能够在认识论上"逻辑在先"；反之亦然。自然界在人类出现之前，就已经不以人的意志为转移地存在了，这就是"时间在先"；但自然界中的万物对人的意义，只有作为人的认识与实践的对象之后，才能彰显出来。没有人，就谈不上人对外界事物的认识与改造，也谈不上自然界中的万物对人的意义了！这个"意义"属于理性的

---

① 赵修义、张翼星编《守道1957》，上海人民出版社，2012，第454~457页。
② 赵修义、张翼星编《守道1957》，上海人民出版社，2012，第458~493页。

范畴，是精神性的东西。在古代中国，人们把"心"作为思维的器官，所以"理"就往往与"心"相关联，这才有"心即理也"的说法。有的哲学家所说"理在事先"，正是从"逻辑在先"，而不是从"时间在先"的角度讲的。人们对"逻辑意义的心"，对"心即理也"在一定意义上的认同，实质上就是对理性思维作用的认同，也是对人的主观能动作用的肯定。唯心主义之所以成为唯心主义，并不在于它对理性思维的重视，以及对人的主观能动作用的强调，而是因为他们把这种"重视""强调"，讲得过头了。而正确的东西一旦讲得过头了、夸大了，就会变成了错误。不仅唯心主义是这样，唯物主义也同样是这样。唯物主义在肯定物质第一性这个命题时，它是正确的；但是，如果夸大了一步，把精神、思想也等同于物质，那就会走向庸俗唯物主义的错误。

在《守道1957～1957年中国哲学史座谈会实录与反思》这本书中，特别珍贵的是顾红亮先生在哈佛大学访学期间从该校档案中找到的美国哲学家霍金与陆定一、潘梓年、金岳霖的通信原件和手稿，顾先生把它们作为他所写文章的附件，第一次公开刊载。

威廉·霍金在1956年11月21日致陆定一的信中，向中国哲学界提出的问题是："你们如何界定与唯物主义相对的唯心主义？"[①] 潘梓年和金岳霖两位先生代表陆定一所写的回信（1957年2月22日）中说，"什么是唯心主义这个问题，在马克思主义哲学的代表作中已经作出了清晰的、明确的回答，中国马克思主义者对此没有特别的补充。"[②] 这些资料从一个侧面反映出1957年座谈会所产生的积极的国际影响，也给出了对那次会议进行反思的有益的空间。

《守道1957》一书把我们带回到半个多世纪的1957年，那次会议上中，以及会前会后许多体现自由思想和独立思考精神的精辟论断，至今经受了历史的检验；那些坚守学术争鸣之道、实现自己文化担当者的学人风骨，作为精神财富已经垂范于后人。贺麟和冯友兰这两位先生是1957年那次会议的核心人物，他们都是立志传承中国古代优秀文化、实现中华民族伟大复兴，有着文化担当的饱学之士。他们在会议上所提出的重要哲学理论问题，在我们"扎实推进社会主义文化建设"的今天，仍然是需要继续研究。温故知

[①]　赵修义、张翼星编《守道1957》，上海人民出版社，2012，第672页。
[②]　赵修义、张翼星编《守道1957》，上海人民出版社，2012，第674页。

新、以史为鉴。只有真正遵循"百家争鸣"的方针、坚持走"独立精神、自由思想"这个学术发展之道，才能实现学术的创新和文化的繁荣，全面推进社会主义的文化建设。

（《中华读书报》2013年1月2日发表了此文的摘要，标题更改为：《以史为鉴温故知新——亲历者回顾1957年中国哲学史座谈会》，这里收录的是全文。）

过。我赞同张先生的学术观点，在后来出版的若干拙著中曾加以引用，并以我的理解，对之作出解读。

张先生是我国著名的西方哲学史家和创立了自己哲学体系的著名哲学家。他虽然是我的老师，但他平易近人，近年来又多有见面、交流，从一定意义上也可以说是"亦师亦友"。也许，这正是张老师在序言中把我称为"老朋友"的原因吧？在多年的交往中，我发现，他不仅学识渊博、勇于创新，而且善于虚心听取不同意见，使自己的学术观点不断臻于完善。这对于这样一位驰名海内外的学问家来说，尤其可贵，也让我从中受到怎样为学、怎样做人的许多方面的教育。

这里不妨略述对我印象最深刻的两件事。

张先生的《哲学导论》《新哲学讲演录》出版后，作为高校的精品教材，已经分别重印了多次。其中的学术观点已为越来越多的青年学子所理解、所接受，同时，也引起哲学界的学者的重视与好评。但也有的学者提出了一点商榷意见，认为，张先生关于提高人生境界的论述，虽然讲了个人的修养，但缺乏社会存在的维度。而这时候，张先生正在进行《境界与文化——成人之道》一书的写作，当得知这个批评后，便有意识地吸纳了这些意见。《境界与文化——成人之道》一书的主题，正是着力探讨各种人生境界之间、各种文化活动之间的关系，特别是中西民族文化各自的特征，以期为提高人的精神境界（包括个人的精神境界和整个民族的精神境界）摸索一条可供参考的途径。这本书的出版，正好补充了《哲学导论》之不足。这是第一件事。

2007 年 8 月，我又一次拜访了张老师，谈话结束后，张老师拿出一本新书，是北京师范大学出版社 2007 年出版的。书名叫《文化与自我》，著者是北京大学教授、心理学家朱滢先生。该书共分 6 个专题，第 2～5 专题是讲"心理学的自我"，第 6 专题是讲"神经科学的自我"，与张老师直接相关的是第 1 专题："哲学的自我"。

这个专题包括"自我是什么""Searle 论自我""张世英论自我"等三个部分。J. R. Searle（1932 – ）是美国哲学家，以研究语义哲学、心智与意识哲学、人工智能著称。朱先生认为，自我包括两个方面的问题：一个是个人认同的问题，一个是自我与他人关系问题。中西方哲学对自我的看法的侧重点是不同的。西方哲学讨论"个人认同"问题，强调自我的主动性；而中国哲学则不讨论"个人认同"问题，强调自我与他人的关系的重要性，强调社会对个体自我的约束，从而展现出自我的局限性。朱先生在书中，以Searle在《心智入门》一书和张世英在《哲学导论》中第八章"超越自我"，作为这两种哲学对"自我"的看法的例证，并以大量心理学实验资料说明：中西方哲学对"自我"的看法，极大地影响了中西方心理学家对"自我"的看法，中西方的哲学"自我"观与各自的心理学、神经科学上的一致性。朱先生指出，Searle和张世英两人最根本、最明显的区别在于，Searle只谈个体的自我，个人认同问题，只字不谈"自我"与他人的关系；张世英则不讨论个人认同问题，为什么要有"自我"这个概念，只谈论"自我"与他人的关系。并且，对西方传统哲学那样执著于"自我"，持批评的态度。

张老师跟我说这件事，是想听听我的看法。他反复地思考：当我们中国人向西方的"主客二分"学习，还处于起始阶段时，就马上强调中国式的超越"自我"，这样做，是否过头了呢？是否表明他自己还是没有摆脱中国的传统思维？在张老师拿出这本书之前，我还没有看这本书，严格地说，是没有发言权的。但我随后也拜读了朱先生的书，关注起这件事了，发现张先生在他后续的论著中，多次提到这个问题，并且充分吸纳了朱先生的意见。这第二件事给我的印象极其深刻。

知道了这段学术经历，就能更好地理解张先生在为拙著所写的序言中，又一次提及《文化与自我》一书的缘由。

我在这本书中，除了援引张先生的学术见解之外，还阐述了诸如金岳霖、冯友兰、汤用彤、贺麟、宗白华、张岱年、任继愈等先生的若干与本书相关内容有联系的学术观点。现在他们都已作古，其中好些人在我读书时就已经是在国内外享有盛誉的著名教授了。

他们之中的好几位都出生于19世纪末或20世纪初期，从小接受传统教育，打下深厚的国学基础；后来又进了新式学堂，于20世纪二三十年代，去美、英、德等国留学，是我国最早一批去西方专门学习哲学，获得学位归国的学者。他们学贯中西，既是开始系统地介绍引入西方哲学的传播者，是运用西方哲学方法整理研究中国哲学的创始人，同时又因深受中国传统文化的熏陶，具有浓重的中国情结。我在书中之所以专门以金岳霖、冯友兰、汤用彤、贺麟四位先生为例，阐述了中国哲学的现代转型问题，就是基于这样的考虑。其中金、冯两位先生原来是在清华，汤、贺两位先生原来是在北大。最通常的说法是：清华注重哲学思想的体系，而北大则重视哲学史。重视哲学思想体系的当然会注重哲学问题的研究，重在"思"；而注重哲学史研究的，则重视哲学家的著作，注重读书，重在"学"。清华培养出来的大多是哲学家或逻辑学家，北大培养出来的则往往是哲学史家。当然，这只是两家各自的侧重点，绝不是"思而不学"或"学而不思"。

1998年5月庆祝北大建校100周年时，在哲学系召开的师生大会上，我听到了20世纪50年代担任哲学系领导职务的汪子嵩先生的讲话。汪先生说，当时虽然尽可能发挥了这些老教授的作用，但却未能充分地发挥他们的专长。如果当时不采取那样"左"的政策，让教授们在学术上自由发展，那么，像金岳霖、冯友兰、汤用彤、朱光潜、贺麟等先生的学术成就，不但在国内可以做出更大的贡献，而且在国际上也可以占有更高的地位了！平心而论，这是当时的客观环境造成的，一个大学哲学系的领导，谁也无能为力。但是，即使这样，我们当学生的期间，还是听了不少著名的、学有专长的教授们的讲课，受到了多方面的教益。他们在学术上的卓著成就与人生际遇的坎坷不平，形成了巨大的反差。每念及此，总是令人感叹不已！这就是我们这些学生，在毕业五十多年后，仍然十分怀念母校、怀念老师的原因所在。这也是我在书中禁不住讲到他们、多次援引他们学术主张的原因所在。当然，我在书中的引述极为有限，要登堂入室，了解全貌，还需要认真阅读他们的原著。

说到哲学原著，人们总以"晦涩难懂、抽象枯燥"视之，其实不能一概而论。康德的、黑格尔的书是公认的难读。但一旦读进去了，必将终生受益。我在书中说到，哲学是思之诗。哲学书籍也有用文学的笔调来写的，《庄子》一书，便是如此，汪洋恣肆、妙趣横生。连最擅长于逻辑推理、抽象思维的金岳霖先生都为之击节、着迷。冯友兰先生的哲学思想博大精深，但他的书并不晦涩难懂。许多学者评论说：人们可以不赞成他的观点，但不会弄不懂他书中所表达的意思。诚哉斯言！

拙著再次被列入福建师范大学省重点高校建设项目《马克思主义理论与现实研究》文库之中，由社会科学文献出版社出版。在此，特向"文库编委会"的有关领导的及时支持表示感谢！

我还要向社会科学文献出版社社会政法分社王绯社长的周到安排和责任编辑郑庆中女士的辛勤劳动表示感谢！

写书是件苦差事。人都有惰性，对于我这样年届八旬的老人来说，尤感精力不逮。一些至今仍与我保持联系的过去的学生以及现在仍在听我讲课的

图书在版编目（CIP）数据

哲学：智慧与境界/林可济著. —北京：社会科学
文献出版社，2013.10
（马克思主义理论与现实研究文库）
ISBN 978 - 7 - 5097 - 4998 - 2

Ⅰ.①哲…　Ⅱ.①林…　Ⅲ.①哲学 - 研究　Ⅳ.①B

中国版本图书馆 CIP 数据核字（2013）第 201166 号

·马克思主义理论与现实研究文库·

哲学：智慧与境界
————————————

著　　者 / 林可济

出 版 人 / 谢寿光
出 版 者 / 社会科学文献出版社
地　　址 / 北京市西城区北三环中路甲 29 号院 3 号楼华龙大厦
邮政编码 / 100029

责任部门 / 社会政法分社（010）59367156　　　责任编辑 / 郑茵中
电子信箱 / shekebu@ ssap. cn　　　　　　　　 责任校对 / 师军革
项目统筹 / 王　绯　　　　　　　　　　　　　 责任印制 / 岳　阳
经　　销 / 社会科学文献出版社市场营销中心（010）59367081　59367089
读者服务 / 读者服务中心（010）59367028

印　　装 / 三河市尚艺印装有限公司
开　　本 / 787mm × 1092mm　1/16　　　　　 印　　张 / 20.25
版　　次 / 2013 年 10 月第 1 版　　　　　　　 字　　数 / 351 千字
印　　次 / 2013 年 10 月第 1 次印刷
书　　号 / ISBN 978 - 7 - 5097 - 4998 - 2
定　　价 / 69.00 元